해양도시
부　　산
이 야 기

해 양 인 문 학 총 서

II

해양도시
부   산
이 야 기

박화진 지음

이 저서는 2016년 정부(교육부)의 재원으로 한국연구재단 대학인문역량강화사업(CORE)의 지원을 받아 수행된 저서임

서 문

일찍이 일본유학 시절 초기의 1982년, 도쿄의 '조선사연구회' 정기월례회에서 재일교포 역사학자 고 이진희 씨의 "100여 년 전 부산의 모습과 그 변모"에 대한 슬라이드와 강의를 들은 적이 있었다. 부산도시의 근대화 과정에 대한 내용이었으나 부산에서 태어나고 생활하며 대학생활을 보냈던 필자는 부산에 대해 너무나 생소하고 처음으로 접하게 된 내용들이 많아 부끄러움을 느꼈던 적이 있었다. 부산 사람들이 부산에 대해 거의 관심이 없고 무지한 데에 반해 한국인보다 더 부산을 상세하게 아는 일본인 연구자들의 모습에 깜짝 놀랐던 추억이 있다.

오로지 서울을 중심으로 한 수도 중심사관에 편중되어 자신들이 살고 있는 지역사에 대한 일말의 관심조차 없었던 학창시절의 연구 태도에 반성하면서 귀국이후 대학에 몸을 담은 이후, 부산의 역사라는 강의를 오랫동안 맡아오며 부산 향토사 및 부산의 특징과 해양성 등에 깊은 관심을 쏟게 되었다.

그리하여 21세기 글로벌리즘의 대두와 함께 재차 그 중요성이 강조되고 있는 지역문화에 대해 여기서 다시 한 번 돌아보고자 하는 바이다. 부산의 해양성, 즉 해양도시 부산의 역사와 문화에 대해 구체적으로 검토·분석을 시도하고자 하는 이유가 바로 여기에 있다.

부산은 1876년 개항과 더불어 태평양시대의 도래와 함께 서양문화유입의 최초의 창구가 되었다. 이른바 태평양시대가 도래하였다. 이것은 조선시대까지는 대륙의 문물이 부산에서 일본으로 전해졌었는데, 개항이후부터는 서양의 문물·문화가 일본에서 부산으로 흘러 들어와 한반도 전체로 전파되는 것으로 그 흐름이 바뀌게 된 것이다. 부산항은 개항한지 30년이 되는 1905년에 부산항 북빈 지구 제1기공사가 준공되고 따라서 부산-일본 시모노세키를 잇는 관부연락선의 취항, 나아가 육상연계시설로서의 경부선 철도 개통과 더불어 한·일 양국 간의 인적·물적 교류가 눈부시게 활발하게 전개되었다.

특히 전등가설(1900년), 상수도 시설(1902년), 전차운행(1915년) 등을 통해 시가지 개발에 박차가 가해졌으며 1921년에는 초량·영주동 일원에 대한 가로 정비 사업도 시작되어 도시형성의 기틀이 마련되었다.

그리고 1910년대에 이르러 백만 톤을 넘는 해상물동량의 증가로 인하여 항만과 도시개발을 하기 위하여, 1911~16년의 부산축항 제1기공사, 1925년에는 해수면 매립(148,275평)이 이루어졌고 또한 부산진역 일대의 대매립공사(457,000평)도 커다란 성과를 보게 되었다. 그리하여 1936년에는 고작 20만 명이던 부산의 인구가, 광복이 되던 1945년엔 28만 명으로 늘어나고, 해외로부터의 귀환동포의 유입으로 인해 1948년에는 50만 명을 넘어섰으며, 1950년 한국전쟁으로 인하여 피난민이 급증하게 되자 1955년에는 드디어 100만 인구를 자랑하게 되었다.

현재 부산은 약 360여만 명에 이르는 인구를 수용하고 있는 항구

도시로서, 행정적으로는 서울에 이어 우리나라에서 두 번째로 큰 도시이자 컨테이너 취급 등의 측면에 있어서는 세계 제6위에 속하는 세계적인 무역항 중의 하나라고 한다. 그러나 대도시이자 세계적인 무역항이라는 미명 하에, 무분별한 도시개발로 인하여 해양 도시로서의 부산이 지닌 장점을 잘 살리지 못한 채 도시구조상 개성미가 부족하고 또한 무역항 특유의 고유성이 결여되어 있다고 말할 수 있다.

이대로 가다간 부산이라는 도시는 부산시민의 삶의 질을 높이기 위한 경제활동의 무대로서 뿐만 아니라 생활공간으로서 탄력을 상실한 나약한 무역항으로서 전락해 버릴지도 모른다. 그렇지 않기 위해선 부산이 지니고 있는 천혜의 경관을 살려서, 지금까지 고집스럽게 강조해 온 삶의 터전을 '육지'에서 '해양'으로' 바꾸는 것이 필요하며, 나아가 부산 고유의 해양·수산자원과 자연환경을 재조명하여 해양지향성에 걸맞게 이용·활용하는 도시계획상의 구조조정이 필요하다고 생각한다.

이에 해양 도시로서의 부산의 역사문화 및 해양문화로서의 특징에 대해서 세계 속의 부산, 지명 유래속의 부산 민속, 해양수산업 및 해양민속 문화 등에 대해서 살펴보고자 한다.

해양도시 부산 이야기
목 차

제3편 지명유래 속의 부산

제4편 해양도시 부산 이야기

제1편

세계 속의 부산

1. 대항해시대 전후의 세계관

1) 고대 서양의 세계관

고대·중세시대 사람들의 세계관은 우리가 살고 있는 땅 끝이 절벽 낭떠러지로 되어 있다고 생각하였으므로 미지의 세계에 대한 탐험을 매우 두려워하였다. 하염없이 나아가다보면 떨어져 죽을 것이 아닌가 하는 위기의식 속에 아직 천동설·지동설도 규명되지 못하였으므로 당시 사람들의 세계관은 거주지를 둘러싼 매우 협소한 범위에 그치고 있었다.

우선 고대 서양의 세계관에 대해 먼저 살펴보기로 하자. 지리학의 아버지라 불리는 프톨레마이오스(Ptolemaios: A.D. 90년경~168년경, 그리스의 천문학·지리학자)의 세계지도는 15세기 대항해 시대에 큰 영향을 미쳤으며 아직까지도 현대 지리학자 및 지도 제작자에게도 지대한 영향을 미치고 있다. 그는 몇 백 년 전부터 그리스·페르시아·로마·아라비아에 알려져 있던 경도와 위도를 사용하여 기본적인 경위선망을 도입하여 지구 연구에 기초적인 기하학과 수학을 응용한 최초의 지리학자이며, 지역지도와 세계지도를 그리는 방법을 설명하여 고대 세계의 약 8000개 지점을 다루고 있다.

<그림 1>은 프톨레마이오스의 모습, <그림 2>는 기원후 150년경 작성된 프톨레마이오스의 저서 『지리학(게오그라피아: Geografia, 고대 그리스어 γεωγραφία에서 유래함)』 중의 세계지도이다. 그의 세계관은 서쪽이 대서양의 카나리아 제도에서부터 동쪽은 현재의 한국에까지 이르고 있으며, 최북단은 투레(그리스어 Θούλη, 라틴어로는 Thile, Tile, Tilla, Toolee, Tylen, Thula, Thyle, Thylee, Thila, Tila 등으로 표시되는데 섬으로서 고대 유럽지도에는 머나먼 북쪽의 뜻으로서 아이슬란드 또는 영국 북쪽 끝 오크니제도, 스칸디나비아반도에 있다고 생각되었으며 중세후기나 르네상스 시대에는 아이슬란드나 그린란드에 존재한다고 생각되었다)의 스칸디나비아, 최남단은 아프리카 · 사하라 사막에서 동남아시아로 이어지고 있다. 다만 그의 지리학에서는 아메리카 대륙이나 태평양, 호주 등은 존재하지 않으며 대서양 및 인도양도 바다가 아니라 마치 육지 속에 갇힌 호수처럼 표현되어 있다. 또한 지중해의 크기를 과대평가하고 지구의 외주가 과소평가되어 있다. 특히 극동지역이 왜곡되어 동아시아의 극히 일부 밖에 묘사되지 않고 있다.

<그림 1> 프톨레마이오스의 모습

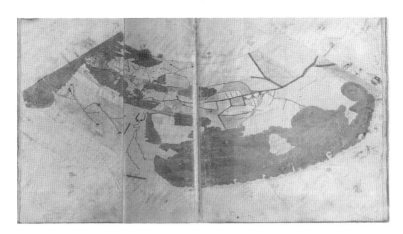

<그림 2> 프톨레마이오스의 세계지도

* <그림 1> · <그림 2>—참조: Jerry Brotton저/오피스宮崎주식회사 번역, 『地図の世界史大図鑑』, pp.24-25.

2) 중세의 세계관

　　중세시대 세계관에 대해 알려주는 대표적인 동·서양의 고지도로
서 알 이드리시 지도·피사 지도·해리포드 지도·정화의 지도·권
근의 지도 등을 들 수 있다.

　　알 이드리시(Al·Idrīsī,1099~1166년)는 모로코 출신의 중세 아랍
지리·지도학자이다. <그림 3>은 1154년의 제작된 알 이드리시의
지도로서, 이 지도의 가장 큰 특징은 지도의 방향이다. 즉 남쪽이 위
로 와, 상단에 아프리카를, 하단에 아시아(좌측)·유럽(우측)을 배치
하고 있다. 7~8세기 이슬람교를 신봉하던 지역 대부분이 메카의 북
쪽에 놓여 있어, 기도할 때는 남쪽을 향하였으므로 초기 이슬람의
세계지도는 대부분 남쪽이 위에 배치되어 있는 이슬람의 세계관을
나타내고 있다. 이슬람교 경전의 코란에 따라 지구는 해양으로 둘러
싸여 그 주위를 다시 불이 감싸고 있다. 그의 고향인 아프리카가 광

대하게 묘사되어 있는 반면, 유럽은 오히려 개략적인 묘사에 그치고 있으며 메카가 위치한 아라비아 반도(메카 등)가 지도의 중심에 위치하고 있다. 그리고 프톨레마이오스의 지도와는 달리 동아시아 지역이 상세히 묘사되어 있음을 찾아볼 수 있다.

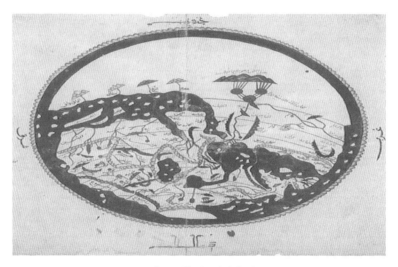

<그림 3> 알 이드리시의 지도

* 참조:Jerry Brotton 저·오피스宮崎번역, 『地図の世界史大図鑑』, pp.46-47.

한편 현존하는 세계에서 가장 오래된 포르톨라노(이탈리아어의 항구를 의미하는 porto에서 유래하여 portolano는 원래 수로지水路誌를 뜻한다) 해도로서 피사 지도(Carte Pisane)가 있다. 피사 지도(1290년 경)의 출현은 말 그대로 청천벽력 같은 일로서 전혀 그 유례를 찾아볼 수 없었던 전혀 새로운 형태의 지도(해도)가 완전한 형태로 발견되어 관련 학계를 깜짝 놀라게 하였던 것이다.

포르톨라노 해도는 나침반의 중심에서 방사선으로 뻗어나가는 많은 직선을 그려 넣어서 만든 해도로서 나침반을 이용한 항해용 지도이다. 항만이나 해안선은 경험적으로 추정된 상대적 위치를 표시한 것이지만 그 모양과 위치는 오늘날의 해도에 뒤지지 않을 만큼 상세하게 그려져 있다. 처음에는 지중해와 흑해 지역에 제한되었으나 점차 지역이 확대되어 대서양 연안에서 인도양·아메리카 대륙에까지 미쳤다. 메르카토르 도법에 의한 근대적인 해도가 발달하게 되는 1600년경까지, 포르톨라노 해도가 널리 사용되었다.

    <그림 4>의 제작자 및 제작연도, 최초의 소유자 등에 대해 미상이지만 이탈리아 피사에서 발견되었으므로 피사의 지도로 명명되었으며 그 정확한 제작연대에 대해서는 대부분의 전문가들이 13세기 후반으로 추정하고 있다. <그림 4> 지도 좌측 상단에는 영국의 섬들이 개괄적으로 묘사되어 있고 우측에는 팔레스티나(종교적 심벌로서의 십자가), 그리고 흑해와 대서양연안이 나타나있다. 다양한 언어로서 1000개 정도의 지명이 기록되어 있으며 해안에 대해서 이들 지명들을 수직방향으로 기입하고 방사선 모양으로 방위선을 그물망처럼 표시하고 있다.

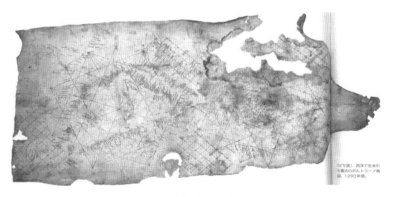

<그림 4> 피사 지도

*참조: Cyrille P. Coutansais 저·大塚宏子역, 『海から見た世界史』, p.150, 原書房, 2016

현존하는 중세시대 최대 규모의 지도(크기:1626mm x 1346mm)
로서 해리포드 지도(Hereford Mappa Mundi, 1300년 경)—<그림 5>
—를 들 수 있는데 당시 일반대중을 위해 제작된 대형 지도 중 유일
하게 가장 완벽한 상태로 보존되어 있다. 영국 링컨 및 해리포드 대
성당에 소속된 성직자 집단에 의해 고안·제작되어 중세 그리스도
교 신앙관에 입각한 세계관이 묘사되어 있다. 이 지도는 완성되었을
무렵부터 영국 해리포드 대성당에 소장되어 왔으므로 일반적으로
해리포드 지도라고 부르고 있는데, 이 지도에 기록된 1100개의 단어
는 중세시대 지리적·신학적·우주적·동물학적 양상을 상세하게
묘사하고 있다. <그림 5> 지도는 동쪽이 위에, 서쪽이 아래에 배치되
어 지중해 서부로서 끝이 난다. 간략한 세계 의 윤곽 안에 192개 도시

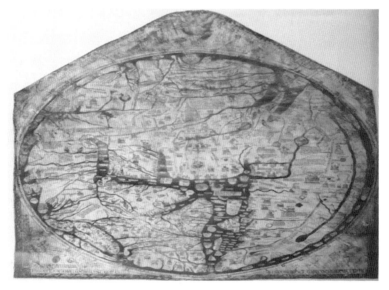

<그림 5> 해리포드 지도

* <그림 5>~<그림 9> 참조:『地図の世界史大図鑑』, pp.56~59.

와 주요 하천 등이 묘사되어 있으나, 지도 중심부에 예루살렘, 최상단에 그리스도상, 바벨탑·노아의 방주 등 성서 이야기와 괴물·괴인 등의 묘사를 통해 최후 심판과 그리스도교적 세계관을 강조하고 있다.

<그림 6> 전체도

<그림 7> 십자가상 이후의 그리스도

<그림 8> 에덴동산

<그림 9> 예루살렘

한편 한국에서 만들어진 가장 유명한 지도로서 권근(權近, 1352-
1409년)의 <혼일강리 역대국도지도(混一疆理歷代國都之圖, 1402년 경)>
를 들 수 있다. 동아시아 세계 지도로서는 최초의 것이라고도 하며
유럽과 새로운 이씨 조선이 묘사되어 있는 최초 지도로서도 높이 평
가되고 있다. 지도 하단 화기 발문 속에서 지도 제작자 권근은 '중국
명나라의 지배세계와 조선국을 묘사하였다'라고 밝히고 있다. 그는
조선국을 묘사하면서 일본의 실제 크기보다 3배로 묘사하였으며, 기
타 세계를 중국과 조선국 주변에 배치하였다. 인도는 거의 소멸되고
없는 데에 반해 유럽과 아프리카는 매우 상세하게 묘사되어 있어 그
리스·로마의 지리학적 지식이 조선에까지 전파되었음을 유추하게
한다. <그림 10>·<그림11>은 <혼일강리 역대국도지도> 전체도,
<그림 12>~<그림 14>은 부분도이다. <그림 13>의 백색 중앙부분은
지중해, <그림 14>의 중앙 부분은 사하라 사막을 나타낸다.

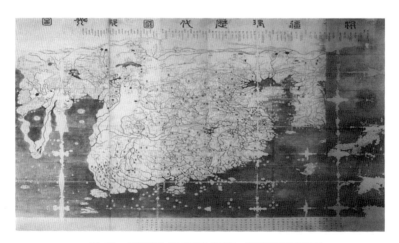

<그림 10> 혼일강리 역대국도지도(混一疆理歷代國都之圖)

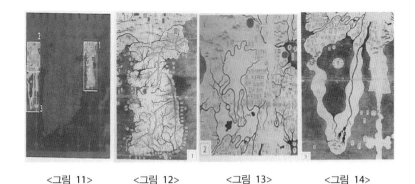

| \<그림 11\> | \<그림 12\> | \<그림 13\> | \<그림 14\> |

* 참조: 『地図の世界史大図鑑』, pp.66-67

3) 대항해시대의 도래

중세까지 동·서양의 문물교류는 실크로드라 불리던 육로 중심이었다. 서양의 동양에 대한 동경심을 나타내는 것이 바로 마르코 폴로의 『동방견문록』이 서양사회의 교양 필독서이었다는 점에서 유추할 수 있다.

한편 1453년 오스만 터키가 동로마제국의 수도 콘스탄티노플을 함락시키자 세계 역사에 지대한 영향을 미치게 되었다. 동로마제국의 많은 학자들은 이슬람교의 지배를 벗어나기 위해 수많은 고문헌·서적을 가지고 이탈리아 각 지역 등으로 탈출하였으니 바로 근대의 여명이라 할 수 있는 르네상스 문화 발흥에 지대한 영향을 미쳤다. 또한 그들의 음식문화에 필수적이었던 향신료를 비롯한 동방무역품을 구할 수 있는 유럽의 동방 교역로가 차단될 위기에 놓이게 되자 인도로 가는 새로운 항로를 개척할 필요성이 대두되었다. 그리하여 시작된 포르투갈 및 스페인의 대서양 항해는 나침반·선박·해도 등 항해법과 해양학의 발달에 힘입어 1492년 콜럼버스의 서인도 발견

(아메리카 대륙), 바스코 다가마의 인도양 횡단성공(1498년 인도 도착) 등으로 이어지게 되었다. 이른바 대항해시대의 시작이다. 한편 서양의 동방 항해이전보다 더 빠른 시기에 중국의 서방 세계원정에 대해 잠시 살펴보기로 하자.

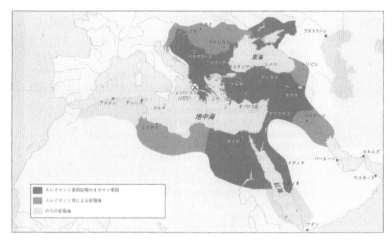

<그림 15> 16세기 오스만 터키 범위

*참조: Cyrille P. Coutansais 저/大塚宏子역, 『海から見た世界史』, p.120, 原書房, 2016

(1) 정화의 세계원정

15세기 초반 정화(1371-1434년경)는 명왕조의 위상을 세계에 알리기 위해, 1405년부터 1433년에 이르는 28년 동안 약 200여척의 배와 약 27,000여명을 태운 대함대를 이끌고 서방세계로의 해외원정을 시도하였다. 그는 총 7차례에 걸친 서방 원정 중에 중국 동부 남경을 출발하여 말레시아를 거쳐 인도·페르시아 만(호르무즈)·아프리카 동해안(몬바사)에 이르기까지 총 1만 2천km에 달하는 먼 거리를 항해하였다. 당시의 지도는 남아 있지 않으나 후일 명나라 사람 모원의(1594?—1641?)에 의해서 복원한 지도가 남아있다.

정화는 윈난 성 이슬람교도 출신으로 1380년 경 명나라군대가 침공하여 왔을 때에 거세당하여 명나라 영락제의 환관이 되었다. 그의 대원정의 목적은 인도를 명나라 지배하에 두고 아라비아 및 아프리카와의 관계를 구축하기 위해서였으며 그는 초대형 규모의 선박을 거느리고 항해하였다. <그림 16>~<그림 20>는 정화의 세계원정 해로를 나타내고 있다.

특히 <그림 17>~<그림 20>은 그의 마지막 항해였던 1431년~1433년의 항해를 나타내는 것으로 유추된다. 남경에서 시작하여 아프리카에서 끝나는데 동에서 서로 이동하면서 530여개의 지명을 소개하고 있다. 지도 위를 빼곡히 메우는 50여 개의 해로가 점선으로 표시되어 있으며 항만, 해안선, 섬들, 수심 및 해류 등의 정보도 풍부하게 묘사되어 있다. 그는 실용 천문항법을 지원할 수 있는 전문가 집단을 동반하였는데 정화 및 부관을 채운 <보선(寶船)>의 최대 규모가 약 100m 이상이었다 하므로 목조선으로서는 사상최대규모로 추정된다.

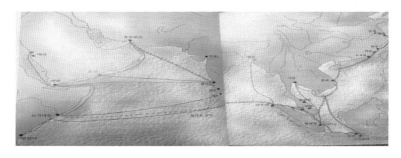

<그림 16> 정화의 항해로

*참조: 양승윤 외 저, 『바다의 실크로드』, pp.76-77, 청아출판사, 2003

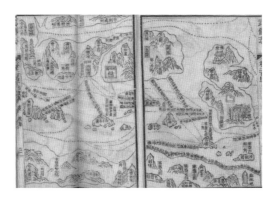

<그림 17> 정화 항해도

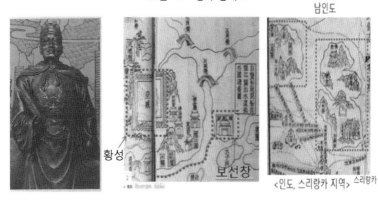

<그림 18> 정화   <그림 19>남경출발   <그림 20> 인도·스리랑카

* <그림 17>~<그림 20>참조:『地図の世界史大図鑑』, pp.134-136.

(2) 유럽의 신대륙 발견

유럽사회에서는 인도로 가는 동쪽 항로를 새로이 발견하기 위하여 다양한 시도가 전개되었다. 바로 콜럼버스(1451~1506년)의 서인도 발견이다. 그는 이탈리아 제노바에서 출생, 1479년 결혼하였는데 그의 장인이 선장이었기 때문에 해도 제작에도 종사했으며, 당시의 유명한 수학자 P.토스카넬리(1397-1482년)의 지리학·지구 구형

설에 대해 연구한 결과 서쪽으로 항해하더라도 절벽에 떨어져 죽는 것이 아니라 그들의 열망하는 인도에 도달할 수 있다는 확신을 가지게 된 것 같다. 그는 처음에 포르투갈 리스본으로 이주하여 1484년 경, 포르투갈 왕 주앙 2세에게 대서양 항해탐험을 건의했으나 거절당하자, 다시 스페인으로 건너가 1486년 여왕 이사벨라를 설득하여 그 후원으로 신대륙 발견을 위한 항해를 떠날 수 있게 되었다. 그는 1492년부터 1504년까지 총 4차례의 항해(1492~93, 1493~96, 1498~1500, 1502~04년)로 쿠바·살바도르·아이티·온두라스·자메이카·코스타리카·트리니다드·푸에르토리코 등을 발견하였다. 그의 서인도 항로 발견으로 아메리카대륙은 유럽인들의 활동 무대가 되었고, 스페인(에스파냐)이 주축이 된 신대륙 식민지 경영이 시작되었다.

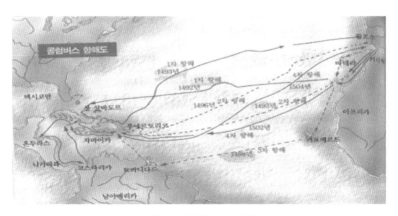

<그림 21>콜럼버스의 항해도

* 참조: 양승윤 외, 『바다의 실크로드』, p.314, 청아출판사, 2003

한편 콜럼버스가 서인도라고 생각하였던 이곳은 후일 이탈리아 피렌체 출신의 탐험가 아메리고 베스푸치(Amerigo Vespucci)에 의해 1497년부터 1504년에 이르기까지 수차례의 탐험을 한 결과, 아시아의 서쪽 일부가 아니라 완전히 다른 신대륙임을 발견하여 널리 알리게 되었다. 그리하여 독일의 지도제작자 마틴·발트세뮐러(Martin Waldseemüller, 1445~1522년)는 아메리고 베스푸치(Amerigo Vespucci)의 신대륙 탐험 기록을 바탕으로 1507년, 그의 제작한 세계지도에 최초로 아메리카라는 신대륙의 이름을 포함시키게 되었다. 원래 이 지도는 생디에데보주(Saint-Dié-des-Vosges)라 불리는 프랑스 북동부 작은 마을에서 학술적 집단에 의해 제작되었는데 그 제작진 중의 마틴·발트세뮐러가 지도를 디자인하고 그 이외 사람들이 지도를 그리거나 번역·인쇄를 담당하였다고 한다.[1] 그의 지도는 최초의 아메리카 대륙 지도, 일명 아메리카의 출생증명서(America's Birth Certificate)라고도 불린다. 그리하여 2003년 미국국회도서관이 독일 어느 귀족으로부터 1,000만 달러(한화로 110억 원)라는 사상 최대의 거금을 투자하여 구입하여 가장 고가의 지도로서도 유명하다. 이것은 아메리카 대륙을 독립된 대륙으로 표시하고 그 이름을 붙인 최초의 지도이기 때문이다.

<그림 22> First Map of America   <그림 23> 확대도 위치

---

1) Jerry Brotton저·오피스宮崎번역, 『地図の世界史大図鑑』, p.86.

<그림 24> 베스푸치(확대도 1)　　　　<그림 25> 프톨레마이오스(확대도 3)

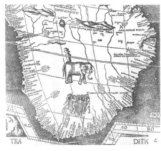

<그림 26> 아프리카 대륙(확대도 4)　　　<그림 27> 왜곡된 극동(확대도 7)

* <그림 22>~<그림 27>참조: 『地図の世界史大図鑑』, pp.88-89.

(3) 대항해시대의 세계관

신대륙발견은 서양인들의 해양탐사 항해에 지대한 영향을 미쳐 황금을 가져다주는 신비에 휩싸여 너도나도 많은 이들이 해양항해를 동경하며 떠나는 이른바 대항해시대가 도래하게 되었다. 보다 안전하고 원활한 원양항해를 위해 지도가 필요하게 되었으며 새로운 지리 지식을 가미한 지도 제작을 가업으로 하는 전문가들이 네덜란드 등 유럽각국에서 대두하였다.

대항해시대 이전과 이후의 지도를 잠시 비교 고찰해 보자. <그림 28>의 고대의 지도, <그림 29>은 15세기 말의 신대륙 발견이후의 지도이다.

<그림 28> 고대 프톨레마이오스 지도(서기 2세기경)

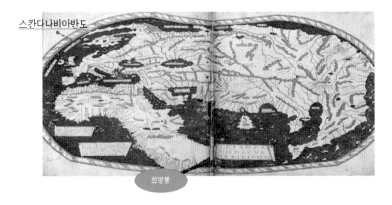

<그림 29> 마르텔루스(Marters: 독일 지리학자, 1490년 경)

* 참조: 青木康征, 『海の道と東西の出会い』, p.17, 山川出版社, 2005.

마르텔루스의 지도는 15세기말 대항해시대 이후 지식이 가미되어 있다. 지구의 동·서·남·북 사방이 더 이상 육지의 낭떠러지 절벽이 아니라 바다로 묘사되어 있고 인도 아래쪽 부분도 호수에서 바다(인도양)으로 표현되어 있다. 또한 유럽의 서쪽이 내해의 호수가 아니라 대서양이라는 사실과, 나아가 유럽 서북쪽의 스칸디나비아반도와 그린란드, 유럽의 서남쪽의 아프리카에 대한 신지식의 가미로 최남단 희망봉까지 묘사되어 있다. 다만 동아시아에 대한 지리적 인식의 확대는 찾아볼 수 있으나 아직도 극동 아시아에 대한 왜곡은 여전하며 아메리카 대륙에 대한 지식은 찾아볼 수 없다.

그러나 콜럼버스의 신대륙 발견(1492년~1504년) 이후, 신세계 발견을 동경하는 유럽 각국들의 해양 탐사와 식민지 확보를 위한 제국주의 경쟁이 치열하게 되었으니 바로 세계지도 속에서 찾아볼 수 있다. 16세기 오르텔리우스의 『세계의 무대(1570년)』, 17세기 블루에 가문의 『세계지도(1646년 판)』와 요안 블루에(1599-1673년)의 『신세계 전도(1648년)』 등을 참조하여, 신대륙발견 이후 세계관에 대해서 살펴보기로 한다.

오르텔리우스(Abraham Ortelius, 1527~1598년)는 벨기에 안트베르펜의 지리학자·지도제작자로서 당시의 최신 정보를 모아 한 권의 책으로 모은 『세계의 무대』는 근대 지도책의 선구로서 1570년의 초판이래 1612년까지 사십 수판이 출판되었다. 16세기 후반 당시 세계의 지리관이 이 책에 응축되어 있다고 말해도 좋을 것이다. <그림 30>에 의하면 아메리카 대륙이 새로 기록되어 있지만 남아메리카 대륙의 모습이 다소 왜곡되게 표현되어 있으며 아직 오스트레일리아의 모습은 보이지 않고 대신에 남반구에 비교적 광대한 육지가 펼쳐져 있다. 동북아시아에 대한 지리 지식도 예전에 비해 상당히 개선되어 있으나 아직 한반도는 묘사되지 못하며 나아가 중국 동·북부 지방에 대한 인식은 매우 부족함을 알 수 있다. 다만 일본은 비록 왜곡된 형태이기는 하지만 섬으로 표시되어있다. 그러나 전반적으로 고대 프톨레마이오스의 지도와 비교할 때 대항해시대이후 새로 발견된 많은 세계 지리학적 지식이 추가되고 있음을 찾아볼 수 있다.

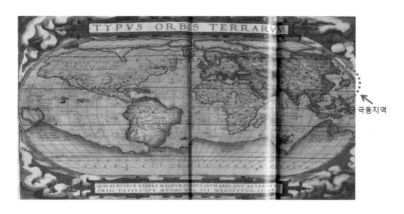

극동지역

<그림 30> 오르텔리우스의 『세계의 무대(1570년)』

* 참조: 三好唯義, 『도설 세계고지도 컬렉션』, pp.10-11, 河出書房新社, 1999

한편 유럽세계는 콜럼버스의 신대륙 발견 이후 연이어 발견되는 미지의 땅에 열광하여 황금의 땅을 찾기 위한 지도제작에 몰두하였다. 17세기는 특히 네덜란드의 황금시기로서 암스테르담은 세계지도 제작 중심지가 되었다. 그 네덜란드 지도 제작의 중심이 바로 빌럼 얀스본 블루에(Wellem Janszoon Blaeu, 1571~1638년)과 그 아들 요안 블루에(Joan Blaeu, 1596~1673년)로 대표되는 블루에 가문(Blaeu)이었다. 블루에 가문은 17세기 중반 이후 네덜란드의 세계지도 제작술을 선도했던 집안이었다.

1629년 혼디우스(Jodocus Hondius, 1594년~1629년)의 유산으로 남아있던 메르카토르-혼디우스 세계지도 총람 원판을 입수한 요안 블루에의 부친 빌럼 얀스본 블루에의 지도 제작술은 세계 최고의 수준을 자랑하기에 이르렀다. 1599년경 네덜란드의 암스테르담으로 이주한 빌럼 얀스본 블루에는 1617년까지 그의 라틴 이름을 얀소니우스(Janssonius)라고 표기하거나 서명함으로써 당시 지도 제작과 관련하여 라이벌이었던 요하네스 얀소니우스(Joannes Janssonius, 1588~1664년)와 혼동을 일으키기도 하였다. 혼동을 피하기 위해 빌럼 얀스본 블루에(Wellem Janszoon Blaeu)란 이름을 사용하기 시작한 그는 메르카토르-혼디우스의 세계지도 총람 원판에 최근의 지리적 발견을 첨가한 자신의 지도가, 메르카토르(Gerhardus Mercator, 1512년~1594년) 및 오르텔리우스(1527년~1598년), 혼디우스(1594년~1629년)로 내려오는 세계지도 제작의 전통을 집대성했다고 선언했다. 빌럼 얀스본 블루에의 공적을 인정한 네덜란드 정부는 그를 네덜란드 동인도 회사(Dutch East India Company)의 공식 지도 제작자로 임명하였다(1634년). 빌럼 얀스본 블루에의 명성은 1635년에 출간된 『신 세계지도 총람(Novus Atlas)』으로 최고조에 이른다. 여러 나라 언어로 번역되어 출간되었던 이 17세기 중엽의 세계지도 총람은 모두 207개의 지도(혹은 208개)로서 화려한 채색을 입힌 각 지역 지도와 세계지도를 포함하고 있었다. <그림 31>에서 살펴 볼 수 있듯이 빌럼 얀스본 블루에 지도의 또 다른 특징은 새로운 지형·지명뿐만이 아니라 왕후도 및 도시·지역인물도 등을 지도 사방 주위에 장식한 일종의 예술품으로서의 경향을 띄고 있다는 점이다.

왕후도 ··· 신대륙

도시/지역풍경

<그림 31> W.블루에의 세계지도(1635년)

* 참조-三好唯義 『図説世界古地図コレクション』, p.37, 1999

1638년에 사망한 빌럼 얀스본 블루에의 뒤를 이어 지도 제작의 가업을 이어받은 아들 요안 블루에(Joan Blaeu, 1596~1673년)는 부친의 인쇄소를 확장해 유럽 최대 규모로 만들었다. 그의 부친과 함께 출간했던 1635년 출판의 『신세계지도총람』 후속편을 1655년까지 계속하여 발간했다. 1645년에 출간된 『신세계지도총람』의 네 번째 책은 영국의 대표 지도 제작자 존 스피드(John Speed)의 영국 지도를 첨가하였고, 1654년에 출간한 다섯 번째 책은 스코틀랜드 지역을 최초로 포함하고 있다. 1655년에 마지막으로 첨가된 여섯 번째 책은 그동안 불확실한 지리적 정보로만 알려져 왔던 동아시아의 새로운 지리적 발견을 담고 있다. 특히 11권으로 구성된 브라우 가문의 세계지도는 1662년 완성하였는데, 본문이 약 3,000페이지 이상이나 되며 그 속에 수록된 지도만 약 600 여개로서 현재 지도 출판 사상 최대 규모 지도첩 중의 하나로서 평가되고 있다. 그 첫머리를 장식하는 '세계지도'에는 17세기 중엽 당시의 최신정보가 담겨져 있었다. 바로 네덜란드 동인도 회사의 탐험항해에 의하여 획득한 아메

리카 대륙의 남반부 및 오스트레일리아 대륙, 한반도·북해도 등에
대한 새로운 지리 지식들이 추가되어 있다.

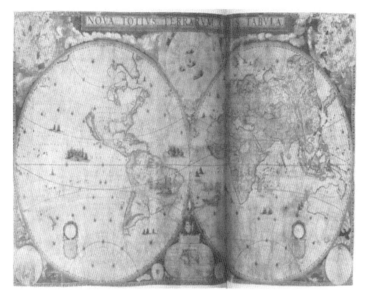

<그림 32> 요안 블루에의 「신세계 전도」(1648년)

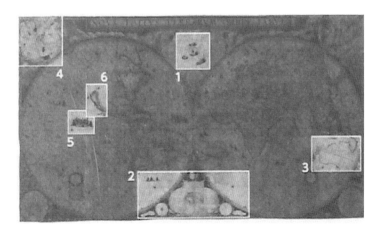

<그림 33> 확대도

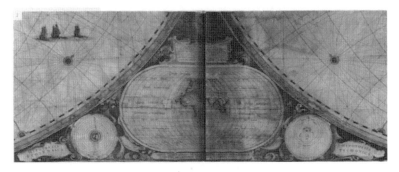

<그림 34> 확대도 속의 2

― 경합하는 우주론

<그림 35> 확대도의 1

― 태양을 중심으로 한 태양계

<그림 36> 확대도의 3

― 호주 남쪽 대륙 모습

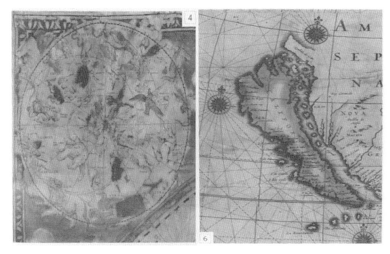

<table>
<tr><td><그림 37>확대도 4</td><td><그림 38> 확대도 6</td></tr>
</table>

—우주의 구조   —아메리카 서해안과 캘리포니아(섬)

* <그림 32>~<그림 38> 참조:『地図の世界史大図鑑』, pp.142-145

2. 한국, 서양세계와 만나다

서양의 세계 지도 속에 동북아 및 한국의 모습이 나타나기 시작한 것은 언제부터였을까?

현존하는 서양의 세계 지도 속에 한반도가 묘사되기 시작한 것은 네덜란드 연합동인도회사의 숙련된 항해사였던 요하네스 얀소니우스(Joannes Janssonius, 1588~1664년)의 1647년도에 제작한 '일본도(Map of Japan)'에 확인할 수 있다. 그의 '일본도'(<그림 39>)에 의하면 일본 열도는 상당히 상세한 지리적 특성이 반영되어 있는 반면, 조선은 'Corij'란 섬으로, 제주도는 'ladrones'라 표기되어 있어 그 존

재를 이미 인식하고 있었으나 반도가 아니라 세로의 기다란 섬 모양
을 이루고 있어 한반도의 지형에 대해 아직 부정확함을 찾아볼 수
있다. 당시 네덜란드 연합동인도회사는 나가사키에 상관(商館)을 두
고 빈번하게 동남아시아 지역과 나가사키를 왕래하고 있었으므로
일본에 대한 묘사는 비교적 상세하며 고래·선박 등이 함께 묘사되
어 있음을 살펴볼 수 있다.

섬 모양의 한반도

<그림 39> 얀소니우스, 「일본도(1647년경)」(일본 고베시립 박물관소장)

* **참조:** 김영원 외, 『항해와 표류의 역사』, p.197, 솔 출판사, 2003

한편 18세기 이후가 되면 서양의 세계지도 속에 한반도가 섬 모
양이 아니라 현재의 한반도 모습과 유사하게 묘사되기 시작하고 있
음을 찾아볼 수 있다. <그림 40>는 프랑스 해양수로학자 벨랭
(J.N.Bellin)의 지도(1748년경)로서 현재 경희대 혜정박물관에 소장
되어 있는데, 한반도를 코레왕국(Royaume de Corée), 동해는 코레해
(Mer de Corée)로 표기되어 있다. 서양의 한반도와 동해에 대한 인
식이 보다 명확하여지고 동해라는 표현은 일본해가 아니라 한국의
바다로 인식하고 있었음을 드러내고 있다.

이러한 서양세계의 한반도 인식은 대항해시대 이후의 지리학적 신지식과 활발한 동·서양 해양교류에 힘입어 17세기 중엽부터 서양세계의 지도 속에 모습을 드러내기 시작하고 있음을 엿볼 수 있다.

<그림 40> 벨랭의 동북아지도

* 참조: 발로스 저·홍영분 번역, 『지도를 만든 사람들』, p.21, 아침이슬, 2008

1) 한국과 서양의 만남

한국이 처음으로 서양에 널리 알려지게 된 것은 언제부터였을까? 일반적으로는 네덜란드 연합동인도 회사 직원 하멜이 제주도에 표류한 17세기 중엽(1653년)으로 알려져 있다. 그러나 조선시대 중엽의 감로탱화(1591년) 및 1593년(임진왜란 시기)에 진해 웅천왜성을 방문했던 서양선교사 세스페데스 신부 사례 등을 종합해 본다면 하멜의 표류이전 적어도 16세기 후반에 조선은 이미 서양세계와 교류했던 것으로 유추할 수 있다.

현재 일본 중부 지역에 위치한 미에켄 마쓰자카시 조덴지(三重県 松阪市朝田寺) 소장의 감로탱화에 그려진 서양인의 모습은 하멜 이전에 이미 조선인이 서양인을 만났던 것이 아닐까라는 추측을 하게 한다. 이 감로탱화의 제작양상을 알려주는 화기(畵記)에 의하면 '1591(萬曆19)년 조문(祖文)이라 불리는 수화사와 사정(師程)이라 불린 화사가 많은 보살들의 재정적 도움을 받아 제작한 것'임을 알 수 있다. 아마도 임진왜란 중에 일본으로 유출된 것으로 추정되는데 조덴지에서는 1835년 이를 그대로 모사한 불화를 제작하여 현재 2점의 감로탱화가 이곳에 보존되어 있다.

감로탱화는 아귀 또는 지옥중생에게 감로수를 베풀어 극락왕생으로 천도하기 위해 올리는 천도 재에 사용하는 불화로서 화면이 3단(상·중·하단)으로 구성되어 있어 즉 극락의 불보살 세계(상단), 현세의 천도 재를 지내는 세계(중단), 사후 망령들의 세계(하단)가 묘사되어 있다. 불화가 동아시아 사회의 공통된 화두로서 민족·국가적 특성을 초월한 묘사가 많은 데에 반해, 이 감로탱화는 조선시대 특유의 조선인·조선풍물 등의 모습이 그려져 있어 대단히 흥미롭다. 특히 지옥 중생을 묘사한 하단의 모습은 대단히 조선시대 사회문화적 특색을 나타내고 있으며, 조선시대 민중들의 매우 해학적인 사후관·지옥관 등을 엿볼 수 있어 대단히 흥미로운 풍속화적 성격을 띠고 있다. 하단의 다양한 민중들의 모습 즉 화재·수재·익사로 죽거나 형벌로 죽은 망자의 모습, 호랑이에 물려 죽은 자, 다리가 없이 떠돌아다니는 귀신들, 그리고 지옥에 떨어졌음에도 불구하고 마치 소풍 나온 것처럼 술집에 앉아 친구들과 한 잔하고 있는 사람들, 줄타기·물구나무 서기 등의 묘기를 보이며 이를 구경하고 있는 사람들, 악기를 연주하거나 춤추며 노는 사람들 실로 다양한 해학적 모습들을 찾아볼 수 있다.

이 하단의 지옥에 떨어진 사람들 중에는 지상에서 떨어져 내려오는 한 방울의 감로수를 얻기 위해 밥그릇을 들고 위를 향해 바라보고 있는 일련의 서양인 모습이 우리들의 주위를 끌고 있는데 그들은 목에 프릴이 달린 알록달록한 옷을 입고 있어 이른바 서양인을 상징하고 있음을 유추할 수 있다.

<그림 41>은 조덴지 소장 감로탱화이며 <그림 42>은 <그림 41>의 좌측 하단, <그림 43>은 <그림 41>의 좌측 하단의 ⑭ 부분에 묘사되어 있는 서양 이국인의 모습이다.

<그림 41> 조덴지 감로탱화

<그림 42>: <그림 41> 좌측하단부분   <그림 43>-<그림 41>의 ⑭

* 참조-<그림 41>~<그림 43> 필자 조덴지에서 직접 촬영함(2005년)

한편 임진왜란(1592~1598) 중 1593년(선조 26년), 한국을 침략한 왜병들의 사기를 돋우기 위해 방문했던 스페인 선교사 세스페데스(Gregorio de Cespedes, 1551~1611년) 신부가 천주교 신자였던 영주 고니시 유키나가(小西行長)로부터 종군신부를 파견해달라는 요청을 받은 일본관구장 코메즈(P.Comez)에 의해 파견되어 진해 웅천성에 입국, 1년 6개월 동안 종군신부로 활동했다. 세스페데스는 하멜보다 먼저 한국을 방문한 최초 서양인으로 알려져 왔으나 상기 감로탱화 분석에 의하면, 세스페데스 신부 내조보다 더 빠른 시기의 즉 임진왜란(1592~1598년) 이전, 1591년 이전에 이미 조선 민중들은 서양인에 대한 인식이 있었음을 유추할 수 있다.

그러나 서양세계에 공식적으로 한국을 널리 알린 사람으로는 하멜(Hendrik Hamel, 1630~1692년)을 소개하지 않을 수 없을 것이다. 한편 하멜은 왜 한반도에 오게 되었을까? 그는 네덜란드 연합동인도회사 소속 선원으로 동남아시아에서 일본으로 향하던 중 풍랑을 만나 1653년 제주도에 표류하게 되었다. 당초 선원 64명 중 36명이 생존했는데, 당시 제주목사(濟州牧使)였던 이원진(李元鎭)은 하멜

일행을 체포·감금하고 당시 네덜란드 출신으로 조선에 귀화한 박연(朴燕, 네덜란드 이름은 얀 야너스 벨테브레 Jan. Janse. Weltevree)을 한양에서부터 불러와 통역을 하여 하멜 일행의 소속과 정체가 파악되었다.

조선은 이들의 표류사실을 비밀에 붙이고 훈련도감 포수로 임명해 거주시켰으며 경제적으로 매우 어려워 배에 있던 녹비(鹿皮) 일부를 환급받아 이것으로 오두막과 의복 등을 마련했다고 한다. 1655년 청나라 사신의 행렬에 뛰어들어 자신들의 존재를 알리고 구원을 호소했으나 실패하였는데, 이 후 하멜 일행은 서울에서 추방되어 전라도 병영으로 옮겨 일체의 외출이 금지당하고, 군사훈련이나 풀 뽑기 같은 병영의 막일에 시달렸다. 흉년에는 구걸을 하거나 승려들의 도움을 받아 살기도 했다. 승려들은 이들의 이야기를 듣는 것을 즐겼는데, 민간에 서양 세계가 상당히 소개된 것으로 생각된다. 그 뒤 여수의 전라좌수영, 순천·남원 등지에 분산·배치되었다.

1665년 생존자 16명 중 8명이 그동안 사귀어온 조선인에게 배를 구입해 일본으로 탈출에 성공하자, 이들로부터 조선에 잔류자가 있음을 알게 된 네덜란드의 요청으로 2년 후 남은 일행도 일본으로 송환되었다.

하멜은 자신과 동료가 조선에 억류되어 14년간 받지 못한 임금을 청구하기 위해 보고서를 작성했는데 이것이 그 유명한 『하멜표류기』이다. 1668년 암스테르담과 로테르담에서 하멜의 보고서를 근거로 한 『하멜표류기』는 출판되자 말자 선풍적 인기를 끌었는데, 전혀 미지의 나라였던 조선이란 나라에서의 하멜일행의 체험담은 이후 프랑스·독일·영국 등 유럽 각국어로 번역되어 연속적으로 번역본들이 출간되었다. 그 원래 제목은 『난선제주도난파기(蘭船濟州島難破記,

Relation du Naufrage d'un Vaisseau Hollandois)』로서, 『조선국기 (Description du Royaume de Corée)』가 부록으로 구성되어 있다. 『하 멜표류기』는 우리나라를 서양에 소개한 최초의 저술로 유명한 데, 처음과 끝부분이 자세하며, 중간 부분에 조선의 군사·형벌(刑制)· 관료제·가옥·교육·산물·상업 등에 관한 간단한 기술이 있으며, 맨 마지막에 조선으로 가는 항로가 기술되어 있다.

<그림 44> 하멜의 이동경로(1653-1665년)

* 참조: 김영원 외, 『항해와 표류의 역사』, p.209, 2003

다음 <그림 45>~<그림 51>은 『하멜표류기』의 네덜란드인들이 바라본 조선인의 모습이다. 그들의 제주도 상륙에서부터 조선 관군 에 체포·사역당하는 모습, 효종을 알현하는 모습, 탈출 및 나가사 키 도착 모습 등이 묘사되어 있는데, 한 가지 흥미로운 점은 효종을 비롯한 조선인 복장이 마치 서양인의 복식을 하고 있다는 점이다.

당시 네덜란드인의 이국관 및 자타인식을 살펴볼 수 있다고 말할 수 있을 것이다.

하멜 일행이 제주도에 상륙하는 모습
<그림 45> 하멜일행의 제주도 표착·상륙하는 모습

하멜 일행이 조선의 관군에게 잡히는 모습
<그림 46> 하멜 일행이 조선 관군에게 잡히는 모습

하멜 일행이 곤장을 맞는 모습

<그림 47> 하멜일행이 곤장을 맞는 모습

하멜 일행이 국왕(효종)을 알현하는 모습

<그림 48> 효종을 알현하는 모습

하멜 일행이 사역(使役)하는 모습

<그림 49> 하멜 일행의 사역하는 모습

하멜 일행이 탈출하는 모습

<그림 50> 하멜일행의 제주도 탈출 모습

<그림 51> 하멜일행의 나가사키 도착모습

* 참조: <그림 45>-하멜 저·신복룡 번역, 『하멜표류기』, p.23, 집문당, 1999;
    <그림 46>- 전게서, p.26;<그림 47>-전게서, p.33; <그림 48>-전게서, p.37;
    <그림 49>-, 전게서, p.42;<그림 50>-전게서, p.46;<그림 51>-전게서, p. 49

<그림 52> 『하멜표류기』의 유럽판본들

* 참조: 김영원 외, 『항해와 표류의 역사』, p.220, 2003

3. 부산, 서양세계와 만나다

1) 부산을 처음으로 방문한 이양선

부산을 처음으로 방문한 이양선(서양선박)은 정조 21(1797)년 10월, 동래 용당포(현 남구 용당동) 앞 바다에 표착한 영국 선박이었다. 승선 인원은 모두 50명 정도로 머리를 땋았으며 모직으로 된 모자와 검은 옷을 입고 코가 높고 눈이 푸르며, 역관을 시켜(중국어·만주어·몽고어·일본어 등) 물어보았으나 전혀 통하지 않아 붓으로 써 보라 하니 글씨가 마치 그림 같아 전혀 알 수가 없었다고 한다.

이 배는 후일 알려진 바에 의하면 바로 '브로우튼'(William Robert Broughton) 함장의 군함 87톤급 군함 프로비던스로서 영국해군의 명령으로 북태평양 탐험항해 도중, 식수와 땔감나무를 구하기 위해 일시적으로 용당포로 기항하였던 것이다. 이 배는 1797년 6월 27일 중국 마카오를 출발하여 일본 류큐열도(현 오키나와)·혼슈(本州)·쓰가루(津軽)해협을 거쳐, 동년 10월 3일 우리나라 함경도 청진 근해에 이르렀다. 우리나라 동해안 해안을 탐사하며, 10월 13일 동래부 용당포에 정박하여 경·위도 측정 및 식수·땔감의 획득, 휴식차 정박한 것 같았다.

호기심이 많은 용당포 주민들에게 브로우튼 함장 일행들이 '이곳 지명이 무엇이냐'고 물었으나 의사소통이 되지 못해 주민들은 국명을 묻는 것으로 이해해 '조선'이라고 대답했던 모양으로, 이것을 이곳의 지명으로 오해하고 부산항 항박도에 '조선항'이라고 기록하고 있다. 그리하여 10월 13일부터 10월 21일까지 수심·조석 등을 조사하고, 동래부민과의 대화를 통해 약 38개 조선어 등을 채집한 뒤,

10월 21일 부산항을 출발하여 여수를 거쳐 제주도의 해안 스케치를 마친 뒤 11월 27일 마카오로 입항했다. 이후 1799년 2월 영국으로 귀국, 1804년 런던에서 『북태평양 탐사 항해기』를 출판하였는데, 이 탐사 항해기 속에 바로 브로우튼 일행의 부산 표착이 기록되어 있다.[2]

브로우튼 일행은 부산항 위치, 경도·위도, 자침(나침판)의 편차, 바닷물의 조석·수심 등을 조사하고 부산항을 스케치하여 최초의 <부산항박도(釜山港泊圖)>를 작성하였는데, 바로 다음의 <그림 52>이다. 이것은 그들의 영국 귀국 후에 『조선 남동해안의 조선항 스케치』(Sketch of Thosan Harbor S.E. Coast of Corea, 1/75640)라는 이름으로 영국 해군 수로부에 제출한 것으로서, 1840년 1월 영국 해군 수로부 해도(海圖) 『조선』(Korea, No.1258호)에 수록되었으며, 같은 해 4월 영국 해군 수로부 해도 『조선항』(Korea-Chosan Harbour, No.1259호)에도 수록되었다.

이와 같이 브로우튼은 부산항에 와서 항만도를 작성하고 항해기를 써서 부산항을 유럽에 소개시킨 최초의 사람이었다. 단 부산 해안선 모습이 다소 부정확한 점이 두드러지며, 영도가 섬이라는 사실을 몰라 육지와 연결시켜 부산항에 연결된 반도로 묘사하고 있다.

한편 브로우튼의 오류는 약 60 여년 뒤에 다시 부산항을 찾은 영국 해군 소속 와드(John Ward) 함장에 의해 수정되는데, 바로 철종 10년(1859년) 6월 및 11월 두 차례에 걸쳐 용당포·신초량포에 표착한 와드 일행의 극동지역 해안 탐사선이다. 그들은 조선 및 달단(중국 동북부) 해안을 조사하라는 영국 해군 수로부의 명령으로, '악

---

2) 한상복(韓相復), 『해양학에서 본 한국학』, p.33, 해조사, 1988.

테온 호(Actaeon)'와 부속선 '도브 호(Dove)'로서 1859년 5월 2일 홍콩을 출발, 6월 9일 부산에 도착하여 6월 21일 까지 부산 용당포에 머물면서 부산항박도를 작성했으며, 그 이후 부속선 도브 호가 동년(1859년) 11월 23일 다시 부산항(신초량포)에 닻을 내려 미진한 부분을 보완하여 돌아갔다.

이 탐사로 영도가 육지가 아니며, 부산 내항에 대해 부산포 주민들이 '초량해'라고 부른다는 것을 알고 브로우튼 함장의 '조선항'이라는 명칭을 대신하여 '초량해'라고 이름하여 서구 세계에 널리 알리게 되었다. 그리고 이곳의 주민, 즉 조선 민간의 여성 및 남성의 의복과 특징 등에 대해서도 세심한 묘사를 하고 있으며 부산항 및 그 주변 해안선에 대해서도 매우 섬세하게 묘사하고 있다. 그리하여 와드는 '부산 항박도'에서 부산을 '초량해'(Jsau-liang-hai)라 표현하고, 영도가 육지가 아니라 섬이라는 것을 확실하게 나타내었다.

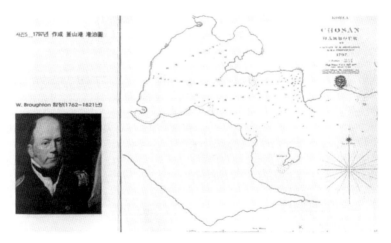

<그림 53> 브로우튼의 해도(<부산항박도>

* 참조: 김재승, 『기록사진으로 보는 부산·부산항 130년』, p.15, 젊은 그들, 2005

그 탐사와 측량 결과가『초량해(브로우튼의 언급한 바 조선항) 및 그 부근의 조선해안』이라는 제목으로 1860년 영국 해군 수로부 해도로서 출판하여, 브로우튼의 항박도(No.1259호)를 대신하게 되는데 바로 <그림 54>이다. 이 와드의 해도는 1871년 영국 해군수로부에서 재판으로 출간한 해도집에도 그대로 인용되어 있다.

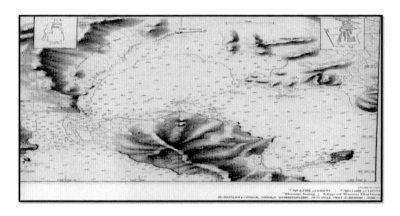

<그림 54> 와드의 해도(<초량해>)

* 참조: 김재승, 전게서, p.16.

이와 같이 부산포는 18 세기 후반이후 서양에 널리 알려지게 되었는데 특히 19세기 중반이후 서양의 선박, 즉 이양선(異樣船)들이 부산 앞바다에 자주 출몰하게 되었는데 그 대표적인 사례에 대해서 다소 소개하고자 한다.

철종 1년(1850) 4월 4일에 흰 돛을 단 이양선 2척이 부산 앞바다를 거쳐 동해안으로 사라졌다는 기록(『동래부계록(東萊府啓錄)』)과 철종 10년(1859) 6월에 영국 상선이 동래 용당포 앞 바다에 표착한 기록들이 남아 있다.

특히 1859년 6월에 동래부 앞 바다에 표착한 선박의 이름은 '애서아미 호'로서 무역을 위해 중국 상해에서 만주로 항해 중이라 말하며 소·닭·야채 같은 음식을 요청하였으므로 주어 돌려보냈다고 한다(『日省錄』). 동년 11월에도 영국 상선 2척이 신 초량에 표착하여, 훈도 현학로(玄學魯)와 별차 이본수(李本修) 등이 현장에 나가 심문한 결과 "중국 상하이에서 일본 하코다테(箱館:현재의 函館)로 향하던 중이다"라고 하며 역시 소·닭과 야채·쌀·생선 같은 것을 요구하였으므로 갖추어 돌려보냈다는 기록(『철종실록(哲宗實錄)』)이 남아 있다. 한편 철종 10년 부산에 찾아온 상기 선박들은 영국인 와드(John Ward) 일행(1859년 6월과 11월)의 극동지역 해안 탐사선으로 유추되며, 조선·달단(중국 동북부) 해안을 조사하라는 영국 해군 수로부 명령으로, '악테온 호'(Actaeon)와 부속선 '도브 호'(Dove)와 함께 철종 7년(1856) 11월에 포츠머스를 떠나 철종 8년 8월경 중국 홍콩에 도착하였던 것이다. 철종 10년 5월 2일 홍콩을 출발하여 6월 9일 부산에 도착하여 6월 21일 까지 부산 용당포에 머물면서 부산 항박도를 작성했었다. 그런데 미진한 부분이 있었던 모양으로 그 이후에 부속선 도브 호가 동년(1859) 11월 23일에 다시 부산항(신 초량)에 닻을 내려 그 부족한 부분을 보완하여 돌아갔다.

여기서 1797년 및 1859년에 걸쳐서 수차례 부산포에 정박하였으며 빈번하게 동북아시아 해안을 조사하였던 영국의 해양탐사 현황에 대한 검토를 통해 대항해시대 이후 전개되었던 서양열강들의 해양국가 양상 등에 대해 살펴보고자 한다.

2) 18세기 영국의 해양제국

15세기 중반이후 시작된 대항해시대 이후, 스페인·포르투갈에
이어 네덜란드·프랑스 등 국가들보다 다소 뒤늦게 식민지 쟁탈전
에 참가하게 된 영국은 급속도로 해양세력을 강화하였다. 그들의 해
양탐사를 위한 범선은 멀리 떨어진 바다 외딴 곳에서 안정된 물자
보급과 선박 수선이 가능한 장소가 필요했으며, 그리하여 서양 열강
들은 새로운 땅 확보를 위해 탐험대를 보냈고 특히 지구 반대편에서
그들의 선박들이 필요로 하는 것을 나서서 마련해주는 친절한 원주
민이 사는 곳을 선호했다.

18세기 후반 영국의 해양탐사는 남태평양·남대서양·남미대륙
의 남극 주변 많은 섬들을 영국령으로 획득하는 데에 큰 영향을 미
쳤다. 특히 대영제국 해군 소속 제임스 쿡 선장(James Cook)의 활발
한 세계 항해를 들 수 있는데 1768년부터 1780년까지 모두 3차례에
걸친 대항해를 통하여 지구를 한 바퀴 도는 항해 길과 새로운 지역
을 많이 발견하여 영국령으로 삼았다. 쿡 선장의 세 차례 항해로는
다음 <그림 55>~<그림 56>를 참조 바란다.

쿡 선장은 1768년 인데브(HMS Endeavors)호를 타고 영국 플리머
스(Plymouth) 항을 출발하여 대서양을 내려와 남아메리카 남쪽 끝을
지나 남태평양에서 뉴질랜드·호주 등을 발견하고 인도양을 거쳐
1771년 영국으로 귀환하여 그의 첫 번째 항해(1768~1771년)를 무
사히 마쳤다. 영국 해군 수뇌부는 크게 감격하여 쿡을 1772년 사령
관으로 승진시켰다. 쿡은 Resolution과 Adventure호의 지휘권을 얻어
두 번째 항해(1772년~1775년)를 재개하여, 통가(Tonga)섬·이스터
(Easter)섬을 발견했으며, 태평양에서 뉴칼레도니아(New Caledonia),

<그림 55> 쿡선장의 항해로

<그림 56> 제임스 쿡선장

* <그림 54>~<그림 55>참조: TOM GARRISON 저・강효진 외 7인 번역, 『해양학』, p.36,
시그마프레스, 2008

대서양에서 사우스조지아(South Georgia)를 발견하고 고위도에서 지구를 한 바퀴 돌아본 첫 번째 인물로서, 남위 71°까지 내려갔으나 아쉽게도 남극대륙은 발견하지 못했다. 이어서 선장으로 승진한 쿡은 이듬해인 1776년 세 번째 항해(1776년~1780년)를 시작하였다. 그의 임무는 캐나다·알래스카로 가는 북서항로와 북동항로(시베리아)의 탐색이었는데, 그 와중에 하와이를 발견하고 북미대륙의 서해안을 측량하기도 하였다. 다만 1779년 2월 14일 하와이 추장이 참석한 환송 만찬에 참석하던 중 원주민을 화나게 만든 사건이 발생하여 주민의 폭동으로 인하여 그만 살해되고 말았다.

그의 항해술은 탁월하여 그가 남긴 태평양 해도는 매우 정확해 제2차 세계대전시 연합군의 공격 작전에 이용될 정도였다고 한다. 그는 뛰어난 항해가이자 지도제작자였으며 동승한 과학자들과 함께 해양 생물, 육상 동식물, 해저와 지질층에 대한 시료를 채취하여 상세한 항해일지를 남겼다. 또한 식품영향학에 대한 관심이 깊어 수백 년간 장기 항해 때마다 수많은 선원들의 목숨을 앗아간 괴혈병(비타민 C 결핍증)으로 목숨을 잃는 자가 없었다고 한다.[3]

---

3) TOM GARRISON 저·강효진 외 7인 번역, 『해양학』, pp.33~36, 시그마프레스, 2008

제 2 편

역사 속의 부산

1. 선사시대 부산의 역사

1) 선사시대의 부산

(1) 초기 부산의 지형과 거주민

이 땅에 처음으로 뿌리를 내린 조상들은 선사시대(先史時代:역사이전의 시대라는 의미임) 문자가 없는 상태로 살아왔기 때문에 우리나라 선사시대 역사 연구에 있어 고고학연구 성과의 중요성에 대해서 재차 강조해도 좋을 것이다.

한편 한반도에 인류가 살기 시작한 것은 아득한 구석기시대부터이라고 한다. 부산의 경우 언제부터 사람이 살기 시작하였는지는 명확하지 않다. 다만 1985년의 금정구 노포동과 1990년의 해운대구 우동 청사포에서 구석기시대 유적이 처음으로 확인되었으며, 1992년의 해운대 신시가지 조성 지역을 위한 고고학 발굴조사 중에 좌동과 중동에서 각각 대규모 구석기 유적지가 발견되었다. 그 대표 유물로서는 주먹도끼(Hand-axe)·찍개(Chopper)·모루돌(Anvil)·돌날

(Blades)·망치돌(Hammering-tool) 등의 다양한 구석기 유물이 출토되었다. 이들 유물은 그 제작 수법이나 형태적 특징으로 보아 후기 구석기 시대의 것으로 유추되고 있으며 그 연대는 대략 기원전 2만 년 경에서부터 기원전 1만 5천 년경 전후로 추정되고 있다. 그리하여 부산지방에서는 늦어도 후기구석기 시대부터 사람이 살고 있었음을 알 수 있다. 특히 이들이 남긴 유물 가운데에는 일본 규슈(九州) 지방에서 발견되고 있는 후기 구석기 시대 유물과 비슷한 것들이 발견되므로, 이미 구석기 시대부터 한·일 양국 간에 활발한 문화교류가 이루어지고 있었음을 유추할 수 있다.

현재 부산의 지형은 약 1만 년 전쯤 형성되었으며 그 이전에는 일본열도와 제주도가 육지로 연결되어 있었다고 한다. 일본열도나 제주도에는 구석기시대 유적이 존재한다. 당시의 사람은 걸어서 그 곳까지 이동해 갔으며, 지형의 변화로 바다가 생겨나 일본열도나 제주도가 섬이 되었다. 그렇다면 구석기시대 사람들은 부산지역을 통해 일본 쪽으로 이동해 갔을 가능성도 있으며, 부산근교의 바다 밑에는 이때의 유적이 있을 가능성도 있다.

부산지역에서 사람이 확실히 살았던 흔적은 후기 구석기시대부터 찾아볼 수 있는데 청동기·철기시대 등에 이르기까지 계속 발견되고 있다. 또한 부산지역은 다른 지역에 비해 유적의 분포가 조밀한데, 이는 사람이 많이 살았음을 의미한다. 낙동강과 해안선을 끼고 있는 지리적 조건과 따뜻한 기후 등의 좋은 자연환경이 당시 사람들이 살기에 적합한 환경을 제공하였음을 알 수 있다.

선사시대 부산의 상징적 유적은 조개무지(貝塚)이다. 이것은 신석기시대 크게 유행하여 청동기시대에 소멸되었다가 철기시대에 부분적으로 나타나는 유적이다. 조개무지란 먹고 버린 조개껍질이 쌓인 선사시대 사람들의 쓰레기장으로서, 당시 사람들의 생활도구가 많이 섞여 있는 만큼 당시의 생활 상태는 물론이고 자연환경까지도 자세히 규명할 수 있다. 그러므로 조개무지 유적지는 선사시대 사람들의 생활상을 알려주는 보물창고라 할 수 있는데, 우리나라에서는 부산지역에 가장 많이 남아있다. 바다와 낙동강이 우리에게 준 최대의 선물이라고 말할 수 있을 것이다.

부산은 우리나라의 최남단에 위치하고 있으므로 남쪽으로 내려오는 대륙계 문화의 종착역이며, 바다를 통해 들어오는 남쪽 해양문화의 시발점이었다. 또한 한반도의 문화를 일본에 전해주는 전진기지 역할도 하였던 곳이므로 이미 이때부터 국제적인 성격을 띠고 있었다. 한편 부산지역의 선사문화가 이렇게 중요한 성격을 지니고 있음에도 불구하고 현대의 급격한 도시팽창과 시민들의 이해부족으로 이미 많이 파손되었으며, 지금도 계속 파괴되고 있어 안타깝기 그지없는 실정이다.

(2) 신석기 시대 유적과 생활상

부산의 신석기 시대는 대략 B. C. 5000년에서~B. C. 1000년에 이르는 약 4,000년간을 말한다. 당시 부산에 등장한 신석기인 들은 일찍부터 시베리아에 살고 있던 고아시아족과 같은 계통으로서 이들은 새로운 문화를 가지고 만주지방을 거쳐 한반도 남해안까지 내려와서 새로운 사회와 문화를 이룩한 것으로 보인다. 이들은 부산지역에 많은 유적과 유물을 남겼는데, 거의 조개무지 형태로 전해오고 있다. 조개무지에서 출토되는 유물은 크게 토기(빗살무늬토기 등)·석기·골각기(화살촉·낚시바늘등)의 세 종류로 나누어 살펴볼 수 있다.

부산 지방의 조개무지 유적은 영도구의 동삼동 1패총(해양대 입구와 태종대로 들어가는 도로 사이의 바닷가) · 동삼동 2패총(동삼초등학교 아래쪽 바닷가) · 아치 섬 · 영선동, 서구의 암남동, 사하구의 다대동, 북구의 금곡동 율리, 강서구의 강동동 북정(北亭) 등을 들 수 있다. 섬인 영도에 가장 많고 나머지도 낙동강 강가의 율리나 북정을 제외하면 대부분 부산의 남쪽 바닷가 지역에 위치하고 있다. 낙동강변의 김해평야 지역도 신석기시대엔 전부 바다였을 것이므로, 조개무지는 사실상 바닷가와 섬에 남겨진 것이라고 말할 수 있다.

우리나라 신석기시대의 대표적 유적으로 유명한 동삼동 제1 조개무지는 남해안 일대에서 가장 규모가 크고, 잔존상태가 좋으며 그 고고학적 의의도 매우 중요하여 일본이나 미국까지 잘 알려진 국제적인 유적이다. 해방 전 일본인에 의해 여러 차례 조사되었으며, 1963~64년 미국인에 의해서도 일부 조사되었으며, 1971~1973년의 3년 동안에 국립중앙 박물관에 의하여 전면적 발굴이 시행되어 어느 정도 그 전모 및 성격이 알려지게 되었다. 동삼동 조개무지는 3개의 문화층으로 이루어져 있어 각 층 별로 문화적 성격이 다른 유물들이 순서대로 쌓여 있어, 즉 신석기 시대 초기에서 말기까지에 이르는 수천 년 유물이 모두 포함되어 있으므로, 부산을 중심으로 하는 남해안 지방뿐만 아니라 우리나라의 전반적 신석기문화의 변천과 전파루트까지 추적 가능하므로 학술적으로 매우 귀중한 유적지로서 유명하다. 뿐만 아니라 일본 죠몬(繩文) 시대의 여러 가지 토기와 우리나라 함경북도 및 일본 규슈(九州)의 사가(佐賀) 지역에서 산출된 것으로 여겨지는 흑요석(일본 내 다른 지역에서는 출토되지 않음)으로 만들어진 석기가 많이 출토되었는데, 이것은 신석기 시대 당시의 사람들이 바다를 통하여 멀리 함경북도나 일본 규슈 지역까지 문화 교류를 왕성히 전개하였음을 알려주는 좋은 자료가 된다고 지적할 수 있다.

동삼동 제 2 조개무지는 정식조사를 거치지 않은 채 없어져 버려 그 정확한 성격을 알 수 없으며, 영도의 아치 섬 조개무지 유적은 1973년의 국립박물관 조사 이후 국립해양대학 신축으로 인하여 땅속에 묻히면서 지금은 남아 있지 않다. 그리고 영도의 영선동 조개무지는 1933년을 전후하여 일본인에 의해 수차례 조사되어 그 유물이 동아대학교 박물관에 보관되어 있다고 한다.

한편 금곡동 조개무지는 북구 금곡동 율리부락 뒷 계곡에 위치한 유적으로서, 1973년 부산대학교 박물관에서 발굴·조사한 이후 완전히 없어져 버렸다. 비록 규모는 작으나 바위그늘 주거지를 포함하고 있어 우리나라 신석기시대 유적 중의 특이한 존재로 꼽히고 있다. 일반적으로 신석기시대 유적은 움집을 지어 살았지만, 특이하게 동굴이나 바위그늘을 이용한 경우도 있었던 것 같다. 이 유적은 규모에 비해 매우 중요한 자료를 제공해 준 유적임에도 불구하고 현재 소멸되어 버리고 말아 아쉬움을 금할 수 없다.

부산의 신석기 시대 사람들의 생활은 주로 바닷가나 강가로서, 그들의 남긴 조개무지들이 바다와 인접한 곳에 남아 있다. 따라서 당시 사람들은 기본적으로 어로(고기잡이) 위주의 생활을 하며 때때로 짐승을 사냥하는 수렵생활도 소홀히 하지는 않았던 것 같다. 짐승은 식용으로서 뿐만 아니라 모피류를 의복으로서 이용하였으며 단단한 뼈를 이용하여 낚싯바늘이나 화살촉 같은 골각기를 만들기도 하였다. 조개무지에서 발견되는 동물로는 사슴·노루·멧돼지·돼지·너구리·오소리 등이 있는데 사슴 뼈는 시대가 내려 갈수록 더욱 많아지고 있는 점으로 미루어 볼 때 부산지역에 사슴이 많았던 모양이다. 사슴의 용도는 시베리아 민족들에게는 특수한 의의를 지니므로 식용 이외에 희생용으로 쓰였으며, 사슴의 앞다리 뼈는 특히 단단하여 활촉이나 낚싯바늘의 재료가 되었다. 한편 들짐승 외에 새도 사냥의 대상이었던 모양으로 약 14여 종류의 새뼈가 발견되는데, 꿩도 있지만 오리나 갈매기 같은 수조(水鳥)가 많다. 그러나 아직 부산지방에서 농경생활이 이루어지고 있었다는 흔적은 찾아볼 수 없다.

주거시설은 대개 동굴이나 바위움집 같은 움집(수혈식 주거)에서 살았던 것 같다. 햇살이 잘 비치고 바람을 막아주는 장소를 골라 깊이 1m 정도로 둥글게 땅을 파서(직경 5-6미터 정도) 몇 개의 기둥을 세우고 상부에 이엉을 덮어 원뿔 모양의 지붕으로 된 집이다. 움집 가운데에는 화덕이 있어 난방과 취사를 겸했으며 대개 5명 정도의 가족이 생활할 수 있는 공간으로서 한 취락의 호수는 10호 내외였으므로 한 취락의 인구수는 50명 정도로서 당시 부산 전체의 인구수는 200~300명 정도를 넘지 않을 것으로 추측되고 있다.

당시 부산지방에는 농경이 이루어진 흔적이 없으므로 주로 어로나 수렵 위주의 생활이었던 것 같다. 동삼동 조개무지의 경우 아래층에서는 동물의 뼈가 보이지 않으나 위층으로 올수록 점차 많아지는 경향으로 보아, 신석기 시대 초기에는 순수한 어로생활이었으나 신석기 후기로 가면서 수렵을 병행한 것으로 보아진다.

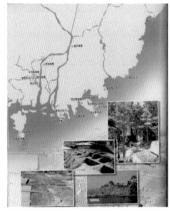 

<그림 57>부산의 조개무지(패총)유적　　<그림 58> 동삼동 조개무지(패총)

* 참조: 부산박물관,『부산의 역사와 문화』, p.16, 2002

<그림 59> 신석기시대 일본 내 한·일 교류 유물 분포도

*참조: 부산박물관, 전게서, p.23, 2002

(3) 청동기시대의 유적과 생활상

우리나라의 청동기시대는 기원전 1000년~기원전 300년에 이르는 700년간으로 추측되며 그 상한선은 민무늬토기(무문토기:無文土器)의 사용연대인 기원전 1000년경이고, 하한선은 북쪽의 철기가 유입되는 시기로 잡고 있다. 청동기시대를 주도한 민무늬토기인 들은 농경문화를 가지고 만주지방을 거쳐 한반도로 들어와 선주민의 신석기 시대 빗살무늬 토기인들을 흡수·동화하여 현재 우리 민족의 주류를 이루고 있다.

부산은 지리적으로 평지가 적고 산이 많은 편으로서 또한 바다와 접하며 낙동강 하류에 임해 있다는 특수한 환경을 지니고 있다. 이러한 지리적 특성은 신석기 시대 사람들이 강이나 바다에서 물고기나 조개류를 채집하면서 살기에는 편리한 점이 많으나, 청동기 시대와 같이 평야에서 농사를 짓고 살기에는 적합하지 않다. 따라서 부산지방에서 신석기시대 유적과 유물은 자주 발견되고 있지만, 청동기시대 유적의 발견이 어려운 요소가 되고 있다. 특히 청동기시대 유적이 자리할 만 한 곳은 근대 이후 도시화로 인하여 건물들이 들어서 파손되어 버린 탓에 유적의 확인이 더욱 어렵다.

부산의 대표적인 청동기 유적은 고인돌 무덤(지석묘:支石墓)·돌널무덤(석관묘:石棺墓)·독널무덤(옹관묘:甕棺墓) 등을 들 수 있다. 고인돌 무덤은 사람의 시신을 땅을 파서 묻은 후 작은 고인돌 몇 개를 놓고 그 위에 넙적하고 커다란 바위 덩어리 즉 상석을 올려놓아 마치 그 모양이 바둑판처럼 된 것인데, 이른바 남방식 고인돌 무덤으로서 괴정·감천·사직동 등에서 발견된 바 있다. 그리고 돌널무덤은 네 면의 벽과 바닥 및 윗면의 뚜껑을 한 장 또는 몇 장의 판석으로 이어서 붙이거나 혹은 납작한 돌을 여러 겹으로 쌓아서 만든 것으로 괴정·대신·사직·부곡동 등에서 발굴되고 있다. 가장 후기의 독널무덤은 기다랗게 만든 독 안에 시신을 넣고, 다시 그 위를 다른 독으로 덮거나 끼워 넣어 만든 널을 묻은 무덤으로서, 낙민동에서 발견되고 있다. 무덤 안에는 청동기시대의 무문토기와 마제석기가 출토, 토기 밑바닥에 볍씨 자국이 있다.

감천동 고인돌 무덤은 모두 6기가 전하였으나 화력발전소 건설 및 도로공사로 훼손되어 버렸다. 1964년 도로공사 중에 지석묘와 마제석검·돌도끼 등이 발견되었으나 학술적인 조사를 거치지 않아 훼손되어 버렸다. 인근 주민이나 보고자의 의견을 종합해 보면 감천동 고인돌 무덤은 대부분 기반식 지석묘이었으나, 대략 기원전 400년~기원전 300년경에 큰 취락을 형성했던 것으로 유추된다.

괴정 1동 유적에서는 거의 원형에 가까운 민무늬토기 1점, 괴정 2동 유적에서는 단도마연토기·마제석검·석촉 등이 발견되어 남부지방 민무늬토기 연구에 귀중한 자료가 된다. 괴정1동 유적은 석관이나 자갈이 발견되지 않는 점으로 미루어 보아 주거지인 것으로 보이며 시기적으로 청동기시대 중반의 기원전 300년 경 유적으로 추정되고 있다.

사직동 유적은 1964년 인근주민에 의해 발견되었는데 대부분 파괴되고 말았다. 발견자들에 의하면 석관이 있었다고 하며 무문토기와 석검이 발견되었다.

낙민동 독널무덤(옹관묘)은 해방 전 철도공사때 낙민동 언덕 끝이 잘려 나가면서 우연히 발견되었는데 그 속에서 옹관 4기와 단도마연의 소호 1점, 철환1점이 나왔다. 추정연대는 기원전 1세기경으로 보인다.

대신동 유적은 동대신동 3가 1번지의 현 동아대 대신동 캠퍼스가 있는 곳이다. 옛날 이 곳은 매화 등 유실수가 심어진 과수원으로 고인돌무덤의 상석으로 보이는 큰 돌들이 있었다고 한다. 1934년 마제석검과 무문토기 파편이 출토되었는데, 마제석검은 국립중앙 박물관에 소장 중이라고 한다.

노포동 유적은 목곽묘 45기와 독널무덤 6기가 발견되었는데, 이곳은 지형적으로 경사도가 비교적 완만하여 사람들이 살기에 좋았을 자리로 주거지도 두 개나 발견되었다. 이곳의 동쪽은 회동 수원지로 흘러드는 수영강 상류유역에 해당되므로 정착된 농경생활과 수렵생활이 시작되면서 꽤 큰 취락이 형성되었을 것으로 보인다. 반달모양의 돌칼과 석촉 등이 출토되었다.

해운대구 반여동유적은 수영강변에 인접한 반여동 산 345번지에 위치하며 2개의 청동기시대 주거지가 발견되어 장방형의 수혈지로서 방추차·마제 돌도끼·화살촉·숫돌 등을 비롯하여 가야시대 분묘 13기도 출토되었다. 상당히 큰 취락이 형성된 것으로 추정된다.

온천동 유적은 금강공원 내(현 체육공원자리)에서 꽤 많은 민무늬 토기가 출토되었는데, 일본 야요이식 토기와 비슷한 토기가 나온 것으로 미루어 일본 규슈지방과의 교류를 유추할 수 있다.

동래 복천동 유적에서는 청동기시대 주거지와 가야시대 무덤이 확인되었는데, 주거지에 화로시설 1개와 둥근 기둥 구멍 2개가 발굴되었다.

부산지방 청동기 시대 문화의 특징은 낙동강 유역(금곡동·다대동·감천동·괴정동)과 동래의 수영강 유역, 서면의 범천 유역, 대신동의 보수천 유역, 사직동·장전동과 같은 좁은 골짜기 사이로 흘러내리는 하천유역에서 부분적인 농경생활과 어로활동을 병행하는 반농반어의 생활을 하였다. 생활풍습은 영도구 아치 섬 조개무지에서 나온 인골을 통해 볼 때 성년이 되면 발치(拔齒, 이빨을 빼는) 풍습이 있으며 사회에서 영향력 있는 사람이 사망하면 고인돌무덤이나 돌널무덤 등을 만들어 장례를 치렀다. 일본 규슈의 야요이식 토기가 동래 복천동 유적이나 아치섬 조개무지 등에서 많이 발견되고, 다른 한편으로 부산지방의 민무늬토기 등도 일본 규슈 지방에서 나타나는 것으로 볼 때 한일 양국 간의 활발한 해양 교류를 찾아볼 수 있다.

<그림 60>청동기시대 움집-반여동　　　<그림 61> 돌덧널무덤(두구동)

<그림 62> 청동기시대-고인돌무덤(가덕도)

* <그림 60>~<그림 62> 참조: 부산박물관, 전게서, pp.25~26

2) 삼한시대의 부산

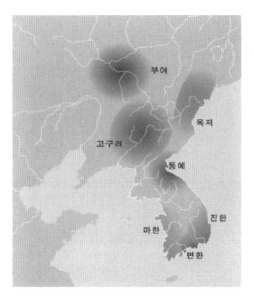

<그림 63> 고대초기의 한반도

* 참조: 『한국생활사박물관06』발해·가야 생활관, p.6, 2004, 사계절출판사.
* B. C. 2세기경~A. D. 4세기경의 한반도로서 북으로는 부여·고구려·옥저·동예, 남으로는 삼한 (마한·진한·변한) 국가들이 존재했으며, 철기시대에 돌입함.

(1) 철기문화의 유입

삼한 시대는 대체로 기원전 2세기에서 기원후 3세기까지를 가리키는데, 고고학에서 철기시대에 해당된다. 원래 한국의 철기문화는 중국의 한족이 전파한 것으로 한국에 전래된 시기는 위만조선의 출발과 깊은 관련이 있다. 위만은 철기문화가 융성한 중국 연나라에서 왔으므로 한반도 남부까지 철기문화가 파급될 것으로 여겨진다.

삼한시대의 부산은 대체로 낙동강 중·하류지역과 경남 지역 일원에 자리 잡고 있던 변한에 속해 있었다. 기원후 3세기 후반에 편찬된 중국의 『삼국지』 「위서 동이전」에 의하면 변한 12개국의 이름을 모두 열거하고 있다. 그러나 그 지리적 위치에 대해서는 김해의 구야국 또는 함안의 안야국 등을 제외하고는 아직 정확하게 알 수 없다. 그러나 이들 나라들이 대체로 낙동강 중·하류와 경남지역을 중심으로 분포되어 있었다는 사실만은 분명하다.

(2) 삼한시대의 독로국

근래 변한 12국 중에서 독로국(瀆盧國)의 위치가 동래, 즉 부산지역이라는 학설이 유력시되고 있다. 우선 『삼국지』 「위서동이전」에 의하면 '독로국이 바다를 사이에 두고 왜와 더불어 경계를 접하고 있다'고 되어있다. 따라서 독로국은 한반도 동남쪽 최남단에 위치하고 있음을 알 수 있다. '독로'의 음은 '독내'인데 우리말 발음상의 '독'의 'ㄱ'이 'ㅇ'으로 바뀌고 '내'의 'ㄴ'이 'ㄹ'로 변하여 원래의 '독내'가 '동래'로 변화되었으며 이를 한자로 변환할 때 중국식 한자 지명의 '동래(東萊)'로 표기하게 된 것 같다. 한편 독로의 '독(瀆)'은 '탁한 냇물이 바다로 흘러 들어가는 곳'이란 뜻이 있는데, 실제로 수영강의 동·서 지류가 합류하는 동래 지역은 홍수가 나면 범람하는 탁류가 바로 그 앞에 있는 수영만으로 흘러들어가는 것으로 볼 때 '독로'가 '독내',또는 '동래'로 불리는 유래를 이해할 수 있을 것 같다. 더구나 동래일대에 복천동·노포동 고분군과 복천동 내성 유적 등이 분포하는 것도 위의 사실을 뒷받침한다고 생각된다. 나아가 『삼국사기』·『삼국유사』에 현 동래·부산 지역에 거칠산국(居柒山國)·장산국(萇山國)·내산국(萊山國)이 있었다고 기록되어 있는데, 기원후 4~5세기 무렵의 지역을 일컫는 것 같다.

이 시기의 유물로는 영도구 아치섬(朝島) 조개무지에서 일본의 야
요이식 토기가 출토되고 일본에서도 부산을 비롯한 한반도 남부지
역 유물들이 출토되고 있다. 또한 동래역(동해남부선 철도) 남쪽 동
래 조개무지에서는 쇠를 만든 야철지(冶鐵址)가 확인되고 있어, 우리
나라 최초로 발견된 고대제철관계 유적으로서 현재 사적 192호로
지정되어 있다. 쇠찌꺼기가 함유된 층과 반지하식구조의 제철노지로
서 쇠칼 등이 출토되고 있는데, 변한에서 쇠를 생산한 곳이 바로 이
곳이었을 것으로 보인다. 복천·연산·반여동·오륜대 고분군 등에
서도 모두 철제 유품이 많이 나오기 때문이다. 수영바다는 동래 조개
무지에서 약 2킬로미터 떨어진 곳에 있지만, 당시 동래 조개무지 동
쪽이 바다였다. 즉 옛 수영비행장(현 센텀지역) 자리와 연산 8동·안
락 2동은 원래 바다였는데, 수영천과 동래천이 2천여 년 넘게 홍수
때면 흙모래를 싣고 와서 지금의 육지를 만들었던 것이다. 따라서
동래 조개무지 부근에서 외국과의 교역이 이루어졌을 것으로 보이
는데, 부산을 포함한 변한지역이 바다를 건너 왜까지 교섭영역이 확
대되었음을 알 수 있다.

(3) 변진의 풍습

『삼국지』「위서동이전」변진 조에는 정치·경제·사회·문화적인
측면을 엿볼 수 있는 기사가 다수 기록되어 있다. 우선 변한과 진한
에는 각각 12국이 있었으며 다시 여러 개의 작은 별읍으로 나뉘어
져 여기에는 각기 '신지·험측·번예·살예·읍차' 등과 같은 크고
작은 지배층이 있어 민중 위에 군림하고 있었다. 당시 사람들은 통
나무를 쌓아서 만든 귀틀집에 살면서 오곡과 벼농사를 지어 식량문

제를 해결하였으며 누에치기를 하여 비단을 짜서 옷을 지어 입었으며 소·말을 가축으로 길러 타고 다니거나 짐을 운반하는데 이용하였다고 한다.

변진은 진한과 섞여 살며 의복 및 거주지가 진한과 비슷하며, 말과 법속도 서로 비슷하였으나 귀신을 제사지내는 풍습은 서로 달랐다고 한다. 부엌은 모두 집의 서쪽에 두었으며, 사람들은 몸이 크고 의복이 깨끗하며 머리가 길었다. 또 그 풍속에는 노래와 춤을 즐기고 술을 즐겨 마시며 악기로는 비파처럼 생긴 거문고가 있었으며, 아기가 태어나면 돌로써 그 머리를 눌러 납작하게 편두를 만들었다. 실제로 김해 예안리(禮安里) 고분에서 발굴된 인골 중 머리뼈가 납작하게 변형된 것이 많다는 사실은 이를 증명해준다. 왜와 가까운 곳에서 사는 남녀는 문신을 하였다고 한다. 그리고 철이 대량으로 생산되어 한(韓)·예(濊)·왜(倭)가 모두 와서 취하고, 북으로 낙랑·대방 같은 중국 군현에도 공급하였으며, 물건을 사고 팔 때에도 모두 철을 사용하니 중국에서 화폐를 사용하는 것과 같았다.

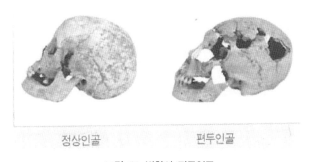

정상인골   편두인골

<그림 64>변한의 편두인골

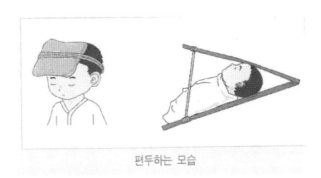

편두하는 모습

<그림 65> 편두 모습

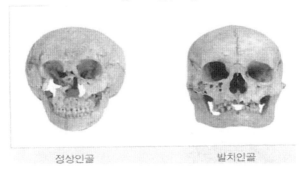

정상인골   발치인골

<그림 66> 발치 풍습

* 참조: 부산박물관, 전게서, p.36

2. 가야시대 부산의 역사

현금 고대 한중일 삼국 교류매개체였던 가야의 역사에 대해 최근 매우 많은 관심이 주목되고 있다. 특히 부산·경남지역을 중심으로 많은 가야시대의 유적·유물들이 발굴되고 있으며 또한 5세기 초 전기 가야연맹 해체와 더불어 수많은 가야인 들이 일본으로 도래하면서 고대 일본 사회에 제철기술과 스에키 토기제작 기술을 전래하여 일본 고대문명 성립에도 지대한 영향을 미쳤던 것을 살펴볼 수 있다.

가야는 문헌기록상으로는 기원후 42에서 562년까지 존재한 것으로 되어있으나 고고학 유물로 볼 때 신라와 같이 기원전 2세기말 이후 성립되기 시작하여, 기원후 2세기 중엽엔 소국가 형태가 성립되었으며 3세기경부터 김해를 중심으로 느슨한 연맹체를 조성하여 3세기 후반이후가 되면 김해 가락국이 강력한 연맹체의 중심으로 등장하기 시작하였다.

4세기 초 가야는 백제와의 격렬한 전투를 벌이는 한편으로 왜와의 중개무역을 담당했으나, 400년경 고구려의 개입으로 인하여 가락국 중심의 전기 가야연맹이 해체되고 후기 가야연맹시대로 넘어가게 되었다.

1) 가야의 신화 이야기

(1) 김해 가락국의 건국신화-수로왕의 탄생

신화는 문자가 없던 선사시대의 이야기로서, 그 자체가 당시의 사회·자연현상과 밀접한 관련을 맺고 있다. 신화에는 원시인의 자연·사회현상에 대해 가졌던 사고 형태(꿈과 상상력, 생활과 지식 등등) 등이 깊이 반영되어 있다. 또한 우세집단이 열등집단에게 강력한 지배 권력을 사용함으로써 이를 위한 합리화·정당화·신성화 시킬 사상이 등장하였는데 당시 사람들의 사고방식에 의해 과장될 수도 있고 전승되는 과정에서 왜곡·과장될 수도 있었다.

역사 속에는 수많은 가야가 등장하는데 예를 들면 '금관가야'·'아라가야'·'대가야' 등등이다. 그 중에 건국설화가 있는 가야국은 김해 가락국(금관가야)의 수로왕설화, 고령 대가야의 이진아시왕 설화로서 그동안 전설로 전해오다가 최근 고고학 발굴 및 역사학의 연구 성과로 역사 무대에 재등장하게 되었다. 이와 같이 가야연맹은 소국들이 연맹을 이루어 수백 년간 존재했으나 관련 기록이 매우 적어 그 실상에 접근하기 어려웠다.

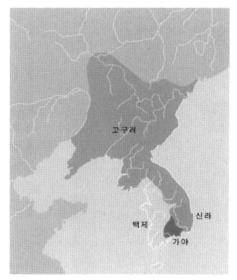

(5세기 초 고구려 전성기)

<그림 67> 5세기 초의 한반도

*참조: 「한국생활사박물관06」, p.6, 2004.

우리나라 고대사회의 신화에는 태초에 천지를 창조한 창세신화나 개벽신화, 그리고 홍수신화가 없다. 영웅 신화나 전쟁신화도 완전한 것은 없고 그것들은 오히려 민간에 전승되어 온 구비설화(口碑說話)에 흔적을 남기고 있다. 천지가 창조된 것을 바탕으로 하여 만들어진 개국신화만이 있을 따름이다.

여기서 언급할 수로왕의 탄생신화, 역시 김해 가락국의 개국신화 이다. 물론 수로왕의 개국신화에 나타난 사실이 바로 역사적 진실 그 자체는 아니다. 과연 개국신화에 나타난 대로 서기 42년에 가락 국이 건국되었는지도 의문이며, 수로왕이 157세나 살았다는 사실도 받아들이기가 힘들다. 다만 수로왕이란 사람이 존재하였으며, 이 사 람을 중심으로 가락국이 어떻게 성립하게 되었던가 하는 건국의 역 사적 사실을 함축하여 반영하고 있는 신화일 따름이다.

왜냐하면 오늘날 우리가 김해평야로 부르고 있는 지역, 즉 옛날 가락국 지역은 당시에는 바다에 수몰되어 있었거나 갯벌로 이루어 져 있었다고 고고학에서는 말하고 있다. 20세기 초의 낙동강 제방공 사(대동 수문~녹산 수문까지 약 32km)에 의해서 비로소 평야지대 로 탈바꿈하였으며, 이전까지는 낙동강의 본류가 오늘날의 구포방면 으로 흐른 것이 아니라 선암다리 밑으로 흐르는 서낙동강이었다. 물 론 부분적으로는 수몰되지 않은 얕은 언덕들이 있었지만, 이들 지역 에는 어김없이 조개무지들(貝塚)이 있었으며 현 김해공항이 위치한 곳도 조개무지들이 있던 자리였던 것이다.

한편 수로왕의 개국신화에는 단순히 후대 사람들이 지어낸 이야 기가 아니라 당시 사람들이 실제로 믿고 있던 현실적인 것도 있었다. 하늘의 자손, 곧 선택된 사람이라는 관념이 바로 그것이다. 수로왕의 탄생신화인 가락국 개국신화는 ≪삼국유사≫ <가락국기>(1075~ 1084년 사이에 금관 지주사金官知州事로 있던 문인이 작성함)에 비 교적 자세하게 기록되어 있는데, 개괄적 내용은 다음과 같다.

"천지가 개벽한 후에 이 지방에는 아직 나라 이름도 없고, 또 한 왕과 신하의 칭호도 없었다. 이 때 아도간·여도간·피도간·

오도간·유수간·유천간·신천간·오천간·신귀간 등 9간이 있었다. 이들 추장은 백성을 통솔했는데, 대개 1 만호 7만 5천명이었다. 그 때 사람들은 거의 스스로 산과 들에 모여 살면서 우물을 파서 마시고 밭을 갈아서 먹었다. 즉 나라 이름은 대가락, 또는 가락국이라고도 했으니 곧 여섯 가야국 중의 하나이다. 나머지 다섯 사람도 각각 가야국의 임금이 되었다. 동쪽은 황산강, 서남쪽은 창해, 서북쪽은 지리산, 동북쪽은 가야산으로써 경계를 삼았고, 남쪽이 나라의 끝이 되었다. 임시 궁궐을 세워 거처했는데, 특히 질박하고 검소하여 집의 이엉을 자르지 않았으며, 흙 계단은 석 자였다."

"후한 광무제 건무 18년(서기 42년) 3월 어느 날 구지봉에서 수상한 소리가 들렸다. (9간들과) 마을 사람들 2·3백 명이 거기에 모이니 사람 소리 같기는 한데 그 모습은 숨기고 소리만 내었다. (중략) 얼마 후 하늘을 우러러 바라보니, 자주색 줄이 하늘로부터 드리워져 땅에 닿는 것이었다. 줄 끝을 찾아보니 붉은 단이 붙은 보자기에 금합이 싸여 있었다. 열어보니 황금색 알이 여섯 개가 있는데 해처럼 둥글었다. 여러 사람은 모두 놀라고 기뻐하여 함께 수없이 절했다. …(중략)… 12일이 지난 그 이튿날 아침에, 마을 사람들이 다시 모여서 합을 열어보니 알 여섯이 모두 화하여 어린애가 되어 있었는데 용모가 매우 컸으며, 이내 평상에 앉았다, 여러 사람들은 모두 절하고 하례하면서 극진히 공경했다.
(어린애는) 나날이 자라 열 며칠을 지나니 키가 9척이 되었으며, 그 달 보름날에 왕위에 올랐다. 세상에 처음 태어났다고 하여 이름을 수로 혹 수릉이라 했다."

(2) 허황후 도래 신화

허황후 도래신화는 가락국의 시조 수로왕은 토착세력 처녀 가운데 왕비 간택을 요청받았으나, 모두 거절하고 먼 아유타국(인도) 공주를 맞아 혼인했다는 전설이다. 허황후가 머나먼 인도 아유타국에서 도래해 수로왕과 혼인했다는 이 신화는, 당시 지명·전설·민속 풍습 등에서 전래되어 왔다.

> "서기 48년 음력 7월 27일, 수로왕은 하늘의 뜻에 따라 배필이 될 연인이 배를 타고 올 것을 미리 알았다. 이 때 아유타국의 공주 허황옥이 수행원과 함께 많은 패물을 가지고 찾아오자 수로왕은 그녀를 왕후로 맞이했다."(『삼국유사』)

허황후의 인도로부터의 도래 설을 입증하는 자료가 <그림 36>의 김해 수로왕릉 쌍어문으로서 인도 문명과 매우 깊은 관련이 있으므로 허황후 도래 설을 입증하는 증거로 종종 제시된다.

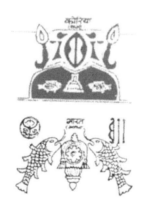

<그림 68> 쌍어문 *참조: 『한국생활사박물관06』, p.54

* 위쪽 그림은 김해 수로왕릉 숭인문의 쌍어문(물고기가 쌍으로 그려져 있는 문양), 아래 그림은 인도 아요디아의 쌍어문이다.

현재 김해시와 부산광역시에서는 공동 후원으로 '허황후의 신행길'이라는 역사관광 프로그램을 재현하여 시민들의 각광을 받고 있으며, 국제적으로도 많은 주목을 받고 있다.

2) 철의 왕국 가야

(1) 고대 가야의 철기문화

한반도에 철기가 처음으로 나타난 시점은 기원전 4세기경까지 올라간다. 하지만 당시의 철기는 주조해서 만든 도끼와 끌 정도의 간단한 공구류에 국한되어 아직 청동기를 완전히 대체하지 못하였으며 기본적인 생산도구는 여전히 돌이나 나무로 만든 것이었으므로 사회적인 파급효과도 그리 크지 않았다. 한편 철기 보급은 고대사회에 많은 사회적 변화를 불러일으켰다. 쇠도끼는 농경지를 개발하거나 산림 개간에 있어 돌도끼와는 비교되지 안 될 정도로 탁월한 능력을 발휘하였기 때문에 매우 중요시되었다. 쇠로 만든 농기구(괭이·삽·따비·낫·손칼)를 사용함으로써 농업생산력은 비약적으로 증대되었다. 농업생산력 증가는 늘어난 생산물의 소유를 둘러싸고 집단 간 갈등을 더욱 심화시켜, 분쟁과 전쟁이 격화되었다. 이 때 철기는 또다시 커다란 위력을 발휘하였다. 쇠도끼와 낫은 평상시에는 농기구이지만 유사시에는 무기로 사용될 수 있었다. 각종 칼·쇠살촉 등의 공격용 무기가 개발되었고 방패·투구·갑옷 등의 방어용 무기도 발달하게 되었다. 전쟁의 승패는 개인의 완력이나 용맹성에도 좌우되었지만 이에 못지않게 우수한 철제 무기의 확보 여부가 차츰 더 중요해지게 되었다. 전쟁에 말을 이용하게 되면서 각종 마구 류가 필요하게 되었는데 여기에도 철이 이용되었다. 고대 국가는 이러한 철기문화를 기반으로 수행되었다.

한편 낙동강 중하류 영남 남부 지역에 자리 잡은 변한은, 마한·진한국과는 달리 구야국(狗邪國) 즉 가락국(駕洛國, 김해)을 중심으로 안라국(安羅國,함안), 가라국(加羅國,고령) 등 여러 나라들이 가야연맹을 형성하고 있었다. 아름다운 남해 바닷가와 낙동강 변을 따라 다양한 가야인의 삶이 펼쳐졌다. 특히 가야의 여러 국가들은 풍부한 철광을 바탕으로 동북아 교역의 중심으로 급부상했다. 한나라 이후 다변화된 동북아 사회에서 김해 가락국은 지리적으로 일본·중국대륙을 잇는 요지와 동북아시아 각국 바닷길이 만나는 교역로에 위치하여 바닷길을 통해 자국의 풍부한 철을 주변 여러 나라에 공급할 수 있었다.

1980년대 후반, 고고학 연구자들에 의해 갖가지 화려한 부장품이 발굴되면서 사람들의 관심을 끌었던 창원 다호리유적은 기원전 1세기경부터 만들어진 가야시대 유적 군들이다. 여기서는 주조된 철기는 물론이고 보다 발달된 단조기술로 만든 각종 철기가 다량 발견되었다. 철검·꺾창·창·쇠살촉 등의 무기류와 각종 형태의 도끼와 괭이·따비·낫 등의 농공구들은 당시의 철기제작 기술이 이미 고도로 발달하였음을 증명하고 있다. 아울러 많은 철기의 출현은 당시 사회가 경제적 불평등이 심화된 계급사회였음을 보여주고 있다.

가야가 고대국가로 성장할 수 있었던 원동력은 바로 이러한 철기문화의 발전에서 찾을 수 있다. 가야의 전신이라고 할 수 있는 변한의 무덤인 서기 1~3세기경의 목곽묘에서는 다량의 철기를 부장한 사례가 자주 발견되고 있다. 특히 김해지방에서 이러한 경향이 현저한데, 창원 다호리와 김해 양동리 유적이 대표적인 가야시대 유적이다. 서기 3세기경의 사실을 전하는 《삼국지》 <위서동이전 한조>에는 다음과 같은 구절이 있다.

"나라(國)에서 철을 생산하여 한, 예, 왜가 모두 와서 철을 얻어 간다. 물건을 매매할 때에는 철을 사용하는데 마치 중국에서 돈을 사용하는 것과 같다. 또 철을 두 개의 군(낙랑군과 대방군)에 공급한다."

이 내용에서 '나라'란 어디를 가르키는지 명확하지 않지만 앞뒤 문맥을 볼 때 변한지역일 가능성이 높으며, 그 중에서도 김해의 구야국(가락국)이 가장 유력한 후보이다. 그 이유는 여러 정황으로 보아 3세기경 변한 지역에서 가장 우월한 세력은 김해의 구야국이었기 때문이다. 게다가 구야국의 다른 이름인 '금관국(金官國)'의 금은 본래 귀금속인 금이 아니라 쇠를 의미하기 때문에 구야국은 '쇠를 관장하던 나라'라고 볼 수 있다. 실제로 일본의 고대 역사서 『일본서기』에서는 김해의 구야국을 '수나라(須那羅)'·'소나라(素奈羅)'로 표기하기도 하는데 이는 '쇠의 나라'임이 분명하다.

김해의 구야국은 중국, 한반도 서북, 남해안, 일본열도를 잇는 교통로상의 요충지라는 지리적 이점을 기반으로 철을 교역하면서 성장하였다고 할 수 있다. 구야국에서 철을 공급받던 '한(韓)'은 변한 내에서 철산지를 확보하지 못한 정치체일 수도 있고 마한이나 진한일 수도 있다. 일본열도에서 철기문화가 시작된 것은 기원전의 일이지만 철광석을 제련하여 철을 추출하거나 사철(砂鐵)을 이용하여 철을 생산한 것은 훨씬 늦어서 5세기나 6세기 이후의 일이다. 처음에는 철기 완제품을 한반도에서 수입하거나 철소재를 공급받아 철기를 제작하는 수준이었으며 주된 창구는 구야국이었던 것이다. 낙랑군과 대방군까지 구야국에서 철을 공급받았다는 사실은 이 지역의 철이 질적으로 우수하고 양적으로 풍부하였다는 사실을 보여줄 뿐만 아니라 철이 먼 지역에까지 거래되었음을 일러준다. 당시 내륙의 교통망이 잘 정비되었을 리가 없기 때문에 배를 통해서 철이 이동하였을 것이다. 그렇다면 무거운 철광석을 배에 싣고 갔을까? 아니다. 철광석에서 불순물을 제거하고 추출된 철을 일정한 모양으로 만들어져서 거래되었을 것이다. 이것이 중국인들의 눈에는 마치 돈이 거래되는 것처럼 보였던 것 같다.

김해와 고령뿐만이 아니라 영남지방 곳곳에 위치해 있던 가야의 여러 나라들은 철기의 생산이란 측면에서 인접한 신라·백제·왜보다 우월한 위치에 있었던 것 같다. 그 이유는 가야 무덤에 부장된 철기가 양적·질적으로 다른 나라들보다 월등히 앞서 있기 때문이다. 백제와 신라가 가야를 병탄하거나 자신의 영향력 아래에 놓으려고 경쟁한 이유는 물론 여러 가지를 들 수 있겠지만 가장 중요한 것은 가야 지역의 풍부한 철 때문이 아니었을까? 일본열도의 정치 체들이 가야의 여러 나라들과 긴밀히 연결되고자 노력하였던 이유도 철 때문이었을 것이다. 나아가 신라가 고구려나 백제에 비해 초기의 열세를 만회하고 마침내 양국을 병합할 수 있었던 이유도 가야 지역을 확보함으로써 철기생산에서 압도적인 우세를 점하게 된 데 그 원인이 있지 않았을까? 삼국간의 치열한 전쟁의 와중에서 철제 무기의 안정적인 확보는 필수적인 조건이었고 백성들을 먹여 살리고 나라를 유지할 수 있는 농업생산력이란 측면에서도 철제 농기구의 비중은 매우 높았을 것이기 때문이다.

창원 다호리 1호분에서는 만든 후 날을 세우지 않고 자루도 없는 쇠도끼 2점을 엇갈리게 포갠 뒤에 끈으로 묶어서 무덤에 부장한 예가 있다. 그 이유는 이 무덤의 묻힌 자의 재력을 과시한다는 측면과 저승으로 가져가 사용하려는 의도, 땅의 신에게 바치는 제물 등등의 여러 가지 가능성을 생각할 수 있으나 분명한 사실은 도끼로서의 기능보다 철이라는 재료의 가치를 중시하였음을 보여준다는 것이다. 경주 구정동의 한 무덤에서는 긴 쇠창 수십 점을 깔고 그 위에 시신이 들어있는 목관을 안치하였으며, 합천의 옥전유적에서도 주조한 쇠도끼 수십 점을 깔고 그 위에 목관을 안치한 무덤이 조사된 바 있다. 김해 양동리 유적에서는 '판상철부'라고 불리는 길쭉한 도끼를 수십 점씩 무덤에 부장한 경우가 확인되었다.

이렇듯 실제 사용하지도 않은 철기들을 다량 부장한 이유는 무덤에 묻힌 사람의 생시의 사회적·경제적 지위가 높았음을 과시하기 위해서였다. 가야와 신라 무덤에서 종종 발견되는 쇠집게와 망치는 철기를 제작하는데 사용하던 것으로서 이 물건들을 무덤에 부장한 이유는 묻힌 자가 철기의 생산 및 제작과 밀접한 관계에 있었음을 나타낸 것이다.

이러한 점에서 가장 특징적인 물건은 4세기 이후부터 만들어진 철정(鐵鋌, 덩이쇠)이다. 문헌에서는 ≪일본서기≫에 4세기 중반 백제의 근초고왕이 왜에게 보낸 물품의 이름 중에 덩이쇠 40매가 보인다. 철을 얇게 두드려서 만든 덩이쇠는 일종의 철소재로서 이것을 가공하여 각종의 철기류를 만들 수 있다. 백제·신라·가야 지역에서 모두 발견되고 있으며 일본열도의 무덤에서도 종종 발견된다. 가야 지역에서는 김해의 대성동, 부산의 복천동유적에서 수십 점이 출토되었는데 부장품으로서의 기능만이 아니라 화폐 기능 및 철기 소재 등 다양한 용도로 사용되었을 것이다. 일본열도에서 만들어진 철기 중에는 가야 지역에서 전해진 덩이쇠를 가지고 만들었을 것으로 추정되는 것들이 여럿 알려져 있다. 철을 매개로 한 가야의 대외교역 양상을 알려주는 것이 다음의 <그림 69>~<그림 70>이다.

<중국의 선박>　<일본의 왜선>

<그림 69> 김해 가락국 교역모습

* 참조:『한국생활사박물관06』, pp.54-55

　　남서쪽에서 바라본 가락국 국읍의 재현 모습으로 언덕 주위를 계
단식으로 만들어 성곽·건물을 건축했으며 남쪽은 바닷가, 서쪽은 강

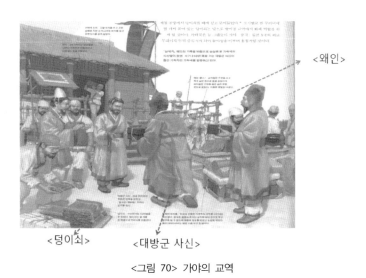

<왜인>

<덩이쇠>　　<대방군 사신>

<그림 70> 가야의 교역

* 참조:『한국생활사박물관06』, p.56.

과 바다가 만나는 곳으로 밀물 때 선창가로 외국상선들이 들어 왔다.

(2) 가야의 제철생산

철기를 만들려면 우선 원료를 채취하여야 했다. 광산에서 철광석을 캐내고 이것을 운반하는 데에는 많은 노동력이 필요하였는데, 여기에는 주로 전쟁포로나 노예들이 동원되었다. 철광석에서 불순물을 제거하고 철성분을 얻기 위해서는 높은 온도가 필요하였는데, 이때에는 숯이 이용되었을 것이다. 따라서 나무를 베고 숯을 굽는 사람도 필요하였다. 최근 울산과 경주에서는 숯을 굽던 가마터가 조사되기도 하였다. 최근에 발굴조사된 경주시 황성동유적은 철기제작의 모든 공정을 소화해내던 전문 기술자 집단의 마을로 여겨지는데 이 집단은 중앙정부의 통제를 받았을 것이다.

이렇듯 철기의 사용으로 사회는 급속히 발전하였으며 사람들 사이의 관계도 복잡해졌다. 철제 농기구와 무기의 발달로 사회적 생산력이 증대되고 정치체 사이의 전쟁과 통합이 진행되면서 고구려, 백제, 신라와 가야라는 고대국가가 등장하였다. 사회적으로는 철기제작에 종사하는 전문적인 기술자들이 발생하여 직업의 분화현상이 두드러지게 되었으며 철을 얻기 위한 장거리 교역도 나타나게 되었다. 고대국가의 성쇠는 철의 확보 여부에 달려있었다고 해도 과언이 아닐 것이다.

가야의 주요 교통로 낙동강연변에는 제철공방이 여기저기 보인다. 가야의 김해와 창원부근에 철광석 산지가 집중되어 있었는데, 가야는 이런 풍부한 철광석을 배경으로 고대의 대표적인 제철산지로 성장할 수 있었다.

<그림 71> 가야의 제철소

* 참조: 『한국생활사박물관06』, p66.

<그림 72> 숯공장   <그림 73> 제철도구(쇠를 두드리는 집게·망치)

* 참조: 전게서, p.67   *참조:전게서, p.70

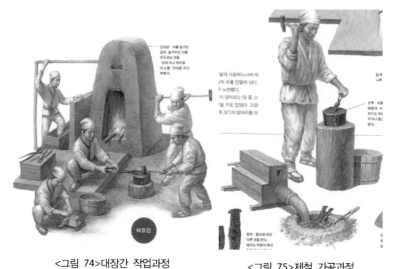

<그림 74>대장간 작업과정

<그림 75>제철 가공과정

* 참조:전게서, p.70.

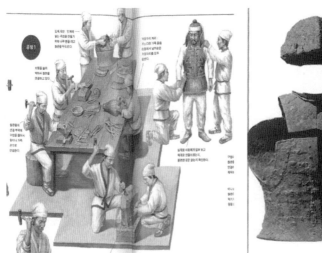

<그림 76> 제철공방의 작업과정

* 참조:『한국생활사박물관06』, p.70

<그림 77> 가야의 판갑옷·투구

* 참조: 전게서, p.66

(3) 가야시대 부산의 유적

부산지역의 가야시대 유적은 복천동·연산동·오륜대·괴정동·당감동·화명동 고분군 등을 들 수 있다. 그 중에 대표적으로 복천동 고분군(현 부산복천 박물관)에 대해 살펴보기로 하자. 옛 동래읍성 북문 근처의 복천동 고분군은 가야시대 대표적인 지배층 무덤 군으로, 1969년 주택공사로 인해 고분군의 일부가 알려져 1998년까지 여러 차례 정밀한 학술적 발굴 조사를 실시하여 대소 120여 기에 달하는 여러 유형의 분묘들이 군집을 이루고 있는 대규모 고분 유적으로서 밝혀졌다. 유적의 보존 상태가 양호하여 많은 유물이 쏟아져 나옴에 따라 가야시대의 연구와 문헌 자료가 극히 부족한 우리 고대사의 해명에 더 없이 좋은 자료를 제공하고 있다.

한편 복천동 분묘 규모와 부장유물 등을 세밀히 검토한 결과, 서기 4세기 초에서 5세기중엽 무렵 이 지방을 지배하던 수장층 즉 거칠산국의 왕과 그 지배층들의 무덤으로 알려져 있다. 도굴의 피해가 적어 금동관·철제갑부 등 처녀유물들을 비롯하여 9천여 점에 가까운 유물들이 발굴되어 국내를 떠들썩하게 하였는데, 특히 다양한 철기유물 출토는 가야의 우수한 철제무기 제작기술과 전사집단·철기 용도 등에 대해 알려주고 있다.

이 고분군의 유형은 초기의 나무 덧널무덤(목곽묘: 木槨墓)·부곽(副槨, 나무 덧널무덤)을 비롯해, 구덩이식 돌덧널무덤(수혈식 석곽묘:竪穴式石槨墓)·부곽(구덩이식 돌덧널무덤), 앞트기식 돌방무덤(횡구식석실묘: 橫口式石室墓) 등 실로 다양하다. 시기적으로 나무 덧널무덤→구덩이식 돌덧널무덤→ 앞트기식 돌방무덤의 순으로 변천되어 갔음을 알 수 있다.

그리고 복천동 고분군에서 출토된 많은 부장품들은 고대 문헌에서 찾아볼 수 없었던 가야시대 당시의 사회·문화 규명에 매우 귀중한 자료가 되고 있다. 유물의 종류는 토기류·철기류·장신구·의기류(儀器類) 등으로 나누어 볼 수 있다. 토기는 종래 삼한 시대에 유행하던 와질 토기가 차츰 사라지고 서기 4세기 무렵부터 섭씨 1200° 전후 높은 불로 구운 환원염 소성(還元焰燒成)의 매우 단단한 도질 토기가 가야식 토기로 만들어졌다. 토기 종류도 매우 다양해져 각종 항아리를 비롯하여 2단으로 구멍이 난 굽다리 접시(二段透窓高杯), 거북·사슴·개·멧돼지 모양을 만들어 붙인 원통형 항아리 받침대, 각양각색의 토기(신선로·계란·오리·등잔·신발 모양), 말머리 모양 뿔잔, 복숭아 모양 잔 등과 같은 특이한 것도 출토되고 있다. 다음 <그림 78>~<그림 79>은 복천동 고분군 모습과 그 곳에서 출토된 유물, 일본으로 전파한 토기기술 전파도 등이다.

<그림 78> 복천동고분군 복원 모습

* 참조: 부산박물관, 『부산의 역사와 문화』, p.40, 2002

<그림 79>가야인의 신발

* 참조:『한국생활사박물관06』, p.53
* 부산시 복천동 53호 무덤에서 발굴된 신발모양 토기로 현대 샌들과 비슷함.

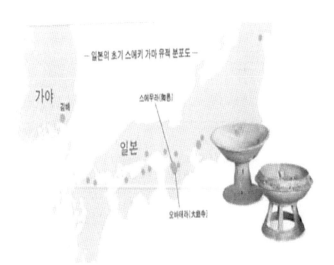

<그림 80> 전기 가야연맹 토기기술의 일본전파

* 참조:『한국생활사박물관06』, p.61
* 일본의 스에키토기는 그 이전 일본 토기 양식과 확연히 다르다. 새로운 기술이 도입된 토기양식이므로 가야의 도자기 공인들이 일본으로 건너가 스에키 토기를 만들었다고 유추된다.

3. 통일신라시대 부산의 역사

1) 신라의 가야연맹 병합과 변화

신라는 4세기 이후 성장을 거듭하여 낙동강 동쪽 경북일대를 지배하는 집권국가의 기초를 다지는데 성공하였다. 동시에 지배영역 확대를 위하여 남진정책을 계속하여 낙동강 하류일대에서 가야세력과 충돌하기도 하였다.

5세기 전반기 눌지 마립간(417~457년)때, 지금의 양산 삽량주가 이미 신라 영토에 편입되어 있었다. 이것은 눌지 마립간 때 왜국에 인질로 잡혀 있던 왕자를 구출하기 위해 왜국으로 파견된 박제상(朴堤上)의 직책이 삽량주의 간(干)이었다는 것을 통해 알 수 있다. 5세기 중반이후부터 부산지방은 정치적, 문화적으로 신라의 영향권에 들게 되며 따라서 부산지방 고분에서 출토되는 토기는 대부분이 경주에서 출토되는 신라토기와 같은 종류이다. 그리하여 부산지방을 병합한 신라는 드디어 낙동강을 건너 법흥왕 19년(532년)에 김해의 금관국을 병합하고, 진흥왕 23년(562년)에 고령의 대가야를 정복함으로써 이제 가야연맹을 병합하였다.

거칠산국을 병합함으로써 부산지방을 손에 넣은 신라는 거칠산국의 옛터에 거칠산군을 설치하고 그 밑에 대증현·갑화양곡현이라는 두 개의 현을 두었다. 대증현은 현의 중심지가 부산진구 당감동에 있었고, 갑화양곡현은 현재의 기장에 있었다. 이 군현의 명칭은 8세기 중엽 경덕왕 16년(757년)까지 존속되었다.

부산지방의 주민의 생활상은 삼국시대까지는 부산에 존재하는 조개무지(패총)나 고분군의 유물 등을 통해 어느 정도 복원이 가능하다. 그러나 삼국시대 말이나 통일신라시대 이후에 이르면 고고학적 발굴만으로는 지역주민의 생활을 복원·재현하는 것이 거의 불가능하다. 그 이유는 정치중심의 이동 때문이다. 중앙권력의 확대와 더불어 그 지방사회를 이끌어가던 원주민의 정치집단은 독자적 세력을 상실하고, 중앙집권적 국가조직의 일부로서 편입되어 문화적 특수성이 소멸되어 간다.

정치권력의 중심지, 왕경 부근에는 화려한 부장품을 자랑하는 거대한 분묘 등이 집중되어 있다. 신라 수도였던 경주일대, 백제의 수도였던 공주나 부여, 고구려의 수도였던 평양 일대의 유적과 유물들은 당시 왕족과 귀족들의 생활모습을 보여주는 살아있는 교과서이다.

중앙과 지방의 사이에 존재하는 현격한 문화수준의 차이는 고고학 발굴 성과에 의존한 고대 지방사 이해에 한계를 가져온다. 이러한 한계를 극복하기 위해 필요한 것이 문헌사료인데, 이 또한 주로 중앙 왕실과 귀족 활동과 관련된 정치·제도·외교사에 치중되어 있으므로 변방에 위치하였던 부산지방의 역사적 실체를 이해할 수 있는 자료는 찾아보기 힘들다. 따라서 중앙과 지방과의 관계를 논하거나, 타 지방의 사료를 가지고 부산지방을 유추해 보는 방법이나, 『삼국유사』등에 남아 있는 설화자료를 적절하게 해석하는 방법 등을 통해 보완할 수 있다.

신라시대 부산과 관련된 기록으로는 『삼국사기』 지리지에 의하면 '경덕왕 16년(757년) 사벌주를 고쳐 상주라 하고, 군10개 현30개를 관장하였으며, 삽량주를 고쳐 양주라 하고 1개의 소경, 12개의 군, 34개의 현을 관장하였고'라고 되어 있다. <그림 81>의 좌측 하단 사료에 의하면 '동래군은 본래 거칠산군에 위치하는데 경덕왕때 개명되었다. 영현이 2개 있는데 그 중의 하나인 동평현은 원래 대증현이었

으나 경덕왕때 개명되었으며 다른 하나의 기장현은 원래 갑화양곡현
이라 불리웠으나 역시 경덕왕때 개명되었다'라고 기록되어 있다.

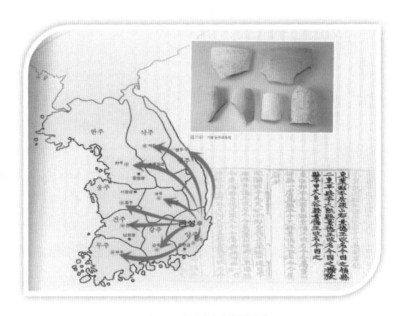

<그림 81> 통일신라시대 행정제도

* 참조: 부산박물관, 『부산의 역사와 문화』, p.53, 2002

　이와 같이 부산지역은 거칠산군에서 동래군으로 개명되면서 양주
에 소속되었다. 동래군은 다시 그 아래에 동평현(당감동 일대)·기
장현 2개 현을 지배하였다.

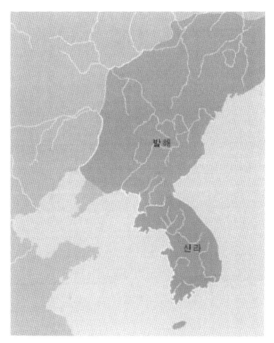

(9세기 발해 전성기)

<그림 82> 9세기경 신라영토

* 참조: 『한국생활사박물관06』발해·가야 생활관, p.7.

2) 신라시대의 명소

신라시대 역사와 관련 있는 부산지역의 대표적 명소로는 태종대·온천장·영도·범어사·해운대 등을 들 수 있다.

(1) 태종대

『동래부지』에 의하면 태종대는 태종무열왕이 활을 쏘던 장소로서, 『삼국유사』에 의하면 왕은 하루에 쌀 서 말과 꿩 아홉 마리를 드셨고, 백제를 멸망시킨 이후로는 점심은 걸렀지만 하루에 쌀 여섯 말, 술 여섯 말, 꿩 열 마리를 소비하였다고 한다. 왕의 초인적 인물상을 반영하는 다소 과장된 표현이다. 또 진덕여왕이 후사가 없이 돌아가자 당시의 상대등인 알천공을 섭정으로 추대했다. 알천공이 춘추공(태종무열왕)을 추대하였는데, 알천공이 남산 오지암에서 국가 일을 의논하던 중 갑자기 뛰어든 호랑이를 태연한 자세로 담소하면서 꼬리를 붙잡아 땅에 메어쳐 죽일 정도였는데, 이런 알천공이 춘추공을 추대한 것은 춘추공이 얼마나 뛰어난 인물인가를 확인시켜 주는 설화이다. 수도인 경주와 떨어진 부산지방에 국가중흥의 기틀을 다진 군주가 활을 쏘면서 비범한 능력을 길렀다는 것은 지방민에게는 다시없는 자랑거리이다.

(2) 온천장

신라시대부터 온천지역으로 이름난 장소이다. 다리를 다쳐 걸음을 잘 걷지 못하는 학이 온천장에서 2,3일 배회하다가 완쾌하여 날아가는 모습을 보고 이곳에서 일하던 노파가 이상히 여겨 자세히 살펴 본 결과 온천이 샘솟는 것을 발견하게 되었다고 함. 『경상도읍지』울산군 고적 조에 의하면, 울산에는 신라왕이 동래온천 가는 길에 쉬었다는 장소로서 왕산(王山)이 있었다고 한다. 신라의 왕이 울산을 거쳐 부산까지 내왕하였음을 알려주는 이야기로서, 온천이 병자를 치료하는 효과를 지닌 것은 삼국통일 이후 정복·통합된 지역 및 주민을 국가체계 속에 포용하여 상호간의 화합과 이해의 기반을 다지는 것이 급선무였던 점과 통한다.

(3) 영도와 명마

부산지방의 이름난 특산물로서 영도의 명마가 있다. 국왕이 특별한 은상의 뜻으로 신하에게 하사하는 가장 좋은 선물인 말은 자동차와 같은 교통수단의 의미를 비롯하여 탱크·전투기 같은 야전용 무기로서의 역할도 겸한 다목적용이었다. 신라의 박혁거세는 하늘에서 내려온 말이 옮겨온 알에서 탄생하였고, 주몽은 부여에서 마구간 지기를 할 때 혀에다 바늘을 찔러 두어 여위게 한 뒤 자신의 소유로 하였으며, 이것을 타고 부여를 탈출하여 고구려를 건국한 영웅담이 있다.

한편 김유신장군의 손자에 윤중이라는 자가 있었는데 성덕왕(702~736년)의 특별한 은총을 입어 주위의 질투의 대상이 되었다. 추석명절에 왕이 주변경관을 구경하다가 윤중을 불러오게 하니 주위사람들이 '종실친척에 훌륭한 인물이 적지 않은데, 멀리 있는 신하를 부르는 것은 친척을 우대하는 바가 못됩니다'라고 하였다. 왕은 '지금 과인과 경들이 이렇게 편한 것은 윤중 조부의 덕이니 은공을 잊어버린다면 어진 이와 자손을 우대하는 것이 못된다'라고 하여 불러다가 조부의 살았을 적의 일을 얘기한 후 저물어 물러날 때 절영도의 명마를 하사하니 신하들이 선망의 눈초리로 쳐다보았다고 한다.

이 이야기는 통일이후 왕족을 중심으로 하는 세력이 왕족 이외의 인물들을 왕의 측근에서 배제하고자 하는 움직임을 읽을 수 있으며, 왕은 이들 사이의 조정자이며, 신뢰를 표현하는 선물이 절영도의 명마였다.

(4) 범어사의 창건

통일신라 초에 범어사가 창건된 의미는 무엇일까? 첫째 범어사는 화엄 10대 사찰 가운데 하나로서, 화엄종은 신라중대 왕실의 왕권강화를 위한 사상이었다. 당시 불교 종파의 중심이라 할 수 있는 화엄종이 8세기 단계에 이르러 지방사회까지 확대·성장하고 있던 모습을 반영한다. 둘째 왜적방어와 관련된 사찰로서 신앙적 기능 이 외에도 군사상 거점으로서의 역할을 지니고 있었다. <범어사 창건사적>에 의하면, 신라 흥덕왕때 왜인 10만 병선이 신라를 침략하려 하여 왕이 근심하고 있을 때 꿈에 선인이 나타나 '금정산의 산정에 우물이 있어 금어(金魚)가 놀고 있는데, 의상스님과 함께 7일 주야로 화엄 신중을 독송하면 왜병이 물러갈 것이다'라고 하여 왕이 그대로 하니 왜선이 서로 공격하여 모든 병사가 빠져 죽어 살아남는 자가 없었다. 왕이 금정산 아래 범어사를 창건하였는데, 현재 의상대가 남아 있다. 범어사가 왜적방어와 관련된 사찰로 창건되었고 이후 임진왜란시에 왜적에 의해 소실된 역사적 사실을 고려하면, 현존하는 범어사 경내 구조물의 일부가 일본풍인 것은 역사의 아이러니이다.

(5) 해운대와 최치원

『동국여지승람』에 의하면 해운대는 최치원이 축대를 쌓고 노닐었기 때문에 그의 자(字)를 따서 해운대라고 명명하였다고 한다. 최치원의 이름이 명명되기 위해서는 부산 지방민의 마음에 그에 대한 존경과 사랑이 있어야 가능할 것이다. 최치원은 12세에 당으로 유학하여 18세에 장원급제하였으며, 신라에 돌아온 이후 개혁책을 제출하여 진성여왕이 즐겨 수용하였으나 결국 벼슬을 버리고 자연 속에서 여생을 마감하였다.

그의 개혁책은 귀족의 독주를 견제하여 6두품 이하의 신분층이 거주하는 지방사회의 불만을 완화하여 국왕의 전제왕권에도 도움이 된다는 것이었다. 그러나 그의 개혁안이 진골귀족의 반대로 무산되자 현실정치를 버리고 골품제하의 사회에 대한 반대적 입장을 표명했을 것으로 보인다. 이러한 최치원의 태도는 촌주 등 지방 실력자들의 요구를 대변하는 행동이었을 것이며, 수탈체제를 벗어나지 못하는 농민들에게도 우상과 같은 존재가 되었을 것으로 생각된다.

최치원의 미래지향적 개혁은 부산지방 주민의 일치된 요구를 반영한다는 점에서 지방민의 사랑을 받을 수 있었을 것이다. 부산 동백섬과 해운대 해안 일대는 자신의 이상을 현실에서 실현할 수 없었던 외로운 지식인이 자신의 고뇌를 자연 속에서 풀어보고자 했던 역사의 현장이라 말할 수 있다.

3) 신라하대의 부산

후삼국시대 부산의 호족세력을 확인할 수 있는 직접적인 사료는 없고, 부산에 가장 근접한 김해지방 호족의 동태를 통해 추측할 수 있을 뿐이다. 이곳은 옛날 금관가야 지역으로서 신라에 병합된 이후 금관군(법흥왕 시대)으로 불렸으며, 문무왕 때에 금관소경으로 승격하고, 경덕왕 때에 김해소경으로 불렸다.

금관소경은 가야계 왕족의 외손인 문무왕의 특별배려로서 김해지방에서는 김수로왕의 제사가 후손에 의해 받들어지고 있었다. 『삼국유사』가락국기에 의하면 '신라 말에 충지(忠至)라는 인물이 금관성을 빼앗아 성주가 되었다. 영규라는 부하를 시켜 수로왕의 제향을 빼앗아 제사를 지내는데 단옷날에 사당의 대들보가 이유 없이 무너져 영규가 치어 죽으니 충지장군이 두려워하여 수로왕의 직계 손에게 제사를 지내도록 돌려주었다'고 한다.

여기서 알 수 있는 것은 첫째로 신라 말에 무력으로 성주장군이 되어 정복 이후에는 제사를 장악하여 지방주민의 의식세계를 지배하였다는 사실과, 둘째로 충지장군은 무력에 의한 정복의 제1단계는 성공했지만, 마음으로부터의 복속인 제2단계는 실패하고 있어 이는 김해지방의 토착 혈연집단의 힘이 강하였다는 사실을 나타내고 있다.

후삼국시대의 부산은 후백제의 지배를 받는데, 『고려사절요』에 의하면 '견훤이 고려에 보낸 인질인 진호가 병사하였다. 견훤은 고려에서 그를 죽였다 하여 왕신(王信)을 죽이고 웅진에 진군하여 왔다. 이보다 앞서 견훤이 절영도의 명마 한필을 고려에 바쳤는데, 절영도 명마가 고려에 이르면 백제가 망한다는 참언을 듣고 후회하여 그 말을 돌려 줄 것을 청하였다'라고 기록되어 있다. 고려 태조 7년(924년)경, 후백제의 판도가 이미 부산지역까지 미치고 있음을 알 수 있다. 부산지방의 호족이 자의에 의해서인지 혹은 정복에 의해서인지 알 수 없으나, 고려 태조10년(927년) 이후 신라마저 친 고려로 방향을 선회하고 역사의 물줄기가 고려로 향하고 있을 때 부산이 후백제 지배권에 놓여 있었다는 것은, 고려 초 지방사회에서의 부산의 입지를 결정짓는데 중요한 의미를 지니게 되었다.

4) 고대사에 대한 반성

우리나라 고대 역사는 4국 시대인가? 3국 시대인가? 가야사는 역사의 어둠 속에 묻혀버려도 좋은 시대일까? 우리는 한국고대사를 삼국시대와 통일신라시대로 통칭한다. 엄밀한 의미에서의 3국 시대(고구려·백제·신라)는 서기 562~660년까지의 약 98년에 지나지 않았다. 그러므로 삼국시대를 고집한다면 우리는 그 이전의 한반도에서 생활했던 천년 이상의 역사를 저버리게 될 것이다. 삼국이란 용어는 고려인의 역사인식(김부식, 『삼국사기』)에서 시작된 것인데 과연 적합한 역사관일까? 고조선·부여·가야·발해 등이 배제되어 우리민족의 역사경험을 공간적·시간적으로 축소할 우려가 있기 때문이다.

일찍이 조선후기 실학자들에 의해 삼국시대 론의 허점이 제기되면서 가야의 역사에 대해 언급하기 시작하였다. 조선중기 한백겸은 고대에 고구려·백제·신라·가야의 4국 공존 사실을 언급해 후일 실학자들에게 큰 영향을 미쳤으며 나아가 이수봉은 한국사의 흐름을 고조선-4국-고려(『지봉유설』), 안정복도 고대의 역사를 4국 시대(『동사강목』)라 표현하였다. 그리고 조선 후기 실학자의 거두였던 정약용도 『강역고』 속에서 '가야는 해운을 잘 이용했으므로 동시대의 신라보다 훨씬 더 발달할 수 있었다'라 표현하며, 근대적 가야사 연구의 단서를 열었다 .

그러나 가야사에 대한 관심은 발해사에 대한 역사인식이 수정되어감에도 불구하고, 오랫동안 잊히거나 무시되어 왔다. 일제강점기에 임나일본부설 등의 영향으로 역사가 왜곡되었으며, 광복이후에도

가야사 부분은 거의 삭제되거나 축소되어 약 50년 가까이 세월이 흘러왔다.

그런데 1970년대 국내 고고학의 발달과 고고학 연구 성과로 인하여 가야사에 대한 역사 이해가 심화되면서 가야의 수준 높은 유물들이 풍부하게 등장하기 시작했다. 마침 일본 역사학계에 대충격을 가하였던 기마민족설(한반도 남부 기마민족에 의해 일본 고대문명이 건설되었다는 설)과 북한의 활발한 가야사 연구 성과 등에 힘입어 가야사에 대한 재조명이 시작되었다.

4. 고려시대 부산의 역사

1) 고려의 건국과 지방제도

후삼국을 통일한 고려는 중앙집권적 체제에 입각한 지방 통치를 실시하고자 하였다. 그러나 초창기의 고려는 신라 말 후삼국시대 이래로 강력히 대두한 호족들의 세력이 각 지방에 뿌리 깊이 남아 중앙정부에 대해 반독립적인 상태를 유지하고 있었으므로, 태조 왕건의 고려 건국 이후 가장 관심을 가진 것은 호족과의 관계였다. 이리하여 지방의 주(州)·부(府)·군(郡)·현(縣)에는 중앙에서 파견된 상주 관을 둘 수 없고 다만 지방 호족들로 조직된 반자치적 기구가 행정을 수행하였으며 중앙에서는 때때로 조세의 징수관적 성격을 띤 '금유(今有)'·'조장(租藏)'이란 관원이 순회하는 정도였다. 따라서 호족세력의 규합은 후삼국의 통일에 가장 결정적인 영향을 주기 때문에, 귀부한 호족세력에게 왕씨 성을 하사하여 왕실의 종적(宗籍)에 올리거나 호족의 세력기반 지역을 부(府) 혹은 주(州)로 승격시키기도 했다.

이러한 상태가 성종 대에까지 유지되었으며 성종 2년(983년)에 이르러 비로소 중국고대 제도를 모방하여 지방관제가 반포되었다. 광주·양주·충주·청주·공주·진주·상주·전주·나주·승주·황주·해주 등에 12목이 설치되고 동시에 전국이 12개의 행정구로 나뉘게 되었다, 아마도 이때 부산은 상주(尙州)에 소속되었으리라 여겨진다. 한편 성종 14년(995년) 다시 개편되어 전국을 서경·동경의 2경과 4도호부를 비롯하여, 관내·중원·하남·강남·해양·영남·영동·산남·삭방·패서 등의 10도로 나누는 동시에 12목을 12절도사로 변경하였다. 이때의 부산은 영동도(嶺東道)에 속해있었다.

그 후 현종 9년(1018년)엔 전국의 행정구획이 개편되어 2경·4도호부·8목과 외관이 상주하는 주군(56개)·진(28개)·현(20개) 체제로 바뀌었으며, 그 뒤 다시 양광·경상·전라·교주·서해 등 5도와 동계·서계의 2계(界)로 나뉘어져 도 밑에는 군현·촌·향·소·부곡 등으로 형성되었다.

이와 같이 전국의 행정구획이 여러 차례에 걸쳐 변화하는 동안 부산에 있었던 동래현과 그 속현 동평현에도 커다란 변화가 일어났다. 즉 동래는 신라시대 2개의 부속 영현(동평현·기장현)을 관할하고 있었는데, 고려 시대에는 옛날의 지방관이 파견되던 위치에서 울주의 속현으로 전락하게 되어, 동래군 관할이 산산이 분산되어 버렸다. 이것은 바로 동래군이, 외관이 파견되는 최소단위인 일반 군현으로서의 지위마저 상실한 것을 의미하는 것으로서 단순한 지방행정적 변화가 아니라, 이 지역에 거주하는 주민 전체의 신분적 지위하락을 의미하는 심각한 문제이기도 하였다. 동래군의 위상격하에 더불어 그 관할아래에 있던 2개의 속현에도 변동이 일어났으니, 즉 동평현은 양주의 속현이 되고, 기장현은 울주의 속현이 되어 버렸다. 이와 같이 고려 초의 부산지역은 독자적 행정을 수행할 수 있는 주군의 지위를 상실하고 주군과 속현이 각각 분리되어 다른 지역에 편입되는 최악의 사태를 맞이하게 된 것이다. 따라서 부산에서 성장한 지방 세력은 정치세력에서 배제되었으며, 고려 초 부산지방을 본관으로 하는 인물들의 활동상을 찾을 수 없는 것은 바로 부산이 처하고 있던 어려운 상황을 반영하는 것이다.

아마도 이것은 후삼국시대 후백제를 지지하였거나 하는 등으로, 정치적 대세를 알지 못하고 저항하였던 경우로서 징벌의 의미로 군현에서 속현으로 격하시켰을 가능성이 크다고 보아진다.

2) 고려시대의 부산

고려시대 현재의 부산에 해당하는 지역에는 동래현과 동평현이 있었다. 동래현은 비록 주현이 아니라 속현이었으나 토지가 비옥하고 바다와 인접하여 물산이 풍부하였으며, 신라시대 이래 영군이었던 만큼 군세(郡勢)도 큰 편이었다. 동래정씨가 호장 층이 되어 속현의 군사(郡司)를 지배하였고 자녀교육에도 전념하여 과거에 급제하여 중앙관료로서 입신의 기반을 닦았다. 고려중기 이전에는 현령이 파견되어 주현화되었음을 알 수 있으나 그 정확한 시기는 미정이다.

고려시대 동래현과 동평현의 하부조직은 촌과 향·부곡으로 되어 있었다. 이 중에서 촌은 일반 양민들의 거주지로서 당시 부산지역에 몇 개의 촌이 있었으며 어떤 이름이었는지는 밝혀져 있지 않다. 그리고 촌 이외의 특수행정구역으로서 1개의 향과 4개의 부곡이 있었는데 즉 생천향(生川鄕)을 비롯하여 고지도(古智島)·조정(調井)·형변(兄邊)·부산(富山)의 4개 부곡이다. 그 구체적인 위치는 생천향은 남구 대연동에 있었던 것으로 알려져 있다. 고지도 부곡은 일제 강점기 부산진 매축공사때 섬 전체를 헐어서 바다를 메웠기 때문에 지금은 볼 수 없게 된 부산진 앞바다 섬의 고지도에 있었다. 조정부곡은 금정구 두구동에 조정언비(調井堰碑)-조정 둑의 비석-이 있는 것으로 보아 두구동에 있었으며, 형변부곡은 남구 용당동 신선대에 있었던 것으로 추측되나 명확하지는 않다. 그리고 부산부곡은 자성대가 있는 동구 범일동 일대였을 것으로 보인다.

향·부곡은 이미 신라시대부터 있어 온 것으로 향은 촌락을 가리키며 부곡의 부는 이두로 마을을 의미하므로 향곡의 한자식 표기라고 본다. 종래에는 향과 부곡을 모두 특수천민 집단이 거주하는 곳으로 이해하여 왔으나 최근에는 천민신분이 아닌 양인들이 거주하는 특수 행정구역으로 보아야 한다는 견해가 대두되고 있다.

그러나 고려후기에 접어들면서 향·부곡은 점차 해체되어 일반 촌락으로 편성되어 갔으며, 조선 초기에 이르러 대부분 자취를 감추고 다만 그 명칭만이 『동국여지승람』 같은 문헌에 '고적'이란 명목으로 이름만 남게 된다.

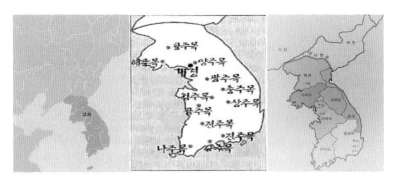

<그림 83>고려 영토   <그림 84>고려 초 지방제도   <그림 85>고려의 지방제도

* <그림 83>참조:『한국생활사박물관 06』발해·가야생활관, p.7,2004
* <그림 84>참조::『신문으로 엮은 한국역사2』, p.21, 사계절, 1996
* <그림 85> 참조: 부산박물관도록,『부산의 역사와 문화』, p.67

3) 고려시대의 문화

부산에서 만날 수 있는 고려시대의 인물로는 누가 있을까? 한국문
학사를 빛낸 정서와 고려시대 말 왜구를 여러 차례 격퇴시킨 최영장
군을 들 수 있을 것이다.

정서는 고려 중기(12세기) 문인으로서 호는 과정이고 동래향리의
후손이었다. 고려 중기부터 '정지원→정문도→정목→정항→정서'로
이어지는 동래 토착세력인 정씨 일족의 중앙정계 진출이 활성화되
었다. 동래 정씨가 특히 중앙정계에 두각을 나타낸 것은 정서의 조
부 정목(1040~1105)때 부터로서 정서의 부친 정항은 <고려사>열전
에까지 그 이름이 오를 정도로 입신출세하여 과거에 급제하여 중앙
정계 문벌들과 혼인관계로 연결되었다. 인종(1122~1146년)시대, 동
래현이 지방관이 파견되는 주현으로 승격하게 된 것도 바로 이 동래
정씨 집안의 중앙정계 진출과 관련이 되어 있다는 학설도 있다.

한편 정서가 지은 정과정곡은 한국문학사에 길이 이름을 남기고 있다. 정서는 고려시대 문인으로 본관은 동래(東萊), 호는 과정(瓜亭)으로 생몰년은 미상이다. 지추밀원사 정항의 아들이며 인종의 동서(인종의 비 공예태후 여동생의 남편)로 왕의 총애를 받았다. 벼슬은 내시중랑에 이르렀으나 18대 의종의 즉위와 더불어 간신의 모함으로 1151년(의종 5), 동래 및 거제로 유배되었다. 그는 유배지 동래에서 고려시대 불후의 명작 정과정곡이란 시가를 남겼다.

<정과정곡>은 유배 온 지 10년이 지나도록 임금의 부름이 없자 지난날의 결백과 임금을 사모하는 노래로서 많은 문인들에게 크게 감명을 주었는데, 우리말로 적혀 전하는 고려가요 가운데 유일하게 작자를 알 수 있는 작품으로서 국문학사상 매우 높이 평가되고 있다. 『고려사』 악지(樂志)에 제작 동기와 이 제현(李齊賢)의 해설이 수록되어 있다. 우리말 노래는 『악학궤범』에 전하며, 「대악후보(大樂後譜)」에는 노래와 함께 곡조도 표시되어 있다. 그의 노래가 유배지에서 신하가 임금을 그리워하는 정을 절실하고 애달프게 노래한 '충신연주지사(忠臣戀主之詞)'로 유명하며 이 때문에 궁중의 속악 악장으로 채택되어 기녀(妓女)는 물론 사대부 간에도 학습의 대상이 되었다. 그는 고려 제19대 명종이 즉위한 1170년, 귀양살이 19년 만에 귀양에서 풀려나 개경으로 돌아갔다.

<정과정 곡>
'내 임을 그리워하여 울고 있더니
접동새와 나는 (울고지내는 모양이)비슷합니다.
(그 누가 옳고 그른 것이) 아니며 (모든 것이) 거짓인 줄을 아~
(오직) 지새는 새벽 달과 새벽 별 만이 아실 것입니다.
(살아서 임과 함께 지내지 못한다면) 죽은 혼이라도 임과
한자리에 가고 싶습니다. 아~

(임의 뜻을) 어기던 사람이 누구였습니까.
(참으로) 과실도 허물도 전혀 없습니다.
(임께서 소명하실 줄 알았더니) 말짱한 말씀(거짓말)이었군요
(정말)죽고만 싶은 것이여 아-
임께서 저를 벌써 잊으셨습니까.
맙소사 임이시여, 돌려 들으시어 사랑하소서.'

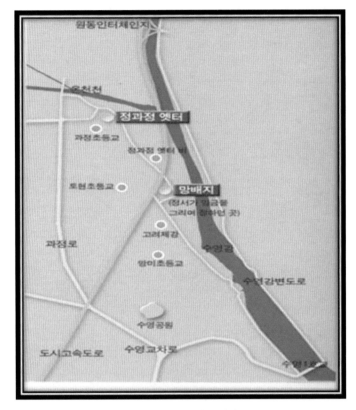

<그림 86> 정과정 유적지

* 참조: 부산박물관도록, 『부산의 역사와 문화』,p.78
* 정과정 유적지는 수영구 망미동 산 6-2번지 일대로서, 정서는 이곳에서 정자를 지어 오이 밭(瓜과)을
  일구었다 하여, 호를 과정이라 한다. 또한 그는 망산에 올라 임금이 있는 개경을 바라보며 임금께 잔을
  바쳤다 하여 배산(背山)을 '배산(盃山)'이라고도 부른다.

4) 고려 말의 국제정세

(1) 몽고의 침입과 여몽연합군

1206년 칭기즈칸이 몽골 초원을 통일하고 순식간에 남쪽 중앙아시아·금나라를 침공하였으며 다시 양자강을 넘어서 남송까지 점령했다. 10만 정예군으로 구성된 몽골의 유럽원정군은 러시아를 거쳐 헝가리와 폴란드로 쳐들어가 40여 년 동안 말에 의지하여 달릴 수 있는 곳은 어디든지 침공하였으므로 유라시아 대륙의 국경선이 사라지고 말았다. 그들과 마주친 모든 도시와 마을은 초토화되고 남은 것이라고는 깨진 벽돌조각 뿐이었다고 한다. 이 무시무시한 몽골 군대의 진격대상에서 고려도 예외는 아니었다. 몽골 사신이 고려를 방문했다가 돌아가는 길에 살해당하면서 몽고와 고려의 전쟁이 시작되었다. 몽골의 오고타이(태종)는 금나라를 치기 전에 그 배후 위협세력인 고려를 먼저 제압하려는 방침을 세우고 1230년부터 고려정벌 계획에 착수했다. 1231년 오고타이는 3만 명의 군대를 동원하여 심양에서 정벌준비를 완료하여 행동개시를 하였다. 이에 고려왕조는 몽골군이 해전에 약할 것으로 판단하여 강화도로 도읍을 옮기어 대비하였으나 여섯 차례에 걸친 몽골 군대의 침입으로 대몽 항쟁에서 패배하여 1260년 이후 약 100 여 년 동안 몽골의 지배하에 들어가게 되었다. 다음 <그림 87>는 13세기 몽골의 세계원정을 포함한 동북아 정세를 나타내고 있다.

<그림 87> 13세기의 동북아시아 정세와 고려

* 참조: 『한국생활사박물관 08』고려생활관2, pp.22-23.

화포

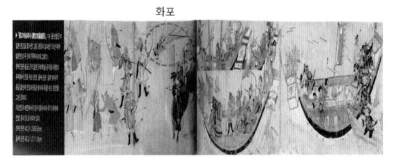

<그림 88> 몽고의 일본침입

* 참조: 『한국생활사박물관08』고려생활관 2, 사계절, pp.34-35.
* 이 그림은 여·몽 연합군의 일본원정을 묘사함 그림으로 일본인의 작품임(『몽고습래회사』). (왼쪽) 몽골군이 일본군에 화포를 쏘는 모습이 그려져 있으며, (오른쪽)일본병사가 몽골함선에 진입해 몽골군 목을 베는 장면이 있다

(2) 왜구의 침입과 부산

고려시대의 역사는 북로남왜의 외환이 많은 수난의 역사였다. 북으로는 중국대륙의 거란·몽고와 같은 강대국의 침략, 남으로는 왜구(일본 해적단)의 빈번한 침입에 의해 시달렸다. 이 중에 부산을 포함한 경남지방과 관련이 많은 것이 왜구였다. 왜구라는 말은 처음부터 존재한 것이 아니라 『고려사』에 '왜구동래(倭寇東萊)─왜가 동래를 침구했다-', '왜구고성(倭寇固城)─왜가 고성에 침구했다-'등과 같이 왜가 어느 곳을 침략했다는 의미로 쓰인 것이 뒷날 일본 해적단을 통칭하게 되었다.

왜구가 등장하게 되는 시대적 배경은 일본국내 정세와 깊은 관련이 있는 것으로서, 즉 가마쿠라(鎌倉)막부가 멸망(1333년-충숙왕2년-)하고 무로마치(室町)막부가 들어서는(1392년-공양왕 4년-)시기까지의 60년간 남조와 북조로 나누어 극심한 항쟁이 계속되자 정치적 기강이 해이해지고 경제적으로도 어려워지게 되자, 각지의 호족들이 식량 및 기타 생활필수품을 얻기 위하여 해적이 되어 고려의 해안 각지에서 약탈행위를 일삼게 되었다.

한반도에서의 왜구출현의 발단은 고려시대 고종(1213~1259년)부터이며, 본격적 내침은 충정왕 2년(1350년) 이후이었다. 왜구는 서남해안에서 함경·평안도까지 출몰했는데, 특히 부산을 중심으로 한 경남해안 일대의 피해가 극심했다. 왜구는 살인·약탈·방화 등을 일삼으며 한때는 수도개경이 위태로웠으며, 심할 경우엔 내륙지방까지도 영향을 미쳤다. 공민왕 때 30여 회, 특히 우왕(1374~1388년) 때 그 절정에 달했다. 우왕 2년(1375) 12월, 왜구의 침입으로 마산·양산·울주·진해·동평현·동래·기장 등 군영이 큰 타격을 받았다. 이 왜구 문제는 동북아 정세 변동에 큰 영향을 미쳤다. 중국 대륙에선 원이 망하고 명왕조가 탄생하고, 한반도에서는 고려가 망하고 새로 조선왕조가 탄생했으며, 일본 국내에서는 가마쿠라 막부에서 무로마치 막부로 넘어가는 정치적 변동을 불러 일으켰다.

<표 1> 고려 말 왜구 침입 동향

고려 왕명	연대	침입횟수
충정왕	1350-1351	10
공민왕	1352-1374	74
우왕	1375-1388	378
창왕	1389	5
공양왕	1390-1392	4

* 참조: 이 원균, 『부산의 역사』, p.66
* 왜구의 본격적 침입은 충정왕 2년(1350)이후부터로, 부산을 비롯해 전국 연해 지방에까지 피해가 미쳤다. 특히 부산은 해안과 낙동강을 끼고 있어 왜구문제와 더불어 국방의 요지로 부각되기 시작하였다.

5. 조선시대 부산의 역사

1) 조선 전기의 부산

(1) 부산의 행정제도

조선 태조(1392~1398년)는 왜구에 대한 방어를 위해 동래에 진(鎭)을 설치하였으며, 태종(1400~1418년)시기에 동래 현이 독립되고 동평 현은 동래 현의 속현이 되었다. 동래 현이 군사적 임무도 관할하는 행정의 중심지로 부각되어 가면서, 동평 현 부산포는 수군(좌수사영, 左水使營)의 중요한 거점으로 부각되어 갔다. 성종시기까지는 동래 현을 중심으로 하는 행정중심지와 좌수사영을 중심으로 하는 군사중심지의 이원적인 체제를 유지하면서 도관찰사의 지휘 하에 편제되어 있었다.

그리하여 동래는 삼포왜란(1510년)을 겪으면서 군사적 요충지로 부각되고, 사량진 왜변(1544년) 이후엔 동래가 유일한 개항지로 등장하여 외교·경제적 비중이 더욱 높아졌다. 명종 2년(1547) 동래 현이 동래도호부로 승격되었으며, 이후 동래부는 임진·정유왜란(1592~1598년) 당시 일본의 조선 침략의 첫 교두보가 되기도 하였다. 한때 임진왜란의 방어를 하지 못한 책임으로 동래 현으로 강등 되었다가 선조 32년(1599년) 외교거점의 중요성이 다시 부각되어 동래(도호)부로 승격되어 조선후기에 이르기까지 계속되었다. 동래 현이었을 때는 현령(종 5품), 동래도호부일 때는 도호부사(정 3품)가 중앙에서 파견되었다.

동래부는 경상도의 14개 도호부의 하나로서 다른 도호부(종3품 당하관의 임명)와는 달리 정3품 당상관이 임명되었다. 동래 도호부 사는 보통 동래부사로 불렸으며 임기는 2년 6개월(900일)인데 1608 년~1863년의 255년 사이에 모두 193명의 부사가 교체됨으로써, 사실상 임기가 차기도 전에 교체되었다.

한편 동래부사는 부윤·대도호부사·목사에 다음 가는 제 4급의 지방관으로서 경상감사의 지휘·감독을 받으면서, 동래부 내의 행정·사법·군사권을 행사하였다. 동래부의 행정은 중앙의 6조 체제를 모방한 6방으로 나누어 집행되었다.

동래부사가 있는 동래 읍은 동래부의 소재지로서 둘레 17291자, 높이 17자의 성곽(임진왜란 이전에는 둘레 3090자, 높이 13자)으로 둘러싸였으며 성안에는 충신당과 봉래관을 중심으로 관사·청사·

창고 등 690여 칸의 건물들이 즐비하게 들어있었다.

충신당은 동래부사가 공무를 집행하는 관청건물인 동헌(東軒)인데 모든 관청건물의 중심이 되었으며, 봉래관은 궐패를 모셔두고 매월 1일과 15일에 임금이 있는 궁궐을 향해 망궐례를 올리는 동시에 왕명을 받들고 내려오는 왕명을 받들고 내려오는 관리들을 접대하고 유숙하게 했던 객사였다.

부산지방을 관할하고 있던 동래부의 행정구획은 구체적으로 몇 개의 면·리·동으로 구성되어 있는지 알 수 없으나 15세기 전반의 문헌을 통하여 조선전기 동래부 인구동태에 대해 어느 정도 파악할 수 있다. 『경상도 지리지』(세종7년, 1425년)에 의하면, 동래현은 호구 290호에 인구 2416명 (남:1151명, 여:1265명), 동평현은 호구 108호에 인구 627명(남: 342명, 여: 285명)이었다. 다만 이 당시의 인구 통계는 16세 이상 60세 이하의 사람만을 대상으로 하였으므로, 16세미만이나 60세 이상의 사람 이외에도 조사에서 누락된 사람도 적지 않았을 것으로 보인다. 따라서 실제인구는 3,043명보다는 훨씬 많았을 것으로 추측된다.

한편 조선후기의 문헌(『동래부지(東萊府誌)』)에 의하면 보다 더 상세하게 동래부 내의 행정구획 및 호구·인구수에 대해 기록하고 있다. 즉 『동래부지(東萊府誌)』에 의하면 동래부는 현재의 동래지역을 중심으로 하여 7개면(面) 22개동(洞) 79개리(里)로 나뉘어져 있으며 호구 5639호에 인구 19,099명(남자 9616명-승려 230명 포함-, 여자 9,483명)으로서 조선 전기와 비교해볼 때 인구와 호구 수의 증가를 살펴볼 수 있다. 동래도후부의 지배를 받은 읍내면·동평면·동면· 남촌면·사천면·서면·북면 7개 면의 위치와 특징에 대해서 좀 더 구체적으로 살펴보기로 하자.

읍내면(邑內面)은 동래읍성 내의 면이라는 뜻으로 대개 현 동래구 일대에 위치하였다. 읍내면의 사방 위치는 동쪽이 동면에 접하며, 서쪽은 서면, 남쪽은 남촌면, 북쪽은 북면에 각각 접해 있으며 행정 적으로는 다시 동부와 서부로 나뉘어져 있다.

동부는 호현리·충렬사리·안락리·염창동·구향교동·<u>신향교동</u> <u>·합지동·역동·휴산동·당하동·지동·수문동·남문 동변동</u>의 10 개동 3개 리, 서부는 <u>남문 서변리·서문 노상리·서문 노하리·북문</u> <u>노상리·북문 노하리·당동·옥미 정동·대정동</u>·서문외동·범어 동·야정동·객달동 등의 7개동 5개리로 구성되어 있다. 즉 동부와 서부를 합하면 모두 17개동 8개리인데, 그 중에서도 밑줄 친 신향교 동 이하 대정동은 모두 성내라 불렀으며 둘레 17291자·높이 17자 의 동래읍성으로 둘러싸여 있었다. 이 동래읍성에는 동·서·남·북 으로 4개의 성문이 있었으며 각 성문에는 문장과 문지기가 있어 아 침저녁으로 성문을 여닫으며 통행인을 검색하였다.

동면(東面)은 대개 현재의 해운대구 반여동·재송동으로부터 해운 대에 이르는 지역으로서 동쪽은 기장현, 서쪽과 북쪽은 양산군에 접 하고, 남으로는 바다에 면해 있으며 구체적인 행정명은 명장리·반 여리·재송리·오륜대리·지경리·신천리·해운대리·우동리·중 동·좌동·서동의 3개동 9개리로 이루어져 있다.

남촌면(南村面)은 대개 현재의 수영구 수영동·광안동·남천동에 서 남구 대연동·용호동·용당동·감만동·우암동에 이르는 지역인 데 동쪽과 남쪽은 바다에 면해있고 서쪽은 동평면, 북쪽은 읍내면에 접해있다. 그리고 조선시대 행정 명으로는 숭정리·동부리·서부리· 북문외리·남문외리·감포리·칠포리·포이포리·남천리·대연 리·석포리·분포리·용당리·감만리·우암리·축산동의 1개동 15

개리로 이루어져 있었다. 특히 이 중에서 동부리·서부리·북문외리·남문외리에는 경상 좌수영(둘레 9198자·높이 13자의 성곽 있음)이 있었으며, 축산리·감포리·칠포리·포이포리에는 각각 수군 만호영들이 있었다.

동평면(東平面)은 현재의 부산진구 당감동·가야동에서 동구 범일동·좌천동·수정동·초량동에 이르는 지역에 해당하는데 동쪽은 남촌, 서쪽은 사천면, 북쪽은 서면, 남쪽은 바다에 면해 있다. 조선시대 행정 명으로는 고대리·부현리·감물리·당리·와요리·가야리·부산 성내리·범천 1리·범천 2리·좌자천 1리·좌자천 2리·두모포리·해정리 등 13개리로 되어 있다. 특히 그 중에 부산 성내리 지역에는 부산첨사영, 두모포에는 수군 만호영이 있었으며, 또 이 지역에 선조 40년(1607년)부터 숙종 4년(1678년)까지 72년 동안은 두모포 왜관이 설치되어 있었다.

사천면(沙川面)은 대개 현재의 사상구 모라동·덕포동·괘법동·주례동 일대와 사하구의 장림동·다대동, 그리고 서구·중구 전 지역이 여기에 포함되는데, 동쪽은 동평면, 북쪽은 양산군에 접하며 서쪽과 남쪽은 낙동강과 바다에 면해 있었으며, 행정구획상으로는 크게 상단과 하단으로 나뉘어져 있었다. 상단은 주례리·모라리·괘내리·덕포리·장문리·엄광리 등 6개리로 나뉘어져 있고, 하단은 신초량리·구초량리·대치리·다대리·서평리 등의 9개리로 나뉘어 모두 15개리이었다. 그리고 신초량리에는 숙종4년(1678년) 이후부터 초량왜관이 설치되었으며, 서평리에는 수군 만호영, 다대리에는 다대 첨사영 등이 설치되어 있었다.

서면(西面)은 현재의 북구 만덕동, 연제구 거제동, 부산진구 양정동·초읍동·연지동·전포동을 비롯한 지금의 서면 일대 등이 포함되는데 동으로는 읍내면, 서로는 양산군, 남으로 동평면, 북으로는 북면에 각각 접하고 있다. 조선시대 행정구획명은 산저리・여고리・석사리・대조리・거벌리・초읍리・양정리・연지리・범전리・전포리・만덕리 등 11개리로 이루어져 있다.

북면(北面)은 현재의 금정구 부곡동・장전동・두구동 일대지역으로서 동으로는 동면, 서로는 양산군, 남으로는 읍내면, 북으로는 기장현에 접하고 있었다. 부곡리・두구리・남산리・장전리・산성리・구세리・소산리・작장리・선동의 1개동 8개리로 이루어져 있다. 그 후 동래부 관할의 행정구획에 다소 변동이 있었을 것으로 보이지만 현재 구체적으로는 알 수 없고 다만 고종 5년(1868년)의『동래부 사례(事例)』에 의하면 위의 사천면이 없어지고 읍내면・동면・서면・북면・남촌면・동평면의 6개면에, 새로이 부산면・사상면・사하면의 3개면이 신설되고 있다. 신설된 3개면은 추측컨대, 종래 동평면에서 부산 성내리・범천 1리・범천 2리・좌자천1리・좌자천2리・두모포리・해정리를 분리하여 새로 부산면으로 하고, 사천면의 상단・하단을 완전히 분리하여 사천면을 폐지하고 구 사천면의 상단을 사상면, 구 사천면의 하단을 사하면으로 신설한 것으로 보인다.

(2) 조선전기 대일 외교・무역

조선 초, 일본 왜구 침략에 대한 회유책의 하나로서 한・일 양국의 교섭・통교를 활성화시켰다. 즉 일본 국내 남북조시대(1336~1392년)의 분쟁이 수습되고 무로마치(室町) 막부(1392~1573년)가 수립되어 막부의 정치적 통치력이 강화되자, 회유를 통하여 왜구의 침입이 다소 감소하게 되었다. 예를 들면 고려 말 왜구의 침입이 공민왕 시대에 74회, 우왕시대 378회로서 모두 합쳐서 37년간 동안에 452회인데 비해, 조선 초의 경우엔 태조시대의 54회, 정종시대의 4회, 태종시대의 64회, 세종시대의 37회로서 모두 합하면 159회로서 대폭 감소하고 있음을 알 수 있다.

임진왜란 이전의 외교관례는 일본 무역선이 서울에 도착하면 동평관에 체류하면서 진상품을 헌상하였다. 혹은 조선의 국왕을 알현하는 영예를 누리기도 하였다. 그리하여 일본에서 그들이 가져온 물품을 조사한 후 그들의 희망하는 조선의 물품들을 하사품으로 받기도 하였다. 그들이 가져온 물품 중에 서울에서 필요한 물건 이 외는 대부분 3포 왜관에 보관시키는 것이 관례였다. 한편 3포의 왜관에서 교환된 물자는 '화원창'(경북 달성군)으로 운반·저장하고, 때로는 서울에 보내거나 민간에 방매하기도 하였다. 관의 통제 하에 행해지기도 했지만, 포소(浦所)와 서울 왜관에서는 상인들이 직접 교역하는 것도 허락되기도 하였다.

그러나 사적무역은 매매 금지물품인 화약·금·은·동의 밀무역을 비롯하여, 민간인과의 접촉을 유발하여 국가기밀이 누설되거나 우리 지방민과 왜인사이의 이익을 둘러싼 사건·사고 등으로 인한 문제점들이 많았으므로, 세조 말년에는 화원창에 왜물고(倭物庫)를 설치하여 삼포왜인의 물자를 모두 수납 받았다.

성종 10년(1479년)엔, '해마다 천만 냥을 소비해 공매해 둔 왜의 물화가 창고에서 썩어 무용지물이 되고 있으며, 왜물을 운반하여 납창할(창고에 넣을) 때까지의 폐단도 적지 않다'든가, '삼포왜물을 싣고 낙동강에 역류하여 화원현에 도착하기까지 부산포는 1박, 제포는 3박, 염포는 3박이 필요한데 농사철에도 인마를 징발·동원하게 하므로 왕복에 자칫하면 4~5일 허비하게 되어 농사일을 놓치게 하는 경우가 있다' 등의 폐단이 발생하고 있었다.

즉 왜구를 막으려는 방어 목적에서 시작한 회유책은, 왜인들에게 만 일방적인 이익을 주는 것이었고, 평화유지라는 미명하에 경상도 지방민에게는 부단한 희생이 가해지고 있음을 알 수 있다.

조선 초의 대일무역은 조선은 피동적인 데에 대해서, 일본은 매우 적극적이었다. 이때 한·일 양국 간의 교환 물품에 대해 알아보면 다음과 같다. 즉 일본으로부터의 수입품은, 금·동·유황 등의 광산 품과 동남아 지역의 중계품인 향료(蘇木·후추)·약재 등으로서 서 민생활의 필수품이 아니라 지배층의 사치품이었다. 즉 소목은 각종 예복의 원료로서 쓰였으며, 호초(후추)는 약용 및 조미료로 사용되 었다.

한편 조선의 수출품은 미곡(쌀과 콩)·저포·마포·주포(紬布:견직 물)·면포 등의 생활필수품과 나전·도자·화문석 등의 공예품, 그리 고 대장경·유교서적·역사서·범종·불상 등과 같은 종교적 문화 재였는데, 이러한 것들은 일본의 문화발전에 지대한 공헌을 하였다. 특히 조선의 직물류에 대한 수요가 높아, 종래의 견직물(주포) 대신 목면(면포)에 대한 요구가 많아져 면포 수출이 급격한 증가를 보이 게 되었다. 이러한 면포에 대한 요구 급증은 충분한 공급이 어려울 정도였다. 성종 7년(1476년)의 경우 대마도주는 1만 필을 요구했으 나, 당시 공급 가능한 면포·주포는 모두 4,000필 정도였다. 한편 면 포는 국내에서도 소비량이 많고 물물 교환 시 화폐로서의 기능도 가 지고 있어 매우 귀하게 사용되었으므로 무한정으로 공급할 수는 없 었다. 일본은 이무렵 광산업이 성하여 금·동을 수출하였는데, 금은 일반인에게는 매매 금지품이었으며, 동도 국내 수요에는 별로 긴요 하지 않았다. 유황·호초도 앞으로의 사용분 100년을 충당할 정도로 비축되어 있는 형편이었다.

따라서 일본과의 교역에 대해 불필요성이 여론화되었으니 즉 성종17년(1486년), 왜인에 대해 '쓸데없는 물건을 가져와서 대가를 많이 받아가는 너희들은 마음이 좋겠지만 앞으로는 이런 물자를 가져오지 말라'고 언급할 정도였다. 그리하여 성종말년과 연산군 시대에는 면포 유출과 동 수입에 제한이 가해지기도 하였다.

(3) 부산의 군사제도

조선 왕조 건국 당시의 지방 군제는 고려말기의 제도를 그대로 이어 받아 전국 각 도를 군사행정과 전투를 수행하는 단위로 삼아 여기에 병마도절제사를 파견하였으나, 조선 태조 6년(1397년) 도 단위별 군사체제를 폐지하고 대신에 각 도의 요해처에 2~4개의 진(鎭)을 설치하고 첨절제사를 임명하여 지역 방어에 담당하게 하였다. 나아가 그 도의 관찰사로 하여금 감독하도록 하였다. 이 때 동래에는 진, 동래진이 설치되었는데 다른 진과는 달리 병마사가 파견되어 군사권과 행정권까지도 장악하게 되었다. 그 후, 여러 차례에 걸쳐 관제 개혁이 이루어지다가 마침내 1466년(세조 12)에 이르러 지방군사제도가 정비되면서 전국을 진관(鎭管)으로 편성하고 모든 수령이 군직을 겸임하는 이른바 진관제도가 확립되었다.

한편 경상도의 경우 육군보다는 해군에 중점을 두었는데, 육군은 6개진에 2,867명의 군사가 배치되어 있었으며 그 6개 진 가운데 하나가 바로 동래진이었으며, 해군은 21개 포영(浦營)에 16,594명의 군사가 배치되었다. 경상도엔 육군에 해당하는 병사(兵使)가 3명-관찰사(감영;상주)·경상좌병사(좌병영;울산)·경상우병사(우병영;창원)-,

수군에 해당하는 수사(水使)가 3명-관찰사·경상좌수사(좌수영:부산포)·경상우수사(우수영; 거제)-, 각각 배치되었다.

경상좌도 수군절도사는 본래 오랑캐에 이긴다는 뜻을 가진 부산의 감만포(戡蠻浦)에 절치되었으나, 세종 연간(1418~1450년) 울산 개운포로 이관했다. 한편 성종(1469~1494년) 때부터 울산에 육군 병영과 수군 병영이 함께 있어 주민의 부담이 과중하여지자 다시 부산포로의 이관 문제가 거론되었으나, 이관하면 울산 쪽이 허술해진 다는 것과 부산은 왜인이 왕래하고 있으므로 군사에 관한 허실이 탐지되기 쉽다는 반대 의견도 있어 설왕설래하며 결정되지 못하다가, 임진왜란(1592년 4월 발발) 직전인 선조 25년(1592년) 1월~3월 사이에 해운포(지금의 수영)로 이관하였다.

그리고 부산포(부산포 진관)의 수군첨절제사가 다스리는 포소(浦所)는 11개의 만호영(萬戶營)이 있었으며 두모포영·해운포영·포이포영·다대포영·서생포영(울산)·개운포영(울산)·염포영(울산)·감포영(경주)·칠포영·오포영·축산포영 등이 있다. 한편 수군 포·진의 병사는 만호의 지휘아래 병기와 양식을 병선에 싣고 항상 배위에서 대기 근무하는 것이 원칙이어서 성을 쌓아 보루로 삼는 성보 같은 것은 갖추고 있지 않았다. 그래서 배의 파손과 노후도 심하고 수상근무로 인한 병사들의 피로도 심하여 수군이 용전(勇戰)을 피하는 경우가 대부분이었다. 수상에서의 적은 수군이 담당하고 적이 육지로 상륙하면 육군이 담당하기로 되어 있기 때문이다. 이런 결과로 성종 15년(1484)부터 수군도 성보를 축조하게 되었으니, 성종 21년(1490년) 8월에 부산포의 부산진성(둘레 1689자, 높이 13자)이 완성되었다. 바닷물이 부산진성의 남문까지 들어와 배를 내려 바로 성문 쪽으로 들어갈 수 있었는데, 남문은 지금의 동구 좌천동인 정공단 입구로서 좌천동 가구골목 반대편 일신병원 일대이다. 그리고 다대포영의 경우도 지금의 다대 초등학교 자리를 중심으로 성을 쌓고 있다.

2) 임진왜란(1592~1598)

(1) 임진왜란의 원인

한반도 남쪽으로부터 왜의 간헐적인 침략을 받게 되자 조정은 군국기무를 장악하는 비변사라는 합좌기관을 설치하여 이에 대비하고자 하였다. 그러나 태평에 젖은 이조시대의 양반관리들은 안일 속에서 고식적인 대책에 만족할 뿐이었다.

이때 일본에서는 새로운 형세가 전개되었다. 전국시대(1478~1575년)라는 100여 년에 걸쳐 전개되었던 피비린내 나는 살육시대였던 하극상의 혼란기가 오다 노부나가(織田信長)에 의해 수습되고, 이어서 도요토미 히데요시(豊臣秀吉)에 의해 국내통일이 이루어지게 되었다. 그러자 도요토미는 여러 장수들의 힘과 불만을 해외로 방출시켜 국내통일의 안전을 더욱 공고히 하고, 나아가 유럽인들과 접촉으로 인하여 넓어진 해외견문이 자극이 되어 대륙에 대한 침략적 야욕이 싹트게 되었던 것이다.

도요토미 히데요시는 휘하 9개 부대 21만 여명을 동원하여 부산상륙의 첫발을 내디딘 것이 선조 25년(1592년) 4월 13일이었다. 이른바 임진왜란의 시작이다. 그리하여 왜군은 부산진성과 동래성을 함락시키고 파죽지세로 북상하였다. 믿었던 신립의 충주 방어선이 무너져 서울인 한성 함락이 임박함에 따라 조선왕조는 건국이래의 최대의 위기를 맞이하게 되었다. 한편 경상좌수사 박홍으로부터 부산진성 함락 보고를 접한 조정에서는 황급히 대책을 논의, 일본군의 북상저지에 나섰다. 임금 선조는 '국가적 위기를 맞아 전 국민이 일어나 적에게 저항할 것'을 권고하는 교서를 경상도 지방에 내리고 군사모집을 위해 전국에 선전관 등을 파견하였다.

일본군 선봉대(고니시 유키나가小西行長 군대)의 상륙 직후 4월 14일과 15일에 연달아 부산진성과 동래성이 함락되자, 조정에서는 황급히 군대를 파견하여 경상북도 상주에서 일본군의 북상저지를 시도하였으나 역부족이었으며 한성 방어의 최후보루인 신립마저 패배하자 거의 절망적인 상황에 빠지게 되었다. 한편 일본군은 선봉 5만 2천 5백 명이 6일 만에 상륙을 완료하는 기동성을 보여주었으며 상륙 직후 세 가지 길로 나누어 북상을 계속하고 있었다. 부산포와 동래성을 함락한 고니시 유키나가의 제 1번 부대는 중앙로를 택하여 양산·밀양·청도·대구·선산을 거쳐 상주에서 이일의 방어선을 뚫었다. 그리고 19일 부산에 상륙한 가토 키요마사(加藤淸政)의 제 2번 부대는 경상좌도를 택해 기장을 거쳐 좌병영 울산을 함락하고, 경주·영천·군위 등을 거쳐 문경으로 빠져 중앙로 군대와 연합하여 문경으로 들어왔다. 구로다 나가마사의 제 3번 부대는 동래에서 김해로 침입하여 경상우도를 따라 올라와 추풍령을 지나 영동으로 나가 청주 방면으로 침입해 들어왔다. 이 외에도 모리 요시나가의 제 4번 부대(14000명), 후쿠시마 마사노리의 제 5번 부대(25000명), 고바야카와 다카가게의 제 6번 부대(15700명), 모리 데루모토의 제 7번 부대(30000명), 우키다 히데이에의 제 8번 부대(10000명), 하시바 히데카츠의 제 9번 부대(11500명), 구키 등의 수군(9000명)과 후방경비(12000명) 등으로 편성되어 있었다. 이러한 부대 편성과 규모로 볼 때 임진왜란은 예전의 소규모적 왜구 집단의 난리가 아니라 일본의 국운을 건 실로 대규모 전쟁이 시작되었던 것이다.

(2) 부산진성의 함락

일본군은 1592년 4월 13일 유시(酉時:오후 6시)에 부산 앞바다에 도착, 해가 진 후 부산진성 정찰에 나섰고 이을 목격한 부산진 첨사 정발은 전선(戰船)을 적의 손에 넘기지 않기 위해 모두 침몰시키고 퉁소를 불어 백성들을 진정시킨 뒤 성의 수비를 명령했다. 4월 14일 이른 아침, 짙은 안개를 이용하여 우암동으로 상륙한 일본군은 성을 포위하고 부산진성의 서문 밖 언덕에 조총수를 배치, 일제 사격을 가하면서 성벽을 기어올랐다.

이에 맞서 정발장군은 검은 갑옷을 입고 큰 활(大弓)을 이용하여 왜병을 향해 쏘며 자신의 부하들을 격려했으며 부녀자들까지도 돌을 던지고 화살을 운반하여 총력전을 펼쳤으나 성 북쪽의 방비가 허술한 곳으로 일본군이 들어오면서 성이 함락되고 말았다.

정발장군은 "일단 성을 나가서 구원병을 기다리자"는 부하장수의 권유를 물리치고 끝까지 싸우다가 조총 탄환에 맞아 전사했으며 그의 첩 애향은 자결한 것으로 알려져 있다. 이 임진왜란 당시의 부산진성 전투에 대해 서양 선교사의 보고가 남아있다. 포르투갈의 신부 루이스·프로이스는 일본군의 부산진성 싸움에 대해 전해 듣고 낙성 후의 모습에 대해 다음과 같이 묘사하고 있다. 즉,

> "성벽 내부에는 3백 전후의 민가가 있었다. 고귀하고 명예를 귀중히 여기는 부인들은 그 우아한 용모를 감춤으로써 일본군으로부터 도망치려 했으며 어떤 부인은 숯검정으로 얼굴을 칠했고 또 어떤 부인들은 천하고 남루한 의복을 뒤집어 쓰고 적을 속이려 했다. 코리아의 부인들은 정숙하고 품행이 바르며 조심성 깊기로 유명하지만 그들 중에는 이 예측 못한 너무나도 큰 재앙에 하늘을 향해 소리치며 눈물로 투항하는 사람도 있었다."

아뭏든간에 부산인 들은 용감했다. 군인들뿐만 아니라 성안에 있던 노인과 부인들, 아이들도 화살을 나르고 돌을 던지며 싸웠다. 백발의 노인들이, 쓰러진 북잡이 대신 북을 두드려 용사들의 사기를 돋웠다는 기록도 있다. 그러나 결말은 처참했다. 한편 부산진성을 점령한 일본군은 곧 군사를 나누어 서평포와 다대포를 함락시켰는데, 부산진 성 안의 전군사가 항전 끝에 전사했다. 그리하여 부산진성과 동래성을 함락하고 파죽지세(대나무를 쪼개는 기세)로 북상하였다.

(3) 동래성의 함락

고니시 유키나가의 이끄는 제1번 부대에 의해 부산진성과 동래성이 함락되었다. 4월 15일 아침 6시에 부산진성을 떠난 일본군은 오전 8시부터 동래성 주변에 집결하시 시작했다. 그리하여 일본군은 이른 아침부터 쳐들어가기 시작하여 비교적 성곽이 낮고 수비가 허술한 인생 문으로부터 파죽지세로 쳐들어갔다. 그 주력 부대 중 제1종대는 황령산 기슭에서, 제2종대는 서대로에서, 제3종대는 취병장 쪽에서 공격해 들어가자, 당황한 동래부민들이 일제히 성안으로 피난해 일치단결하여 싸웠으나 중과부적으로 결국 오시 경에 성은 마침내 함락되고 말았다. 일본군은 우리 측 군사의 항전으로 희생자를 끊임없이 내면서도 성벽을 기어오르는 것을 멈추지 않은 끝에 동래성 함락에 결국 성공했다.

<그림 89> 부산진성 순절도   <그림 90> 동래부순절도

* <그림 89>참조:부산박물관, 『부산의역사와 문화』, p.103
  <그림 90> 참조: 부산박물관, 『부산의역사와 문화』, pp.104-105

(4) 임진왜란 이후의 국방제도

임진왜란(1592~1598년) 이후, 조선왕조는 부산이 일본과 가장 가까운 거리에 있는 침입로가 될 수 있음을 깨닫고 새로운 국방 요새지로 부각되기 시작했다. 그리하여 일본의 침입에 대비하여 많은 군사시설이 갖추어지고 방어태세가 더욱 강화하게 되었다. 본래 부산포의 동래진은 '경상좌병영' 관할 하의 경주 진관(鎭管)에 속해 있던 여러 진(鎭)들 중의 하나였으나, 1655년(효종6)에 이르러 동래진을 경주 진관에서 독립시켜 독진(獨鎭)으로 승격시키고 나아가 양산군 및 기장현 소속의 군대까지 통합·지휘할 수 있도록 하였다. 군사시설로는 동래읍성과 금정산성이 있다.

동래읍성은 임진왜란 때 대부분 파괴되어 버렸으므로 1731년(영조7년) 당시의 동래부사 정언섭이 제안하여 과거보다 훨씬 큰 규모의 성을 쌓게 되었다. 그 소요경비로는 돈 13454량, 베 1552필, 쌀 4585섬이 소요되었고, 경상도 64개 고을의 승군 7900명(8일~55일간 부역)과 동래부 사병 8199명을 포함하여 모두 52000명이 동원되었다. 한편 동래읍성 안에 10개의 우물과 1개의 못이 있다.

금정산성도 1703년(숙종 23)에 경상감사 조태동(趙泰東)이 "동래는 남쪽의 가장 변방에 놓여 있으므로 만약의 사태에 대응할 준비를 해야 된다"고 건의함으로써, 동래부사 주관 하에 건축한 성인데 동서남북 사방에 성문을 둔 방대한 산성이다. 산성의 둘레가 9000보가 되고 높이가 15척이 되어 너무 넓고 커서 관리하기가 어려워 둘레 5643보 되는 중성(中城)을 쌓았다. 그러나 이후 100여 년 동안 관리가 소홀하여 황폐해졌으나 다시 1806년(순조6년) 재수축을 하였다.

이어서 바다에 접해 있는 경상좌수영을 보수함으로서 동래부는 국내 최대 수군기지가 되었다. 원래 경상좌수영은 현 부산의 남구 감만동에서 태종시기에는 울산 개운포, 선조시기에는 남구 수영동으로 이전하였다가 홍수로 선창의 수로가 매몰되어 뱃길이 통하지 않게 되어 감만포(사천絲川-현 수영천-)에서 1652년(효종3) 수영으로 이전하였다. 그리하여 군제개혁으로 1895년(고종32) 폐지될 때까지 243년간 동안 수영에 설치되어 있었다. 경상좌수영 관내에는 첨사영(僉使營) 1개, 만호영(萬戶營) 12개가 있었으나, 임진왜란이전에 다대포영이 첨사영으로 승격되고 일부 폐지됨으로서 2개의 첨사영과 8개의 만호영이 있었다. 기장의 두모포영(→동구 수정동), 울산의 개운포영(→좌천동 정공단 자리), 경주 감포영(→남구 민락동), 영해의 축산포영(→남구 감만동), 홍해의 칠포영(→남구 민락동) 등이 부산으로 옮겨와, 경상좌수영 관할하의 전 병력이 사실상 부산에 총집결되었다.

3) 조선후기의 부산

(1) 동래부의 행정제도

조선 후기 동래부의 행정 구획과 호구수가 문헌상에 비교적 자세히 기록되어 있다. 『동래부지(東萊府誌)』에 따르면 인구는 총 호수 5639호에 인구 19099명(남자 9616명-승려 230명 포함-, 여자 9484명)이고, 행정구획은 읍내면·동평면·사천면·동면·남촌면·서면·북면의 7개면 22동 79리로 나뉜다. 하급 관리는 각각 원래 도윤(都尹)·부윤(副尹)·도약정(都約正)·부약정(副約正)·직월(直月)·포도별장(捕盜別將)·포도관(捕盜官)·향도계(香徒契)등의 임원이 배치되어 있었다.

면에는 중앙에서 파견되는 외관은 전혀 없고, 풍헌·약정 같은 임원도 좌수·별감의 천거에 따라 부사가 임명하는 것이었으므로, 면은 부사의 관할이라기보다는 차라리 향청과 향약의 계통을 이은 것으로서 일종의 지방 자치 단체적인 성격을 띤 것이라고 하겠다. 그리고 면의 하부 조직 리·동에는 각각 이정(里正) 1명과 주인(主人) 1명씩을 두어 동래부와 민중들의 중간 위치에서 정령을 전달·주지시키고, 조세 납부 독려를 주요 임무로 맡았다. 동래도호부 내의 안전·치안을 위하여 도장·토포 군관·도검장·기찰장 등을 두어 범죄 수사와 죄인 체포 등 경찰과 같은 임무를 수행했다.

(2) 동래부의 산업·경제

조선시대 동래부 주요 산업은 농업으로서, 토지가 기름지고 수원이 깊으며 기후가 온난하여 농사짓기에 적합하였다. 농업 다음 가는 산업은 수산업이었다. 동/남쪽이 바다에 면해있는 부산의 자연 환경은 반농반어로 생활을 영위하는 바닷가 주민들에게 큰 도움이 되었다. 임금에게 진상되는 공물 미역 등이 있었다. 또 해염의 염전 산업과 공용 목장 운영 등을 들 수 있다. 염분은 동래현에 25좌와 동평현에 40좌가 있었으며, 목장은 석포(말 방목),절영도(소 방목),오해야항(말 방목) 등 세 곳에 목장이 존재하여 각각 방목을 하였다.

동래부의 상업은 각 지방 장날은 물론이고 왜관을 통해 이루어지는 대일무역이 활발하여 동래상인의 역할이 주목되었다. 농작물을 비롯해 부업으로 만든 수공업품과 어염 등의 물물교환이 이루어졌으며 동래부에서는 백성들의 필요에 따라 정기적으로 5일마다 열리는 5일장이 있었는데, 읍내장(2·7일), 부산장(4·9일), 독지장(1·6일), 구포장(3·8일) 등이 개최되어 거의 매일 시장이 열리는 꼴이었다. 당시 5일마다 열렸던 시골의 오일장에는 인근 각지를 순회하며 행상하는 보부상(보따리상인·등짐 상인)들이 있었다. 보상(보따리상인)은 생활 주변의 소도구나 세공품을 파는 봇짐장수이며, 부상(등짐 상인)은 농산품·건어물이나 각종 기물을 등에 짊어지고 파는 상인이다. 이들은 일종의 동업조합 같은 조직체로 연결되어 비교적 활발한 상업 활동을 전개했다.

조선시대 후기 부산 민중들의 수공업은 아직 부업적인 가내 수공업의 영역에 머물고 있어 자급자족을 위한 제품들이 생산되었다. 한편 전문 수공업자는 장색(匠色)이라 불리며 공장(工匠)이라 하여 신분은 양민 및 천민으로서 관청에 소속되었다. 영조 16년(1740), 동래부에는 모두 117명의 공장이 23여 종에 달하는 수공업제품을 생산하고 있다. 쇄장(열쇠) 7명, 와장(기와) 2명, 목수 3명, 유기장 5명, 입사장 1명, 은장 및 연마장 15명, 피장(皮匠) 10명, 조포장 3명, 당혜장 3명 등 공장이 수공업생산에 종사하고 있었다.

(3) 동래부의 교육기관

부산의 지명 가운데에는 교육과 관련된 역사적 유래를 가진 지명이 많다. 명륜동, 안락동, 사직동 등을 들 수 있는데 이는 명륜동의 동래향교, 안락동의 안락서원, 사직동의 사직단 등과 관련된다.

조선시대 교육체제는 성리학이 정착되면서 관학(官學-향교-)과 사학(私學-서당-) 양 대 체제로 확립되었다. 우선 부산 지방의 교육 시설은 서당(민간 사설 초등 교육기관)을 들 수 있다. 서당은 대개 큰 마을에 하나 정도 있으며, 훈장이 7·8살에서 14·15살까지의 학동에게 한문의 초보와 습자를 가르쳤다. 우리 지역에선 동래 시술재(時述齋, 1732년 동래부사 정언섭에 의해 건립됨)를 들 수 있다.

서당교육을 마친 15·16살의 소년들은 동래 향교로 진학하게 되는데 향교는 하나의 읍에 하나의 학교라는 일읍일교 원칙에 의해 설립되었다. 동래향교는 성균관의 축소판으로서 조선시대 부산 지방의 유일한 관학기관이었다. 향교의 건물배치는 전학후묘(前學後廟) 형식으로서 정문(반화루)을 지나면 명륜당(강학 공간)과 기숙사(동재·서재), 대성전과 동무·서무가 배치되어 있었다. 그러나 임진왜란 때 소실되어버려, 1605년 동래부사(홍준)에 의해 동래읍성 동문 밖 2리 되는 곳에 중건되었다. 1704년 유생들의 청원으로 동쪽 관노산(현 동래고 부근) 밑으로 이전했으나, 이후 여러 차례 이전·중건을 거듭하다가 1813년 현 위치(명륜초등학교 정문 옆 도로변)로 이전했다.

<그림 91> 동래향교 모습   <그림 92> 명륜당

* 참조: (좌/우) 부산광역시, 『부산의문화재』, p.88

전근대 부산의 대표적 사학교육기관의 하나로 서원을 들 수 있는데 선대의 유현을 받들어 모시는 사(祠)와 사제들을 교육하는 재(齋)의 결합된 교육기관으로 동래엔 안락서원이 있다. 안락서원은, 선조 38년(1605) 동래부사 윤훤이 임진왜란 때 순절한 동래부사 충렬공 송상현을 모시기 위해 동래읍성 남문 안에 송공사를 세운 것이 그 시초이다. 그 후 효종 3년(1652)에 동래부사 윤문거는, 송상현 부사 충절을 기리기 위해 충렬사를 내산(萊山) 밑 안락리에 이전하여 강당·동재·서재를 지어 안락서원이라 하였다. 안락서원은 임진왜란 때의 충신·열사를 모시고 있기 때문에 흥선대원군의 서원 철폐 당시에도 안전하였다.

조선시대엔 대규모 전쟁이 많았다. 일본과의 전쟁(임진왜란/정유재란), 청나라의 전쟁(병자호란/정묘호란 등)으로 인하여 많은 군인들이 목숨을 잃고 나라를 돕기 위해 전국에서 의병들이 궐기 했다. 이들을 추모하기 위한 사당, 충렬사가 건립되었다. 부산의 충렬사는 공원 같지만 임진왜란 때 순국한 많은 분들의 위패가 모셔져 있는 사당이다. 충렬사 안에는 안락서원이라는 편액과 옛날 안락서원 모습이 모형으로 전시되어 있다. 옛날 안락서원은 선열에 대한 제사와 교육을 병행하는 곳이었으나 지금은 임진왜란 때 제사를 지내는 사당, '충렬사'만 크게 확대되어 있다.

<그림 93>안락서원

<그림 94> 충렬사 전경

*참조: (왼쪽) 부산은행, 『부산, 역사 향기를 찾아서』, p.143
　　　(우측) 부산광역시, 『부산의문화재』, p.87

(4) 동래부의 통신시설

우리나라 봉수제도는 옛날 정치·군사적 목적으로 급한 소식을 전달하기 위한 매우 합리적 통신제도로, 그 세계적으로도 독특한 것이라 한다. 조선시대 통신제도는 봉수·우역·파발 등이 있었다. 봉수는 높은 산에 올라가 불을 피워 밤에는 봉(횃불)으로, 낮에는 수(연기)로 급한 소식을 전했는데 봉수의 종류는 전국 모든 봉수가 모이는 중앙 봉수로서 서울 남산에 위치한 경봉수(京烽燧), 국경선이나 해륙 변경의 제일선에 설치된 연변봉수, 경봉수와 연변봉수를 연결하는 내지봉수 등 세 종류이다.

봉수를 올리는 법은 해상과 육상을 구별하였는데 해상의 경우엔 무사할 때 1거(거는 불을 올린다는 뜻임), 왜적이 바다에 나타나면 2거, 해안에 가까이 오면 3거, 우리 병선과 접전하면 4거, 육지로 침입하면 5거로 했다. 그리고 육지의 경우엔 무사할 때 1거, 적이 국경 밖에 나타나면 2거, 변경에 가까이 오면 3거, 국경을 침범하면 4거, 우리 군사와 접전하면 5거씩 올리도록 하였다.

동래부의 봉수대는 해안가에 설치된 연변봉수로서 5개 직봉(초기 거화지점에서 서울까지 가는 최단거리) 중, 제 2봉으로, 동래-한성간 봉수망의 직봉-간봉이다. 동래의 봉수 경로는 석성봉수→황령산봉수→간비오산봉수→기장 남산봉수→기장 임을랑포 해안선을 따라 북상하여 영해·안동 등을 거쳐 모두 19 곳을 경유하여 남산에 도착했다. 조선전기 동래지역의 봉수대는 해운포·부산포·다대포 등에 설치되어 해안을 조망하여 외적 침입을 감시하여 중앙 정부에 알리는 군사적으로 중요한 통신시설이었다. 대표적인 동래지역 봉수대를 소개하면. 해운대 만호진을 방어하는 초소에 둔 간비오산 봉수대,[4] 부산포를 감시하는 황령산 봉수대,[5] 다대포 만호진을 방어하는 석성 봉수대,[6] 계명산 봉수대[7]·응봉 봉수대[8]·오해야항 봉수대[9]·구봉 봉수대[10] 등이 추가되었다.

---

4) 해운대구 장산 간비오산에 설치된 봉수대로서(1461년 이전), 황령산봉수와 함께 동래부의 가장 오래된 봉수이다.
5) 황령산 정상(1461년 이전)에 설치된 봉수대로서 동래부의 중심 봉수대이다. 해운포, 부산항 부산진 앞바다의 왜적 침입을 감시한다. 현재 부산의 아름다운 야경으로 손꼽힌다.
6) 서구 암남동 천마산 정상에 설치된 봉수대이며 1461년 이전에 설치된 것으로 추정된다.
7) 범어사 왼편 삼각봉우리 아래쪽의 동그스름한 봉수대(금정구 노포동 계명봉, 1455년)이다.
8) 사하구 다대동 두송산 산정에 있는 봉수대로서 설치연대는 1481~1530년으로 추정된다.
9) 남구 용당동 일대에 있었던 봉수대로서 1481년 이전의 설치로 추정되고 있다.
10) 초량 뒷산에 있는 봉수대로서 1725년에 설치되었다.

봉수대는 부산의 주요한 산 정상에 위치하여 해안선이 아름다운 부산 바다의 자연 경관을 감상하는 관광자원으로 활약해도 좋을 것 같다. 현재 부산의 산복도로 지역의 관광자원 활성 프로젝트가 준비되고 있다. 예를 들면 수정동 산복도로의 이바구길, 문현·감천동 벽화마을, 영도 산복도로의 관광자원화 계획 등을 들 수 있다.

비교적 높은 산자락에 위치한 이 봉수대들은 아름다운 야경으로 꼽히고 있으며 피난민들의 주거지가 있었던 한국전쟁(1950년) 전후의 향수를 자극하고 있으며 도시화로 잃어버린 역사적 향기와 함께 해양도시 부산의 아름다운 경관을 관망할 수 있기 때문이다.

4) 조선후기 한·일 문화교류

(1) 한·일 국교 재개

1598년 도요토미 히데요시가 죽게 되자 도쿠가와 이에야스(德川家康)는, 패전으로 몰리고 있던 일본군에게 한반도에서의 철수를 명하고 대마도주에게 강화 교섭의 지시를 내렸다. 이듬 해(1599년) 대마도주가 사신을 보내 왔으나 조선 정부는 응하지 않았다. 1600년 2월 도쿠가와 이에야스의 명령으로, 대마도주 쇼 요시토시(宗義智)와 그의 중신 야나가와 시게노부(柳川調信)는 임진왜란에도 참전했던 바 있는 고니시 유키나가(小西行長) 등 여러 부장과 함께 서한을 조선 정부에 보내고, 또 자진하여 포로를 송환해 오는 등 온갖 성의를 나타나게 되었다. 그 후 다시 수차례에 걸쳐서 사신을 보내 왔으나 볼 만한 성과는 오르지 않았다. 대마도주는 다치바나 도모마사(橘智正)를 파견하여 거듭 국교 회복을 간청해 왔으나, 결국 난국 타개에는 이르지 못하였다.

한편 조선 정부는 일본의 성의 있는 태도에 대해 시간을 두고 좀 더 주의 깊게 살펴보고자 하였다. 그리하여 1602년 정월, 조선 정부가 전계신(全繼信) 등을 대마도로 파견하여 일본 측의 진의를 탐지토록 한 것은 이러한 조선 정부의 신중한 태도를 말하는 것이다. 이러한 조선 정부의 신중한 태도가 긍정적인 방향으로 바뀌게 된 것은, 1600년 도쿠가와 이에야스(1542~1616년)가 도요토미파 세력을 일소하고 1603년 경 에도(江戶:현 도쿄東京)에 막부를 창설한 이후 다시 사신을 조선 정부에 파견, 정식으로 국교 회복을 청해오면서부터이다.

드디어 조선 정부는 1604년 8월에 탐적사(探賊使)라는 이름으로 사명대사(四溟大師)를 대마도로 파견하여 일본의 국정을 살핀 다음, 그 결과에 따라 화의를 추진하도록 명하였다. 기회가 익어 가는 것으로 판단한 도쿠가와 이에야스는 곧 대마도주에게 명하여 유정 일행을 교토(京都)로 안내토록 했다. 이에 따라 이에야스(家康)는 1605년 3월에 후시미성(伏見城)에서 조선 측 탐적사 일행과 회견하는데 성공하게 되어, 이 회견이야말로 한·일 양국 간의 새로운 외교관계 수립의 단서를 열게 되었다.

이 자리에서 이에야스는 먼저 '도요토미 히데요시(秀吉)의 조선 침략을 사과하고 새로운 우호관계의 수립을 갈망한다'는 강한 의지를 표명했다. 마쓰우라 가쇼(松浦霞沼)가 쓴 『조선통교대기(朝鮮通交大紀)』를 보면, 이에야스는 이때 에도막부 측의 접대 역이던 혼다 마사노부(本多正信)와 스님 죠타이(承兌)를 통하여 말하기를,

"나는 임진(1592)년엔 관동(關東)지역에 있었으며, 일찍이 전쟁에 간여한 바가 없다. 조선과 나 사이에는 사실 원수질 일이 없으므로 더불어 교류를 청하는 바이다(我於壬辰在關東 不曾干預 兵事 朝鮮與我實無怨 請與通和)"

라며 그의 태도를 천명하였다. 즉 이에야스는 임진왜란 때 자기는 출병하지 않았고, 그의 정권이 「반도요토미(反豊臣)」라는 태도를 천명한 것은 그 후의 국교 회복 교섭 과정에서도 자주 언급되고 있다.

그리하여 이에야스 집권의 결정적 계기를 만든 세키가하라(關ヶ原) 전쟁(1600년) 이후, 대마도주는 조선 정부에 대하여 도쿠가와 가문은 도요토미 가문과 반목한 존재임을 거듭 역설해 왔다. 또 모리 데루모도(毛利輝元)가 임진왜란 당시 조선 출병 공로를 이에야스에게 요구하자, 이에야스는 그에게

> "조선은 예의의 나라로서 다만 문교(文敎)만을 가르치는 것을 숭상할 뿐이다. 무(武)를 높이고 전쟁(兵事)으로 빛내고자 하지 않는데 무고하게 군대를 일으켰으며 또 해전의 승리도 무를 바탕으로 하는 나라로서는 오히려 부족한 것이니, 어찌 공이 있다고 하겠는가(朝鮮禮義之邦也 只尙文敎非有湯武耀兵之事 而無故興兵 水戰勝不足爲武 何功之有)"

라고 대답하며 데루모도의 요구를 물리쳤던 것은 그의 조선에 대한 호의적인 태도를 명확히 알 수 있다. 또 이에야스가 도요토미 히데요시의 거점인 오사카(大坂)성을 평정한 뒤, 조선으로 파견된 다찌바나 도모마사(橘智正)가, "이에야스의 오사카성 평정은 조선을 위해 보복한 것으로 여기에 경하의 사절을 파견해 달라"고 올린 말 가운데도 그 성격을 그대로 드러내고 있다. 이러한 반도요토미적 태도가 조선후기 한·일 양국 외교관계 재수립의 기본정신이었다고 할 수 있다.

(2) 조선통신사 파견

이에야스의 이러한 성의 있는 자세는 후시미성(伏見城)에서 있었던 사명대사 일행들에게도 전달되어, 한일양국 관계는 급속도로 가까워져 조선 정부는 드디어 1607년(선조40년)에 첫 번째의 회례겸쇄환사(回禮兼刷還使)를 일본으로 파견한다. 쇄환이란 임진왜란 때 잡혀갔던 사람들(포로)들을 데리고 귀환한다는 의미다. 한편 조선 정부는 일본 사절의 서울 상경은 허락하지 않고 이들을 부산 왜관에서 접대하여 돌려보냈다. 그것은 임진왜란 이전의 그들의 서울로의 상경 로가 바로 일본군의 침략의 길로서 이용됐기 때문이다.

그리하여 1609년(己酉년)에 맺은 한·일 국교가 재개되었는데 이를 기유약조라고 부른다. 기유약조의 구체적인 내용은 첫째로 일본 사신의 부산 체류기간에 대해 규정하고 있는데 대마도 도주의 특송선 110일, 그 이외의 세견선 85일, 차왜(差倭:비정규적으로 오는 일본선박) 55일로 정한다는 것이다. 둘째로 정부에서 하사하는 미곡량에 대한 것으로서 대마도주에게는 미두(米斗) 100섬을 하사하며, 바다를 건너는 경비(과해량:過海糧)로 일본국왕 사신은 20일분, 대마도주 10일분, 대마도인 5일분을 지급한다는 등의 내용이다.

1607년의 회례겸쇄환사 파견에서부터 재개된 조선후기의 통신사는 1811년(순조11)년에 이르기까지 약 210년 동안 12회에 걸쳐서 일본에 파견되어 아라이 하쿠세끼(新井白石)의 말 그대로 천사보다 나은 환대를 받게 됐다. 한일양국 관계가 더욱 두터워지는 것은 1636년(인조14년)으로부터의 일로서 통신(通信)이라는 말은 「서로 속이지 않고 다투지 않으며 참다운 성신(誠信)으로 소통한다」는 뜻이다. 과거의 숱한 전쟁으로 인하여 명암이 점철되었던 한·일 양국

의 역사 가운데 조선 후기, 즉 에도막부 260여 년 간에 걸쳐서 우호
적인 성신외교의 교린 관계가 이루어졌다. 한편 조선 후기 12차례에
걸쳐 일본으로 파견되었던 조선 통신사에 대해 정리한 것이 다음의
<표 2>이다.

연대	조선	사명	인원	비고
1607	선조40	회답겸쇄환사回答兼刷還	504	
1617	광해군9	회답겸쇄환사回答兼刷還	428	교토후시미빙례/포로쇄환주력
1624	인조2	회답겸쇄환/3대쇼군계승축하	460[114]	포로쇄환 주력/조총구입
1636	인조14	제4회차:태평성대축하	478	닛코산日光山 유람/마상재
1643	인조21	제5회차:家綱탄생축하	477	닛코산日光山 참배/마상재
1655	효종6	제6회차:4대쇼군家綱계승축하	485(100)	大猷院參拜
1682	숙종8	제7회차:5대쇼군계승축하	473(113)	마상재
1711	숙종37	제8회차:6대쇼군家宣계승축하	500(129)	新井白石 改率/마상재
1719	숙종45	제9회차:8대쇼군吉宗계승축하	475(129)	마상재
1748	영조24	제10회차:9대쇼군家重계승축하	475(109)	마상재
1763	영조40	제11회차:10대쇼군家治계승축하	477(110)	마상재/최천종崔天宗 살해사건
1811	순조11	제12회차:11대쇼군家齊계승축하	328	쓰시마에서 역지빙례易地聘禮

<표 2> 조선후기 통신사 파견

조선시대 일본으로의 사절단은 통신사 사행을 비롯하여, 예조참
의 명의로 대마도주에 보내는 사절인 문위역관(問慰譯官)등이 있었
다. 이 문위역관은 이른바 역관사라고도 불렀으며 이는 일본어 통역
관 왜학(倭學)역관이 정사(正使)가 되었기 때문에 그렇게 불렀던 것
같으며, 1636년부터 1860년(철종11)까지의 224년 동안에 거의 54회
파견되어, 국가의 공식적인 사행인 통신사보다 일본의 실정을 파악

하고 두 나라 사이에 일어나는 문제를 해결하는 경우가 많았다.

한·일 양국 외교문제에 대해서는 주로 대마도가 일본 측의 외교 창구이자, 대변인 역할을 맡았다. 조선의 사정에 어두운 도쿠가와(德川)막부는 통신사의 에도 내방을 비롯하여 조선과의 외교·무역 등의 구체적인 문제들은 모두 대마도에 맡기고 있었다.

한편 조선후기 통신사의 규모는 정사·부사·종사관·양의(良醫)·화원(畵員=화가)을 비롯해서 군관·서기·악대(전악:典樂·기수:旗手·고수:鼓手)·총수(銃手)·선장 등 모두 300~500여 명에 달하였다. 이 때 우리 쪽의 수행원도 당상역관·당하역관·경호원 등으로 구성되었다.

국내의 통신사 행렬이 지나가는 길은 서울에서 출발하여 모두 3가지 길이 있었는데, 이는 중간지대의 민폐를 고루 분담하기 위해서이며 그 어느 것이나 모두 국내의 마지막 도착지는 부산이었다. 통신사 행렬이 있을 때는 동래부사·부산 첨사가 경상감사의 호응 하에 관아의 이속(吏屬)·군속(軍屬)들을 동원하고 지방민의 협조를 얻어 비상한 노력과 재정적 출혈을 하였던 것 같다. 즉 통신사가 타고 갈 배를 만들고, 사행 도중에 사용할 물품조달이 필요했으며, 또 무사출발과 귀환을 위해서 날씨상황에 대해 주의하였다. 만약 날씨나 바다의 항해사정이 좋지 않으면 기약도 없이 부산에 머물면서 기다리는 경우도 종종 있었기 때문이다. 대마도에서 마중 나온 호행(護行)차왜(差倭)들의 배와 사람들도 와 있었으므로 통신사행이 있을 때의 부산포는 사람들로 붐비었고, 또한 손님맞이의 갖가지 부담이 맡겨져 긴장하였던 것 같다. 한편 통신사가 타는 배는 통영과 좌수영에서 만든 6척의 배에 나누어 타고 가는 데, 출발은 영가대 선창에서 출발했다. 현해탄 바닷길이 험할 때가 많았으므로 출발에 앞서서 용신제(龍神祭)를 지냈던 것 같다. 그리고 파도가 많이 치거나 풍향 등의 사정으로 바다길이 불안할 경우엔 여러 날 혹은 달포 가량을 기다렸다가 출발하였던 것으로 알려져 있다.

영가대에서 해신제를 올리고 총 6척의 배로 출발하여 쓰시마에 상륙하여 최종 목적지의 에도까지의 길은 해로와 육로로 나뉘었다. 해로는 선박을 타고 바다를 이용하는 길로서 쓰시마-오사카-교토 남쪽 요도(淀)이며, 육로는 교토의 요도에서부터 에도까지의 길이었다. 나고야~도쿄 사이의 강을 지나갈 때에는 총 275척의 배를 띄우고 그 위에 3,036장 판자를 깔아 길처럼 만들었다. 그 배들을 끄는 예인선(曳引船)이 144척, 뱃사람(水夫)도 3,060명이나 동원되었다.

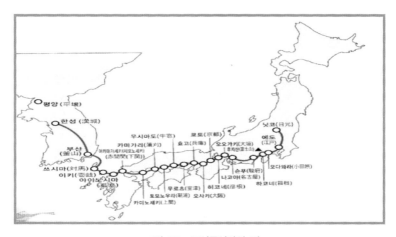

<그림 95> 조선통신사의 길

* 참조: 조선통신사 문화사업회, 『마음의 교류 조선통신사』, p.33

<그림 96> 조선통신사행렬의 형명기

<그림 97>조선통신사 행렬 국서 가마

<그림 98> 조선통신사 행렬의 정사 가마

* <그림 96>~<그림 98>참조: 전게서, 『마음의 교류 조선통신사』, pp.24~25

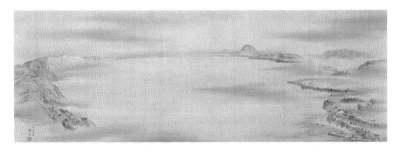

<그림 99> 비야코를 지나는 조선통신사

<그림 99>의 하단 우측 세부도

* 참조: 전게서, 『마음의 교류 조선통신사』, p.85

일본으로 간 조선통신사 기행문 중의 백미라고 일컫는 신유한의
『해유록(海遊錄)』에서 비야코에 대한 감상이 표현되어 있다.

  "가마 속에서…발 밖의 가을비 소리를 들으니 잠깐 맑은 흥
  취가 있었다. 6,7리쯤 가니 왜인이 여기가 비야코라고 하기에
  발을 걷어 바라보니 시원하고 넓어서 가이 보이지 않았는데, 먼
  산이 물을 안아서 굽이굽이 만(灣)을 이루었다. 원근의 어선들
  이 누른 갈대 푸른 대나무 사이로 출몰하였다. 저녁놀과 외로운
  따오기가 물결과 함께 오르락내리락 하였다. 둘레가 4백리인데
  중국의 동정호(洞庭湖)와 겨룰만했다"

  한편 통신사에 대한 일본 측 접대의 극진한 정성을 알 수 있는 것
이 바로 조선인 가도의 존재이다. 교도를 출발한 조선통신사 일행은
오우미국으로 들어가 '오쓰大津→세따瀬田→가라바시唐橋→구사쓰草
津→모리야마守山→오미하치만近江八幡→히코네彦根'를 지나갔다. 가
라바시는 우리민족과 깊은 인연을 가진 다리로서, 신라의 삼국 통일
이후 백제인을 비롯한 많은 삼국시대인 들이 선진 벼농사기술을 가

지고 이곳에 이주해 비야코 주변을 개간하고 그들이 이곳에 처음 놓은 다리가 바로 세따의 가라바시이었다. 11차례의 통신사행이 이곳을 지나갔다.

조선인가도는 야쓰野州에서 도리이모토쵸鳥居本町의 40㎞ 가도로서, 도쿠가와 이에야쓰가 세키가하라 전투(1600년)에서 승리하여 이 길을 지난 후('吉禮의 길'), 역대 막부 쇼군이 지나는 길이었다. 에도 막부는 네덜란드 상관장과 유구사절의 통행을 허용하지 않고 오직 조선통신사행에게만 이 길의 통과를 허락했다.

<그림 100> 일본 5가도 루트   <그림 101> 조선인 가도

(3) 에도막부의 환대

에도시대(1603~1868년) 당시의 일본 기록에 의하면 에도 막부가 조선통신사 사절단 환대에 쓴 비용은 최고 100만 냥을 넘는 때가 있었고, 일본 동해안 길 53개차(역) 왕복에 동원된 역부(役夫)의 숫자만을 살펴보아도 33만 8천 5백여 명에 달했다고 한다. 그리고 여기에 동원된 말(타마:駄馬-삯을 주고 빌린 말-)의 숫자만도 7만 7천 6백 45필(제8차 통신사행-1711년도-의 경우)에 달하였다고 한다.

조선통신사는 에도 성에 이른 후 융숭한 대접을 받는데, 이는 막부 스스로의 권위를 높이고자 하는 배려와 함께 교린관계 유지라는 명분 때문이었다. 에도막부는 조선 통신사가 지나갈 때는 남녀노소와 귀천을 막론하고 길가에 정지시키고, 큰 소리를 내어 말하거나 크게 웃지도 못하게 하였고 서로 손가락질도 못하게 하였다. 남녀가 서로 섞여 있지도 못하게 미리 막부에서부터 시중에 시달해 두었다. 그러면 다음의 그림을 소재로 조선통신사를 바라보는 에도 민중의 표정에 대해 살펴보고자 한다. <그림 102>는 에도시대 유명한 화가 하네가와 도에이 그림으로 조선통신사행렬에 대해 묘사하고 있다. 에도시내(＝현 도쿄)로 들어가는 조선통신사 가장행렬도로서 매우 유명한 조선통신사 행렬도 중의 하나로, 에도(현 도쿄)의 번화가 니혼바시(日本橋) 주변 모습이다. 그림 상단 중앙의 하얀 산이 후지 산, 중앙 대로에 회색 옷에 갓을 쓴 행렬 일행이 바로 조선통신사이다. 그 통신사 행렬의 대로 양쪽의 가게 안에서 경사스러움을 상징하는 붉은 천으로 간이 벽을 만들어 그 안과 이층 등에서 구경꾼하고 있음을 알 수 있다. 그림 하단 중앙의 무사는 일종의 경호원으로서, 몇 걸음 앞 깃발에 쓰인 청도(淸道)라는 말에 어울리게 미리 길을 깨끗이 쓸고 소금·모래 등을 뿌려 축하하고 있다.

　이 그림은 행렬을 직접 보고 그린 것으로 유추되어 왔으나 최근의 학설에 의하면 에도 서민 축제 중의 한 풍경으로서 에도 서민문화에까지 스며든 조선의 문화교류를 알 수 있다.

<그림 102> 에도시내를 지나가는 조선통신사 행렬도
－하네가와 도에이(羽川藤永)「조선인 내조도」(에도 중기)

* 참조:「마음의 교류 조선통신사」, p.124

　당시 일본의 서울인 에도(현 도쿄) 인구의 약 3분의 1 이상이 이
역사적 축제 행사에 참가하여 환대하였다고 한다. 즉 에도 막부의
환대는 당시 쇄국체제 하 일본에서의「일생일대의 축제(성의:盛儀)」
로서 말 그대로 대단히 성대하였음을 살펴볼 수 있다. 조선 사절에
대한 관심과 환영은, 에도 막부의 집행부는 물론이고 무사・서민・
상인・농민 등에 이르기까지 그야말로 대단하였다. 특히 당시의 일
본 학자・문인 등을 비롯한 지식인 계층의 기대는 이상하다 할 만큼
대단한 열기로 가득 찼다.
　한편 조선통신사를 영접한 일본인들은 조선 문인과의 접촉을 자
신들의 일생일대의 대사, 또는 영예로 생각하여 사절 일행이 숙소에

들게 되면 그 곳으로 몰려와 시의 창수(唱酬)와 비평·서화와 휘호 등을 간청하였다. 이에 통신사 일행들은 눈코 뜰 사이가 없이 바빴다고 하며, 그 중에는 그에 답하느라고 잠을 이루지 못하는 경우도 많았다고 한다. 또 필담으로 조선의 풍속·정치·학문·기술 등 각 분야에 걸쳐 질문을 하여 커다란 문화적 감동을 받았다. 이 당시의 이러한 광경을 담은 기록이 오늘날도 일본 전국 각처에 수많이 남아 있으며 회화 자료로서도 많이 전하고 있다. 당시 에도 문인들의 조선 문화의 흡수는 놀랄 만했고, 이러한 문화의 흡수는 일본 에도 막부의 문예 부흥의 커다란 원동력이 되었다고 생각하는 바이다. 이렇게 하여 간행된 문답집이 백 수십 권에 이른다고 하며, 한편 일본을 시찰한 우리 문인들도 『해유록(海遊錄)』(신유한)·『동사록(東嵯錄)』(홍우재)등과 같은 훌륭한 시찰 보고서를 남겨, 당시의 일본 연구의 귀중한 자료로 되어 있다.

또한 조선통신사 일행과의 문화교류는, 일본 각 지방의 항토문화에 뿌리를 내려 아직도 생생하게 보존되고 있다. 조선통신사 일행이 머물렀던 지역 사람들은 그 문화교류를 매우 자랑스럽게 여기며 조선통신사 행렬이나 선박 모습을 그림으로 남겨 소중히 보관해 오고 있다. 나아가 그 지역 축제 속에 재현시키거나 도시락·도자기·인롱·술병·인형·벼룻집 등과 같은 민예·공예품에 조선통신사 교류의 흔적을 묘사하였으며 그들 중에는 일본 지방문화재로까지 지정된 것도 적지 않다. 다음의 <그림 103>에서 살펴볼 수 있듯이 조선통신사의 마상재를 비롯하여 조선통신사행렬을 묘사한 공예품이 일본에 많이 전하고 있는 사실은 바로 조선후기 일본 속에 꽃 핀 한류열풍이었다.

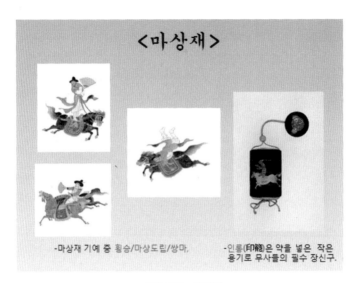

<그림 103> 마상재

* 좌측 마상재 그림 3개 참조: 전게서, 『마음의 교류 조선통신사』, p.107
* 인롱 참조: 전게서, 『마음의 교류 조선통신사』, p.175

<그림 104> 조선통신사도 인롱(印籠)

　　－조선통신사 정사 가마.　　　－형명기·악대의 조선통신사　　　　－마상재 모습
*참조: 『마음의 교류 조선통신사』, p.175

고대이래 한일 양국은 거듭된 전쟁으로 어두운 역사를 공유하고 있으나 반면에 평화를 구축하기 위한 노력 또한 적지 않았음을 찾아볼 수 있는데, 바로 일본 에도막부 시대의 210년 동안에 활발하게 전개되었던 조선통신사 문화교류를 들 수 있다. 이러한 인접한 국가 간의 평화적 문화교류는 세계 역사상으로도 매우 드문 일이었다고 말할 수 있을 것이다. 그리하여 2014년, 한·일 양국의 두 시민단체는 부산 문화재단과 일본 조선통신사연고지협의회를 중심으로 전근대 평화의 길을 구축하였던 조선통신사 관련 기록물을 유네스코에 등재하기 위해 공동 작업을 추진하였다. 이른바 '조선통신사 유네스코 세계기록유산 등재 추진위원회'를 결성하여 유네스코 공동 등재를 위하여 십 수차례에 걸친 국제학술회의를 거쳤다. 유네스코 등재 자료의 선정기준 및 관련기관의 협조를 얻어 자료선정, 그리고 양국 간의 첨예하게 대립되는 역사적 논의사항에 대해 거침없는 토의를 거듭한 결과, 2016년 3월 말 유네스코에 등재신청을 할 수 있었다. 마침내 2017년 10월 30일 유네스코 등재가 확정되었다. 이는 부산의 유네스코 등재 제 1호이자 한·일 양국 공동 등재 제 1호이며, 또한 한·일 양국 시민들의 힘으로 의하여 추진되었다는 점에서 매우 의의가 깊다고 생각하는 바이다.

6. 개항이후 부산의 역사

조선시대, 부산은 내륙 동래부 지역 중심으로 발달했다. 당시 부산포는 작은 조용한 어촌 마을이었다. <그림 105>의 <대동여지도>

(김정호, 1864년) 지도를 보면, 지도 오른쪽 위 중앙에 이중 원으로
된 동래(東萊)부가 있고 그 우측에 이중사각의 좌수영(현 수영), 해안
가를 따라 부산포·두모포 등을 비롯한 어촌 마을들이, 내륙지방에
는 농촌마을과 하천 그 외곽에 산들과 산맥들이 보인다. 낙동강과
삼각주의 명지도 등이 한 가운데에 위치하고 있다. 조선시대 부산의
지형지세에 대해 살펴보면 남북으로는 금정산맥과 윤산·황령산·
운봉 등의 지맥들이 해안가 쪽으로 내려와 남북으로 축을 형성하고
있다.

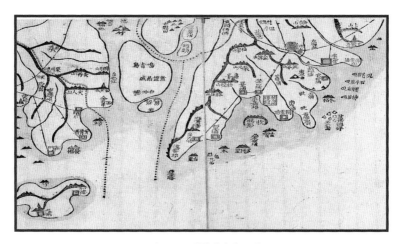

<그림 105> 개항이전의 부산포

* 참조: 부산광역시·부산대학교, 『부산고지도』, p.178, 2008

<그림 106> 개항전후의 부산포

　개항전후 부산포는 동래도호부에 속한 많은 포구 중의 하나로서
행정 중심지 동래읍으로 향하는 요지에 위치하였으므로 부산진성 ·
자성대 · 부산진 첨사 거주지 등이 있었다. 부산만 만입 내의 습지에
는 연 밭이 있었고 현 범일동과 좌천동 부근에는 400여 호의 부락이
있었는데, 그 대부분은 백정 · 무당 · 천민들로 구성되어 있었다. 매
4일과 매 9일마다 이곳에서 5일장이 열려 쌀 · 보리 · 콩 · 삼베 · 무
명 등 곡물과 포목류가 주로 거래되었다.

부산포 주변의 하천은 3개의 수원으로 이루어져 있으며 전포 농막이(현 서면 광무교와 경남공고 부근)까지 바닷물의 조수가 밀려들어와 배가 정박할 수 있었다. 그러나 토사의 퇴적으로 주변은 단순한 농촌으로 변모되었다. 법수천(현 보수천)과 범천(범냇골을 흐르는 하천)은 포구에 생활용수를 공급하였으며 법수천 상류의 구 형무소가 있던 딱막골 주변에는 고분이 10여기 있었다.

해안에 근접한 천마산·엄광산·구봉산·증산·황령산 등이 부산포를 둘러싸고 있었기 때문에 마비현·지게골 고개·감고개·구덕고개·대티고개 등의 고개는 부산포와 주변지역을 연결하는 통로였으며, 복병산 주변에는 왜인의 묘지, 한국인 촌락 주변의 야산에는 한국인의 묘지가 많았다.

해안가 소촌인 용호·감만·우암·초량·남천동 등은 연안에서 패류와 해조류를 채취하거나 연안어업에 종사하는 어촌으로서 주로 대구와 청어를 잡았다. 당시 청어의 어장은 초량앞 바다에서 구룡포까지이였으며, 부산에서 여수까지는 대구어장, 영도의 청학동 앞 바다는 멸치 어장이었다. 이러한 해안의 어촌과는 달리 분개(盆浦-현 용호동)에는 염전이 있었다. 이 곳 분개는, 부산 지역의 대표적인 소금 생산지였는데, 1910년 조선 총독부 발행의 재정통계연보에 의하면 1909년 분개의 연간 제염능력은 444,206근으로 대단히 번성했으나 근대공장의 진출에 따라 쇠퇴하였으며, 현재는 민가와 높은 아파트가 밀집해있다.

해안에서 떨어진 평지의 전답 주위에는 농업을 주로 하는 동족촌이 발달해 있었다.부산의 동족부락은 대부분 임진왜란 이후에 형성된 것으로 현재의 양정동(청도 김씨), 부전동(강릉 김씨, 김해 김씨), 가야동(다성 서씨), 주례동(여산 송씨, 밀양박씨), 용호동(개성 왕씨.

파평 윤씨) 등지에 발달해 있었다. 한편 절영도는 예부터 숲이 울창하여 조선 정조때 제주도 국마를 이곳에 분산목축하기 이전부터 목마장으로 유명했으며, 목자가 국마를 검사하던 고리장(環場:환장)이란 지명이 아직 남아있다. 또한 현 부평동에도 넓은 목장이 있어 이곳에서 길러진 말은 역마·군마로서 부산진이나 다대진에 주로 보급되었다.

1) 부산의 외국조차지

개항이후 일본정부는 당장 부산항에 일본인 거류지 확보와 제국주의 침략을 위한 기지설립을 위해 거류지 임차를 서둘렀다. 이 거류지 임차에 일본 정부는 연간 50엔을 조선정부에 지불했는데, 조선정부는 외국에 땅을 빌려주는 일이 처음이라 불리한 계약이었다. 첫째로 대여기간 제한이 없어 영구적이며, 조선의 땅인데 일본인들끼리 서로 양도·대여할 수 있다는 점, 둘째로 도로·도랑지역 관리도 일본 정부가 책임지게 되어 있어 조계지 지역 내 시가지 계획과 조성을 일본인 마음대로 할 수 있게 되었다는 점 등이다. 그리하여 훗날 일본의 대륙침략 근거지가 되었다. 일본은 부산의 일본인 전관거류지를 조선정부의 통치가 미치지 않는 치외법권 지역으로 만들고 이어서 1880년 2월 일본 관리청을 일본 부산영사관으로 변경하고(현 중구 동광동), 영사관 주변에 경찰서·은행·병원·상업회의소·전신국·재판서 등 공공건물 등을 배치하여 실질적 통치를 위한 기반을 준비하였다.

<그림 107> 일본인 전관거류지(1887년)　　　<그림 108> 1910년경 신창동 모습

* 참조: (왼쪽) 김재승,전게서, p.32　(우측) 김재승, 전게서, p.85

　초량왜관이 일본인 전관거류지로 바뀌자, 용두산 좌우에 일본식 시가지가 형성되어 1880년경에는 신조계지로서 북빈정(현 중부경찰서~중앙동 일대)이 포함되었다. 1901년경에는 일본의 조계지 광복동에서 남포동, 신창동 지역으로 일본인 거주지가 확장되어 갔으며 그곳에 일본식 마을 이름을 붙이게 되었다. 그리하여 현 중구·서구 지역에 해당되는 곳에 대청정(大廳洞)·보수정(寶水洞)·부평정(부평동)·대신정(현 대신동)·부민정(현 부민동)·좌등정(佐藤町:중앙동 일대)·대창정(大倉町:현 대교로와 대창동)·안본정(岸本町)·고도정(高島町:현 중앙동일대)·경부정(京釜町:경부선 철도기점 본역택지)· 본정(本町:동광동·중앙동일부)·변천정(辨天町:광복동2·3가)·행정(幸町:창선동1·2가)·상반정(常盤町)·입강정(立江町)등으로 확대되었다.

　한편 청나라도 청국 조선총판상무위원 진수당과 조선외아문협판

묄렌도르프의 현장조사로 청국 전관거류 후보지를 확정하고(1883.11),
청국 상무공사 부산분서(영사관)를 설치하여 진위혼이 부임하여 청
국조계지를 측량·결정하고 조계설치 협약을 동래부와 체결하였다
(1884.5). 청국조계지는 현 동구 초량동의 화교학교 부근의 장방형
토지를 확보하고 그 안에 있던 조선인 분묘 2359기를 이전하고 전
답은 청국상인이 사들였다. 초기의 청국 이사부를 청국 영사관으로
개칭하고(1898년), 이에 부산에 거주하는 화교의 거주가 14명(1884
년)에서 338명(1909년)으로 증가하게 되었다.

<그림 109> 1939年 일본의 부산안내도

* 참조: 『부산근대역사관』, p.65

러시아의 극동진출정책에 위기를 느낀 영국도, 부산에 조차지를
준비하였다. 1883년 영국은 조선과 조영통상수호조약을 체결하고

이어서 부산의 영선산 일대에 조차금액 연간 16원 72전으로 영국 조차지를 설치했다 (20895㎢). 영국 영사관 자리는 현 중구 대창동 1가 부원 아파트 앞쪽 부근으로 추정된다. 1885년 3월 28일, 부산에 영국 영사관이 설치되어, 부영사를 비롯한 영국인이 3~4명 부임하였다. 부산주재 영국 부영사는 부임 이후, 경상도·전라도 각지로 돌아다니며 다양한 문화경험을 했으며, 1904년 러일 전쟁이후 영국은 일본과 동맹관계를 공고히 해, 영사관을 폐쇄하였다(1910년). 러시아는 부동항을 얻기 위해 남진정책을 적극 추진하면서 일본의 조선국 개항에 조바심을 느꼈다. 이에 1884년 조러 통상수호조약을 체결하고, 1892년 복병산(중구 대청동 부산기상청) 동쪽 일대에 러시아 조차지 설정을 시도했으나, 일본의 방해로 실패하고, '러시아 공사관 터'라는 지명만 전하고 있다. 1895년 절영도조차를 시도했으나, 이것도 역시 일본의 방해로 실패하였다. 1900년 3월 30일 거제도 협약을 체결하여 부산포 대신에 마산포 조차를 허용 받았다.

2) 개항이후 부산의 변화

1876년 개항이후, 부산은 북항을 중심으로 급속하게 변모하기 시작하였다. 부산에 '동래감리서'(대외담당기구)가 설치되고 옛 초량왜관 용두산 지역이 일본인 전관거류지 조계로 변모하면서, 왜관지역 안에 거주지가 제한되어 있던 일본인들의 거주지가 바깥지역으로 확대되어 갔다. 그리고 부산항 매립을 통한 새마당의 탄생과 더불어 시가지 변화가 일어났다. 북항·남항·부산진 앞바다 매축공사와 영선산 착평공사 등은 바다를 육지로 변화시키고 그곳에 부산의 기간시설이라 할 수 있는 경부선 철도·부산항 잔교(부두)·해관(세관)·부산역·우체국 등이 개설되고, 도로망과 시가지 정비 사업이 추진되었다.

(1) 부산 해관(=세관) 설립

개항이후 청나라의 강한 영향력으로 1883년 청이 추천하는 묄렌도르프 주선으로 일본과의 관세문제를 해결하고 부산·원산·인천에 해관이 설립되었다. 부산 해관은 왜관시대의 협소한 약 700평의 선착장(현 용두산 공원 아래 부산 데파트근처)을 집무소로 삼았는데, 초대 해관장은 영국인 넬슨 로버트 등 서양인이 담당했다. 부산해관은 관세수입이 인천·원산보다 유리하였으므로, 한국정부도 깊은 관심을 가졌으나 종주국으로서 권한을 주장한 청국이 부산항의 관세권을 장악하였다. 그리하여 부산 해관장도 1888년까지는 청나라가 추천한 영국·프랑스·독일·이탈리아인들이 부임했다. 특히 해관장 영국인 헌트(Hunt)의 시대, 청·일 양국 간에 부산해관 실권을 둘러싼 대립이 심각했다. 헌트는 청나라 이홍장의 도움으로 협소한 부산해관의 부지확보를 위해 용미산(현 롯데호텔 광복동지점) 기슭을 착평·매립하였다(1887~1888년). 이때 중국인들이 중국에서부터 많이 부산으로 입국·거주하여 공사에 참여하였는데 바로 초량 차이나타운(상해거리)의 유래이다.

1905년 을사늑약 이후 일본에 의해 외교권을 빼앗기게 되자 1907년 이후 해관을 세관으로 명칭을 개칭하고, 일본인이 세관장으로 임명되었다. 1910년 2층 벽돌 건물로 르네상스식 양식의 부산 세관 건물이 완공되었다.

(2) 북항매립

19세기 중엽 부산항(현 제1부두, 옛 초량왜관 부두)은 산기슭이 바로 바다에 접해 평지가 거의 없었다. 개항이후 일본인 거주의 급증과 왕래 선박의 대형화, 경부선~관부연락선 연결을 위한 항만기능 근대화 및 시가지 확장의 필요가 있었다. 현 중앙로 일대가 당시엔 바닷가였으며, 또한 중앙동~영주동 사이에 해발 50m의 영선산이 가로 놓여 있어 교통이 불편했다.

1898년 부산 매축주식회사 발기인(일본인)이 일본인 거류민단과 교섭하여 북항해안 일대를 실지측량(實地測量) 하고, 6만 2천 평에 대한 매축 허가를 우리 정부에 출원(出願)하였다. 드디어 1900년 말 매축공사 기공권(起工權)이 허가되었다. 그러나 당시 일본 경제사정으로 매축면적을 4만 329평으로 축소하고, 공사를 1기와 2기로 나누었다. 우리 정부의 반대에도 불구하고 일본 '부산매축 주식회사'는 온갖 수단을 동원하여 매축공사 허가를 받아내었다.

그 북항매립 추진과정에 대해 살펴보면 제1기공사(1902.7~1905.12)에서 3만 2천 627평 확보, 제 2기공사(1907.4~1909.8)에서 8천 747평을 획득하였다. 현 부산의 중부 경찰서~영주동 사이를 가로막은 쌍악(雙岳:해발 50m 두 산봉우리의 영선산)을 착평하여 그 흙과 돌로 부근 바다를 매립하였다. 그리하여 1911년 8월, 부산 북항지대에 총 4만 1천374평을 확보하여 부산역·부산세관(부산잔교)·부산우체국 등 부산의 중추기능이 구비되었다. 현재의 부산 중구 지역에 해당된다. 이 북항 매립으로 2개의 새로운 길이 탄생하였으니 바로 대청로와 중앙로이다.

<그림 110> 1887년중앙동　<그림 111> 1902년중앙동　<그림 112> 1910년 중앙동

* 참조: 김재승, 전게서, p.31 ; 김재승, 전게서, p.68 ; 김재승, 전게서, p.69.

(3) 남항매립

남항(현 남포동과 자갈치 일대)매립에 대해 살펴보면 남항은 동남 해안 일대 2천 수백 개 어장을 소유한 어업기지연안 무역항으로서 매우 중요한 위치에 놓여있었다.

하사마 후사타로(迫間房太郎)가 남항건설의 필요성을 조선총독부(朝鮮總督府)에 호소하여, 1915년 남항수축 기성회(南港修築期成會)가 설립되었다. 이어서 매축 왕이라 불리던 이케다(池田佐忠,대구 거주)가 부산남항건설에 관심을 가져, 1925년의 현지 조사, 1926년의 부산남항 건설 허가 신청·제출(조선총독부), 일본의 재계 거물(財界巨物)·실업가 등 출자자를 찾아 1928년 2월 드디어 부산 남항 건설 허가를 얻어냈다.

부산 남항은 현해탄의 거센 파도가 바로 밀어 닥쳐 방파제 쌓기가 매우 힘든 난공사였다. 그리하여 1928년 부산축항 합자회사를 설립하여(자본금 5백만 원) 공사인가를 받아, 1930년 남항 방파제와 남포동 해안 매축에 착수하였다. 1931년 남항 방파제 준공(제1기 매축 공사)과 1934년 대정공원(충무동 로터리)~완월동 일대 매립, 1938년 제2기 남항 매축 공사의 준공으로 총 4만 4천 860평을 확보하였다. 남항이 매립되면서 현 광복동에 새로운 간선 도로가 탄생하였다. 현 자갈치시장 일대가 매축되면서 해안과 나란히 폭 약 30m 새길이 탄생하여 남포동~대신동(운동장), 동래온천장~남포동을 잇는 이른바 중앙로라 불리는 부산 대중 교통수단의 대동맥이 되었다.

매축공사 전(上) 후(下) 남항의 모습

<그림 113> 매축이전의 자갈치   <그림 114> 매축공사 전후의 남항

* 참조: (왼쪽) 김재승, 전게서, p.25, (우측)전게서, 『부산근대역사관』, p.62

이어서 북항은 국제무역항으로서 현 국제부두 남쪽에 부산부두(잔교)가 건설되었다. 1905년 6월 부산 잔교 회사(釜山棧橋會社)의 설립과 더불어 1906년 사업에 착수하여, 1911년 완공되었다. 부산항 부두 크기는 폭 약 11m, 길이 약 200m로서 여기에 화물 운송용 철로가 깔렸다. 즉 부산 잔교는 부산세관 부수 시설로서 건설되었는데, 1912년 6월 국제선 부두에 '관부 연락선계류장(關釜連絡船 繫留場)' 현 부산항 제1부두가 준공되었다.

청일전쟁(1894년)에서 승리한 일본은 한반도에서 청의 권리를 빼앗고, 1902년 이후 매축사업으로 북항·해관택지·철도청 잔교를 가설하여 3000~4000톤 규모의 선박 2척을 동시 정박할 수 있게 되었다. 그리고 관부연락선을 비롯한 기타 선박의 정박과 철도 노선의 설치로 화물·객차의 해륙연락이 가능해져, 일본·만주·조선(滿鮮) 대륙이 연결할 수 있게 되었다.

(4) 근대 부산의 교통수단

개항이후 일본과의 인적·물적 유통 확대는 교통시설 정비·도로망 건설의 필요성을 야기시켰다. 조선시대의 낙동강 중심 물류 유통에서, 개항이후 근대의 해양물류 유통으로의 전환이 나타났다. 즉 관부연락선·경부선·만주철도 등의 개설로 일본—한반도—중국 대륙에의 길이 열렸다.

일본-부산, 부산-서울을 잇는 물자 유통 확대로 교통수단 발달이 요구되었다. 조선시대 부산의 주요교통로는 낙동강 수운이었다. 일본으로부터 물품 입·출이 활발해지면서 경부선이 개통되었다(1905년 1월1일, 개통식은 5월).

이 경부선 개통과 함께, 일본 산양철도회사는 일본—조선을 잇는 관부연락선 개설을 시도해 1905년 9월 선박(일기환)이 부산-시모노세키를 연결하는 관부연락선으로서 운항되었다. 일기환·대마환·고려환·신라환·창경환·경복환·덕수환·금강환·흥안환·곤륜환 등이 부산에 취항하게 되자, 부산—시모노세키를 11시간 30분에 운항하는 관부연락선을 통해 한일 양국 간에 인적·물적 교류가 급증하게 되었다. 연락선을 이용해 일본에서 조선으로 입국하는 숫자가 1920년대엔 20만 명 이상, 1930년대엔 30~40만 명 정도이었다. 관부연락선은 대개 3등실로 구분되어, 일본으로 일하러 가는 조선인

노동자들은 일본 순사의 감시 하에 3등실을 이용해야만 되었다.

광복(1945. 8. 15년) 이후 한때 부산과 시모노세키를 왕래하는 관부연락선이 중단되었으나 1970년 부관페리라는 이름으로 다시 운항을 시작하여 오늘에 이르고 있다.

<그림 115> 고려환(1913-1925)
—3029톤으로 여객정원은 603명

<그림 116> 창경환(1923년 취항)
—3619톤으로 여객정원은 945명

* 참조: (왼쪽) 『사진엽서, 부산의 근대를 이야기하다』, p.42 ; (우측)전게서, p.43

<그림 117>제 1잔교(1912년 부분 준공 모습)

* 참조: (왼쪽) 『사진엽서, 부산의 근대를 이야기하다』, p.37

3) 근대도시 부산의 변화

(1) 근대 부산의 행정제도

1876년 9월 일본은 부산에 관리청을 설치하고, 1880년 4월 관리청을 영사관이라는 명칭으로 개칭하였다. 나아가 1906년엔 부산 이사청으로 다시 명칭을 변경하고 1910년 일제 강점기가 되자 부산이사청을 폐지하고 부산부청을 설치했다. 부산 이사청의 건물은 일본식과 서양식을 절충하여 만든 목조양식이었는데(1884~1909년), 부산부청은 옛 초량왜관 관수가옥 자리에 르네상스식 목조 2층 건물양식으로 신축하였다(기업은행 동광동 지점 뒤편 언덕). 부산부청 건물은 1945년 8월 광복 이후엔 부산시청 건물로 사용되다가, 1998년 1월 부산시청의 연산동 이전과 함께 현재는 롯데백화점 광복동 지점으로 변모되었다.

1914년 부산부제가 실시되자, 조선시대의 내륙(동래) 중심체제에서 부산항이 있는 일본인 전관거류지 쪽으로 시가지의 중심이 바뀌게 되었다. 용두산 공원 주변 일본인 거류지 이외의 조선인 마을도 일부 부산부로 포함되었는데, 부민동·부평동·대신동·영선동·청학동·동삼동·영주동·초량·수정동·좌천동·범일동 등이다. 동래지역은 경상남도 동래군으로 행정체제가 바뀌었다. 1936년 4월 1일 동래군의 서면과 암남리(송도)가 부산부로 편입되고, 1942년 10월 1일 동래·사하·수영출장소의 설치와 더불어 동래군을 없애고 모두 부산부로 편입되었다.

(2) 일제강점기 부산의 중심지

일제강점기의 부산 대표적 번화가였던 장수통(현 광복동)은 옛날

앵천(櫻川, 벚꽃이 피는 강가라는 뜻)·중천(中川)이라 불린 하천이 있던 곳으로 개항이후 1880년대 말 복개된 것으로 보인다. 일본인 경제 중심지로 근대식 상설점포가 등장하였으며 전차가 다녀 교통의 요지로서 야점(夜店)이라 불리는 야시장도 유명했다. 장수통은 근대화 이후 1980년대 중반까지 부산의 행정·경제·문화적 중심지 역할을 해왔다. 현 광복동 용두산 공원 중턱에 변천사(辨天祠)란 신사가 있어 변천정이란 마을명이 붙여지기도 하였다.

부산부에 속한 영도는 조선시대엔 목장지역으로서 민간인의 거주가 적었으나 1900년 이후 거주 인구가 급증하자, 일본은 군사적 용도로 사용하기 위해 민간 차원에서 토지를 매입했다. 1910년대 중반 부산부 시가지 계획으로 공업이 발전하여 도자기·양초·제빙·약품·토관 공장들이 들어섰으며 후일 조선소도 만들어 졌다. 1934년 동양 최초의 도개식 교량의 영도다리가 만들어지고 1935년엔 전차도 운행하게 되자 영도지역의 근대화가 가속되었다. 1937년엔 '조선 중공업'(현 한진 중공업의 전신)이 건설되어, 조선 최초로 철강으로 된 선박을 건조하는 조선소가 탄생하였다.

<그림 118>·<그림 119> 1880년대 장수통(현 광복동)

* 참조: (왼쪽) 김재승,전게서, p.28 ; (우측) 김재승, 전게서, p.29

<그림 120> 도개식 영도다리   <그림 121> 영도다리 밑 점집 풍경

* 참조: (좌측)김재승, 전게서,p.117 ; (우측) 전게서, 『부산, 1950's』, p.90 ;

    한편 개항 이후 일본인들은 동래 온천에 관심을 가져 온천장에 목욕시설을 만들고 봉래관(1907년)·대지여관(1912년)·명호여관(1916년) 등 과 같은 여관과 개인별장이 들어섰다. 특히 하자마 후사타로의 동래별장이 매우 유명했다. 현 농심호텔(옛 동래관광호텔)의 원조였던 봉래관은 새로운 영업방법을 도입해, 패키지 상품(교통비+목욕비)이나 과자 서비스, 손님 기호를 반영한 글·그림을 넣은 도자기 판매 등의 상법을 동원하여 인기를 끌기도 했다. 1909년 부산진에서 온천장까지의 경편철도가 가설되고 1915년엔 부산우편국~부산진까지 노선을 연장한 전철이 등장하여 중앙동 부산 우편국에서 온천장까지 왕래가 가능하게 되자 일본인들의 동래방문이 더욱 많아지게 되었다. 일본인들의 온천 개발로 인한 동래지역의 근대화는 전통도시 동래읍성을 해체시키고, 망미루·동래부 관아대문(독진대아문)·내주 축성비 등이 해체되어 금강공원으로 이전되었다.

(3) 근대도시 부산의 경제

개항기 동래부 상인들은 객주업에 주로 종사해 조선의 생산지—
일본 상인간의 중개무역을 담당하였으나 경부선 개통(1905년)으로,
일본인들이 생산지와 직거래를 하게 되자 조선객주들은 큰 타격을
입게 되었다. 이에 조선 상인들의 권익을 지키기 위해 경제단체를
조직하게 되었으니 다음과 같다.

1889년 부산객주 상법회사 설립, 1895년 부산상무소 설립, 1908
년 동래 상업회의소 설립, 1914년 조선인 상업회의소 설립, 1916년
조선인과 일본인의 통합 상업회의소를 설치했다.

한편 일본인 상인들도 점차 증가하자 부산 거주 일본인 상인들의
이익을 보호하기 위해 아래와 같은 회의소를 조직하였다. 1879년 부
산상법회의소 설립, 1893년 부산항 일본인 상업회의소 설립, 1908
년 부산상업회의소 설립, 1916년 조선인과 통합된 부산상업회의소
설립, 1931년 부산상공회의소로 개칭, 1944년 경남상공경제회로 이
름을 바꾸었다.

일본인들은 또 부산·초량·부산진·영도·낙동강 주변 토지에
투기를 하여 대지주로 성장하였는데, 부산의 일본인 경제는 미곡수
출 관련 정미 사업에 종사했으며 수산업·토목건축·공업 분야로
확대되었다. 근대초기 부산의 공업은 주로 일본인 식생활과 관련된
식료품 공업 중심이었다. 그러나 1917년 조선방직회사 설립과 더불
어 도자기·양초·제빙·약품·토관공장 등이 타 지역보다 빨리 설
립되었으며, 1930년대 경공업분야의 정미·소주·면사·면포 제작
과 중공업분야의 고무·도기·기계 등 분야도 성장하였다. 일제강점
기 말기엔 선박관련 중공업과 조선업이 군수시설로 등장했다. 그러

나 일본인 거주의 증가로 다양한 종류의 상인들이 등장하게 되었으니 즉 무역상·잡화상·양조업자·수산물상인·토목건축청부업자·금전대부업자·공산품업자 등을 들 수 있다.

부산에 설치된 최초의 근대 은행은 1876년 일본인을 위한 사설은행이 오쿠라 기하치로 및 시부자와 에이치에 의해 설립되었다. 1878년 6월엔 일본제일 국립은행 부산점이 공인되고 1909년 한국은행으로 전환했다. 1910년 합방이후 조선은행으로 명칭변경을 하였다. 부산에 본점을 둔 조선인 은행은 구포은행(1909년 경남은행이 됨)·동래은행(1918년)·주일은행(1918년)이고, 일본인 은행은 부산상업은행이었다(1913년). 일본인은행은 일본인 상인들하고만 거래하였다. 그 외 조선은행·제일은행·18은행·한성은행·조선식산은행·조선상업은행 등의 지점이 설치되었다.

(4) 부산 사람 상수도 물을 마시다

우리나라의 상수도 도입은 부산에서 시작되었다. 성지곡 수원지는 우리나라 최초의 근대식 수도시설로서, 1907년 5월 공사를 시작하여 1910년 7월에 완공되었다. 현재 성지곡 수원지는 초읍동 어린이 대공원 안에 있는데, 1910~1920년대 수원지 보안림으로 조성된 수목(소나무·삼나무·편백나무)이 울창하여 항상 삼림욕 인파로 붐비고 있다.

조선후기 초량왜관 안에는 2개의 우물을 사용하다가, 1880년 보수천 상류에서 대나무 통으로 물을 받아먹었으며 1886년부터 나무통으로 물을 받아먹었다고 한다. 1902년 1월 엄광산에 흙제방으로 된 저수지 공사를 준공하여 주로 일본인에게 식수를 공급했다고 한다.

7. 현대 부산의 역사

1) 광복이후의 부산

1945년 8월 15일, 일본왕 히로히토의 무조건 항복 선언으로 제2차 세계대전의 종료와 더불어 한국은 일본의 식민지 지배에서 해방되었다. 36년간의 일제 총독부지배의 종료와 더불어 부산을 비롯한 전국이 만세를 부르면서 거리로 뛰어나와 삽시간에 흥분과 감격의 도가니에 빠졌다.

그러나 이 기쁨도 잠시였다. 치안공백 및 사회경제 질서 혼란으로 위기에 놓이게 되었다. 일본 대륙침략의 병참기지였던 부산항엔 긴장감이 감돌았으며 우리 학생·청년 치안대가 결성되었다. 우리 해외동포들이 조국 땅을 제일 먼저 밟은 곳도 부산이고, 일본인 철수민들이 집중적으로 모여 귀국해 나간 곳도 바로 부산이었으므로 초비상체제에 빠지게 되었다.

1945년 8월 17일 건국준비 위원회의 부산 지부가 설치되고, 동년 9월 1일 해방이후 전국 최초로 부산에서 한글신문 <민주중보(民主衆報)>가 발간되었다. 1945년 8월 13일 소련군이 한반도로 진출하자, 동년 9월 8일 미국 육군 제24군단이 인천에 상륙하고 동년 9월 17일 미군 제24군단 소속 제6사단이 부산에 상륙했다.

(1) 미군정 시대의 부산

1945년 9월 17일 부산에 상륙한 미군 병사들은 부산항 제1부두에 진을 치고 부산부 청사 및 부산시내 공공기관을 일본인으로부터 접수하였다. 그리고 아직 부산 시내에 잔류 중인 일본군을 무장 해제시키고(일본군 부산요새 사령관은 할복자살함), 동년 9월 25일부터 야간통행금지령(밤8시-새벽4시)이 발포되었다.

이어서 미군정은 정치적 민주화를 위해 건국준비위원회 및 치안유지단체를 해산했으며 경제적 민주화를 위해 전국 총 농가 206만 호 중 자작농 28만 4천여 호 이외는 대다수가 소작농이었던 농민들의 농지확보를 위해 노력하였다. 여성 참정권 인정과 노동 조건 개선을 위한 여러 가지 시도가 있었다.

한편 부산은 심각한 경제난을 겪게 되었는데, 일제 강점기 일본의 수탈정책과 광복직후의 일본인 귀국으로 인한 자본·기술 빈곤 등으로 인하여 부산시내 공장들의 생산·가동이 거의 중단상태에 놓여 있었다. 나아가 해외동포 귀환 등으로 인한 인구 급증으로 부산의 실업자도 급증하고 있었다.

유엔 한국위원회 감시 하에 대한민국 첫 국회의원 총선거가 실시되고(1948.5.10), 제헌국회 개원(1948.5.31), 대한민국 헌법 통과(1948.7.12), 대한민국 대통령(이승만)·부통령(이시영) 선출(1948.7.20)로 대한민국 정부가 수립됨으로서 미군정이 종료하게 되었다(1948.8.15.). 이어서 1949년 7월 4일의 지방자치법 제정으로, 1949년 8월 15일 부산부가 드디어 부산시로 개편되었다.

(2) 한국전쟁과 피난수도 부산

광복이후 정치적 혼란과 경제적 무질서도 유엔 한국위원회 및 미군정의 보호 아래 어느 정도 안정을 되찾기 시작할 무렵 1950년 6월 25일 동족상잔의 비극, 한국전쟁이 발발하여 부산을 포함한 일부 지역을 제외하고 북한 공산당 지배하에 들어가게 되었다. 이에 깜짝 놀란 전 세계에서 유엔군을 결성・파견하게 되었으니 1950년 8월부터 1953년 8월까지 부산은 피난수도로서 정치・경제・사회・문화의 중심지가 되었다.

1950년 6월 28일 0시 북한 인민군 전차부대가 서울에 진입하여 당일 오후 5시 서울을 완전 점령하게 되자 미국을 비롯한 유엔군의 남한 원조제공・참전발표가 있었다(6월 30일). 이어서 부산을 임시수도로 정하고 중앙정부 각 부처의 부산 이전이 확정되었다(8월 18일). 주요 행정관서들이 모두 부산으로 이전하여, 1953년 8월 15일 중앙정부의 서울 환도 시까지 중앙청은 경남도청 건물, 국회는 남포동 부산극장 건물, 문교부・사회부・심계원 등은 부산시청 건물, 상공부는 구 남선전기 건물, 국회는 부산극장・무덕전 등을 청사 건물로 사용하였다

유엔군에 의한 인천상륙작전(9월 15일)과 중국 공산당의 북한 측 원조참전(10월 2일)등으로 전쟁이 확대・장기화되었다. 한편 부산은 임시수도로서(서울 수복 기간을 제외한 1950년 8월 18일~1953년 8월 15일) 피난민이 급증하여 총 581만 7012 여명(1951년 3월 5일 집계)에 달하였다.

<그림 122> 임시수도 대통령관저

<그림 123> 대통령 집무실

* 참조: (왼쪽)『임시수도기념관』, p.192 ; (우측)『임시수도기념관』, p.193

<그림 124> 임시수도 기념관의 이승만 대통령·각료들

* 참조: 전게서, 『부산, 1950's』, p.20

<그림 125> 임시수도 청사(부산시청)   <그림 126> 부산시청 앞 로터리(1950년)

* <문교부/사회부/보건부 청사(1952년)>

* 참조: (좌) 『부산, 1950's』, p.49   * 참조: 『부산, 1950's』, p.48

전쟁이 발발하자, 전국 대부분 학교는 휴교에 들어갔다. 전쟁이 장기화되면서 부산에 많은 피난학교가 개설되었다. 부산지역 대부분의 학교건물이 군대나 병원용으로 사용되었으므로, 초등학교에서부터 고등학교에 이르기까지, 산간 또는 노천에 천막을 치거나 임시건물에서 수업이 진행되었다. 책·걸상·교과서·교사도 부족한 열악한 상태였다. 대학은 전시연합대학 체제로 출범하여 전쟁이후 각 지역 국립대학 출범의 계기가 되었다.

한국전쟁 발발 3일 후부터 부산으로 모여든 피난민 급증으로 다양한 문제가 발생하였다. 임시수도 부산의 피난민 문제는 다음과 같다. 첫째, 주거지 부족으로 부산시내 산비탈마다 피난민촌이 형성되어 당시 부산시내 판잣집 4만여 채 중, 중구에 1만 5천여 채가 존재했다. 밀집된 공간의 판잣집에서 기형적 도시경관을 형성하여 자주 화재가 발생했다. 둘째, 식수난·식량난·전력난·교통난 등으로 배고픔을 극복하기 위하여 다양한 부산음식이 새로 탄생하게 되었으니 바로 강냉이 가루죽·꿀꿀이죽(유엔탕)·밀면·돼지국밥 등이다. 월남한 북한 피란민들은 냉면을 대신한 밀면과 돼지국밥을 제작·판매해 부산의 음식문화를 변화시켰다. 꿀꿀이죽은 미군부대에서 버리는 음식찌꺼기를 수거해 다시 끓여 만든 것으로 햄과 소시지 등 육류가 들어 있어 영양결핍의 피난민들에게 중보 되었다.

피난민들은 턱없이 부족한 주거문제 때문에 산언덕 판잣집에 살면서 매우 열악한 생활을 보내었다 유일한 생계수단으로 날품팔이 노동이나 부두노동에 종사하거나 가진 것을 내다 파는 행상이 유행하였다. 생필품은 해외구호물품이나 미군 PX물품이 주류를 이루었다. 불법 유통된 미군물품(미군복·밀가루·커피·C레이션·양담배 등등)이 인기 있었으며 원자재가 부족해 재활용품을 많이 사용하였다. 피피션으로 만든 장바구니, 철모를 이용한 똥바가지, 탄약상자를 재활용한 돈통, 포탄피로 만든 소워낭 등이 있었다.

<그림 127>피난민 행렬

*참조: 『임시수도기념관』, p.69

<그림 128> 영국 <런던뉴스> 속의 한국전쟁

* 참조: 『임시수도기념관』, p.49

<그림 129>피난민 생필품   <그림 130>피난민 물 배급

* 참조: 『임시수도기념관』, p.57   *참조; 『임시수도기념관』, p.71

<그림 131> 부산 피난촌   <그림 132> 용두산 공원 주변 피난촌

* 참조: 『부산, 1950's』, p.84   * 참조: 『부산, 1950's』, p.79

    한국전쟁 당시 국제시장은 '도떼기시장(도매시장)'으로 유명했다. 해방이후 귀환동포들이 생활을 위해 노점을 차리고 일본인들이 남겨놓은 가재도구 등을 거래하면서 출발했다. 1948년 목조건물들이 건립되고 미군물자들이 유입되어 통조림·청과·양곡·잡화·기계부속 등을 거래하는 규모가 매우 커졌다. 피난민들이 국제시장의 새 주인공이 되어 많은 물자들이 유통되면서 항상 시끌벅적하였다. 단

수차례의 대규모 화재가 발생하여 많은 피해를 입었지만 전국적 규모의 최대상권으로 등장했다. 현재도 구제품시장 및 깡통골목시장으로 존재하고 있다.

열악한 주거환경 때문에 국제시장에는 대화재가 자주 발생하였다. 1953년 1월 30일 국제시장의 대화재로 1천 4백억 원어치의 물건들이 모두 잿더미가 되어버리자 전국 생산업자들이 피난살이 상인을 도와주었으며, 1956년 8월 2일 국제시장의 대화재로 136개 점포가 불타버리기도 하였다. 특히 부산역전 대화재는 1953년 11월 27일 밤 8시 30분경 영주동 산비탈 피난민 판자촌에서 시작되어 영주동·동광동·중앙동·대청로 입구 일대를 모두 불태워버렸다. 피해총액은 177억 환이며 가옥 3132채가 소실되었다. 특히 아쉬운 점은 일제강점기 서양식 르네상스식으로 건축되었던 부산역·부산우체국·부산세관·부산방송국(복병산) 등의 건물들이 소실되어 버려 애석하다.

<그림 133> 1951년경 부산역

* 참조: 『부산, 1950's』, p.70

<그림 134> 부산역 대화재(1953.11.27.)

* 참조: 『부산, 1950's』, p.80

2) 현대 부산의 변화

1952년 9월 부산특별시 승격 안이 제출되었으나 경남도의회 및 서울특별시의 반대로 5표의 차로서 부결되고 말았다. 1963년 1월 1일, 부산직할시로 승격되어 6개구 7개 출장소(대연·사하·구포·사상·북면·수영·해운대) 136개동을 두었다. 이후 새로운 행정구의 신설로 남구(1975년), 북구(1978년), 해운대구(1980년), 사하구(1983년), 금정구(1988년), 강서구(1989년), 사상구·수영구·연제구(1995년) 등이 증가했다.

1995년 1월 1일 부산광역시로 명칭을 변경하면서 현재 총 16개구·군(15개 구+1개 군) 행정체제를 갖추고 있다. 부산인구는 1945년 28만 명, 1948년 50만 명, 1955년대 100만 명, 1972년 200만 명, 1979년 300만 명, 1988년 부산인구가 400만 명을 돌파한 이후 계속 감소하여 현재 약 360만 명 전후이다.

(1) 현대 부산의 교통·도로

고지대 재개발 사업(1967~1971년)으로 시영 아파트(신창 아파트) 및 영주 아파트 등 도심지 주택개량사업을 활성화시키고, 부산항 개발과 더불어 부두지구 구획정리사업이 시작되었다.

1953년 부산역전 대화재 이후 옛 부산역~부산진역에 이르는 98만 ㎡지역의 구획정리사업과 함께 중앙동 도로확장을 위한 도로건설사업, 망양로 일대에 산복도로를 개설하여(1977년), 교통시설 보충 확대에 주력했다.

그리고 지하철 1호선 일부 운행(1987년, 노포—범냇골)을 시작으로 현재 지하철 2~4호선·경전철 등이 개통되어 있으며 기타 노선

개발에도 힘을 기울이고 있다. 또한 교통정체 문제를 해소하기 위하여 부산터널(영주동-대신동)·구덕터널·만덕터널·황령산터널·백양터널·수정터널 등이 개통되었으며, 부산대교(1976년)·동서고가로·도시고속도로·광안대교·가가대교·부산항대교 등이 새로 개통되었다.

국내를 관통하는 경부고속도로 개통(1970년), 부산 출발의 다양한 정기항로 개발, 부관연락선 재취항 이후 해양선로의 다양한 선로 개발(부산-후쿠오카, 부산-쓰시마, 부산-오사카) 등은 부산을 해상교통 요지로 만들었다.

부산은 우리나라 최대항구로서 항만건설도 1~8부두·국제여객부두·연안여객부두, 컨테이너부두(허치슨·우암·감만·신감만·신선대·감천부두) 등이 있으며 부산신항 건설을 통한 컨테이너 전용부두는 세계 제5~6대 규모의 대항구로서 활약하고 있다.

그리고 부산의 김해국제공항은 대한민국 제2의 동남권 국내·국제공항인데, 1976년 수영 비행장(현 해운대구 센텀부지)에서 김해로 이전되었다. 현재 김해공항 국제선은 중국·일본·동남아시아 각국의 국제공항들과 연결되어 있어 국내공항 실적의 제 2위를 차지하며, 국내선을 기준하며 물류·여객 면에서 모두 4위를 차지하고 있다. 현재 인천공항·김포공항·제주공항·김해공항, 이 4개의 공항이 흑자를 내고 있으므로 전국 다른 지방 공항들의 적자를 메우고 한국공항공사를 지탱시켜주고 있다.

(2) 부산의 경제개발

한국전쟁은 부산경제 발달에 큰 계기를 만들어 주었다. 첫째 전쟁 중 유일한 안전지대였다는 점, 둘째 원조 및 무역형태 필수품들이 부산항으로 입하하였다는 점, 셋째 전쟁으로 고철 대량수입이 용이해 금속공업 발달이 가능했다는 점 등을 들 수 있다.

전쟁이후 중앙정부는 미국원조를 기반으로 '경제부흥 3개년 계획'을 수립했다. 특히 섬유산업이 두각을 나타내어, 조선방직 등 면직물과 인견직물 생산 공장이 신설되어, 서면・부전동・전포동 일대 복개천 주변에 섬유공장들이 밀집했다. 특히 부산 경제는 제조업에서 활발한 성장세를 보였다. 한국전쟁 당시부터 지원되던 원조원료를 바탕으로 삼백산업(三白은 세 가지 흰색 제품이란 뜻으로 설탕・밀가루・면직물 공업을 가리킴)이 활기를 띠워, 광복 이후 부산에 세워진 제일제당, 극동제분, 조선제분부산공장, 신한제분 공장 등을 들 수 있다. 화학공업의 고무업계는 동양・태화・국제 고무 등 신흥자본으로 성장하였고, 유지공업으로는 평화유지・월성유지(동산유지의 전신)・동방유지・영남유지 등이 설립되었다.

한국전쟁으로 국내 산업생산이 저조한 상태에서 생필품을 조달하는 무역업을 비롯한 유통업도 발달했다. 현재 재벌기업들이 이 시기 기반을 구축했는데 대표적으로 삼성 이병철, LG그룹의 구인회, 한국유리의 최태섭, 태창그룹의 백남일, 대한그룹의 설경동, 동양그룹의 이양구 등을 들 수 있다. 이들은 전쟁 시 무역업으로 벌어들인 자본을 토대로 귀속기업체를 불하받아 원조자금 특혜 및 특혜금융 등으로 자본을 축적할 수 있었다.

그리하여 1960년대 부산경제는 외국으로부터의 원조물자에 대한 의지에서부터 점차 독립해 자동차 및 전자제품 등 중공업 산업으로 전환하여 갔다. 부산 자동차 공장의 선두 기업인 신진공업사가 부산진 공장으로 설비를 늘려 성장하였으며, 연지동에 자리 잡은 럭키화학은 1954년부터 비닐시트와 필름을 생산하였으며, PVC 파이프・

비닐장판등 전후 복구 사업과 맞물려 크게 성공하였다. 1962년에는 금성사가 온천동에 생산 공장을 확장하는 등 부산경제의 재도약 발판을 마련하였다. 그리하여 부산은 대한민국 최대항구 도시로 발전하게 되었다.

<그림 135>금성사·국제고무 공장

* 참조:『임시수도기념관』, p.177

<그림 136> 서면타월(송월타월 전신)

* 참조:『부산, 1950's』, p.139

대선주조에서 출시한 다이아몬드 소주
Diamond-Korean Distilled Liquor brewed by Daesun Corporation
지름 7cm/높이 27.5cm 1950~60년대 대선주조 소장

럭키화학에서 생산한 빗과 투명크림 Combs and Cream Produced by Lucky Chemical Company
빗 길이 12.7cm
투명크림 지름 4.5cm/높이 5.5cm 1950년대 이상도(李相道) 기증

<그림 137> 소주(대선·다이아몬드)　　　<그림 138> 럭키화학의 빗·크림

* 참조: (좌/우) 『임시수도기념관』, p.167

제 3 편

지명유래 속의 부산

부산이란 지명은 부산(富山)이란 산아래 위치한 포구라는 말에서 유래했다고 한다. 그 지명 유래는 '부산포는 부산부곡에서 유래하였으며 부산부곡에 있는 포구라 하여 부산포라 불리었다고 한다.(『동국여지승람(1486년)』)

부산포의 한자 명칭은 1469년 12월(성종임금 즉위 한달 뒤)부터 부자 부(富)의 부산포(富山浦)에서 가마 부(釜)의 부산포(釜山浦)로 변경되었다. 그리고 부산포의 범위는 협의의 범위로서 현 동구 좌천동에서 범일동 일대 바닷가 지역을 의미하며(『해동제국기(1476년)』), 이때 부산이란 산은 바로 좌천동 뒷산(증산:甑山)임을 유추할 수 있다. 부산의 산이 증산이라는 이름을 가지게 된 것은 임진왜란(1592-1598년) 때 왜군들이 왜성을 쌓았는데 후일 그 성이 무너지고 보니 마치 시루와 같았다라고 하여 증산이라고 부르게 되었다고 한다.

부산광역시의 지방행정 단위는 16개 구·군(15개 구·기장군)으로 성립되어 있다. 15개 행정구는 중구·동구·서구·남구·북구·영도구·부산진구·동래구·사상구·사하구·해운대구·금정구·강서구·연제구·수영구이며, 그리고 기장군을 포함하고 있다.

조선시대까지 이 지역의 중심지는 동래도호부가 설치된 동래지역이었으나 개항(1876년) 이후 인적·물적 유통상의 중요성 때문에 부산포를 비롯한 해양지역이 주목받기 시작하였다. 그리하여 일제 강점기인 1914년, 행정구역 개편으로 부산부제(釜山府制)가 실시되면서 부산지역은 크게 부산부와 동래군으로 구성하게 되었다. 현 중구·서구·동구·영도구 지역이 부산부, 현 동래구·금정구·부산진구·사하구·해운대구·남구·북구·기장군 지역이 동래군에 속하게 되었다. 1936년 및 1942년의 행정구역 확장으로 동래군의 동래읍과 사하면(현재의 사하구 대부분)이 부산부로 편입되었다.

그리고 광복(1945년) 이후 1946년, 일제강점기 때 사용되었던 일본식 동명 정(町)·정목(丁目) 등을 모두 우리말인 동(洞)과 가(街)로 바꾸었는데, 당시 동의 개수는 모두 119개 동이었다. 1949년 부산부제(釜山府制)의 폐지로 부산부(府)가 부산시(市)로 개칭되었다.

1951년 영도·초량·서부출장소의 설치, 1953년 부산진 출장소로부터 대연출장소, 수영출장소로부터 해운대출장소가 분리·설치되었다. 1957년 법률 제407호로 구(區)제도가 실시되어 6개 구(중·서·동·영도·부산진·동래구)와 146개 동으로 구성되었다. 1963년 법률 제1173호에 의해 부산시가 부산직할시로 승격되고 행정구역 확장으로 동래군 구포읍, 사상(=현 북구), 북면(=현 금정구), 기장읍, 송정리가 부산직할시에 편입되어 대도시로서의 면모를 갖추게 되었다. 1975년, 남구의 신설로 행정구가 6개에서 7개구로 증가되었다. 1978년, 북구의 신설로 행정구가 8개구로 늘어났다. 그리고 경상남도 대저읍 일원과 가락면·명지면의 일부 지역이 북구에 편입되고 낙동강 삼각주의 대부분이 부산시역으로 편입되면서 면적은 43227㎢로 늘어났다. 1980년, 해운대 출장소가 동래구에서 분리되어 해운대구로 승격·신설됨에 따라 부산시 행정구역이 9개구 1개 출장소 203개 동으로 이루어지게 되었다. 1983년, 사하출장소가 사하구로 승격·신설되어 행정구가 10개 구가 되었다. 1988년 지방자치제 실시로 동래구에서 금정구가 분할·신설되어 11개 구가 되었으며, 1989년 강서구의 신설로 12개 구로 늘어나고, 김해군의 가락면·녹산면과 창원군 천가면이 새로 부산시로 편입되었다. 1995년 부산직할시에서 부산광역시로 명칭이 변경되었으며, 1998년 1월 20일 부산광역시 청사건물이 중앙동에서 연산동으로 이전되었다.

1. 중구

이 지역을 중구라고 부르게 된 것은, 1951년 구제(區制) 실시를 전제로 6개의 출장소가 설치될 때 부산의 중심부에 위치하여 중부출장소(中部出張所)라 하였던 데에서 비롯된다. 이때 중부출장소가 관할하게 된 동수는 14개이었다. 그 후 1956년 부산시 조례개정에 의해 중부출장소 관할 부평 1·2동을 부평동으로 통합하였고, 광복동·창선동·신창동의 3개동을 광복동에 병합함으로써 10개 동으로 줄어들었고, 그 후 1957년 구제실시에 따라서 중구로 개칭(改稱)되어 오늘에 이르고 있다. 관할동은 중앙동(中央洞)·동광동(東光洞)·대청동(大廳洞)·보수(寶水)동·부평동(富平洞)·광복동(光復洞)·남포동(南浦洞)·영주(瀛州)동 등 총 10개 동이다.

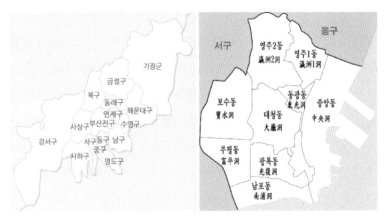

<그림 139> 부산시 행정지도　　　<그림 140> 부산시 중구 상세도

(1) 광복동

광복동(光復洞)은 숙종 4년(1678)에 설치된 초량왜관이 고종 13년 (1876) 「강화도조약」이 체결될 때까지 198년 동안 존속하였던 곳이다. 그 이후 일제강점(1910년)까지 일본인 전관거류지로 이어졌다. 초량왜관의 중요 건물들은 용두산을 중심으로 동관과 서관으로 구분되는데 동관에는 관수왜가·재판왜가·개시대청 등이, 서관에는 동대청·중대청·서대청의 3대청이 있었다. 각 대청에는 동헌·서헌과 2개의 행랑이 있었다.

1914년 4월 부제실시로 부산부 관할구역이 되면서 광복동은 변천정·금평정·서정·행정으로 나누어져 있었다.

광복동이란 동명은 광복이후 동명 개칭 때 일본인들이 가장 많이 살고 번창했던 곳에서 조국의 광복을 맞아 그 뜻을 기린다는 의미에서, 이 지역을 광복동이라 이름 붙여졌다고 한다.

(2) 남포동

용두산에서 내려다보이는 남포(南浦) 일대의 바닷가를 자갈치라 한다. 이 자갈치는 부산을 대표하는 명물 중 하나이다. 남포동 바닷가 쪽에 시장과 횟집이 들어서 있어 자갈치라는 이름에 걸맞은 모습은 어디에도 찾아볼 수 없다.

자갈치는 본래 '자갈'+'치'로 구성된 지명이다 이 지명은 해안이 매립되기 이전에 이미 명명된 것으로 본래 주먹만한 크기의 옥돌자갈들로 이루어진 수려한 자갈해안이었기 때문에 유래하였다. '치'는 '언저리, 언덕빼기'라는 뜻이니 이에 '자갈치'는 '자갈 언저리'라는 지형적 특성으로 말미암아 명명된 지명이다. 현재 그 아름다운 바닷가의 경치는 볼 수 없고 이름만 남아 과거의 아름다움을 상상해 볼 수 있게 한다.

'남포동'은 '남포'(남쪽 포구)에서 유래된 것이다. 원래 이곳은 자갈치였다. 일제강점기 이곳이 매립되면서 일본식 지명인 '남빈'으로 불리다가 광복 이후인 1947년 우리식의 한자 지명인 '남포'로 바뀌어 지금의 동명으로 되었다.

(3) 대청동

대청동(大廳洞)은 초량왜관(지금의 용두산부근 11만평) 북쪽 담장 밖에 있던 연향대청에서 유래하였다. 연향대청은 일본에서 온 사신을 맞이하여 동래부사나 부산첨사가 연회를 베풀던 곳으로 연대청이라 불렀다.

『증정교린지』에 따르면, 연대청은 35간으로서 거기에는 공수간(28간)과 외대문(38간), 중문(1간 반), 동고 및 서고(각 5간씩) 등이 있었으며, 내간자의 곡장으로 둘러싸여 있었다 한다. 연대청의 부속건물로는 북문인 연향문과 1간의 내북문이 있었다. 북문은 연향시 왜사(倭

使)가 출입하는 곳으로서 동쪽의 복병장이 지키고 평시에는 봉쇄하였다. 연향대청은 현재의 광일초등학교자리에 위치하였으며, 그리하여 일제강점기부터 대청정(大廳町)으로 불렸으며, 광복 이후에도 일본식 지명이 아니라는 이유에서 그대로 대청동(大廳洞)이라 부르게 되었다.

(4) 동광동

동광동은 조선후기 초량왜관의 동관이 위치해 있던 곳으로 초량왜관의 출입문인 수문(守門)을 비롯하여 재판옥지(裁判屋址), 동향사지(東向寺址) 등이 해당된다. 동관은 바로 일본에서 오는 배가 정착하는 곳이며, 왜관의 최고 책임자 관수(館守)의 집과 한일무역 거래가 이루어지던 개시대청 등이 있었던 곳으로서, 일제강점기엔 본정(本町)이란 이름으로 불리었다.

광복 이후 일본식 동명의 개정에 따라 동관이 있던 자리라는 의미의 동관동으로 고쳐야 옳지만, 발음이 어렵고 광복동의 동쪽에 위치한다는 점 등을 들어 동광동으로 바뀌어져 오늘에 이르고 있다.

(5) 보수동

보수동(寶水洞)은 보수천에서 비롯된 지명이다. 보수천은 부산개항(1876년) 직후부터 부른 이름이며, 그 이전에는 법수천(法水川)이라고 불렀다. 법수라 함은 불법계에서 중생의 번뇌를 씻어 정하게 한다는 것을 물에 비유해 중생의 마음속의 번뇌를 씻어주는 물이란 뜻이다. 법수천(法水川)이라는 이름이 어느 때부터 기원하였는지 그 정확한 것은 알 수 없다. 다만 옛날 구덕산에 구덕사라는 오래된 절이 있었고, 또 18세기 중엽 왜인들의 약탈에 못이겨 그 절을 다른 곳으로 옮겨감으로써 폐사가 되었다는 기록 등을 아울러 생각해 볼 때,

법수천이라는 이름은 이곳 구덕사의 승려들이나 그 불신도들에 의해 만들어진 이름이 아닌가 생각된다.

근대개항 이후 법수천의 법(法)을 보(寶)로 고쳐 보수천으로 부르게 되었는데, 그 뜻은 법수와 같다. 1880년 우리나라에서는 처음으로 보수천 상류로부터 대나무 통으로 물을 끌어들이는 시설을 하였다. 1886년 나무 통으로 물을 끌어들이는 시설을 만들었으며, 1894년 보수천 상류에 물을 모으는 둑인 집수언(集水堰)을 만들고 자연여과장치를 시공하였다. 이와 아울러 거류지 가까운 곳에 대청 배수지를 설치하였으며, 이것이 우리나라 상수도의 기원이 되었다.

(6) 부평동

부평동(富平洞)은 부민동과 같은 어원에서 비롯된 것으로 짐작되며, 보수천 하구 일대는 갈대밭과 풀밭이어서 옛부터 샛디라고 불러왔다. 샛디는 초량(草梁)이라는 말이다. 현재의 초량을 신초량이라고 부르자 원래의 초량은 상대적인 의미에서 구초량으로 불리게 되었으며, 이러한 지명은 개항 당시까지도 그대로 존속하였다.

부평동의 부(富)는 부산의 옛 지명인 부산(富山)과 같은 뜻에서 사용한 것이라 하며, 평(平)은 「터」라는 뜻으로 샛디의 「디」와 통하는 글자로서, 일제시대에는 부평정(富平町)이라고 불렀으며, 광복 이후에 정(町)만 동(洞)으로 고쳐 오늘에 이르게 되었다. 1910년 설립된 부평시장은 1915년 부산부에서 관리하였다. 이 시장은 인근 70리까지 세력이 미쳐 조선의 최대 공설시장이었다. 이 시장을 백풍가(白風街)라 불렀다. 이 곳 통상문(通常門)에 항상 백의(白衣)를 입은 우리나라 사람들이 많이 모여들어 일상용품을 구입하였으므로 백의인의 집합장소라 하여 백풍가라 불렀다.

(7) 신창동

신창동(新昌洞)은 숙종 4년(1678) 두모포 왜관에서부터 옮겨온 초량왜관이 개항(1876년)까지 198년 동안이나 존속하였으며, 그 이후 일본인 전관거류지로 계속 존속하였다. 초량왜관의 중요 건물은 조선정부에서 지어준 동관과 서관으로 갈라져 있었으며, 동관(東館)은 광복동과 동광동 쪽이고, 서관(西館)은 신창동과 창선동 쪽이었다.

1914년 부산부제 실시로 신창동은 서정(西町)으로 불리워졌는데, 일본인의 주택가와 상가가 많이 있었다. 1947년 7월 일제식 동명개칭 때 서정(西町)을 신창동(新昌洞)으로 개칭하여 오늘에 이르고 있다.

(8) 창선동

창선동(昌善洞) 역시 신창동과 마찬가지로 초량왜관의 지역으로서 1914년 4월 부산부제 실시로, 행정(幸町)으로 그 명칭이 개정되었다. 이곳은 일본인들의 주택가와 상가지역으로서 1884년에는 부산전신국을 개설되었다.

광복 이후 일본인 철수 이후 한국전쟁을 거치면서 돗떼기시장·깡통시장이라 불리는 오늘날의 국제시장이 생겨 부산과 경남은 물론 전국적으로 이름을 떨쳤다. 1947년 7월 일제식 동명개정 때 행정을 창선동(昌善洞)으로 개칭하여 오늘에 이르고 있다.

(9) 중앙동

영선산 아래 골짜기의 맞은 편 산봉우리가 해면(海面)에 돌출해 있었다. 이 두 개의 봉우리는 용두산의 좌청룡등(左靑龍嶝)에 해당된다고 한다. 두 봉우리의 사이에는 논이 있었는데 그 곳을 논치라고 불렀으며, 산 아래의 좌우에는 논치어장이 있었다. 이 논치어장은 현재의 중부경찰서 남쪽에 있는 중앙동 지역내의 유일한 고유지명으로 알려져 있다.

개항 이후 중앙동 거리 바로 아래지역은 바닷가였으므로 시가지 발전이 어려웠다. 이 때문에 해안을 매축하여 시가지를 형성할 목적으로 1902년에 부산매축주식회사가 설립되어, 북빈매축공사가 추진되었다. 그리하여 매축하여 생긴 지역을 새 마당이라 불렀으니, 새로 생긴 넓은 땅이란 뜻이다.

이 새 마당에 매축허가를 받은 일본인의 이름을 딴 좌등정과 고도정, 부두 하역관계로 큰 창고가 생겼다 하여 붙여진 대창정, 경부선 철도의 시발지라는 데서 경부정이라는 이름이 붙여지기도 했다.

광복이후 부산역(지금의 부산본부세관 맞은편 소화물 취급소)이 있는 중앙에 위치하고 있다는 뜻에서 1947년 동명개정 때 중앙동으로 개칭하였다.

(10) 영주동

영주동(瀛州洞)의 옛 이름은 임소(任所)라 하였다. 이 임소의 유래는 감리서(監理署) 설치에서 비롯되었다. 개항(1876년) 후 외교통상의 업무량이 늘어나자, 고종 27년(1890)부터 업무처리를 위하여 감리서가 설치되었다. 그 관아는 지금의 봉래초등학교 자리에 있었으나, 그 자취는 사라져 흔적을 찾을 수 없다. 감리서가 있었다는 의미와 또 관원이 근무하는 직소(職所)라는 뜻에서 임소라 불렀다.

영선고개는 영선산(瀛仙山)에서 유래한 이름이다. 영선산에 관해서는 여러 가지 설이 있는데 그 중 하나는 영선(瀛仙)이 아니고 용선(容膳)이라는 것이며, 또 다른 하나는 영선이라는 설로 이 산에서 왜관안의 일본인과 물물교환이 이루어지기도 했는데, 이 고개 밑에 동관문이 있어 서로 선물을 보낼 때 감리에게 허가를 받으면 역관이 이곳까지 와서 입회한 상태에서 선물(膳物)을 용인(容認)한다는 의미에서 용선이라는 지명이 붙여졌다는 설이 있다.

다른 한 설은 영선산이 두 개의 봉우리를 이루어 양산(兩山) 또는 쌍악(雙岳)이라고 했는데 숙종 때 왜관을 두모포에서 초량왜관으로 옮길 때, 초량왜관을 건축·수리할 재목이 이 고개를 통해 운반되었고, 또 일부의 재료는 이 산에서 공급되었기 때문에 영선산이라 한다는 것이다.

지금의 용두산 주위에 초량왜관이 설치되고 그 초량왜관 수문 밖에는 초량왜관을 관리하는 조선 측 관청건물이 지금의 영주동의 봉래초등학교 자리를 중심으로 지어졌다. 지금의 영선고개에서 동쪽 바다를 향해 저 멀리 바라보는 경관이 아주 좋았다고 한다. 그런 자리에 지금의 외교관이자 통역관격인 훈도의 집무처인 성신당(誠信堂), 별차(別差)의 집무처 빈일헌(賓日軒) 등이 있었다. 그 훈도와 별차들이 자기들 집무처를 신선이 사는 삼신산의 하나인 영주산으로 빗댄 말에서 영주라는 마을 이름이 형성되었다.

2. 동구

1951년 초량출장소(草梁出張所)가 설치되었으며, 1957년 구제(區制)가 실시될 때 부산시청(구 부산시청) 위치에서 볼 때 동쪽에 위치한다하여 동구(東區)라 하고 초량동·수정동·좌천동·범일동 등을 관할하였다.

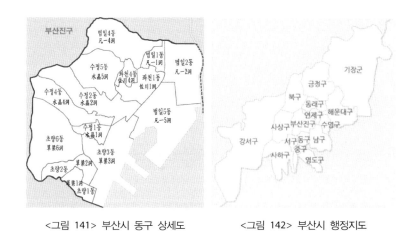

<그림 141> 부산시 동구 상세도   <그림 142> 부산시 행정지도

(1) 범일동

동구 범4동에서 범6동으로 이어진 계곡 주위로 숲이 우거져 그 계곡의 냇가를 범내라 했다. 이를 범내라 부른 것은 이곳 냇가에 때때로 범이 나타났기 때문이라 한다. 오늘날은 범천이라 부르고 있는데, 범내골 시장통에 세워져 있는 "호천석교비(虎川石橋碑)"는 범내가 호랑이 내라는 것을 입증해 주는 근거가 되고 있다.

범일동의 서쪽 산비탈은 '널박'이라 불렀다. 널박의 뜻은 이 주변에 민가가 밀집해 있는 상태, 즉 인가가 널리 밀집되어 있다는 뜻에서 붙여진 이름인데, 이곳이 양지인 데다 앞에 있는 바닷물이 반사하여 낮에도 유달리 늘 밝다는 뜻에서 온 것으로 짐작되기도 한다.

그 범내 주위로 마을이 형성되어 범천1·2리라 했는데 일제강점 이후 범천1리와 범천2리가 병합될 때 범일동(凡一洞)을 동명으로 삼았다. 1959년 시조례에 의해 범일1~5동으로 나누었다.

(2) 수정동

수정동(水晶洞)은 조선시대에는 동래부 동평면 두모포리(豆毛浦里)라 불렀다. 『동국여지승람』 기장현 관방조의 기록을 미루어 알 수 있듯이, 원래 기장에 있었지만 중종 5년(1510) 삼포왜란이 일어나자, 부산포의 국방을 보다 강화해야 할 필요가 있게 되자, 울산의 개운포와 함께 부산진 부근으로 이설하였던 것이다. 이때 그 지명도 그대로 두모포리로 쓰이게 되었다.

임진왜란 이후, 두모포에 왜관이 개설되어 약 70년간 존속하다가 숙종 4년(1678) 용두산 일대로 옮겨갔다. 용두산 일대의 왜관을 신왜관(新倭館)이라 한데 대하여, 두모포왜관은 구왜관(舊倭館) 이라하여 고관·구관으로 불러왔다.

두모포왜관이 있었던 자리는 황토가 적고 지면에 모래가 많아서 비가 와도 신발에 물이 젖지 않았으며, 또 이곳에 맑은 샘물이 솟아나서 수정동(水晶洞)이라 하였다는 설이 있다. 한편, 수정동에는 성이 있었는데 정상에 큰 분지가 있으며, 그 일대를 조금만 파도 크고 작은 수정이 나왔으므로 그 산을 수정산이라 부르게 되었고, 그 산 아래 마을 이름도 수정동이라 칭하게 되었다 한다. 그러나 수정의 출토는 현재로서는 확인할 길이 없다. 1959년 시조례에 의해 수정1 ~5동으로 분동하여 오늘에 이르고 있다. 또 지금의 수정동·초량동 뒷산을 통칭하여 사병산(四屛山)이라 하였는데, 특히 수정동 뒷산은 마이성(馬餌城, 馬里城)이라 불렀으며, 이 산에서 발원하여 바다로 흐르는 하천도 수정천이라 하였다.

(3) 좌천동

좌천동(佐川洞) 이라는 이름은 『동래부지(1740년)』에 나오는 좌자천(佐自川) 이라는 이름의 약칭이다. 좌자천은 가야산 및 감고개에서 시작되어 현 수정동의 중앙을 거쳐 부산진 동쪽을 돌아서 바다로 들어가는 작은 개천을 말한다. 이 좌자천의 주변에 있었던 마을이 좌자천리이며, 이는 각기 1·2리로 나뉘어져 있었다. 좌천동의 해안은 조선말기에 개운포라 불리었다.

좌자천이란 이름의 유래에 대해서는 몇가지 설이 있다. 하나는 이곳이 바다의 입구이므로 태풍의 피해가 잦은 데서 붙여진 이름이거나, 물이 깊지 않고 잦은 물이라는 데서 붙여진 이름으로 좌천동(佐川洞)이 되었다고 한다. 1959년의 동개편 때 좌천1~3동으로 나누었다가, 1970년 좌천2동을 2·4동으로 분동하여 오늘에 이르고 있다.

(4) 초량동

1678년 초량소산(草梁小山)인 현 용두산 주위에 왜관이 설치되기 이전, 지금의 부평동에 어민들이 얼마간 살았을 뿐 초량 이남은 사람이 살지 않은 억새풀과 띠풀의 초원지대로 「샛디」라하여 초량이었다. 지금의 중구·동구·서구지역도 마찬가지로 모두가 초원지대였다. 이 초원지대를 초량이라 했는데 그 초량이란 이름이 맨 먼저 쓰인 곳은 조선시대 동래부 사천면(沙川面)인 지금의 서구 일대였다.

풍수상으로 부산의 지형은 엎드려 있는 소의 모습인 여와우형(如臥牛形)이라 하여 풀밭이 있어야 하기에 초량이란 명칭이 생겨났다는 설도 있다. 한편 초량동(草梁洞)은 조선후기 해정리(海丁里)라고 불렀으며, 이 지역에는 고분이 있었고 해정리 해변은 노송이 울창하여 이곳을 일인들은 기석빈(棋石賓)이라 불렀다. 이는 물로 씻은 깨끗한 돌들이 마치 바둑돌과 같았다는데서 부쳐진 이름이다. 초량동은 1959년 동개편 때 초량1~5동으로 나누었다가, 1970년에는 인구의 증가로 초량4동을 초량4동과 초량6동으로 분동하였고, 초량5동은 인구감소로 인해 1995년 10월 초량3동에 흡수·통합되어 오늘에 이르고 있다.

3. 서구

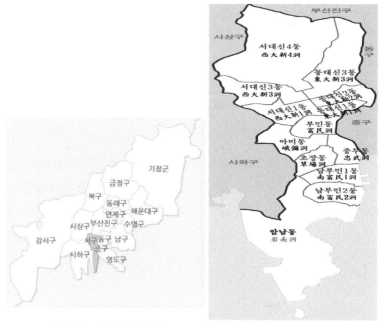

<그림 143> 부산시 행정지도   <그림 144> 서구 상세도

서구는 해방 후, 1951년 구제 실시를 전제로 6개의 출장소가 설치될 때, 구 부산시청을 기준으로 서쪽에 위치한다고 하여 서부출장소(西部出張所)가 설치, 그 후 1957년에 비로써 구제로 변경되면서 서구(西區)로 발족하였다.

(1) 대신동

대신동(大新洞)의 옛 지명은 「닥밭골(楮田)」 또는 「고분도리」이다. 딱박골 또는 딱밭골 등은 닥밭골을 말하며 닥나무가 많이 나는 골이라는 뜻이다. 또 전해오는 이야기로는 보수천가에 버드나무가 많았다고도 한다.

고분도리란 마을 이름은 「고블」 + 「드르」에서 온 이름이 아닌가 생각된다. 「고블」은 고리짝을 말하며, 「드르」는 들을 말하므로 「고블드르」는 고리짝을 만드는 들이 된다. 닥나무와 버드나무 그리고 고리짝 들판을 미루어 생각해보면 이 일대에 부곡(部曲)이 존재했을 가능성이 있다.

대신동이란 마을 이름이 처음 생긴 것은 1914년으로 추정되며, 보수천의 호안공사 이후 일본인이 대거 밀려와 만든 새로운 시가지를 한새벌이라 부른 데서 비롯되었다. 큰 길을 한 길이라 하듯이 한새벌의 「한」은 큰 대(大), 새는 새로운이라는 뜻의 신(新), 벌은 넓은 땅이라는 뜻을 가진 동(洞)이므로, 대신동은 한새벌의 한자식 표현이라 할 수 있다. 대신동은 1926년 동대신정과 서대신정으로 구분하게 되었고, 광복 이후 1947년 일제식 명칭만 바꾼 동대신동 1~3가 및 서대신동 1~3가로 불리우게 되었다.

(2) 부민동

부민동(富民洞)은 보수천 하구일대로 갈대밭과 풀밭이어서 예로부터 「샛디」라고 불러왔다. 「샛디」는 초량(草梁)이란 말로 해정리(海汀里, 지금의 초량)까지도 초량이라 부르게 되었던 것이다. 당시에는 인가가 매우 적었으므로 이 넓은 지역을 모두 초량이라고 부르기에는 불편했던 것 같다. 그리하여 해정리를 신초량리라 하고, 원래의 샛디는 구초량리라고 불렀으며, 지명은 개항(1876년) 당시까지도 있었다고 한다. 동래부사 정현덕(鄭顯德)이 부임(1864년) 하여 같은 고을에 똑같은 초량이 두 개가 있을 수 없다고 하여 구초량을 부민동이라 개명하였다 한다.

부민동이란 이름의 유래는 보수천 하구의 부민포에서 따온 것으로 보여지며, 부민포는 부산부곡의 옛 명칭이 부산(富山)이며, 부산부곡의 사람들이 쓰던 포구라는 뜻으로서 부민(富民)이란 명칭이 생겨났다고 추측된다. 또한 부민의 유래에 대해서는 이곳이 천석(千石)꾼 부자가 살고 있었기 때문이라고 하는 사람도 있다. 1901년 행정구역 개편으로 보수천을 경계로 부민동에서 부평동이 분할되었고, 1925년 4월 경남도청이 진주에서 부산으로 이전하여 1983년 7월 창원으로 이전하여 갈 때까지 행정 중심지 역할을 한 곳이다.

(3) 남부민동

남부민동(南富民洞)은 부민동에 속해 있다가 1914년 부산부제가 실시되면서 남부민동으로 분리되어 나온 동이며, 본래는 부민동과 함께 부민포(富民浦)로 불리던 곳이다. 따라서 이 곳의 옛 이름은 「샛디」인 셈이다. 「샛디」는 남부민동과 초장동 일대의 옛 지명이며, 「샛디재」는 충무로 광장에서 송도로 가는 윗길 입구의 고개를 말하는 것이다.

옛날에는 지금의 송도로 가는 아랫길은 없었고, 또 송도가 바로 바닷가에 접해있기 때문에 송도로 가려면 배를 타거나 아니면 이 「샛디재」를 넘어가야 했다. 이 지역의 고로(古老)들 중에는 아직까지도 이 곳을 「샛디」라고 부르는 사람들이 많이 있다. 1914년 앞 바다를 매립하여 새로운 터를 만들었는데, 이 때 부민동 남쪽에 있다 하여 남부민정이라 하였다. 1947년 7월 일제식 동명 개정 때 남부민동으로 바꾸었다.

(4) 부용동

부용동(芙蓉洞)은 시약산에서 근원한 계류가 서대신동 중앙을 지나 지금의 부민초등학교 뒤쪽을 돌아 보수천으로 빠지는 냇물과, 아미 골짜기에서 근원한 계류가 지금의 경남중학교 뒤쪽을 거쳐 보수천으로 흐르는 시냇물들로 인하여, 이 일대가 마치 시냇물에 둘러싸인 섬처럼 보이는 지대였다. 이와 같은 보수천가에 섬같이 생긴 형태로서 원래 행정구역상으로는 부민동에 속하던 곳이지만 일제시기에는 중도정(中島町)이라 불렀다.

광복 이후 1947년 일본식 동명의 개정으로 부용동으로 고쳤다. 이 지역은 원래 행정구역상 부민동이었다가 분리되었다는 점에서 부민의 부(富)라는 글자와 부(富)를 상징하는 부용화(芙蓉花)를 동시에 고려하여 지은 동명인 듯하다. 이 지역의 고로(古老)들에 의하면, 부용화가 많이 피어 있어서 부용동이라고 부르게 되었다고 한다. 1959년 시조례에 의해 부민동에 통합되었다가, 1962년 부민동에서 분동하여 오늘에 이르고 있다.

(5) 충무동

충무동(忠武洞) 지역은 원래 부민포에 속한 해변이었다. 대정공원(大正公園, 충무초등학교 자리)이 1918년 설치되면서 그 아래에 광장이 탄생되었는데 바로 충무동광장이다. 후일 이 광장에는 도로 개설로 인해 로터리가 생겼다. 로터리가 되기 이전의 충무동광장은 당시 부산에서 가장 넓은 지대였기 때문에 많은 군중이 모일 수 있는 집회 장소였다. 그래서 일제시대의 모든 행사와 집회 등이 자주 이곳에서 개최되었다. 따라서 이 광장은 부산의 심장부와도 같은 자리로서 이후 남쪽해안과 서쪽해안이 매축되고 시가지가 번창하면서 이곳의 중요성은 더욱 커졌다. 일제시기 한때 일본천황의 연호를 따 소화정(昭和町)이라 불리었다.

1947년 우리식 동명으로 개칭 때 충무공(忠武公) 이순신(李舜臣) 장군의 부산포해전 승리를 기념하는 비석을 세우고 충무동 로타리로 명명하였다. 이러한 충무동의 지명은 일본인이 물러간 후 일본천황의 연호를 따서 지은 지명에서 일본을 무찌른 장군의 시호를 딴 지명으로 바꾼 것이다. 1959년 동경계 조정으로 충무동 1~3가는 중구 남포동에, 충무동 4가는 서구 충무동으로 편입, 충무동 5가는 남부민동에 편입되었다. 1982년 완월동을 충무동에 병합하여 오늘에 이르고 있다.

(6) 아미동

아미동(峨嵋洞)은 아미산에서 유래했다. 그러나 아미골이란 골짜기 이름에서 아미동이라는 마을 이름과 아미산이라는 산 이름이 생겼다고도 한다. 아미의 뜻은 현 아미동 지역에서 내려다보는 토성동의 옛 토성이 반월모양으로 누에나방의 예쁜 눈썹 같아서 아미라는 의미로 미화된 것으로 본다.

또 하나는 이곳에 있던 토성의 모양인 반월형을 후대에 아미월(峨嵋月)이라 부른데서 아미골이라는 이름이 생겼을 것이라는 설명이다. 아미월이란 음력 초사흘 날인 초생달을 말하며 반월성의 모양이다. 누에 나방처럼 예쁜 눈썹모양이 초사흘날의 달 모양이라 한다. 아미골이라는 말이 이렇게 시작되었다고 생각하는 것은 무리일지도 모르나 동명이 고려 이후에 생겼다면 있을 수 있는 것이라고 보아진다.

1914년 행정구역 통합에 따라 부민동 일부를 곡정(谷町) 1·2정목 (丁目)이라 하다가, 1947년 일제식 동명 개정 때 아미동 1·2가로 개칭하여 오늘에 이르고 있다.

(7) 토성동

토성동(土城洞)이란 동명은 이곳에 토성이 있었다는 데서 붙여진 것이다. 그런데 성의 모양이 반월형이라는 사실이 주목된다. 이 성은 1906년 일본거류민단에 의해 설립된 부산고등여학교를 현 경남중학교 자리에 신축할 때부터 파괴되기 시작하여 토성초등학교 건물을 비롯한 건물이 차례로 들어서면서 현재는 거의 흔적을 찾기 어렵지만, 단편적으로 토성 유적지임을 확인할 수 있는 부분도 있다. 아미동 중턱에 올라가 이 부근지대를 관찰하면 토성이 둘러졌던 지대를 헤아릴 수 있다.

대마도 문서인 『초량화집』에서 이곳에 토축성(土築城)이 있었다고 하나 이 성의 양식이 일본성의 축조방식과는 판이하게 다른 반월성이므로, 옛부터 전하여 오는 토성을 일본군이 진소(鎭所)로 이용한 것에 불과할 것이라고 생각된다.

1914년 행정구역 개편 때 부민동 일부를 분할하여 토성정 1~3정이라 하였다. 1947년 7월 일제식동명 개정 때 일제식 명칭이 아니라 하여 토성동1~3가로 고쳤다가, 1959년 1월 시조례에 의해 초장동1·2가를 병합하여 오늘에 이르고 있다.

(8) 초장동

조선시대 때 지금의 천마산·아미산·시약산·승학산으로 이어진 산지에는 옛날 조정에서 운영하던 목마장이 있어 다대포첨사가 관장하고 있었다. 천마산의 산 이름은 하늘의 용마가 초원에 내려왔다는 전설에서 유래한다. 구전되고 있는 전설에 의하면, 이곳은 초원이 좋아서 용마(龍馬)가 하강한 곳이라고 한다. 초원이 있었다고 하여 초장동이라는 이름이 생겼지만 초장동 뿐만 아니라 주변일대가 거의 다 조선시대 조정에서 운영하는 목마장이었다.

그러나 초장정(草場町)이란 기록은 일제 때인 1933년에 비로소 나타난다. 광복 이후 1947년 일제식 동명을 우리 동명으로 개칭 때에 일제식 지명이 아니라 하여 그대로 사용하였으며 초장동1∼3가로 나뉘었다.

(9) 암남동

암남동(岩南洞)은 장군반도 남단에 자리잡고 있으며, 천마산 남쪽 기슭에서 바닷가 송도(松島)가 그 중심을 이루고 있다. 암남동에는 원래 혈청소라고 불리는 곳 옆에 모짓개라는 마을이 있었다. 이 모짓개 마을이 암남동 지역에서 가장 먼저 생겼으며, 당시 다른 지역에는 인가가 거의 없었으며, 후일에는 모지포(毛知浦)라고 불린 곳이다. 지금도 사람들은 이 마을을 모치포·모짓개·모지포 등으로 부르고 있다.

암남동이란 동명은 과거 동래군 사하면 암남리에서 유래한 것으로 보인다. 문헌 기록에 암남(暗南)으로 적혀 있는 곳도 있는 것으로 보아 음에 맞추어 한자를 붙인 것이 아닌가 생각된다. 그러한 경우 「암남」은 「아미골」의 남쪽이라는 의미에서 유래된 이름으로 보인다. 그러나 남(南)이라는 말이 붙은 것을 보면, 그렇게 오래된 이름은 아닐 것으로 보이며, 이곳에 인가가 들어서 살기 시작한 조선후기부터라고 생각된다. 1914년 행정구역 통합에 따라 동래군에 편입되었다가 1936년 시세 확장에 따라 부산부에 편입되었다. 1957년 구제 실시로 서구에 편입되어 오늘에 이르고 있다.

4. 영도구

<그림 145> 부산시 행정지도   <그림 146> 영도구 상세도

1945년 민족해방과 더불어 일제 잔재를 청산하기 시작하였는데, 1947년 10월 1일에는 일본식 동명을 우리나라 명칭으로 교체하게 된다. 그리하여 대교통(大橋通)을 대교동(大橋洞), 갑정(岬町)을 대평동(大平洞), 석견정(汐見町)을 남항동(南港洞), 어영정(御影町)을 영선동(瀛仙洞), 산수정(山手町)을 신선동(新仙洞), 항정(港町)을 봉래동(蓬萊洞), 청산정(靑山町)을 청학동, 동산정(東山町)을 동삼동으로 개칭하였다.

1949년 부산부가 부산시로 개칭되면서 1951년에는 영도출장소가 설치되었고, 그 후 1957년 1월을 기해 영도구가 설치되었다. 1966년에는 신선 2동이 신선 2·3동으로, 1970년에는 청학동이 청학 1·2

동으로, 1979년에는 봉래 3·4동으로, 1985년에는 동삼동이 제1·2
동으로 분동되어 오늘에 이르고 있다.

(1) 남항동

남항동(南港洞)의 옛 이름은 석말추(石末湫)였다. 이 지역 앞바다에
는 큰 돌이 있었는데 썰물 때는 돌끝 [石末]이 조금 보였다가, 밀물
때는 보이지 않은데서 붙여진 이름이다. 1885년 절영도첨사 임익준
(任翊俊)이 영도의 지명을 지을 때 동해는 본래 신선이 사는 곳이라
하여 신선과 연관된 이름을 많이 지었다. 이때 석말추는 '신선이 사
는 시내가 있다'는 뜻의 영계(瀛溪)로 바꾸었다.

1934년 영도대교 개통시 인근 바다를 매립한 뒤 일본식 동명으로
석견정(汐見町)이라 불리었다. 석견이란 '썰물(汐)을 본다(見)'라는 뜻
인데, 이곳은 남항의 바닷가이므로 바다의 밀물과 썰물을 바로 볼
수 있는 곳이라는 뜻에서 붙여졌다.

광복이후 1947년 일제식 동명 개칭 때 석견1~3정목을 이곳에 어
업기지 및 수산관련 기관이 운집해 있고 부산의 남항을 끼고 있다
하여 남항동1~3가로 고쳤다가, 1961년 남항동으로 개칭되어 오늘
에 이르고 있다.

(2) 대교동

대교동(大橋洞)은 영도의 관문으로 영도대교 가설 때에는 거의
60% 가량은 매축지로 형성되었다. 영도는 신석기시대부터 사람들의
주거지였으나 임진왜란 이후 무인도로 바뀌었다. 영도가 무인도로
바뀐 원인은 임진왜란 후 왜적의 재침을 두려워 주민들이 섬을 내버
려두고 다른 곳으로 이주하였는데, 그후 초량왜관 개설과 더불어 왜

관과 가까운 까닭에 사민책이 적극 장려되지 않았기 때문이었다. 이후 어업 등의 이유로 소수의 주민들이 거주하였지만 전체 100호 미만이었다고 한다.

1881년 절영도진(絶影島鎭)이라는 첨사영이 세워짐에 따라 주민의 수가 점차 증가하기 시작하였다. 대교동은 1914년에 북빈정(北濱町)이라 불리었다. 북빈정은 지금의 자갈치 부근을 남빈이라 하였는데 반하여 북쪽 바닷가의 마을이라는 뜻이었다. 1934년 영도대교가 개통되면서 영도대교의 이름을 따서 대교통(大橋通)이라 불리었으며 광복이후 1947년 일본식 동명 개칭 때 대교동이라 부르게 되어 오늘에 이르고 있다.

(3) 대평동

대평동(大平洞)은 원래 풍발포(風發浦)라 불렀다. 풍발은 바람이 이는 것처럼 기운차게 일어나는 뜻의 지세에서 붙여진 이름인 것이다. 그리고 이곳은 원래 영도에서 떨어져 있었던 섬이었다고 한다. 남항동과 경계를 이루고 있는 지금의 대교맨션이 위치해 있는 14통을 비롯하여 15~19통 일대는 바다였고, 일제시대 영도의 서북쪽을 매립하여 갑정(岬町)이라 불렀다. 갑(岬)은 산허리 또는 바다로 뾰족하게 내민 땅이란 뜻으로 매축되기 전의 지형적 특성에서 이름지어졌던 것이다. 대평동은 매립이전에는 파도가 거칠고 바람이 강해 풍랑을 피하기 알맞은 곳이기 때문이다. 이 무렵 일본 어선단이 대평동을 정박지로 삼아 이곳 대풍포를 중심으로 많은 선박이 모여들었다.

광복 이후 1947년 일본식 동명을 우리동명으로 개칭 때 파도와 바람이 잔잔해지길 바라는 뜻에서 풍(風)을 평(平)으로 바꿔서 대평동이라 부르게 되었다. 이곳에는 영도대교가 가설되기 이전 남포동

사이를 운항했던 나루터가 있었던 곳으로 지금도 그 명맥을 이어가
고 있다.

(4) 영선동

영선동(瀛仙洞)은 영도에서 제일 먼저 마을이 형성된 곳으로 대한
제국 건양 원년(1896)에 행정체계가 전국 8도에서 13도로 개편될
때 동래부 사하면 영선리란 지명이 제정되었다. 당시의 영선동 영역
은 지금의 봉래동·신선동·남항동·대평동 일대로 옛 이름은 나릿
가(津)였다.

1885년 절영도 첨사 임익준이 영도의 동명을 새로이 지을 때 삼
신산(三神山)의 하나로 동해에 있는 전설상의 섬 이름인 영주(瀛州)의
지명을 따서 영선(瀛仙)이라 지었다고 한다. 일제강점기의 1925년에
이곳을 일본쪽을 바라보기에 좋은 곳이라 하여 어영정(御影町)1~3
정목(丁目)이라 하였다. 광복 이후 1947년 일제식 동명 개정 때 우리
식 지명인 영선동1~4가란 이름을 다시 찾게 되었다. 1965년 영선
동 1·2가를 영선 1동으로, 영선동3·4가를 영선2동으로 개칭하였
고, 1982년 신선1동 일부를 영선1동으로 편입시켰다.

(5) 봉래동

봉래동(蓬萊洞)의 유래를 살펴보면, 영도는 하나의 큰 산으로 되어
있는 섬으로 조봉(祖峯)·자봉(子峯)·손봉(孫峯)의 세 봉우리가 있다.
이 산의 이름을 일제시대 이후 한때 고갈산(沽渴山 또는 枯渴山)이라
불러왔다. 절영도 진의 첨사로 가장 오래 재임한 임익준(任翊準)이
영도의 지명을 한문식으로 고쳐 지을 때 이곳이야말로 신선이 사는
곳이라 하여 산 이름을 봉래산(蓬萊山)이라 명명하였다. 영도의 모든

동이 봉래산 아래에 흩어져 있는데, 봉래산의 주맥(主脈)이 이곳에 닿은 곳이라 하여 봉래동(蓬萊洞)이란 이름이 지어진 것이다.

1896년 행정구역 개편 때는 동래부 사하면 영선리에 속했다가, 1905년 영선정(營繕町)으로 개칭하였으며, 1944년 항정(港町)1~4정목으로 바꾸었다. 1947년 일제식 동명 개정 때 우리의 고유지명인 봉래동1~3가로 개칭하였다. 1979년 봉래3동을 봉래3·4동으로 분동하여 오늘에 이르고 있다.

(6) 신선동

신선동(新仙洞)에는 언제 때의 묘당(廟堂)인지 알 수 없으나 많은 전설이 얽힌 영도의 수호신을 모시는 산제당·하씨당이라는 당집이 있었다. 봄·가을에 두 번, 마을의 안녕을 비는 제사를 지내는 풍습이 오늘날까지 내려오고 있다. 1885년 첨사 임익준이 영도의 지명을 정할 때 새로운 신선이 사는 곳이라는 뜻으로 신선이라 지었다고 한다.

일제시대인 1944년 북서쪽의 개펄을 매립하여 산수정(山手町)이라 불렀으나, 1947년 일본식 동명 개칭 때 신선동이라 부르게 된 것이다. 그 이유는 이 지역이 봉래산 기슭에 자리잡고 있는 데다 수목이 울창하고 높은 지대에 선인이 살았다고 전하는 선경(仙境)의 지대이며 광복 이후 사람들이 모여 산다는 뜻에서 동명을 지었다고 한다.

(7) 청학동

청학동(靑鶴洞)은 선사시대의 조개무지(패총)가 남아 있는 것으로 보아 옛부터 조상들의 주거지였음이 분명하다. 임진왜란 이후 영도에는 사람이 살지 않았으나, 한말에는 6호의 가구가 살고 있었다고 한다. 청학동의 동명은 이곳이 숲이 울창하여 청청(靑靑)하고, 풍수지리설에 따르면 이 지대가 학맥설(鶴脈說)에 따라 해운대에서 영도를 바라보면, 마치 학(鶴)이 남쪽으로 날아오르는 형상을 이루고 있다 하여 청학동이란 동명이 유래하게 되었다고 한다.

청학동이라 하기 이전에는 지금의 청학동시장과 부산은행지점 바닷가 일원을 조내기라 불러왔다. 조내기 일대는 어장으로 많은 생선이 잡혔다고 한다. 어장의 개발에 따라 뚜껑바구, 넉섬방우, 덤버들 등의 해안지명이 생겨나고, 이후 인가가 들어섬에 따라 조내기라는 지명도 얻게되었다. 조내기란 지명의 유래는 두 가지 설이 있는데, 하나는 이곳의 바닷가는 낮고 개펄이 많아 썰물 때는 물이 군데군데 고여있는 조락(潮落)한 곳이 많아서 붙여졌다고 한다. 또는 조선 통신사(通信使) 조엄이 일본에서 고구마를 가져와 이곳에서 처음으로 재배해 조씨가 고구마를 캐내기 시작하여 조내기라고 하였다고 하는데, 확실한 근거는 현재까지 밝히지 못하고 있다.

1903년 행정구역 개편 때 동래부 사중면 청학동이었다가, 1944년 청학동을 청산정(靑山町)으로 개칭하였다. 광복이후 1947년 일제식 동명개칭 때 청학동으로 바꾸었다.

(8) 동삼동

동삼동(東三洞)은 상·중·하리의 3개 자연마을로 형성되어 있다. 이 세 마을이 영도의 동쪽에 있다하여 동삼동이란 동명이 얻어진 것이다. 이곳은 신석기시대의 유적인 조개무지가 있는 것으로 보아 신석기시대부터 사람이 살고 있었음을 알 수 있다. 임진왜란 이후 영도가 사람이 살지 않은 섬으로 남겨져 있을 때 동삼동 지역은 어장으로 어민들의 출입이 빈번했으며, 절영진이 설치되기 이전에 가장 먼저 마을이 형성된 곳이기도 하다.

동삼동 상리는 웃서발(上西跋)이라 하고, 하리는 아랫서발(下西跋)이라 하여 어장의 이름에서 비롯된 것이다. 중리는 검정방우 [黑岩]라 불렸으며, 옛 진(鎭)이 설치되었던 부근은 동지(東池)라 하였는데 이것은 모두 지형 지세에 붙여진 이름이다. 아랫서발에는 팔준마(八駿馬)가 물을 먹었다는 감연(甘淵)·감지(甘池) 또는 감정(甘井, 甘訂)이라 부르는 연못이 있어 당시 목마른 말들이 이곳에서 목을 축여 갈증을 면하였던 곳으로 목장이었던 영도에서 가장 신선한 연지(蓮池)로 손꼽혔다.

절영도에 목마장이 생김으로 인해 첨사 임익준(任翊準)은 웃서발을 상리로 개칭하였다. 이때 중리는 영도의 봉래산으로 신선이 사는 곳인데 진소(鎭所)가 있던 동지(東池)는 바로 신선이 사는 곳이라 하여 영주(瀛州)라는 이름이 붙여졌다. 광무 7년(1903) 행정개편 때 사중면 상구룡동(上駒龍洞)·하구룡동(下駒龍洞) 이었다가, 1931년 동산정(東山町)이라 불렸다. 광복이후 1947년 동명개칭 때 동삼동으로 바꾸어 부르게 되었다. 1985년 급격한 인구증가로 인하여 동삼1·2동으로 분동하여 오늘에 이르고 있다.

5. 부산진구

부산진구는 삼한시대에 거칠산국(居漆山國), 신라때에는 동래군 동평현, 고려때는 양주 동평현, 조선시대에는 동래부의 동평면 일부와 서면 일부 지역이다. 부산진구의 명칭은 임진왜란 당시 부산포구의 관문이라고 할 수 있는 부산진성에서 유래되어 1936년 출장소가 설치될 때 부산진 출장소라 하였고, 1957년 구제 실시때 부산진구로 되었다.

<그림 147> 부산시 행정지도   <그림 148> 부산진구 상세도

(1) 가야동

가야동(伽倻洞)의 유래는『동래부지(1740년)』방리조에 "가야라는 동평면에 속한 지역으로 관문에서 20리 거리에 있다"고 기록되어 있다. 가야라는 어휘의 뜻이 무엇인지는 아직 학계에서 정론을 얻지 못하고 있으나,『삼국유사』에 기록되어 있는 6가야의 가야를 의미하는 것에서 유래되었을 것으로 추측하고 있다.

또 옛날에는 지금의 고관, 즉 수정동으로부터 감고개를 넘어 가야 동으로 왕래하였던 까닭에 이곳은 교통의 요충지에 해당되었다. 가야리란 명칭은 이 감고개 아래의 마을이란 뜻에서 생겨나지 않았을까 짐작된다.

1904년 경부선의 개통으로 동평면과 단절되고 대신 서면의 가야 리로 되었다. 1959년 개금동을 흡수하였다가, 1963년 다시 가야동과 개금동으로 분동하였다. 1970년 급격한 인구증가로 인해 가야1·2동으로 분동되었다가, 1979년 가야2동을 다시 가야2·3동으로 분동하여 오늘에 이르고 있다.

(2) 개금동

개금동(開琴洞)의 조선시대 행정명은 와요리(瓦要里)라 칭하다가 1904년 개금리라 칭한 것으로 보여진다. 가야리와 상대하여 경부철도 건너 북쪽에 있는 마을을 개금동이라 하였다. 이곳 고로들의 말에 의하면, 이 마을의 모양이 꼭 거문고가 길게 늘어져 있는 형상이라 하여 개금이라 했다고 한다.

또 임진왜란 당시 백성들이 토착지를 등지고 하염없이 피난길을 헤매던 어느날 푸른 산림이 우거지고 맑은 냇물이 흐르는 아늑한 계곡이 뻗어 있는 이곳 어디에선가 들려오는 은은한 가야금 소리를 듣고, 바로 이곳이 장차 평화의 뿌리가 뻗어날 삶의 터전이라고 생각되어 전란의 시름을 달래면서 이곳에 정착하기로 결심하였다고 한다. 그리하여 개금이란 지명이 붙었다고 한다.

개금동이란 명칭은 1900년 이전의 읍지에는 나타나지 않고 『동래군지(1937년)』에 개금리가 나타나는 것으로 보아 일제시대부터 개금이라는 명칭이 사용된 것으로 보여진다. 1959년 가야동에 흡수되었다가, 1963년 가야동에서 분동되었고, 1975년 인구의 증가로 개금1·2동으로 분동되었다가, 1976년 개금1동에서 개금3동이 분동하여 오늘에 이르고 있다.

(3) 당감동

당감동(堂甘洞)은 금정산의 주맥인 백양산이 병풍처럼 둘러싸인 산록에 위치하여 있으며, 삼국시대 동평현의 치소(治所)로 현재까지 동평현성이 남아있다. 당감동은 『동래부지(1740년)』 방리조에 보이는 동평면의 당리(堂里)와 감물리(甘勿里)의 두 마을을 합쳐서 1914년 행정구역 개편때 당감리라고 고쳐부르게 됨으로서 생긴 동의 이름이다. 당감동의 고무나무골에 수령이 오래된 고사목(枯死木)이 있었는데, 이 당산나무를 중심으로 동으로 직선을 그어 북쪽은 과거의 당리였고, 남쪽은 감물리였다고 한다.

당리라 한 것은 마을에 오래된 당집이 있어서 붙여진 이름으로 지금까지도 순조 25년(1825)에 세운 영숙사라는 신당이 남아 있다. 감물리가 변하여 감물이 되었다는 설과 신이라는 뜻의 검물내 [神川神水]라는 설이 있다. 이로 견주어 볼 때 감물내는 부산천을 의미하는 고음이 아닐까 라고 유추되고 있다.

당감동은 1914년 군면제 실시이후 당감동이라는 명칭을 사용되어 오다가 1951년 당감1・2동으로 분동하였다.

(4) 범전동

범전동(凡田洞)은 조선시대 동래부의 서면 범전리였다. 범전이란 명칭은 오래전부터 사용되어 오던 명칭이다. 이곳에 조개무지(패총)의 흔적이 발견된 것으로 보아, 선사시대부터 주거가 형성되었던 것으로 추정된다. 범전이라는 명칭은 사직동의 금용산(일명 쇠미산)에서 발원하는 범천(凡川, 虎川)의 가장자리인 평지에 논으로 경작되어 붙여진 이름으로 보인다.

『동래부지(1740년)』의 이정조에 의하면, '연지리・전포리・범전리 등이 모두 동래읍성에서 같은 방향으로 11리'라고 말하고 있다. 이로 볼 때 세 마을은 인접하여 있었음을 알 수 있다. 1936년 동래군 서면 범전리에서 부산부 서면에 편입되었다가, 1957년 구제실시로 부산진구 범전동으로 편입된 이후 오늘에 이르고 있다.

(5) 범천동

범천(凡川)은 오늘날의 자성대를 사이에 두고 흐르는 강으로 또는 동천(東川)이라고도 부른다. 그것은 범천의 물줄기가 원래 자성대의 서쪽으로 흘러 바다로 유입되었는데, 자성대 부근의 매축 때 두 시내를 연결시켰기 때문이다. 동천이란 부산진성의 지성(支城)인 자성대 쪽에서 볼 때 성의 동편을 흐르기 때문에 붙여진 이름이다.

범천은 증산(甑山)에 인접한 산들이 산세가 험하고 산림이 울창하여 호랑이가 서식하였는데, 호랑이가 이 계곡에서 자주 출몰하였다고 하여 붙여진 명칭이다. 따라서 범천은 한자식으로 호천(虎川)이라고도 표기하였다. 따라서 범천동이라는 동명은 범내 [凡川]에서 유래되어 범내골을 중심으로 그 인근의 지역을 지칭하는 동명이 되었다.

1957년 구제실시로 동구에 편입되었다가, 1959년 시조례에 의해 동구 범일 4동을 진구에 편입시키면서 범천1~3동으로 개칭하였다.

(6) 부암동

부암동(釜岩洞)은 부전동과 같이 조선시대에는 동평면 부현리에 속하였다. 백양산의 감물내가 시작되는 곳은 조선시대 지명으로 당리이고, 하천이 넓어지기 시작한 곳이 감물리, 그 아래 지역을 고대리(古代里, 古垈里)라 하였다. 감물내의 고대리 아래지역을 모두 부현리(釜峴里)라 하였는데, 이 부현리가 오늘의 부암동과 부전동으로 분리되었다.

부전동은 감물내의 동쪽 중 전포·범전의 평지에 붙여진 이름이고, 부암동은 감물내 주변의 구릉에 바위동산이 흩어져 있어 바위 암(岩)자가 붙여진 것으로 고대리와 이 마을 북쪽에 뒷골이라는 자

연마을이 있었던 지역으로 보인다. 1979년 시조례에 의해 부암1·2
동으로 분동되었다가, 변하여 오늘에 이르고 있다.

(7) 부전동

부전동(釜田洞)은 조선시대의 경우 동래부 동평면 부현리(釜峴里)
에 속하였다. 그 위치에 대해서는 여러 설이 있는데, 그 중 하나는
부다대현(釜多大峴)이라는 것이며, 또 다른 하나는 지금의 당감동(감
물리)에서 부암로터리 밑인 고대리로 난 고개라는 설이 있다. 또 다
른 하나는 오늘날의 하마정에서 송상현 동상까지 있었던 마비현(馬
飛峴)의 별칭이라는 설이다.

그리하여 부현리라는 지명은 감물리에서 고대리로 넘어가는 고개
인 현 당감동 입구의 부암고개에서 나온 것으로 보인다. 이 고개에
는 바위가 있었는데, 이 바위가 마치 가마솥(釜)을 거꾸로 엎어놓은
것 같은 형상을 하고 있어 부현(가마고개)이란 지명이 붙여진 것 같
다. 이중 부현고개 아래의 범전리·전포리와 인접하는 곳을 부전이
라 이름 붙인 것으로 추측된다.

공식적인 명칭으로 사용된 것은 1936년 시·구명 정비 때 부전동
이란 이름이 쓰여지게 되었고, 1938년 부전동을 부전 1·2동으로
분동 하였으며, 1954년 부전 1동에서 부전 3동이 분동되었다가,
1959년 부전 3동을 부전 1동에 통합하여 오늘에 이르고 있다.

(8) 양정동

양정동(楊亭洞)은 『동래부지(1740년)』산천조에 황령산 아래에서
화지산에 이르는 넓은 지역을 가리키고 있다. 『동래부지(1740년)』에

는 양정리(羊亭里)라 되어 있는데, 양정(羊亭)이란 정자는 고적조나 루정(樓亭)조에 이름이 보이지 않는 것으로 보아 정자(亭子)가 존재하지 않은 것으로 파악된다. 이 지역의 고로들에 의하면, 양정본동 일대에는 수양버들의 실같은 가지가 바람에 하늘거리는 모습이 눈에 많이 띄었다고 하는데, 그래서 이곳을 버들 양(楊)으로 개칭한 것이 아닌가 한다.

또 양정은 양지골에서 비롯되었다고도 한다. 이는 양정동에서 황령산을 바라보면 세갈래 능선이 갈라져 나가고 있는데, 왼쪽은 당산 능선, 중간은 평전(平田)능선, 우측은 취병장(吹兵場)능선이 뻗어 내리고 있다. 왼쪽 당산능선 아래쪽에 양지곡 골짜기가 있다. 양지는 음지의 응달에 비하여 양달이라 하여 햇빛이 많이 드는 땅이라는 뜻이다. 우리말의 양달은 양지의 음이 높아 한자의 양(羊)으로 표기되고 지(地)는 정자골(亭子谷)이 정자꼴로 읽히는 것으로 보아 정(亭)으로 된 것으로 풀이된다.

1970년 양정 1·2동으로 분동하고, 1979년 양정 1동을 양정 1·3동으로, 양정 2동을 양정 2·4동으로 분동하였다. 1995년 양정 3동을 양정 1동에, 양정 4동을 양정 2동에 통합하였다.

(9) 연지동

연지동(蓮池洞)에는 연못이 있었는데 조선시대에는 신지언(新池堰)이라 불렀다. 1740년에 간행한 『동래부지』 산천조에 보면, "신지언은 동래부의 서쪽 13리에 있는데 길이는 2백 68척 넓이는 2백 24척이라"하여 동래부에서 둘째로 큰 제언으로 기록되어 있다.

연지라는 동리명은 연못골에서 나온 이름으로 이곳 못에 연이 많이 있었기 때문에 붙여진 이름이다. 그러나 조선시대는 이 못을 연지언이라 하지 않고 새못이란 뜻을 가진 신지언이라 하였다.

이는 당시 초읍동에 화지언이란 역사적으로 유래가 오래된 옛 못이 있었는데, 연지동의 못은 그후에 만들어진 새로운 못이라는 뜻에서 신지언이라고 이름 붙인 것으로 생각된다.

1947년 부산출장소 연지동으로 개칭되었다가, 1957년 연지동과 초읍동을 성지동으로 통합하였다. 1963년 인구증가로 성지동을 다시 초읍동과 연지동으로 분동하여 오늘에 이르고 있다. 자연마을로는 연지리가 있었다.

(10) 전포동

전포동 평지는 시가지가 돼 있지만 옛날에는 갯가의 밭인 밭개였다. 그 밭개가 밭 전(田)+갯 포(浦)의 전포리가 된 것이다.

전포동(田浦洞)은 서면의 동천이 지금 범일동과 문현동 사이로 흘러 바다로 흘러들었다. 먼 옛날로 올라 갈수록 동천과 바다가 어우러지는 자리는 서면의 북쪽인 육지 쪽으로 올라온 자리였다. 말하자면 바닷물이 지금의 서면의 육지 깊숙이 들어왔는데 홍수 때면 서면 주위의 산에서 쏟아지는 냇물이 토사를 실어내려 바다를 메우고 육지로 만들었다. 그렇게 메워진 자리가 갯가가 되고 논밭이 된 것이다. 그 논밭으로는 벼와 보리, 채소들이 재배되었다.

이 지역의 고로들의 말에 의하면, 옛날에는 전포동(田浦洞)의 노막리 또 농막리까지 조수가 들어 배가 많이 정박하였다고 한다.

1949년 전포1·2동으로 분동되었다가, 1970년 인구 증가로 전포1동을 전포1·3동으로 분동되었고, 1975년 전포2동을 전포2·4동으로 분동하여 오늘에 이르고 있다.

(11) 초읍동

초읍동(草邑洞)은 연지동 북쪽에 위치하고 있는데, 금정산의 남북으로 통하는 요충지이다. 초읍의 지명유래에는 다음과 같은 전설이 있다. 동평현이 생긴 후 읍의 치소(治所)를 물색하기 위해 명사들이 초읍동에 들러 보았는데, 산의 지세가 좋고 지리가 음양에 맞아 이곳을 우선 읍의 치소(治所)로 선정해 놓고 이보다 더 좋은 곳이 없나 하여 현 금정구의 두구동으로 가보니 역시 산세가 좋아 두고 보자한 후, 현 동래성에 들렀더니 동으로는 학소대와 남으로는 대조포란형(大鳥 抱卵形)이 서울 장안의 산세와 같으므로 이곳을 읍치로 정하였다고 한다. 이리하여 제일 먼저 초한 곳이란 뜻에서 초읍이라 명명하였다고 전한다. 그러나 이는 호사가들의 일담에 지나지 않고 실제는 새터가 원래의 고을 이름인 것으로 파악된다.

초량을 '새띠'라 부르는 것과 같이 초읍의 초는 '새'로 읽히며 읍은 '량·탁·벌·성' 등의 터로 읽혀 '새터'로 불릴 수 있다. 새터는 새로운 터전, 새로운 자리라는 뜻이다. 즉 동평현의 치소(治所)가 지금의 당감동 부근이었는데 고려후기 이후 빈번한 왜구들의 침입으로 동평현이 피폐해지자 천연의 요새인 이곳으로 이주하여 새로운 마을이란 뜻에서 새터 즉 초읍으로 불렸던 것으로 풀이된다.

초읍동은 조선후기 동래부 서면 초읍리에 속하였고, 그후 동래군으로 편제되었다. 1936년 부산부에 편입되었다. 1942년 연지동과 함께 성지동으로 통합되었다가, 1962년 초읍동과 연지동으로 분동되어 오늘에 이르고 있다.

6. 동래구

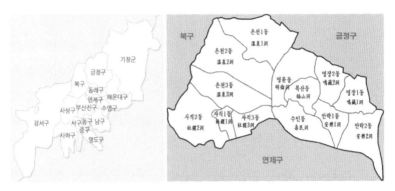

<그림 149> 부산시 행정지도   <그림 150> 동래구 상세도

조선시대 동래는 태조 6년(1397)에 일본과 대치하는 군사상의 요 충지로 보고 이곳에 진(鎭)을 설치하게 되고 동래진의 장수인 병마 사(兵馬使)가 동래현과 행정관인 판현사(判縣使)를 겸임하였으며, 그 후 명종 2년(1547)에는 도호부(都護府)로 승격되었고, 당상의 문무관 이 부사(府使)로 임명되었다.

그러나 선조 25년(1952) 일본의 침략으로 동래가 점령되자 다시 동래현으로 강등되어 현령이 파견되었다. 선조 32년(1599)에 명나라 장수들의 접대를 위하여 다시 도호부로 승격시키는 동시에 당상관 의 무관을 동래부사로 임명하고, 부사 아래는 판관을 두었다.

일제 강점기에 부산부(釜山府)가 설치되자 동래는 부산부의 지배 를 받았으나, 1914년 군(郡)·면(面) 통폐합에 따라 이전 동래부 일 부와 기장군을 합하여 동래군을 만들어 행정적으로 경상남도의 행 정구역으로 편제되었다. 이 때 ≪동래군지(東萊郡誌 : 1937년)≫에는 1개읍(동래읍)과   11개면(북면·남면·사상면·사하면·구포면·서면·기장면·철마면·정관면·일광면·장안면) 128개리 7개동으로 이루어져 있다. 그 후 계속적으로 동래군의 영역은 축소되어 1936년에는 서면(西面)과 암남리(岩南里), 1942년에는 동래읍의 전부와 사하면(沙下面) 등의 지역이 부산부에 편입되었다.

해방 이후 부산부가 부산시로 개칭되고, 1957년 1월부터 구제의 실시로 부산시 동래구로 행정적으로 편제되었다. 그 후 직할시 승격 당시 34개동이었으나 계속적으로 행정동이 증가하여, 1980년에는 금정구가 분리되어 나갔고, 그리고 1995년 3월에는 연산동과 거제동이 연제구로 분구되어 나갔다.

(1) 낙민동

낙민동(樂民洞)은 옛 동래도호부 읍내면 지역인데, 1914년 평남(平南)·안민(安民)·장남(壯南)·안국(安國)·서호(西豪)동을 합하여 수안동이, 신락(新樂)·회룡(回龍)을 합하여 낙민동이라 불렀다.

낙민동의 지명 유래는 문헌상으로 알려져 있지 않고 다만 구전으로 전해져 내려오고 있다. 낙민동은 조선시대 남문 동변동(南門東邊洞)이라 부르던 지역이다. 이곳은 동래부 수령이 민정을 살피러 나가는 지역인데, 수령이 백성을 즐겁게 해준다는 뜻에서 낙민동 이라는 명칭으로 고쳤다고 한다. 이 지역은 1960년대만 하더라도 농사를 지을 수 없는 늪지대로 미나리꽝이나 연밭(蓮田)이 있었으며, 그 이후 매축되어 아파트가 조성되어 주택가로 변하여 오늘에 이르고 있다. 낙민동은 법정동으로서 1957년 1월 수안동과 낙민동을 합하여 행정동인 수민동이 탄생하였다.

(2) 수안동

수안동(壽安洞)은 옛 동래도호부 읍내면 지역인데, 이 지역은 옛부터 동래부사가 집무하던 동헌이 있었던 곳으로 사실상 동래의 중심지이었다.

수안동의 지명 유래는 문헌상으로 알려져 있지 않고 다만 구전으로 전해져 내려오고 있다. 수안동은 동래 토박이들에 의해 수안(首安)·수안(水安)으로 쓰여지고 있다. 수안동을 수안(首安) 이라고 한 것은 동래부의 수장이던 동래부사가 집무하던 동헌이 이곳에 자리잡고 있어 가장 으뜸되는 관아안이라는 뜻에서 불리어지게 되었다고 할수 있다. 또 수안(水安)동으로 불렀다는 설도 있는데, 당시 땅밑을 조금만 파내려가면 물이 나오는 등 물이 흔해 붙여진 지명인 것으로 풀이된다. 또한 이곳에 동래읍성의 수문이 있어 수문안의 동네라고 풀이하는 사람도 있다.

이 지역은 1960년대만 하더라도 농사를 지을 수 없는 늪지대인 미나리꽝이었으나 지금은 매축되어 주택가로 변하였고, 동래지역 행정관서가 밀집되어 있다. 법정동인 수안동과 낙민동은 1957년 시 조례에 의해 병합되어 행정동인 수민동으로 개칭하여 오늘에 이르고 있다.

(3) 명륜동

명륜동(明倫洞)은 『동래부지(1740년)』의 방리조에, 신향교동(新鄉校洞)이라 하였다. 조선시대는 고을마다 향교가 있어 그 향교가 있는 마을을 교동(校洞) 또는 교리(校里)라 하는 경우가 많았다. 동래도 조선초기 향교가 있는 마을을 교동이라 했는데 향교가 여러차례 이전하면서 구교동, 신교동이란 이름이 생겨나게 되었다.

한편 이 일대는 옛부터 대낫들이라 불렀는데, 옛날에 동래부사가 부임해 오거나 전임되어 갈 때에 이곳에서 이속·군졸·육방관속들이 환송·환영식을 거행하였는데, 기치창검의 늠름한 행렬이 자못 장엄하여 '큰 나들이'라 한 것에서 '큰'이 '대'로 바뀌어 '대낫들이'로 불린 명칭이다. 이를 일명 개복장이라고도 했다고 한다.

지금의 명륜동은 신향교동이라 하다가 1906년 교동이 되었다. 향교의 중심인 명륜당을 따서 1942년 명륜동이라 이름을 고쳤다. 1978년 8월 명륜1·2동으로 분동하여 오늘에 이르고 있다.

(4) 복천동

복천동(福泉洞)의 유래는 『동래부지』성곽조에, 동래읍성 안에는 우물이 6개가 된다고 하였고, 각면각리 원근정도(各面各里遠近程道)조에는 읍내면에 옥미정동(玉未井洞)·대정동(大井洞)·야정동(野井洞) 등의 우물과 관련된 이름이 있다. 이로 보아 복천동을 동래성안의 우물에 비유하는 뜻에서 파생되었다고 볼 수 있다.

전근대사회의 우물은 양반댁에서나 볼 수 있으므로 우물이 있다는 것은 복이 넘치는 샘이라고 할 수 있다. 따라서 이러한 뜻에서 옥샘(玉井)은 물의 맛이 좋기로 소문난 우물이었으므로 복천동은 이러한 것에서 붙여져 전해 내려왔을 것이다.

특히 복천동은 복천동 고분군유적으로 매우 유명하다. 이 고분은 삼국시대 이 지역의 수장급 무덤으로 옛 부터 생활근거지였음을 알 수 있다. 법정동인 복천동과 칠산동은 1957년 시 조례에 의해 병합하여 행정동인 복산동으로 개칭하여 모든 행정업무를 수행하고 있다.

(5) 명장동

명장동(鳴藏洞)이라는 명칭은 『동래부지(1740년)』에 동래부 동면 명장리(鳴壯里)로 표기되었다가, 조선 후기에는 동상면 명장리(鳴藏里)로 되었다. 1957년 이전까지만 해도 미나리꽝과 야산으로 이루어진 시골의 어느 한적한 마을에 불과하였던 변두리였으나, 1975년 안락북지구 구획정리사업 이후 도시형태를 갖추게 되었다.

명장동의 지명유래에 대해 살펴볼 수 있는 자료는 없고 다만 인근의 염창리(廉倉里)와 같이 명편(鳴鞭)을 간수했던 곳에서 붙여진 이름이라는 설이 있다. 명편은 옛날 의장(儀仗) 때 쓰는 기구의 하나로 이를 흔들어 소리를 내어서 사람들로 하여금 정숙하게 하는 물건으로 일명 정편(靜鞭)이라고도 한다.

동래부사는 동래 독진을 지휘하여 동래뿐만 아니라 인근의 양산·기장의 군사까지 지휘하였는데, 이때 사용하던 명편을 이곳에 간수케 하였다 하여 명장(鳴藏)이라 전한다. 명장동은 1910년 동래부 동래읍에 속했다가, 1959년 부산시 동래구 명장동이라 부르게 되었다.

(6) 사직동

사직동(社稷洞)에는 17세기부터 동래부의 사직단이 있었던 곳이다. 사직의 사(社)는 토신이고, 직(稷)은 곡물을 다스리는 신으로 임금을 비롯한 지방 수령이 토지의 신과 곡식의 신에 제사를 올려 나라와 지방의 풍요와 안녕을 빌었다. 조선시대에는 서면 여고리·석사리의 2개의 자연마을로 형성되어 있었는데, 일제시대 석사리(石寺里)라는 이름은 석사(石社)로 바뀌었다.

이 사직단은 일제 강점시대 일제가 민족혼을 일깨운다 하여 일체의 제사를 금했다. 1960년대 이전에는 논밭과 미나리꽝이었으나 1967년 구획정리사업으로 아파트가 들어섬에 따라 1979년 시조례에 의해 분동되고, 같은 해 8월 사직 3동이 분동되어 오늘에 이르고 있다.

(7) 안락동

안락동(安樂洞)은『동래부지(1740년)』방리조에 보면, 동래부 읍내면 동부에 속했던 효현리(狐峴里)·충렬사리(忠烈祠里)·안락리(安樂里)·염창리(廉倉里)·구향교동(舊鄕校洞) 등을 포함하여 민가가 밀집한 지역이었다.

조선후기에 들어 염창(廉倉)은 염창(鹽倉)으로 이름이 바뀌었다. 염창은 현 충렬사와 동래고등학교 사이에 있었던 조그만 마을로, 옛 수영이나 명장지역은 염전이 있어서 여기서 나는 소금을 보관한 창고가 많아서 불렸다.

충렬사리와 안락리는 서원마을로 바뀌어 호현(狐峴)·화현(華峴) 등의 4개 마을을 합하여 원리(院里)라 하였다. 원리란 서원이 있는 마을이라는 뜻으로 임진왜란 때 부산지방을 지키다 순절한 송상현 부사·정발 장군 등을 모신 안락서원(安樂書院)이 이 마을의 중심에 위치해 있었기 때문이다. 충렬사는 본래 사당만이 지어져 사액을 받은 것인데 뒤에 송상현 부사, 정발장군 등의 학덕을 본 받을 만하다 하여 강당인 소줄당(昭崒堂)과 동·서재(東·西齋)를 지음으로 서원으로 발전하였다. 즉 충렬사란 사당에 학교기능을 가진 소줄당이 더해짐으로서 서원이 되자 마을 이름도 원리로 바뀌었다.

1942년 서원의 명칭인 안락을 따서 안락정(安樂町)이 되었다가 1947년 일제식 동명 개칭으로 안락동이 되었다. 1982년 인구의 급격한 증가에 따라 안락1·2동으로 분동되어 오늘에 이르고 있다.

(8) 온천동

온천동(溫泉洞)의 유래가 된 동래 온천장에서 온천이 자연용출 한 시기는 신라시대부터로 본다. 그러나 산저리(속칭 차밭골)와 장전리 일부를 합하여 행정구역상의 온천동(溫泉洞)으로 독립시킨 것은 1910년 일제강점기 이후였다. 그 이전은 금산마을(또는 금정마을)과 온정리 등 자연마을의 이름으로 불려졌다.

온정원(溫井院)이라 하여 공용으로 여행하는 관원을 위한 공영 여관이 있었을 뿐 집단적인 취락은 형성되지 않았다. 지금은 온천이 나면 위락시설을 갖추어 손님을 받아 돈을 벌어들일 궁리를 할 테지만 그때로서는 고관대작과 병자들이 오가며 민폐만 생길 뿐이었다. 조선시대 동래부에서 온천시설을 갖춘 바도 있었지만 대중성이나 영리성을 띄지 못했다. 동래온천이 본격적으로 개발된 것은 일제강점 이후 일본인들이 밀려들어 영리를 목적으로 한 위락시설을 갖추고 나서부터이다.

1942년 부산부 동래출장소설치로 온정리라 하였고, 1947년 일제식 동명 개정 때 미남정·산저정의 두 마을을 합하여 온천2동으로 개정하였다. 1979년 온천2동을 온천2·3동으로 분동하여 오늘에 이르고 있다.

(9) 칠산동

칠산동(漆山洞)은 삼국시대 동래지역에 거칠산국(居漆山國)이 존재하였는데, 이를 신라가 병합하여 거칠산군(居漆山郡)이라 하였다가 통일신라 이후 경덕왕 때 행정구역 개편에 따라 동래군(東萊郡)으로 바뀌었다.

거칠산은 '거칠다'의 우리말에서 유래한 것으로 '거침 뫼' 즉 황령산(荒嶺山)을 지칭하는 것으로 풀이되어진다. 삼한시대 소국의 치소(治所)가 동래지역으로 옮겨질 때 주산(主山)의 이름을 칠산(漆山)이라 불렀을 것이다. 이러한 내력과 동래읍성의 뒷산을 칠산이라 부른 데서 연유한 것으로 보인다.

현재 이곳은 복천동 고분군으로 널리 알려져 삼한시대 가야문화가 발생한 곳임을 알 수 있다. 칠산동은 1957년 시 조례에 의해 법정동인 복천동과 합하여 하나의 행정동인 복산동(福山洞)으로 개칭하여 모든 행정업무를 담당하고 있다.

7. 연제구

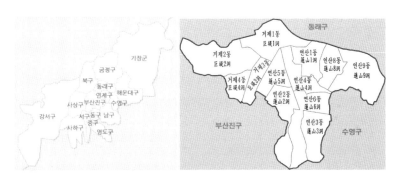

<그림 151> 부산시 행정지도   <그림 152> 연제구 상세도

조선시대 동래부의 행정체제 속에 오늘날의 연제구는 서면의 거벌리(居伐里)와 남촌면의 일부가 속했을 것으로 보인다. 연제구는 1995년 3월에 동래구의 연산동과 거제동을 중심으로 하여 분구되

었다.

(1) 거제동

오늘날의 거제동(巨堤洞)은 조선시대 서면에 속하였으며 동리명은
거벌리라 하였다. 『동래부지(1740년)』에는 "거벌리가 동래부에서 5
리 떨어져 있다"라 하였으며, 『동래부읍지(1832년)』에는 "동래부에
서 6리에 있다"고 기록되어 있다.

거벌(居伐)은 거벌(巨伐)로도 표기되어 큰 벌을 뜻하는 원야(原野)
를 의미한다. 이 원야는 오늘날 거제동과 연산동일대에 펼쳐있는 넓
은 들을 말하는 것으로 이 지역이 바로 거벌리였다. 한편, 거제리에
있었던 옛 전차정류소 지역과 그 인근을 "홰바지"라 불렀다. 홰바지
는 해받이라고 불리는데 '동래부에서 부산으로 나들이갔다 돌아오면
하루 해가 걸리는 지점'이라는 설과 옛날 부산에는 5일마다 열리는
부산장(현 부산진시장)이 매4일과 9일에 열리는데 매우 성시를 이루
어 영남에서는 대구장 다음으로 가는 큰 장시(場市)였다. 동래에서
부산장에 가 물품을 매매하고 나면 해가 저물어 동래나 그 인근 촌
락에 사는 사람들은 짐을 싸 짊어지고 집으로 돌아오는데 모두 보행
(步行)이어서 가족들이 횃불을 들고 이곳까지 마중을 나왔다고 한데
서 붙여진 이름이라고 하였다는 설이 있다.

그 거벌리에 일제시대 범어천·온천천·서천 등의 이름을 가지면
서 동래로 흘러내려 오는 온천천에 큰 제방을 쌓아 온천천을 수영천
과 합류케 했다. 그렇게 온천천에 큰 제방을 쌓고 난 뒤부터 거제리
(큰 제방이 있는 마을)란 이름이 생겨났다. 거제동은 1957년 구제
실시로 동래구에 편입되었다가 1970년 7월 시조례에 의해 거제1~3

동으로 분동되었다. 1979년 인구의 급증함에 따라 시조례로 거제3
동을 거제3·4동으로 분동되었다.

(2) 연산동

연산동(蓮山洞)이란 지명은 낮은 늪지대로 수련이 많고 배산과 황
령산쪽은 산지로 되어 연산이란 이름이 붙여졌다는 설과, 이 동네
의 시발은 금련산(金蓮山)이어서 '연산(蓮山)'이라 했다는 설이 있다.
연산동 고분군의 유적으로 보아 삼국시대부터 이 지역에 사람이 살
고 있었음이 입증되며 배산성지 또한 삼한시대 성축으로 추측되고
있다.

그러므로 연산동이란 이름은 금련산의 산 이름에서 유래한 동명
이 배산의 서북쪽으로 그리고 연이 피는 거제동 늪지대로 퍼져간 것
이다. 연산동에는 토곡·안락·후리(後里)·골리(谷里)·대리(大里)·
신리(新里)·전리(田里) 등 자연마을이 있었으나 그 흔적은 찾을 수
없을 정도로 변모·발전하였다.

1914년 동래군 읍내면 지역에 속했다가 1942년 10월 부산부 동
래출장소 연산리가 되었다. 1946년 연산1동을 연산1·2동으로 분동,
1966년 1월 연산2동을 연산2·3동으로 분동, 1970년 7월 연산2동
에서 연산4동이 분동되었다. 1975년 10월 연산2동에서 연산5동이,
1979년 8월 연산3동에서 연산6동이 연산4동에서 연산7동이 분동되
었다. 1982년 9월 연산1동에서 연산8동이, 1985년 12월 연산8동에
서 연산9동으로 분동되었다.

8. 남구

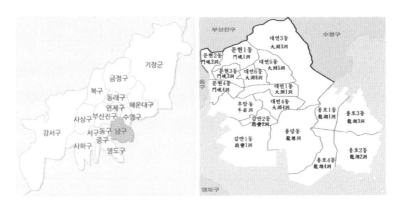

<그림 153> 부산시 행정지도　　　　<그림 154> 남구 상세도

　현 남구지역은 조선후기 이후 남면(남촌면·남하면·남상면)과 동면의 일부가 그 영역이었을 것이다. 남촌면의 영역은 축산동(丑山洞 : 광안동)·숭정리(崇亭里 : 망미동)·감포리(甘浦里 : 수영 백산 아래)·동부리(東部里 : 수영성의 동쪽)·서부리(西部里 : 수영성의 뒤쪽)·북문외리(北門外里 : 수영동의 북쪽)·남문외리(南門外里 : 수영성의 남쪽)·남천리(南川里 : 남천동)·대연리(大淵里 : 대연동)·석포리(石浦里 : 대연4동)·분포리(盆浦里 : 용호동)·용당리(龍塘里 : 용당동)·감만리(戡蠻里 : 감만동) 등이다.

　1942년 동래군 수영과 해운대 일부가 부산부에 편입되면서, 수영출장소(수영동·광안동·민락동)가 설치되었다. 1945년 광복 이후 남구지역은 부(府)제가 폐지되고 시제(市制)가 실시되면서 부산시에 속하게 되었다. 그리고 1953년 부산시 대연출장소(대연동·용호동·용당동·우암동·감만동·남천동) 소속이 되었다. 1957년 구제(區

制)의 실시로 부산진구 대연출장소와 동래구 수영출장소로 개편되었고, 1973년에는 부산시직할 대연출장소로 승격되었다. 그러다가 1975년에는 남구로 승격되었고, 1995년 3월 수영구와 분구되었다.

(1) 감만동

감만동(戡蠻洞) 바닷가에는 감만포가 있어 조선초기에 수군진영이 있었다. 감만포란 포구의 이름은 수군이 주둔하면서 오랑캐에 이겼다는 뜻으로 붙여진 이름으로 여겨진다. 감만이라고 기록되기도 했는데 이(夷)자도 오랑캐란 뜻과 벤다 또는 친다는 뜻을 가졌다. 임진왜란 때 이순신 장군이 왜적을 이곳으로 유인해 전멸시켜 감만(오랑캐에 이기다)이란 이름이 생겼다고도 하나 '감만이'는 임진왜란 이전에 이미 그 이름이 있었다.

조선시대 경상좌도 수군절도사영이 태종 때 울산 개운포에 있었으나 임란 직전 수영으로 옮겨졌다가, 임란 직후인 인조 13년(1635)에 수영구 감만으로 옮겨와 수군이 주둔했다. 그러나 왜관과 거리가 가까워 국가 비밀 누설의 우려가 있다하여 효종 3년(1652) 다시 수영으로 이전해갈 때까지 주요 군사요충지이었다.

(2) 대연동

대연동(大淵洞)은 못골, 못이 있는 골짜기란 뜻이었다. 그 못이 아주 커서 마을의 이름을 지을 때 큰 못이란 뜻으로 클 대(大), 못 연(淵)이 된 것이다. 『동래부지』에는 이 못을 길이 18척, 너비 125척이라 했다. 옛날에는 이 못의 수원을 이용하여 대연동 일대 50만평 넓은 논을 경작할 수 있었다.

『동래부지』제언에는 생천언이란 제언이 기록되어 있는데 못골에 있었던 못은 바로 이 생천언이라고 볼 수 있다. 이 못은 일제시대까지 남아 있었는데 그 축조방식이나 수법으로 보아 신라시대 이전의 못으로 추정된다. 『동국여지승람』동래현조에는 향과 부곡이 있었는데, 향이 바로 생천향(生川鄕)이다. 생천향은 생천언과 이름이 같은 것으로 보아 신라 및 고려 때에 생천향의 옛 땅일 것으로 추측된다.

일제시대인 1930년에는 수리조합이 조직되어 옛날부터 있던 못(옛 공업대학의 자리)의 윗자리에 둑을 쌓고 다시 새로운 못을 만들었다. 그러나 오늘날은 그 못은 흔적도 없고 주택가로 바뀌었다. 일제강점기 대일리(大一里)·대이리(大二里)로 불리다가, 1940년 동래군 남촌면 대연리로 바뀌었다. 1953년 대연동으로 되었다가, 1970년 대연1·2동으로 분동되고 1975년에는 대연3·4동이 분동되었으며, 1979년에는 대연5·6동이 분동되어 오늘에 이르고 있다.

(3) 문현동

문현동(門峴洞)의 옛 이름은 찌께골이라 한다. 찌께골은 지게골에서 온 말로서 지게는 마루나 바깥에서 방으로 드나드는 곳에 문종이로 안팎을 두껍게 싸서 바른 외짝문이라는 뜻이다. 이 일대의 지형은 산에 의해 양쪽으로 에워싸여 있어 마치 집안의 방으로 들어가는 문과 같기 때문에 옛날부터 찌께골로 불리어 왔다. 일제시기까지만 하여도 인가는 적었고, 찌께골 고개밑 좌우에 초가집만 드문드문 있었다고 한다.

한편, 문현과 관련하여 또 다른 이야기가 전해내려 오고있다. 문고개라 함은 문현 안동네에 상당히 높은 고개가 있었는데, 이를 문고개라 했다는 것이다. 문고개의 유래는 조선후기 문안 동네에 영산 신씨가 먼저 들어와 살았고, 그후 문밖 동네에 몇 집이 생기게 되어 이 두 마을에 사람이 왕래할 때에 이 고개가 문의 구실을 하였기 때문에 문고랑의 명칭이 붙었다고 한다.

1919년 동래군 서면 문현리에서 1946년 문현동으로 개칭되었다. 1957년에는 부산진구 문현동이 되었다가, 1962년 문현1·2동으로 분동되었다. 1975년 1월 행정구역 개편으로 부산진구에서 남구에 편입되었다.

(4) 우암동

우암포(牛岩浦)는 옛부터 천연의 포구로 배가 정박하기에 편리한 곳이었다 한다. 우암이라는 이름으로 전해오는 이야기를 살펴보면, 이 포구 안의 언덕에 큰 바위가 하나 있어 그 모양이 소와 같다하여 이곳 포구를 우암포라 하고 동리명을 우암이라 불렀다 한다. 일제시대 때 바다 매립을 위해 산을 굴착하였는데, 이때 소모양의 바위가 없어졌다 한다.

우암이란 이름이 언제부터 사용되었는지 정확하게는 알 수 없다. 1678년 이후 한일 양국의 외교문서인 『대마도문서』·『조선사무서』·『동문휘고』 등에 우암포라는 이름이 자주 나오고 있다. 이로 볼 때 적어도 조선 숙종 이전에는 명칭이 생긴 것으로 생각된다. 숙종 때의 표류민 접수처의 지역은 지금의 우암동 서쪽 고개에 있었다고 한다.

광복이후 일본에서 돌아온 귀환동포와 한국전쟁으로 인한 많은 피난민의 정착으로 인구가 급증하였다. 1953년 대연출장소 우암동이 되었다가, 1976년 12월 우암1·2동으로 분동되었다.

(5) 용당동

용당동(龍塘洞)은 신라시대 남해신(南海神)에게 제사하는 중사(中祀, 나라에서 지내는 제사)가 행하여진 형변부곡(兄邊部曲)의 위치로 추정된다. 용당이라 함은 지금의 상하 용당리의 중간에 옛날 큰 못(澤 : 塘)이 있었고, 이 못을 둘러싼 인근 산세가 용의 모양과 같다하여 이 못을 중심으로 한 일대를 용당이라 부르게 되었다고 한다. 용마산이 용이었다는 전설도 전해 내려오고 있다.

옛날 어느 해에 용마산의 앞머리 부분인 신선대 앞을 절단하여 토지를 일군적이 있었는데, 이곳을 잘랐을 때 땅속에 붉은 혈흔이 보였다고 한다. 그 후 이 마을에서는 예기치 않았던 재앙이 생기기 시작하였는데, 농사가 잘되지 않는가 하면 이 지역 김씨 문중의 젊은이들이 시름시름 앓다가 한 해에 수십명씩 죽기도 했다는 것이다.

그러나 용당이란 지명은 지형이나 지세에서 생겨난 것이 아니고, 형변부곡의 위치에서 생겨난 지명으로 풀이된다. 용당은 해신을 모시는 집이라는 뜻을 가지고 있으므로, 곧 용왕을 모신 당집이 있었다는데서 비롯된 것임을 알 수 있다. 부산지역에는 용(龍)자가 붙은 지명이 많은데, 이는 모두 해신(海神)이나 기우소(祈雨所) 등과 밀접한 관계를 가지거나 풍수사상의 영향으로 보인다. 조선시대 이후 계속 용당리로 불리어 오다가 1959년 동명 개정 때 용당동으로 바뀐 이후 오늘까지 이어오고 있다.

(6) 용호동

용호동(龍湖洞)의 장산봉 아래에 호수같은 연못이 있었는데 그 못에 하늘에 오르지 못한 용이 이무기(깡철이)가 되어 있었다고 해서 용호동이란 이름이 생겼다고 한다. 용호동은 인가라고는 거의 없었고, 소금을 굽는 동이(盆)만 여기저기 있어 동이가 있는 갯가라는 뜻에서 분개(盆浦)라 불려졌던 것이다. 염전은 중앙에 찰흙으로 1평 정도의 구덩이에 파놓은 것이 있는데, 이 구덩이를 서실이라 한다. 서실속에는 깨끗하고 결이 고운 모래를 넣어 두고 있는데 이를 파내어 염전에 엷게 써레질하여 둔 다음, 바닷물을 끌어들이면 햇볕에 수분은 증발하고 염분만 모래에 엉켜 보얗게 된다. 이 보얗게 된 모래를 다시 서실에 넣고 바닷물을 길어 부으면 염도가 아주 짙은 소금물이 서실밖으로 넘쳐나는데 이를 작은 개울을 통하여 가마에 받아 끓인 것이 이른바 소금이다. 이 서실을 한자식으로 표기할 때 분(盆)이라 불렀다.

『동래부지(1740년)』에는 '분포리(盆浦里)는 부의 관문에서 남으로 28리 거리에 있다'고 하고 있다. 1975년 10월 시조례에 의해 용호 1·2동으로 분동되었고, 1982년 9월 용호3동이, 1983년 용호4동이 분동되어 오늘에 이르고 있다.

9. 수영구

일제시대 오늘날의 수영구지역은 1914년 행정구역의 개편으로 동래군 남면에 소속되었는데, 1936년에는 남면 일부가 부산부에 편입되어, 신설된 부산진출장소(대연동·용호동·감만동·우암동) 소속으로 되었다. 1942년에는 동래군의 수영과 해운대의 일부가 부산부에 편입되면서, 수영출장소(수영동·광안동·민락동)가 설치되었다.

1953년에는 부산시 대연출장소의 소속이 되었다. 1957년에는 부산
진구 대연출장소와 동래구 수영출장소로 개편되었고, 그러다가
1975년에 남구로 승격되면서 수영출장소는 남구로 편입되었다가,
1995년 수영구로 분구되었다.

<그림 155> 부산시 행정지도   <그림 156> 수영구 상세도

(1) 광안동

광안동(廣安洞)에 언제부터 마을이 형성되어 사람이 살기 시작하
였는지 알수 있는 기록은 없다. 『동래부지(1740년)』에 보면, 광안리
의 기록은 없고 '남문외리는 부에서 10리에 있다'고 기록되어 있고,
남촌면 축산동에 속하던 지역이다. 1903년에는 동래부 남상면 광안
리라 기록하고 있다. 지금의 수영중학교 부근을 장대골이라 하는데
이곳은 조선시대 군사시설의 하나인 장대가 있었던 곳이라 하여 이
름 붙여진 곳이라 한다.

또한 성분도 칫과 병원부근을 범바위골이라 하였다. 범의 형상을
닮은 큰 바위가 있었는데, 어느날 저녁무렵 이곳을 지나가던 나그네

가 이 바위를 보고 범이 나타난줄 알고 혼비백산 기절하여 온 마을이 떠들썩했다. 이후부터 이곳을 범바위라 불러 지명으로 전래된 듯하다. 그러나 이 지명은 지금의 광안동 전체를 일컫는 것은 아니고 일부지역을 지칭하는 지명으로 보인다.

일제시기 구획정리로 수영동이 수영성을 중심으로 구획되자 나머지 지역의 덕명(德名)으로 지었는데, 광안동 지역은 해안과 모래 벌판이 있는 넓은 해안이란 뜻의 광안(廣岸)이라 이름 짓는 것이 옳으나 풍수상으로 보아 광안(廣安)이라 명명하게 되었다 한다. 이곳은 경상좌도의 수군들이 바다를 방어하던 곳으로 바다가 널리 평안하다는 뜻에서 그 이름이 붙여졌다고 한다. 1975년 10월 광안1·2동으로 분동되었고, 1979년 8월 광안1동이 광안1·3동으로, 1982년 9월 광안2동이 광안2·4동으로 분동되었다.

(2) 남천동

남천동(南川洞)은 금련산에서 발원하여 수영만으로 유입되는 하천인 남천에서 비롯된 지명이다. 『동래부지(1740년)』의 산천조에는 남천은 없으나, 각면각리원근정도(各面各里遠近程道)조에는 "남촌의 1동 15리중에 남천리가 있으며 동래성으로부터 20리가량 떨어져 있다"고 기록되어 있다. 한편 ≪동래부지(1740년)≫산천조에는 남천포가 보이는데 "동래부 남쪽 20리에 위치하며 어장이 있다"고 적혀있다.

금련산(金蓮山)에서 지금의 부경대학교 대연캠퍼스쪽으로 흐르는 하천이 남천이다. 이 남천의 동쪽에 지금의 남천동 아파트단지가 형성되기 전에는 남천포이었다. 고로(古老)들에 의하면, 남천동에 마을이 형성된 것은 약 400년 전이었다고 한다.

1953년 대연출장소에 속했으며 1975년 10월 남구의 승격으로 남구에 속하게 되었다. 1983년 대단위 아파트단지 조성으로 남천1·2동으로 분동되었다.

(3) 망미동

망미동(望美洞)은 ≪동래부지(1740년)≫에 동래부 남촌면의 북문외리·서부리에 해당하는 지역으로 이 일대는 넓게 보아 수영지역에 포함되나 수영동의 설치에 따라 배산(盃山)주변은 망미동으로 칭하게 되었다. 망미동이란 지명은 배산에서 유래된 것으로 풀이하고 있다. 배산은 『동래부지』산천조에 척산(尺山) 또는 배산(盃山, 또는 盈山)이라고 불리며, 산 위에는 김겸효(金謙孝)가 살았다는 겸효대(謙孝臺)가 있다고 전한다. 배산의 연산동 기슭에는 배미산신을 모시는 성황당이 있어 지금도 주민들은 이 산을 배미산(盃美山) 또는 잘미산이라고 부르고 있다.

수영동과 망미동 사이에 있는 산을 망산(望山)이라 하는데 망미동은 망산의 망(望)과 배미산의 미(美)자가 합쳐져 된 동명으로 보인다. 또 다른 한편으로는 망미동은 동래부 고읍성(古邑城)이 있던 자리로 좌수영성의 북문 밖에 위치하며, 좌수영의 수사(水使)가 초하루와 보름에 망배(望拜)를 올렸다는데서 임금을 사모한다는 뜻의 망미인(望美人)에서 유래되었다는 설도 있다.

1979년 1월 수영동에서 분동하여 망미동이라는 동이 생겼으며, 1982년 9월 신흥주택지의 조성으로 망미1·2동으로 분동되어 오늘에 이르고 있다.

(4) 민락동

민락동(民樂洞)에 언제부터 사람이 살기 시작했는지 정확한 기록을 찾을 수 없다. 인근 수영동에 경상좌수영이 설치된 조선시대부터 본격적으로 사람이 살기 시작한 것으로 보인다.『동래부지(1740년)』나 그 이후의 다른 읍지에도 민락이란 지명은 보이지 않는다.

일제시기 구획정리로 수영동이 수영성을 중심으로 구획되자, 이때 덕명(德名)으로 붙여진 지명이다. 따라서 민락(民樂)은 여민동락(興民同樂)·여민해락(興民偕樂)의 준 말로 임금은 즐거움을 홀로 차지하지 않고 백성과 함께 즐긴다는 뜻에서 붙여진 이름이 아닌가 한다. 수영의 진산(鎭山, 지금은 백산이라는 산으로 추측된다) 앞의 동리이며 수영강의 입구에 위치한 유상처였던 까닭에 여러 사람이 함께 즐길 수 있는 경치라는 데서 붙여진 동명으로 풀이된다.

1957년 1월 동래구 수영출장소 민락동이었다가 1975년 남구의 승격으로 남구에 소속되었다. 1995년 수영구 분구로 수영구에 속하여 오늘에 이르고 있다.

(5) 수영동

수영동(水營洞)은 조선시대 경상좌도 수군절도사영이 있었다. 수영이란 이름은 수군절도사영의 약칭으로 관아명(官衙名)이 동리를 가리키는 고유명사로 된 것이다. 경상좌수영은『동국여지승람』이나『문헌비고』를 고찰해 보면 조선 태종 이전에는 부산의 감만포에 있었으나 태종 때 울산 태현면(太峴面)의 개운포로 이전하였다가, 이후 다시 해운포 즉 오늘의 좌수영의 구성지(舊城址)가 있는 곳으로 옮겼다. 그러나 당시 사천(絲川)의 홍수로 말미암아 수로가 매몰되어 병선의 출입과 정박이 불편하여 인조 때에 다시 감만이포로 옮겼으나,

효종 3년(1652)에 다시 현 좌수영으로 옮겨 고종 32년까지 약 250년간 존치하였다.

　수영에는 주위 1193, 높이 13척의 수영성이 쌓여져 이 성의 내부만을 수영동이라고 하였다가 점차 확대되었다. 지금의 수영동에는 조선시대 경상좌도 수군절도사영이 있었다. 그 경상좌도 수군절도사영을 줄여서 '좌수영' 또는 '수영'이라 했다. 일반적으로 수군진영을 줄여서 말할 때는 '좌수영'이라 했고, 지명을 말할 때는 '수영'이라 했다. 한때는 남수동(南壽洞)이라 했다가 수영동으로 개칭되었다.

　1957년 구제 실시로 동래구 수영출장소 수영동이었다가, 1973년 3월 부산진구 대연출장소에 속하였고, 1975년 남구에 속하게 되었다. 1982년 5월 광안3동 일부가 수영동에 편입되었고, 1995년 3월 행정구역 개편으로 수영구가 승격되면서 수영구에 속하게 되었다.

10. 해운대구

<그림 157>부산시 행정지도　　　<그림 158> 해운대구 상세도

오늘날의 해운대는 ≪경상도 동래군 가호안≫에 의하면 동하면
(재송동·우동·중동·좌동)과 동상면 중의 동대동·석대동·반송
동·반여동·중리동·삼어동·무정동 등이 속하였던 것으로 추측된
다. 한편, 일제 침략기를 거치면서 부산부가 설치되어 동래는 부산
부의 지배를 받았으나, 1914년 군(郡)·면(面)의 통폐에 따라 이전의
동래부 일부와 기장군을 합하여 동래군을 만들었다. ≪동래군지≫에
는 1개읍(동래읍)과 11개면(북면·남면·사상면·사하면·구포면·
서면·기장면·철마면·정관면·일광면·장안면) 128개리 7개동으
로 이루어져 있다. 이때의 해운대는 행정적으로 남면에 속했다.

1942년 수영출장소가 설치되자 그 관할 하에 들어갔으며 1953년
해운대 출장소로 분리되었다. 1963년에는 동래군 기장면의 송정리
가 편입되었으며, 1980년 해운대구로 승격되었다.

(1) 반송동

반송동(盤松洞)에 대한 기록은 『동래부읍지(1740년)』에서는 동래
부 동면 지경리(地境里), 『동래부읍지(1871년)』의 방리조에서는 반송
리로 나타나고 있다. 반송이란 지명이 사용된 시기는 1871년 이전일
것으로 추측되고 있다. 지경리란 현재의 반송이 당시 기장현과 동래
부의 경계를 이루는 마을이란 뜻에서 사용되었을 것이다.

반송동의 곳곳에 있는 소나무 형상이 소반처럼 펑퍼짐해서 붙어진
동명인 까닭에서인지 이곳에는 반송이 많았다고 한다. 이 마을에 울
창했던 소나무들이 없어지기 시작한 것은 한국전쟁 이후 마구잡이
벌목으로 인하여 지금은 모두 없어졌다. 1950년대 초기에는 부산지
방의 땔감나무 시장의 나무공급을 거의 반송에서 도맡다시피 했다.

자연마을로는 운봉·본동·신리의 3개의 자연마을이 있다. 운봉은 반송에서 제일 먼저 형성된 마을로 뒷산인 운봉산의 지명에서 유래되었다. 운봉산과 절터산·진들개산·무지산 등이 담처럼 싸고 있어 '담안골'이라 부르기도 하며 멀리 북쪽에 개좌산이 솟아 있다. 운봉산 중턱에 운봉사라는 고려시대의 옛 절터가 있었는데, 축대와 주춧돌의 흔적이 남아 있고 토기 등의 파편이 채집되기도 한다.

이곳은 1968년 부산시 정책 이주지역으로 시내의 수재민과 철도 연변 철거민들이 이주하면서 동세가 신장되기 시작하여 1975년 반송1·2동으로 분동되었고, 1978년 반송3동이 분동하여 오늘에 이르고 있다.

(2) 반여동

반여동(盤如洞)은 조선 초기에는 동래부 동면에, 말기에는 동상면에 속하였다가 일제시대 때는 동래읍 반여리로 되었다. 반여동이란 지명은 지형이 소반처럼 동그랗다는 뜻에서 풍수설의 영향으로 지어진 것이라 한다. 이는 반여동이 장산 아래 마을로서 주변의 낮은 산이 군량대(軍糧臺)와 석대동 서쪽의 추마산(趨馬山), 그 북쪽의 시치산(視幟山) 등으로 붙여진 이름이라 한다.

반여동은 원래 상리·중리·무정리(舞亭里)·삼어리(三魚里) 등 네 개의 자연마을이 형성되어 있었다. 상리는 가장 윗마을을 뜻하는데 지금의 풍산금속 입구지역이고, 중리는 가운데 마을로 남평문씨·청도김씨 집성촌을 이루었던 곳이다. 삼어리는 봄·여름·가을의 세 계절 동안 원동천에서 고기가 뛰어 논다는 풍류적인 뜻으로 지어졌다. 무정리는 왕자아파트 주변으로 해림사라는 절이 있던 산을 오지봉(五指峰)이라 하였는데, 이 오지봉은 다섯 손가락으로 거문고를 타고 춤을 춘다는 무정(舞亭, 춤추는 정자)이 있었다는 전설에서 비롯되었다.

반여동고분은 유적 대부분이 이미 훼손되었으나, 고대 부산지역 문화연구에 귀중한 자료로서 삼국시대 이전부터 주거가 시작되었던 것으로 보이며, 자연마을은 임진왜란 이후 형성된 것으로 보여진다. 반여동의 일부는 1972년 부산시의 정책이주 지역으로 시내 고지대 철거민들이 정착하면서 생긴 곳으로 1973년 반여2동으로 분동되었고, 1979년 반여2동에서 반여3동으로 분동되었다.

(3) 재송동(裁松洞)

조선시대 이곳에는 재송포가 있어 마을을 재송리라 하였다. 『동래부지(1740년)』 산천조에 의하면, "재송포는 동래성 동쪽 10리에 위치하며, 소나무가 만 그루나 있다"고 기록되어 있다. 옛날에는 이처럼 소나무가 만 그루나 있는 울창한 숲을 가졌다하여 일명 송수촌이라 부르기도 하였다.

그리고 재송동은 『동하면 고문서(1787년)』에 의하면, "본 면은 당초 상단과 하단으로 나눌 적에 재송동 한 동네를 다섯 동네와 합하여 1개 면으로 하였는데, 중간에 재송 한 마을을 상단면으로 옮겨 붙였다가 지금 다시 인근 사람들이 관청에 청원한 바에 따라 다시금 하단면에 붙여 예전처럼 1개 면으로 한다."고 서술되어 있다. 이는 동면(東面)이 동상면(東上面)과 동하면(東下面)으로 나누어지면서 본래 동하면 소속이었는데 동상면으로 이속되었다가 다시 동하면으로 이속하였다는 것이다. 옛날 재송동에는 북쪽에 3계곡이 있었는데,

그 이름을 뒷골·서당골·안골이라 하였고 이 3계곡을 통칭하여 뒷골이라 불러왔다.

재송동은 1942년 부산부에 편입되었고 1946년 부산부 수영출장소에 소속되었다. 1957년 동래구에 편입되었다. 1978년 해운대 출장소에 이관되었다. 1980년 해운대구의 설치 때 수영강 이서(以西)의 망미동에 접한 지역은 남구로 갈라지게 되었으나, 1982년 법정동 경계조정 때 재송동의 일부를 반여동과 우동에 편입시켰다. 1980년 이후 급격한 인구증가로 인해 1991년 재송1·2동으로 분동되었다.

(4) 송정동

송정동(松亭洞)의 지명은 이곳의 세거 씨족인 광주 노씨(盧氏)의 선조가 완만한 백사장이 내려다보이고 해송림이 울창한 언덕에 정자(亭子)를 지은 데서 연유한다고 한다. 지금의 송정해수욕장 일원은 원래 가래포(加來浦)라 불렀는데, 이는 갈대밭이 있어서 붙여진 이름이라 풀이하고 있다. 가래는 갈대를 가리키는 사투리이고, 이전에는 송정천과 바다가 맞닿는 곳에는 넓은 갈대밭이 형성되어 있었다.

한편, 송정에는 일본정(一本亭) 이라는 노송이 마을의 상징처럼 서 있었는데 한국전쟁 당시 병사들의 사격연습으로 고사해 버렸다. 송정이란 지명도 이 노송에서 연유되었다는 설도 있다. 일설에 의하면, 임진왜란 전까지 송정을 가라(加羅)라고 했는데, 임진왜란 때 일본군 파병 당시 군사들에게 '조선에 가거던 "松"자를 주의해라'고 하여 "송"자가 붙은 마을에는 접근하지 않으므로 재화를 당하지 않기 위해서 지명을 가라에서 송정으로 바꾸었다는 전설이 내려오고 있다.

송정은 조선초기부터 기장현의 관할이었으나 1800년경부터 잠시 동래부에 속하기도 하였다. 1880년 기장현의 전부와 양산군의 일부가 동래군으로 편입되자 송정일대는 동래군 기장면 송정리가 되었다. 1963년 부산시에 편입되어 오늘에 이르고 있다.

(5) 석대동

석대동(石坮洞)의 동명은 조선시대부터 일찍 사용되었으나 그 연원은 잘 알 수 없다. 대 '坮'는 대 '臺'의 옛날 글자로 한자의 뜻대로 이 지역에는 돌로 쌓은 높은 곳이나 이에 준하는 넓은 반석 등 지명과 관련되는 사항이나 전설도 전하지 않는다.

동천의 상류를 사천(絲川)이라 부르는데, 이 일대는 물이 맑고 경치가 아름다워 오륜대(五倫臺)·동대(東臺)·죽연대(竹淵臺) 등의 높은 대가 많은 것으로 보아 석대동 일원에도 풍류를 즐길만한 좋은 자리가 있는 데서 지명이 유래된 것이 아닐까 짐작하기도 한다. 석대동은 조선후기『동래부지(1740년)』에 보면, 동래부 동면에 소속되었다가 말기에는 동상면으로, 일제 강점기에는 동래읍으로 편입되었다. 1942년 부산부에 편입되어 동래출장소에 속하다가 1957년 동래구에, 1978년 해운대출장소에 편입되고 1980년 이후 해운대구의 관할이 되었다.

(6) 우동

우동(佑洞)은 조선후기에 동래부 동면 우리(右里)였다. 말기에는 동하면(東下面) 우동리(右洞里)로, 일제 때는 남면 우리(右里)로 불리어왔다. 우동이란 명칭은 해운대의 중심가로 변모한 중동(中洞) 일대의 옛 온천지역의 귀남평원(龜南平原)을 가로질러 동백섬 옆 수영만으로 흐르는 춘천천이 있었는데 이의 오른쪽에 자리한 마을이란 연유로 붙여진 듯하다. 그런데 오른쪽 마을의 우리(右里)·우동(右洞)이 일제 강점기는 좋은 뜻을 가지는 한자 또는 글자로 바뀌면서 도울 '우(佑)'의 우동(佑洞)으로 바뀐 것임을 알 수 있다.

우동은 장지·못안·운촌·승당 등 4개 자연마을로 이루어져 있다. 장지와 지내마을은 옛부터 농사가 주업이었고, 운촌과 승당마을은 바닷가로 어업을 주업으로 운촌은 해운대에서 가장 먼저 생긴 마을로 해운대의 발상지이었다. 원래는 해운대라 불리어 왔는데 언제부터 운촌이라 불리게 되었는지 정확한 근거는 없다. 다만 옛날 어느 선비가 과거를 보러가기 위해 서울로 가다가 다른 선비들이 자신의 출신지를 남촌이니 북촌이니 하자 자신도 운촌이라 하였다는 것에 유래되었다고도 한다. 한때 운촌과 승당마을 앞바다는 멸치의 황금어장으로 손꼽혀, 4월부터 10월까지 멸치철에는 밤마다 밝히는 횃불을 따라 몰려드는 은백색의 멸치떼들이 장관을 이루었다고 한다. 1966년 인구의 증가로 인해 우1·2동으로 분동하였다.

(7) 좌동

좌동(佐洞)은 마을의 연혁이나 지명은 우동과 같은 맥락에서 춘천천의 왼쪽에 자리한 마을이라는데서 유래되었다고 생각된다. 왼쪽 마을이라는 뜻에서 좌리(左里)·좌동(左洞)이라 부르던 것이 뜻이 좋은 글자를 택하여 좌동(佐洞)이라 불리게 된 것이다. 좌동은 춘천상류를 경계로 중동의 대천마을과 인접해 있는 오랜 역사를 가진 마을로 달맞이 길이 생기기 전에는 해운대에서 송정·기장 방면으로 왕래했던 길목으로 김해 김씨의 집성촌이었다.

좌동은 원래 장산 남쪽 사면의 평야를 낀 지대로 대부분 군사보
호구역이었으나, 1993년 이후 신시가지 조성으로 해제되고, 인구
10만의 대형 행정동으로 탄생했다. 이곳에서는 신시가지 조성공사
때 구석기 유적지가 발견되어 파편들을 수습하기도 하였다. 좌동초
등학교 앞에 그 기념비가 세워져 있다. 좌동에는 해운팔경중 하나인
장산폭포가 있으며, 위쪽에는 들판이 있었는데, 이를 세칭 장자버들
이라고 한다. 이 아래 마을을 장산마을이라고 하며, 또 그 밑으로 세
실마을 등의 2개의 자연마을이 있는데 이것이 좌동의 모태가 되는
마을이다.

(8) 중동

중동(中洞)은 해운대의 중심부에 위치한 동리라는 데서 붙여진 지
명으로 춘천천의 하류로 바닷가에 접한 지역은 온천마을, 해수욕장
등이 있다. 대한제국 때에는 대천(大川)·오산(梧山)·미포(尾浦)·신
기(新基)·도전(島田)·청사(靑沙)등의 자연마을을 통칭하여 중리라
하였다. 청사포와 미포지역은 바다가 주된 생활터전이었기 때문에
바다와 관련된 풍속행사가 매 4년마다 음력 10월 보름이후 닷새동
안 치러지는 별신굿이 유명하다. 온 주민이 참여하여 풍어를 기원하
고 마을과 집안에 액이 들지 않도록 정성을 다하였다.

자연마을 중 대천은 춘천 하류의 넓은 땅을 지칭하는 것으로 오랜
옛날부터 농업을 주업으로 했던 곳이며, 오산마을은 와우산의 산이
름에서 따온 것이며, 원래는 봉림마을이라 불리어 왔는데 지형이 오
동잎 처럼 생겼다하여 오산마을으로 바꾸어 불렀다 한다. 신기마을
은 새터마을로 청사포에서 분리하여 생긴마을 이란 뜻으로 결혼한

자식을 마을 테두리 안에서 새살림을 내어 주었는데, 그렇게 한집·두집 이루어져 새로운 마을이 형성되었다고 한다. 도전마을은 오산과 미포사이에 있는 매우 지대가 낮은 마을로 사면이 물로 둘러싸여 큰비가 내리면 섬처럼 보인다해서 생긴 이름이다. 청사포(靑沙浦)는 원래 청사포(靑蛇浦)라 불리었는데, 뜻이 좋지 않아 맑을 '靑'과 모래 '沙'자를 따서 이름을 바꾸었다 한다.

1942년 수영출장소에 편입하여 중1·2정(町)으로 되었다가 1947년 일제식 동명 개칭 때 중1·2동으로 바뀌었다. 1953년 해운대출장소 중1~3동으로, 1955년 중1·2동을 병합하여 중1동으로, 1960년 중3동을 중2동으로 개칭하여 오늘에 이르고 있다.

11. 북구

<그림 159> 부산시 행정지도   <그림 160> 북구 상세도

북구 지역은 낙동강을 끼고 있는 지리적 조건과 좋은 기후 등의 자연적인 조건으로 일찍부터 사람들이 정착하여 생활하기에 적합한 곳이었다. 그것은 1972년 부산대학교 박물관에 의해 조사된 신석기시대 말기 유적인 금곡동 율리(栗里) 암굴(岩窟 : 2m～2.5m 높이의 바위가 병풍처럼 서 있는 자연굴) 조개무지가 이를 증명하여 준다. 조선후기 구포는 조세운송의 중요기지 역할을 하였을 뿐만 아니라 양산지역의 행정적 지배를 받았다고 보인다. 이와 같은 구포지역의 지리적 요인은 경부철도가 개통되기 이전 물자의 집산지이자 교역지였고, 특히 포목·석유·소금·젓갈·명태 등을 바닷배에 싣거나 아니면 육로로 실어와서 이를 내륙의 왜관·안동·상주지역까지 올라갔기 때문이다.

　　한말에 구포지역은 양산군의 행정적 지배에서 동래부의 지배로 넘어왔다. 1904년에는 동래부 계서면 구포리, 1906년에는 동래부 좌이면 구포리로 나타나고 있다. 1910년에는 다시 동래군의 소속으로 되돌아갔으며, 면의 명칭도 좌이면에서 구포읍으로 변화되었다. 그 후 1943년에는 면에서 읍으로 승격되면서 구포읍에는 현 북구의 행정구역인 구포리·덕천리·만덕리·화명리·금곡리·금성리가 소속되었다. 이후 1963년에는 부산시로 편입되어 구포리는 구포동으로 변화되었고, 이후 구포읍과 사상면이 편입되어 각기 부산진구의 구포출장소와 사상출장소의 관할에 두었다. 1975년 부산진구의 구포 및 사상출장소가 폐지되고 부산시 직할 출장소가 설치될 때 부산시의 북쪽에 위치한다 하여 북부출장소로 불리워졌고, 그 후 1978년 구(區)승격 때에 그 이름을 그대로 이어받아 북구라 칭하게 되었다.

(1) 구포동

구포동(龜浦洞)의 옛 지명에 관해서는 여러 가지 설이 있다. 구(龜)를 갑우 또는 거뵈로 보아 '거뵈개'라는 설과 구(龜)를 검(神)으로 해석하여 '굿개'라는 설이 있다. 또한 정인보는 가야란 반도의 가운데를 흐르는 낙동강에 붙여진 강물 이름을 의용한 것이라고 한다. 이 물줄기는 반도의 동서(東西) 중간을 뚫고 흘러내리므로 '갑우내'라고 불렀는데 지금의 '가운'의 원래 말이며 가야는 곧 갑우내를 한자로 표기한 것이다.

강물이 바다로 들어가는 어귀가 구포인데, 구포는 '거뵈개'를 말하는 것이다. 그리고 구포를 굿개로 보는 견해는 고대의 제사인 굿을 하는 나루란 뜻이다. 굿은 원시신앙 또는 제정일치(祭政一致) 사회에서 중심세력이었던 지역의 중심행사의 하나이다. 따라서 구포는 굿개이니 옛날 제사가 행해지던 장소의 하나로 상징될 수 있다.

1896~1904년에는 양산군 좌이면에 속했다가, 1910년에 부산부에 편입되었다. 1918년부터는 좌이면을 구포면으로 부르게 되었다. 1943년 구포읍으로 승격하였다가 1963년 구포동이 되었다. 이후 인구의 증가로 1979년 구포1·2동으로 분동되었고, 1994년 구포3동이 분동되어 오늘에 이르고 있다.

(2) 금곡동

금곡동(金谷洞)의 금곡(金谷)이라는 이름은 금정산에 골이 있다는 데서 붙여진 이름이다. 금곡이라는 뜻은 흔히 '쇠실'로 풀이하는데, 이같은 마을 이름이 붙은 것은 전국에서 많이 볼 수 있다.

한편, 금곡동의 금은 고어에서 '쇠'로 발음되는데, 쇠의 뜻인 동

(東)·백(白)·신(新)이 될 수 있다. 금정산에서 떠오르는 해를 따라 금곡이라는 이름이 생겼다고 할 수 있으나, 금곡동 율리에 신석기시대 이래의 유적이나 당산·성혈 등이 있는 점을 보면 금곡동의 금(金)을 검으로 해석할 수도 있다.

금곡동 율리의 주민 가운 데에는 이 마을에 옛날 밤나무가 많이 있어서 율리라고 불렀다는 말이 있기는 하나, 신의 뜻에서 온 마을 이름이 더욱 확실하다. 이렇게 본다면 금곡이나 율리는 말은 다르나 같은 뜻이 될 수도 있다. 고로(古老)들의 구전에 의하면, 예부터 금정산의 서쪽 골짜기에 금(金)이 나오는 곳이 많으며 삼박골 등 곳곳에는 금맥을 찾아 뚫은 굴이 많이 있다고 한다. 금이 많이 나오는 골짜기라 해서 금곡동이라 했다고 한다. 1963년 부산직할시 승격으로 동래군 구포읍 금곡동이 부산시에 편입되어 오늘에 이르고 있다.

(3) 덕천동

덕천동(德川洞)은 원래 속등 또는 숙등(淑嶝)마을과 남산정(南山亭)·의성(義城)·기찰(譏察)마을 등 4개의 자연마을로 형성되었다. 일반적으로 넓은 의미에서 구포에 포함된 지역으로 불리어지기도 했으나, 마을 이름은 꽤나 오래전부터 있었던 것을 알 수 있는데, 문헌상에 덕곡촌(德谷村)이라고 기록되어 있기 때문이다. 또한 낙동강변의 덕천천(德川川) 하구에 자리잡은 덕천동은 한동안 구법곡(仇法谷)이라고도 불렀으며, 감동포(甘洞浦) 또는 감동진(甘洞津)이라고도 하여 구포에 포함시켜 불리기도 하였다.

덕곡천이라는 마을 이름은 적어도 고려시대 이전부터의 지명으로서 아마도 만덕사와 관계가 있지 않나 생각된다. 덕천동은 만덕사로 올라가는 입구에 위치한 마을이다. 덕천동은 새로운 주택지로 변모하면서 아파트 신축과 인구가 급증하여 1983년 덕천1·2동으로 분동되고, 1992년 덕천3동이 분동되어 오늘에 이르고 있다.

(4) 만덕동

만덕동(萬德洞)에 대해 전해오는 이야기에 의하면, 임진왜란 때에 금정산 기슭인 이곳에 1만여명이 피난와서 모두 화를 면했었는데, 이에 따라 1만여명이 덕을 입었다고 하여 이 마을 이름이 만덕동 이되었다고 한다.

한편, 만덕동에는 옛부터 기비현(其比峴)=사비현(射比峴)이라는 큰 고개가 있었다. 낙동강연안에서 동래로 통하는 이 고개는 동래지역과 서부경남지역을 연결하는 매우 중요한 고개로서 사람들이 많이 이용하였으나 길이 워낙 높고 험하고 숲도 많이 우거진 곳이었다. 이에 따라 이곳은 장사꾼들을 노리는 도적떼가 자주 출몰하였다고 한다. 그리하여 조선시대 동래부 관내에서 도둑이 심하기로는 만덕고개가 으뜸이고, 다음은 모너머고개(송상현공의 동상이 있는 고개)였다고 하며 당시의 사람들은 혼자 만덕고개를 넘는 것을 겁내었다고 한다. 전하여 오는 말로는 만 사람이 떼를 지어 고개를 넘어가야 온전하기 때문에 '만등고개'라고 하였다 한다. 이 만등에서 만덕이란 이름이 유래되었다고 한다.

『고려사』에는 충혜왕의 서자 석기(釋器)의 머리를 깎아 만덕사에 보냈다는 기록이 있다. 지금 만덕동에 남아 있는 절터를 그 만덕사 텃자리로 본다. 그 만덕사로 인해 만덕고개란 이름이 생겨난 것으로 보인다. 만덕동은 신도시로 인구의 급증으로 1989년 만덕1·2동으로 분동되고, 1990년 만덕3동이 분동되었다.

(5) 화명동

화명동(華明洞)은 검얼뫼 또는 새얼뫼라고 해석되는 금정산을 배경으로 유유히 흘러가는 낙동강을 바라보며 금정산 계곡에서 강변에 이르는 일대에 자리잡고 있는 오랜 역사를 이어온 고장이다. 화명천은 일명 대천천이라고 부르며, 하류에 위치한 대천마을의 이름도 이 시내에서 따온 것이다.

화명동이란 이름이 언제부터 유래한 것인지는 알 수 없다. 다만 이곳에는 삼국시대 초기에 해당하는 고분군이 있는 것으로 보아 마을이 고대부터 있었다고 보아야할 것이다. 화명은 해붉이(日明)에서 온 것이 아닌가 짐작된다. 즉 해가 화(華)가 되고, 붉이가 명(明)이 되었을 것이다.

화명동에는 화명이란 마을 이름이 없으며 화잠(華岑)이 제일 가까운 이름이며 조선시대나 최근세의 기록에는 양산군 또는 동래군의 좌면 또는 좌이면(左耳面) 화잠리(華岑里)로 나와 있다. 화명동은 북쪽부터 대천(大川)·와석(臥石), 또는 화잠 (華岑)·용당(龍堂)·수정(水亭)의 4개의 자연마을로 형성되어 있다. 1963년 행정구역 개편 때 동래군 좌이면에서 부산시로 편입되었다.

12. 사상구

사상구지역은 낙동강을 끼고 있는 지리적 조건과 따뜻한 기후 등의 좋은 자연적인 조건 등으로 일찍부터 사람들이 정착하여 생활하기에 적합한 곳이었다. 오늘날의 사상구지역은 18세기 전반에 사천면(沙川面)의 상단(上端), 그리고 19세기 후반 이후에는 사상면의 영역이었음을 알 수 있다.

<그림 161> 부산시 행정지도   <그림 162> 사상구 상세도

오늘날의 사상구지역은 1914년 일제의 행정구역 개편 때 동래군 사상면(沙上面)으로 편제되었다. 이후 1963년에는 부산시로 편입되어 각기 부산진구 사상출장소로 승격되었다. 1975년 부산진구의 구포 및 사상출장소가 폐지되고 북부출장소가 설치되었고, 그 후 1978년 구승격으로 인하여 출장소 이름을 그대로 이어받아 북구라 칭하게 되었다. 사상구는 사상출장소의 관할이었던 지역으로 1995년 행정구역 개편 때 북구에서 분구되었다. 현재 사상구의 관할동은 감전동·괘법동·덕포동·모라동·삼락동·엄궁동·주례동·학장동 등이다.

(1) 감전동

낙동강에 조성된 삼각주의 북쪽은 삼락동, 그 남쪽이 감전동에 속하는데, 이곳은 습지로 쓸모 없는 땅이었으나 사상공단 조성으로 매립되어 부산의 대표적인 공단지대로 바뀌었다. 『동래부지(1740년)』의 기록에는 사천면 상단(上端) 장문리지역이었고, 『동래부사례(1895년)』에서는 감동리(甘洞里)란 지명이 처음으로 보인다.

감전동이라고 부르게 된 것은 최근의 일이고, 원래는 감동(甘東)마을로서 또는 감동촌 또는 감동리(甘洞里)로 불러왔다. 감동(甘洞)의 어원은 '검도' '검터(劍瀆)'이다. 검은 '감, 곰, 금' 등으로 호전하여 신(神)이란 뜻이며, 동은 독(瀆)으로 제방, 둑의 뜻에서 비롯된 것으로 추정된다. 고대부터 우리 나라에는 곰(熊)이라는 동물을 토템으로 삼아 신성시하며, 이를 곰이라 불렀다. 오늘까지 우리가 사용하는 곰이란 말은 곧 신(神)이란 말이 된다.

1978년 8월 공업지대로 발전하면서 급증하는 인구증가로 감전1·2동으로 분동하였다.

(2) 쾌법동

쾌법동(掛法洞)은 『동래부지(1740년)』방리조에 의하면, 동래부 사천면 상단 쾌내리로 불리고 있다. 1901년(광무 5년)의 기록에 사상면에 냉정촌·주례촌·감동촌·쾌내촌·덕포촌·모라촌 등 6개 촌이 기록되어 있으므로 촌과 리를 같은 것으로 생각했던 것 같다.

쾌법동의 지명유래를 보면, 쾌내(掛乃)마을이 제일 먼저 생기고 뒤이어서 두 개의 마을이 생겼는데 동쪽 마을을 동쾌(東掛), 서쪽을 서쾌(西掛)라 한 것 같다. 쾌내는 쾌법동의 서쪽을 흐르는 작은 내를 중심으로 개(海)를 흐르는 내(川)라는 뜻에서 비롯되었다는 설이 있다. '물이 고인 곳'이 '물이 괸 곳'이므로 이곳을 '괴내'라 부를 수 있는 것이며, '괴'를 한자로 적자니 괘(掛)가 된다는 것이다. '개'나 '괴'가 '괘'가 될 수 있는 것 처럼 비약적으로 '계(桂)'가 된 경우도 있다. 괘법이란 동명은 괘내에서 비롯된 것으로 바닷가나 강가에 있는 마을 또는 물이 고여 있는 마을이란 말로 추정된다.

괘법동은 1914년에는 동래군 사상면에 속했다가 1936년 부산부에 편입되어 부산진출장소에 소속되었다. 1963년에는 부산진구의 사상출장소에 소속되었다가 1975년 구포·사상출장소의 통합으로 북부출장소에 소속되었다. 1978년 2월 북구로 승격되었고, 1995년 3월 행정구역개편으로 사상구로 분리면서 오늘에 이르고 있다.

(3) 덕포동

덕포동(德浦洞)은 『동래부지(1740년)』의 방리조에, 사천면 상단 덕포리(德浦里)라는 기록이 보인다. 덕포는 옛이름이 '덕개'이며 덕(德)을 득(德)으로 발음하였다. 덕은 언덕·두덕·부의 차자(借字)로 옛부터 지명에 많이 사용되어 왔다. 따라서 득개·덕개는 언덕개라는 말이며 언덕에 있는 포구를 의미하는 것이다. 더 쉽게 말하면 언덕 끝에 배를 대는 포구에 득포 또는 덕포라는 이름이 붙는다.

지금의 덕포동에는 낙동강을 향하여 길게 뻗어나온 긴 동산이 한 곳밖에 없다. 즉 상 강선대와 하 강선대의 중간 간선도로변에 있는 바위 언덕이 그것이다. 이곳이 바로 언덕개 즉 덕포동의 원위치가 되는 셈이다. 이 언덕이 바로 동리의 포구였고 여기에서 동리이름이 덕포동이 된 것이니 매우 유서깊은 곳이라 할 수 있을 것이다. 또한 바위에는 강물의 침식을 받은 흔적으로 보이는 것으로 보아 이곳이 바로 해안석(海岸石)인 셈이다. 1982년 아파트가 신축되는 등 인구의 증가로 덕포1・2동으로 분동되었다.

(4) 모라동

모라동(毛羅洞)은 『동래부지(1740년)』의 방리조에 보면, 사천면 상단(上端) 모라리(毛羅里)에 속한 오래된 마을이라는 것을 알 수 있다. 『동래부읍지(1832년)』에 의하면, 사천면이 사상면과 사하면으로 분리되면서 사상면 모라리가 되었다. 고로(古老)들에 의하면, '모라'를 '모란'이라고 변음하여 부르며 모라동의 뒷산기슭에 옛날에 모란(牧丹) 꽃이 많이 피어 있어 동리이름을 '모란'이라고 불렀다는 말이 있으나 그것은 사실이 아니다.

'모라'라는 말은 '마을'이라는 우리나라 고대어(古代語)이다. 고대 사회에서는 집회소(集會所)가 있고 이 집회소의 명칭이 '마을'이며 이것이 촌락의 명칭과 함께 사용되었다는 것이다. 이 집회소를 사용하던 건물이 후세로 내려오면서 지방에 따라 도청(都廳)・공청(公廳)・모정(茅亭)으로 변하고 그 뒤에는 집이 없어졌어도 정자나무 밑에 모여서 마을 일을 의논하였다. 정자나무라는 이름은 그 식물명이 아니라 집이 없더라도 정자에서 모였던 것처럼 동민이 고목밑에 모이는 곳이라는 뜻에서 부른 것이다. 이 집회소를 우리말로 마을・모을 또는 말・몰 또는 마슬・마실이라고 했으며 동시에 집회소가 있는 촌락을 같이 말하게 된 것이다. 마슬・마실은 마을의 변음이다.

1991년 9월 시조례로 모라1・2동으로 분동되고, 1994년 신라대학이 이곳으로 이전되어오면서 신흥 주택지로 변모되어 모라2동을 모라2·3동으로 분동시켰다.

(5) 삼락동

삼락동(三樂洞)이라는 지명은 『동래부지(1740년)』는 물론, 이후 읍지의 어느 곳에서도 그 기록을 찾아볼 수 없다. 조선시대 낙동강 하구지역은 갈대밭으로 삼락동이 육지로 된 것은 오랜 시간을 거쳐 삼각주가 형성되어 사주가 굳어져 사람이 살기까지는 매우 오랜 시간이 걸렸을 것이다.

원래는 이곳에 좁은 사주가 있었는데 이곳을 유두(流頭)라 하였고 이강을 유두강이라고 했으며, 유두동(流頭洞)이 여기에 있었다. 1932년 사상제방이 축조되자 이곳의 유사퇴적으로 형성된 농토가 비옥하여 영농지역으로 발전하였다. 1968년 이 지역의 공업단지 조성과 강변도로의 개통으로 현대도시의 면모를 갖추게 되었다.

삼락동의 유래는 사락(砂礫)에서 온 것으로 보이며, 낙동강변 서쪽에 형성된 삼각주에 위치한 까닭에 삼락동이란 동명을 가진 것이다. 일반적으로 삼락이란 세 가지의 즐거움을 말하는 데 군자의 삼락(三樂)과 인생의 삼락의 두 가지가 있다. 군자의 삼락이란 부모가 함께 살아계시고 형제가 무고한 것과 하늘을 우러러보고 사람을 대하여도 부끄러움이 없는 것, 그리고 천하에 영재를 얻어 교육하는 것을 말하는데 맹자진심상편(孟子盡心上篇)에 있는 말이다. 삼락동은 앞에서 말한 사락(砂礫)의 뜻에서 왔으나 이 말의 뜻이 공자와 맹자의 글에서 좋게 나와 있어 동명으로는 적정한 것으로 보인다.

삼락동은 1914년에는 동래군 사상면에 속했으며 1936년 부산부에 편입되어 부산진출장소에 소속되었다. 1963년에는 부산진구의 사상출장소가 되었다가 1975년 북부출장소에 소속되었다. 1978년 2월에는 북구에 속했다가 1995년 3월 사상구의 신설로 오늘에 이르고 있다.

(6) 엄궁동

엄궁동(嚴弓洞)은 『동래부지(1740년)』의 방리조에 보면, 사천면 상단(上端) 엄광리(嚴光里)로 1914년 행정구역 개편 때 사상면 엄궁동(嚴弓洞)으로 바뀌어 오늘에 이르고 있다. 엄궁동의 유래에 관하여 고로(古老)들에 의하면, 낙동강에서 바라본 동리의 모양이 활과 같아서 활궁을 붙여서 엄궁이라고 하였다고 전한다.

또한 일설에는 엄광산은 '엄비치산'으로 해가 먼저 비치는 산이라는 의미로 해석되며 엄궁(嚴弓)은 엄광산의 엄광이 와전된 것이라고 말하기도 한다. 이 설은 엄광산 기슭에 있는 마을 '엄광'일 것인데 이것이 잘못 전하여 '엄궁'이 되었다는 견해이다. 그러나 대체적으로는 산기슭에 생긴 마을의 이름이 그 산의 이름과 같이 통칭되는 예는 아주 없는 것은 아니나 희소하며, 부산의 경우 여러 개의 산이 있으나 그 산 이름이 마을이름이 된 예는 없다.

'암·엄'의 궁극적 어원이 '곰', 즉 '신'이며 곧 여신임을 알 수 있다. 이상과 같이 엄궁이라는 동명의 뜻은 신성한 신의 마을으로 보는 것이 타당하다. 엄궁동은 1914년에는 동래군 사상면에 속했다가 1936년 부산부에 편입되어 부산진출장소에 소속되었다. 1963년 진구의 사상출장소, 1975년 북부출장소에 소속되었다. 1978년 2월에는 북구에, 1995년 3월 사상구의 신설로 오늘에 이르고 있다.

(7) 주례동

주례동(周禮洞)은 '주례(周禮)'라는 말의 어원인 '두리'로 파악되고 있다. '두'와 '주'가 같은 음이며 '리'가 '례'로 적힌 예도 있다. '두리·도리'는 지명이 되어 불리우는 경우 대개 '주'로 표기되는 경우가 많다. 몇가지 예를 들면 충청도의 주현(周縣)·주성산(周城山), 강원도의 주진(周津), 전라도의 주로치(周路峙), 함경도의 주원(周原) 등이 그것이다.

'두레'는 한 마을의 농사를 할 때 이른바 '품앗이'를 하고 농악을 중심으로 결속하며 농촌사회의 공동체를 이루는 단체였으며 이 '두레'가 한자로 표기된 것이 '주례'가 된 것이라 생각한다.

『동래부지(1740년)』에 보면, 사천면 상단(上端) 주례리(周禮里)라 하여 부의 남쪽 30리에 위치하고 있다고 기록하고 있다. 주례동의 위치가 동평현의 현치(縣治)가 있던 곳에서 서쪽으로 나오다 낙동강변으로 도는 곳에 있으므로 해서 이런 마을이름이 붙었다고 하고, 또 낙동강변에 있기 때문에 변(邊) 즉 가(邊)라고 하여 이런 이름이 붙었다고 할 수 있다. 1978년 11월 시조례에 의해 주례1·2동으로 분동, 1992년 아파트의 신축 등으로 인한 인구증가로 주례1동은 주례1·3동으로 분동되어 오늘에 이르고 있다.

(8) 학장동

학장동(鶴章洞)은 『동래부지(1740년)』방리조에 보면, 동래부 사천면 상단 장문리(場門里)가 나오는데 '장문리는 부에서 35리에 있다'고 기록하고 있다. 엄광산 기슭에서 흐르는 시냇물을 따라 주례동과 학장동을 동서로 이어진 곳에 학성(鶴城)이 있었다. 엄궁동쪽에서 주

레로 넘어가는 고개 이름이 '두레재' '두루재'일 수 있다는 생각이다. '두루재'에 마을이 들어서고 그 마을 명칭을 한자로 '학성(鶴城)'이라고 표기한 것으로 보인다. 옛날에는 학성을 '두루잣'이라고 하였는데 '드르잣(野城)'과 음이 비슷하나 지리적 사정으로 보아 '드르'가 '두루'일 것이다. 또한 장문리(場門里)에 있었던 장문시장(場門市場)이 유명하였다 한다.

학장동에는 자연마을인 장문리(場門里)·구덕리(九德里)·학성리(鶴城里)가 있었으며, 학성리와 장문리 두마을 합하여 학장동(鶴場洞)이라 했다. 장(場)을 보다 부르기 좋은 장(章)으로 바꾸어 학장동(鶴章洞)으로 부르게 되었다 한다. 학장동에는 아주 옛날부터 사람이 살았던 것으로 보인다.

1967년 부산대학교 박물관에서 유적 발굴을 통해 도로변에서 김해문화(金海文化) 토기편을 발견하였고, 또한 학장동 조개무지는 낙동강 하구지역에 취락을 형성한 것으로 보아 이곳이 금관가야에 속하였던 지역으로 보인다. 학장동은 1914년에는 동래군 사상면에 속했다가 1936년 부산부에 편입되어 부산진출장소에 소속되었다. 1963년에는 사상출장소에, 1975년 북부출장소에 소속되었고, 1978년 2월에는 북구에 속했고, 1995년 3월 사상구의 신설로 오늘에 이르고 있다.

13. 사하구

조선시대 사하지역은 중요 군사 지역이었다. 경상도의 좌도수군

안무사가 좌도수군절도사로 바뀌면서 좌수사영 관하에 부산포 진관이 설치되고 그 밑에 10개의 만호영을 두었다. 다대포 영(營)은 성종 21년(1490) 11월에 둘레 1806척, 높이 16척의 석성을 쌓았다. 그 뒤 다대포영은 만호영(萬戸營)·첨사영(僉使營 : 僉節制使營)으로 승격되었다.

그리고 서애(西厓) 유성룡(柳成龍)의 ≪징비록(懲毖錄)≫에 의하면, '부산진성을 함락시킨 왜적은 군사를 나누어 서평포(西平浦 : 현 사하구 구평)와 다대포를 함락시켰다. 이때 다대포 첨사 윤흥신(尹興信)은 적을 막아 힘써 싸우다가 죽음을 당했다'고 기록하고 있는 것을 통해 볼 때 이 지역은 임진왜란 때 부산의 다대포 전투로 유명한 곳임을 알 수 있다.

한편, 고종 5년에 편찬된 ≪동래부사례(1868년)≫에 의하면, 사천면은 사상면과 사하면으로 분리되었는데, 이전의 상단과 하단을 분리한 것이다. 그러나 분리된 시기는 분명하지 않다.

<그림 163> 부산시 행정지도   <그림 164> 사하구 상세도

1910년 조선총독부 관제 시행으로 동래부가 구역변동 없이 부산부로 변경되어 지금의 괴정·하단·신평·구평·감천 등의 낙동강 하구지역이 부산부로 관할되었으며, 이후 이 지역을 사하로 통칭하게 되었다. 그러나 1914년 행정구역 개편 때 부산부의 일부가 기장군과 합하여 동래군이 신설되었는데, 지금의 사하지역이었던 사하면은 다시 동래군에 속하게 되었다.

(1) 감천동

감천동(甘川洞)의 옛 이름은 감내(甘內)이며, 감(甘)은 '검'에서 온 것이며, 검은 '신(神)'이란 뜻이다. 천(川)은 '내'를 한자로 적은 것인데, 그 이전에는 '內'로 적혀 감내래리(甘內來里)이며, 지금도 지역의 노인들은 감천이라고 하지 않고, 감내(甘內 또는 甘來)라고 하는 사람들이 있다. 그리고 혹은 감천은 물이 좋아서 감천(甘泉) 또는 감천(甘川)이라 했고, 많은 선박들이 옛날부터 이곳으로 들어와서 급수를 받았다고 전하기도 하지만, 이것은 '검내'를 잘못 표기한 것으로 추측된다.

내는 한자어로 '천(川)·양(壤)·내 (內)·내(乃)·군(郡)' 등으로 적히며 마을을 뜻한다. 따라서 감천(甘川)이란 말의 뜻은 신읍(新邑)이라는 뜻이다. 이런 이름을 갖는 지방에서는 대체적으로 지석묘(支石墓)가 발견되고 마제석기(磨製石器)를 볼 수 있으며, 소도(蘇塗)와 같이 신성시되는 곳이나 부족사회의 권력자가 살았던 것으로 짐작된다. 이곳 감천동에서는 검내의 마을 이름에 걸맞게 지석묘 6기가 발견되어 청동기시대에 사람들이 살았으며, 부족사회의 어떤 권력자가 이곳에 있었음을 말해준다.

감천동은 『동래부지(1740년)』방리조에 의하면 서면(西面)에 감천
리라는 마을이 있어 조선시대에 이미 마을이 형성되어 있었음을 알
수 있다. 1957년 인구의 증가로 인하여 감천1·2동으로 분동되었다.

(2) 구평동

구평동(舊平洞)의 본동은 속칭 "구서평(舊西平)"이다. 뒤에 "성개에
축성이 되고 이곳을 서평진"이라고 부르면서 원래의 서평이 구서평
이 된 것이라고 생각한다. 성개는 구서평리에 속하는 곳이다.

진보(鎭堡)가 성개로 옮기기 전에는 구서평리에 있었는데 여기 토
성지가 최근까지도 남아 있었다. 그러나 이 토성이 언제 건축되고
이곳에 진성(鎭城)이 언제부터 설치되었는지는 알 길이 없다. 다만
토성의 상태나 거기에서 출토되는 신라토기편으로 보아 신라시대에
이미 이곳에 성이 있었던 것 같다. 서평진은 다대진과 더불어 해륙
의 요충지라고 할 수 있는 지역이다.

구평동은 『동래부지(1740년)』에는 동래부 서면 하단 독지리(禿旨
里)에 속한 지역으로, 이곳 독지장(禿旨場)은 동래·부산·좌수영장
과 함께 조선시대 유명한 장이었으나, 독지장이 있었던 장소와 행정
범위 등은 잘 알 수 없다. 1914년 동래군 사하면에 편입되었다가,
1942년 부산부의 구역확장에 따라 부산부에 편입 이후 오늘에 이르
고 있다.

(3) 괴정동

괴정동(괴정동)은 사람들이 살기좋은 조건을 갖추고 있어 조선시
대부터 사람들이 취락을 이루고 살아온 곳이다. 괴정동의 뒷 줄기인

속칭 '아래머리' 구덕산을 '용호부리'라고 부르는데, 그 이유는 낙동 강쪽으로 뻗어내린 줄기를 이렇게 부르며 풍수지리설에서 온 이름 인 듯하다. 구덕산의 강안(江岸)에 뻗은 말맥(未脈)이 병풍처럼 둘러 져 세찬 폭풍과 낙동강으로 불어 내려온 강풍을 막아주고, 동쪽에는 시약산, 남쪽에는 금티산이 솟아 그 줄기가 서쪽으로 나지막한 구릉 을 이루어 해풍을 막아주는 방파제 구실을 하고 있다.

　지금의 괴정동을 옛날에는 목장리라 했다. 이 괴정동 주위는 조선 시대 국마(國馬)를 기르는 목장이었는데 특히 다대진 관하의 목장으 로는 괴정동의 목장이 가장 규모가 컸던 모양이니 괴정동을 목장리 라고 부르고 지금의 희망촌 일대를 마꼴이라고 부르게 되었다. 그때 다대포첨사가 목장을 감독하는 감목관이었는데 어느 감독관 때 감 독행위가 너무 지나치게 가혹해서 마을사람들이 팔정자나무 아래에 서 그 감독관을 성토하다가 비참한 죽음을 입었다고 한다. 그 팔정 자나무의 하나가 지금 부산시 보호수로 지정된 회화나무인데 이 나 무가 있는 정자를 괴정이라 했고, 그리하여 괴정동이란 마을 이름이 바뀌었다고 한다.

　1914년 대티동 일부를 편입하였으며, 그때 부산부에서 동래군 사 하면으로 편입되었다. 1942년 부산부의 확장에 따라 부산부에 편입 되었으며, 1959년 괴정1·2동으로 1965년 시조례에 의해 괴정1동 을 괴정1·3동으로 분동하였다. 1979년 8월 괴정1동이 괴정1·4동 으로 분동하여 오늘에 이르고 있다.

(4) 다대동

　다대동(多大洞)은 우리나라 기록인 ≪삼국사기≫·≪삼국유사≫에는 나오지 않는다. 다만 ≪일본서기≫신공황후(神功皇后) 섭정 5년기의 다다라노쯔하 계체기(繼體記)에 나오는 다대라원(多大羅原), 그리고 추고기(推古記)에 나오는 다다라(多多羅) 등 명칭으로 볼 때 상고시대부터 다대진(多大鎭)으로 불리었음을 알 수 있다. 그러나 지금의 다대포와 일치되는 지명인지는 정확하지 않다. 일설에는 낙동강 주류가 불암(佛岩)·가락(駕洛) 명호(鳴湖)로 흐르는 줄기였다고 보는데서 다대포에서 대저(大渚)에 이르는 일대를 다대진으로 표현했을지 모른다.

또 일설에는 다대진은 지금의 다대포가 아니라 장림포라고 하기도 하는데 모두 일리 있는 말이기도 하나 확실한 근거는 찾을 수가 없다. 또 『일본서기』 계체(繼體) 23년조에는 이사부(異斯夫)가 군사 3천명을 이끌고 다다라원(多大浦)에 머물면서 웅촌(熊村) 등 4촌에 내주(來駐)한 왜병을 물리쳤다는 기록이 있다. 여기에 나오는 다다라(多多羅)는 다대포의 원래 명칭이다라고 한다. 이 밖에도 다다라는 『일본서기』민달 4년기와 추고 8년기에도 나오는 바 모두 다대포를 말한 것으로 보인다.

이렇듯 다대포는 역사시대 초기부터 자주 나오는 것으로 보아 한일통상외교의 주요 요충지였음을 알 수 있다. 다대동은 『동래부지(1740년)』방리조에 의하면, '다대리는 부의 관문으로부터 50리 떨어져 있다'고 하였다. 조선후기 이후 군사적인 중요성으로 보아 상당히 큰 촌락을 형성하였음을 알 수 있다. 1914년 동래군 사하면이었다가 1942년 부산부 구역확장에 따라 부산부에 편입되었다. 1992년 9월 인구의 증가로 인하여 다대1·2동으로 분동되었다.

(5) 당리동

당리동(堂里洞)에는 제석골(帝釋谷)이라고 불리는 계곡이 있다. 이 계곡에 제석단을 쌓고 기우제를 드린 데서 붙여진 듯하며 일설에는 제석골에 사당을 짓고 여신을 모신데서 온 것이라는 속설도 있다. 이 마을 뒷산까지 괴정의 목마장이 뻗어 있었는데 이 부근에서는 성이 잘 보존되고 있다. 제석이란 불교용어로 제석곳이란 이름이 붙은 곳도 상당히 많은 편이며 이런 곳에는 대개 기우제단이 있다. 가까이에는 아치섬을 제석곳이라고 하며 여기에도 역시 기우소가 있었던 것이다. 그 제석곡에 사당이 있어 지난날에는 여신을 모셨다고 한다. 그래서 신주를 모신 당집의 곳이라 하여 당리가 되었다는 것이다.

당리동은 1914년 동래군 사하면에 편입되었다가 1942년 부산부 구역확장에 따라 부산부에 편입되었다. 1957년 서구 사하출장소가 설치되었다가, 1983년 사하구의 승격으로 오늘에 이르고 있다.

(6) 신평동

신평동(新平洞)은 신평동(新坪洞)이라고 기록된 적도 있으며 북쪽에 강한 강바람을 막아주는 산이 병풍처럼 둘러지고 앞에는 낙동강이 만입(灣入) 되었던 곳에 간척지가 전개되어 있는 밝고 따뜻한 마을이다. 신평동은 망후촌이라 불리기도 한다. 그 유래의 하나는 조선중기 임경업 장군의 조카가 이곳으로 피신해 와서 살았다는 구전 때문에 부르게 되었다고 한다. 임경업 장군이 영의정 김자점 일파에 의해 역적으로 몰려 9촌까지 몰살당했을 때 그의 조카 절충장군(折衝將軍) 임중생이 의주에서 신평까지 피난을 와서 살게 되었는데, 누가 자기를 잡으려고 올까 봐 뒤를 돌아 보았다고 한다. 그래서 망후 촌이라는 이름이 생겼다고 전한다.

다른 하나는 신평동의 지리적 위치에 따라 망후란 이름이 붙여진 것으로 해석된다. 그 위치로 보아 다대진(多大鎭)의 후망소(侯望所)였던 까닭에 망후촌(望後村)이라고 불리기도 하였다. 이곳은 원래 모래 등이 많아 어패류가 많이 잡힌 곳이나, 1939년 이곳에서 장림까지 제방을 쌓아 강의 만입부(灣入部)가 농지로 변했다. 신평은 '새로운 평지'라는 뜻으로 지어진 이름으로 새마을·신촌·새벌·새마 등과 통하는 지명으로 파악된다.

신평동은 『동래부지(1740년)』에는 보이지 않고, 『경상도 동래군 가호안(1904년)』에 처음으로 신평동이란 행정지명 기록이 보인다. 1992년 9월 시조례에 의해 신평1·2동으로 분동되었다.

(7) 장림동

장림동(長林洞)은 안장림(安長林)·바깥장림(外長林)·보덕포(補德浦 ; 부득포 또는 비득포) 3개의 자연 마을이 있다. 바깥장림은 농업을, 안장림은 어업을 주업으로 생활형태를 갖추고 반농반어의 취락형태를 이룬 조용한 마을이었다. 지금은 안과 바깥 장림이 주택지로 이어졌으나, 원래는 안장림이 옛날의 장림이며 바깥장림은 부산과 다대간의 도로개설 이후 도로변에 새로 집들이 들어서면서 생긴 마을이다. 보덕포는 안장림에서 두송산 줄기가 북쪽으로 끝나는 능선을 넘어 응봉봉수대의 북쪽 기슭에 있었던 마을이었다. 장림이란 숲이 우거진 곳이라기 보다는 지형적으로 아미산 둘레에 늘어선 동네라는 뜻에서 지어졌다고 보인다.

장림이란 지명은 『동래부지(1740년)』에 '사천면 하단 장림리에 다대진(多大鎭)이 이곳에 있었다'고 하여 고다대(古多大)라 전해지기도 하였다. '장림리는 관문으로부터 45리 떨어져 있다'고 기록되어 있다. 따라서 조선후기에 이미 촌락이 형성되었음을 알 수 있다. 1914년 동래군 사하면 장림동이었다가 1942년 부산부에 편입되었다. 1983년 10월 급격한 인구의 증가로 시조례에 의해 장림1・2동으로 분동되었다.

(8) 하단동

하단동(下端洞)의 옛 마을 이름은 평림리(平林里) 또는 하단리라고 불리기도 했다. 『동래부지(1740년)』에 의하면, 동래군 사천면을 다시 상단과 하단으로 나누는데 상단(上端)이 사상지역이고 하단(下端)은 사하지역이다. 그런데 당리・괴정리・감천리・구평리・신평리・장림리・다대리는 모두 사천면 즉 하단이라 하였다.

동명의 유래에 대하여서는 구덕산이 용호몰리(용호머리)이고 그곳에서 강을 향하여 괴정 뒷 산줄기를 이루어 뻗은 곳이 아래몰리(아래머리)이니 아래몰리의 끝이 아래치로 불려졌다는 설이다. 또는 낙동강류의 맨 아래쪽이라는 뜻에서 아래치 혹은 끝이라는 데서 하단이라는 이름이 생겨났다고 보아진다.

또 한가지는 사천면(沙川面) 하단 중에서 인구가 가장 번창한 대표적인 지역이라 사천면 하단의 지명이 이곳에 붙게 되었다는 설이다. 일설에는 『동래부지(1740년)』에 기록된 구초량을 하단이라고 일컫었다. 그러나 이 설은 '구초량리는 관문에서 32리에 있다'고 기록되어 있는데 다른 하단 지역들이 관아와의 거리가 '40리' 이상인 점을 고려할 때 거리 차이가 너무 많이 나기 때문이라고 생각된다.

1914년 하단동이라 하여 동래군 사하면에 편입되었다가 1942년 부산부에 편입되었다. 1975년 사하출장소에, 1983년 사하구에 속하게 되었다. 1992년 9월 인구의 증가로 인하여 하단 1·2동으로 분동되었다.

14. 강서구

강서구는 오랜 세월동안 낙동강의 영향으로 퇴적물이 쌓여 이루어진 충적지형으로 넓은 삼각주 평야를 이루고 있는 강 하류지역이다. 과거 선사시대부터 바다나 강과 밀접한 관계를 가지고 생활하였는데, 이곳도 예외가 아니었음을 생활 유적인 조개무지(패총)를 통해 알 수 있다. 오늘날 강서지역의 명칭들은 조선초기에 형성되었고 조선후기 이후에도 계속 존재하였다. 조선후기 이들 지역은 김해에만 속했던 것이 아니고, 양산군에도 속하고 있었음을 알 수 있다.

그것은 ≪경상남도 여지집성≫ <김해읍지(金海邑誌)>에 의하면, '녹산면은 50리, 명지도면은 수로 30리에 있다'고 기록되어 있고, <양산군읍지(梁山郡邑誌)>에 '대저리는 관문으로부터 45리에 있다'고 기록되어 있기 때문이다.

현재의 강서구는 옛 경상남도 김해군의 대저읍 일원과 가락면·명지면·녹산면 전부 및 의창군의 천가면으로 형성되어 있다. 1989년 1월 1일 강서출장소가 강서구로 승격되면서 김해의 가락면·녹산면과 의창군의 천가면이 전부 편입되어 가락동·녹산동·천가동이 신설되어 총 7개의 행정동으로 구성되어 있다.

<그림 165> 부산시 행정지도　　　<그림 166> 강서구 상세도

　　그리고 강서구는 부산광역시의 용지난·주택난을 해결함과 동시에 첨단 과학단지를 조성하여 21세기 국제화에 대비하는 새로운 축으로 각종 개발사업이 진행중이다. 이는 명지·녹산지구 개발과 신호공단의 조성, 지사과학산업연구단지 건설, 둔치도 연로단지조성 등 사업을 추진 중이며 또한 가덕도 종합개발을 통하여 공단배후도시와 항만 등을 조성하여 조화를 이룬 개발사업이 활발하게 추진되고 있다.

(1) 가락동

　　가락동(駕洛洞)은 행정동으로서 김해평야를 가로질러 흐르는 서낙동강의 서안(西岸)에 아담하게 솟아 있는 죽도(竹島, 대섬)를 거점으로 500여년 전까지도 무인도였던 이곳에 사람이 이주·정착한 이후 계속 김해에 속해 있다가 1895년 관제개혁에 따라 김해군 가락면이 되었고 1989년 부산시에 편입되면서 가락동이 되었다.

가락동에는 식만리·죽림리·죽동리·봉림리 등 4개의 큰 마을로서, 식만리는 밥만개라 하여 땅이 길고 기름져서 쌀이 많이 나고 먹을 것이 많다고하여 생긴 이름이다. 죽동리는 옛날 대나무가 무성하여 붙여진 이름이며, 죽림리는 댓섬이라 하여 홍수때 이 섬이 마치 바닷물 속에 떠있는 댓섬처럼 보인다 하여 붙여진 이름이다. 1914년 가락면은 김해군에 속하게 되었다.

이곳 죽도 기슭에 있는 3층 바위는 김수로왕이 이곳을 찾아와 낚시를 즐겼다는 설화가 있는데 이는 왜적의 침입을 척후어행(斥候御行)한 것으로 보인다. 『세종실록지리지(1496년)』에 보면, 죽도는 주위가 바다로서 논밭·가옥이 없는 무인도라고 기록하고 있다. 임란 이후에는 왜침을 방지하기 위해 대변청(待變廳)을 설치하는 등 국방의 요충이기도 했다.

(2) 강동동

강동동(江東洞)은 행정동으로 낙동강 삼각주 서쪽에 위치한 대사동·상덕동·북정동·제도동 등 4개의 법정동과 19개의 자연마을로 구성되어 있으며, 남북으로 길게 뻗은 평강천(平江川)과 서낙동강에 둘러 싸여 있다.

조선시대에는 경남 김해군 덕도면에 속하였다가 1914년 김해군 가락면에 병합되었다. 1978년 2월 김해군 대저읍과 명지면 일부, 가락면 일부가 부산시에 편입되면서 북구 강동동이 되었다. 강동동에 처음 사람이 살게된 것은 삼각주가 있는 하구지역으로 어패류가 풍성하였고, 삼각주 안에 제법 큰 동산인 하나의 섬이 있었기 때문이다. 그 근거로는 북정리 조개무지에서 출토된 유적들에서도 잘 알 수 있다.

지금의 강동동을 비롯한 삼각주 일대는 아득한 옛날에는 바다였을 것으로 추정되며, 김해 또는 김해소경(金海小京)이라 하여 바다 해(海)자를 붙인 것과 고려시대 이곳을 임해현(臨海縣) 또는 임해군(臨海郡)이라는 명칭이 붙은 것으로도 짐작이 간다. 강동동은 농업을 주업으로 살아온 곳이며, 이곳은 특히 갈밭이 많아 한때는 갈자리와 갈대꽃을 뽑아서 만든 청소용 빗자루가 강동동의 명산물로 널리 알려졌던 곳이기도 하다. 강동동의 명칭은 낙동강의 본류인 선암강(仙岩江)의 동안(東岸)에 위치한다 하여 강동이란 이름이 붙여지게 된 것이다.

(3) 녹산동

녹산동(菉山洞)은 행정동명으로서 북쪽으로는 굴암산에서 흘러내려 옥녀봉·금병산·범방대로 이어진 산맥을 경계로 김해시 장유면 율하리와 수하리에 접하고 있으며, 서남쪽은 진해시 가주동과 경계를, 남쪽은 천가동(가덕도)과 마주하고 있다. 녹산동은 『여지도서(1760년)』에는 녹산이라는 이름이 나오지 않고 지도에는 녹도(菉島)의 기록은 보인다. 『경상도읍지(1832년)』 김해부 방리조에 '녹산리는 부에서 50리에 있다'고 하여 비로소 녹산이라는 지명이 나온다. 1914년 녹산과 태야 두 면(面)을 합하여 녹산면이 되었다가 1918년 읍·면 통합으로 김해군 녹산면에 속하였다. 1989년 행정구역 개편으로 부산시로 편입되면서 강서구가 신설되고 녹산동이 되었다.

녹산동에는 법정동인 녹산동·송정동·화전동·생곡동·구랑동·범방동·지사동·미음동·신호동 등 10개의 법정동과 31개의 자연마을이 있다. 녹산의 지명유래를 살펴보면, 처음에는 녹산(鹿山)이었으나 녹산(菉山)으로 고쳤다는 설이 있고, 또 하나는 풍수지리설로 봉화산의 동쪽은 굶주린 사슴이 들판을 달리는 모양인 기록주야형 (飢鹿走野形)의 명당이기 때문에 녹산(鹿山)이라 하였다 한다.

(4) 대저동

대저동(大著洞)은 행정동이며 삼국시대 김해근교의 일부 삼각주로 서 농경이 시작되어 약간의 인가들이 들어섰을 가능성은 있으나 대 저동(大渚洞)은 대부분 갈밭이었다. 조선시대에 들어와서야 문헌자료 에 비로소 나타나기 시작하지만 이제까지 발견된 것으로는 노전(蘆 田)을 비롯한 전답에 관한 것 뿐이다.

낙동강변에 대홍수를 막기 위해 언제인가 제방을 쌓았는데 온 동 민이 징을 울리며 밤잠을 못자고 감시했으며, 제방에 문제가 발견되 면 즉시 보수하는 등 전전긍긍하는 형편이었다. 이 제방이 터지면 마을주민들이 피신할 사이도 없이 대저도가 물바다가 되기 때문이 었다. 이 구제방(舊堤防) 안의 다소 지면이 솟은 강 언덕에 덕두리라 는 마을이 있었다. 이 마을이 대저도에서는 가장 먼저 생긴 마을이 었다. 섬 이름은 "큰 모래톱"이라 하여 "대저도"라고 불렀지만 중심 이 되는 마을은 덕두리였다. 이때의 강폭은 현재보다 매우 좁았으므 로(약 50m로 추정) 덕두리에서 사상(沙上)은 매우 가까운 거리였으 며 대저도의 크기는 현재보다 훨씬 넓은 섬이었다.

대저동 자리는 아주 오랜 옛날엔 바다였다. 낙동강 물길에 실려온 토 사가 쌓여 삼각주의 섬이 되어 대저도가 되었다하여 행정구역으로 대 저동이 되었다. 큰 대(大), 물가 저(渚)의 대저는 큰 물가란 뜻이다. 대저 동은 출두리·사덕리·대지리·평강리·사두리·소덕리·율만리·덕 두리·도도리·맥도리 등 10개의 법정 리와 45개의 자연마을이 있다.

1914년 행정구역 개편 때 김해군에 속했다가, 1918년 8월 읍·면 통합으로 김해군 대저면에 속하였다. 1973년 대저면이 대저읍으로 승격하였다가 1978년 행정구역 개편 때 부산시 북구로 편입되면서 대저1·2동으로 분동되어 오늘에 이르고 있다.

(5) 명지동

명지동(鳴旨洞)에 사람이 살기 시작한 것은 그리 오래되지 않는다. 이에 관한 기록은 전해지지 않으며, 명지도의 어느 곳에서도 유적이나 유물은 발견되지 않는다. 그러나 명지도(鳴旨島)에 대한 기록인『신 증동국여지승람(1530년)』김해부 명지(鳴旨)에 대한 내용을 보면, 명지도의 위치와 크기를 말한 뒤 "큰 비나 큰 가뭄 또는 큰 바람이 있기 전에는 반드시 섬이 천둥소리나 북소리 혹은 종소리 같은 소리를 내면서 우는데 섬에서 들어보면 그 소리가 멀리서 들려오는 것 같으나 어디서 울려오는지를 알 수 없다"고 했다. 명지도의 또 한 이름은 명호(鳴湖)이다. 이곳의 주민들은 현재도 '명지'보다는 '명호'라고 부르는 사람이 더욱 많은 것 같으며 나이가 많을수록 '명호'라는 지명을 더욱 많이 사용한다.

명지도는 농지로 사용되기 전에는 온 섬이 갈대밭이었을 것이다. 지금도 농토가 아닌 곳에는 온통 갈대가 무성하다. 바닷바람 소리와 해면에 가까운 갈대 섬의 바람소리가 울리는 소리를 이런 어귀로 전하고 또 기록했을 것이다. 명지도 또는 명지동이란 이름의 울 명(鳴), 뜻 지(旨)는 울음소리에 연유한 것이다. 명지동은 1914년 행정구역 개편 때 김해군에 속했다가 1918년 7월 읍·면통합 때 김해군 명지면이 되었다. 1978년 행정구역 개편 때 신호리를 제외한 명지면이 부산시에 편입되면서 북구 명지동이 되어 오늘에 이르고 있다.

(6) 천가동

천가동(天加洞)은 행정동으로 낙동강 물이 남해로 흘러드는 강 하구의 남쪽에 위치한 가덕도(加德島)·눌차도(訥次島)의 2개 유인도와 11개의 무인도를 포함한 13개의 섬으로 이루어져 있다. 부산시에서 제일 큰 섬으로 영도의 1.6배로 해안은 동쪽과 남쪽이 단조로운 반면, 서쪽은 소규모의 곶(串)과 만(灣)으로 이어져 있고, 북쪽은 가파른 해식을 이루고 있다. 이곳에 언제부터 사람이 살았는지는 정확하게 알 수 없다.

조선시대 중기(중종 39, 1544년)에 가덕진과 천성진을 설치하면서 본격적으로 살기 시작한 것으로 보인다. 1859년(철종 10) 두 진이 폐지된 이후에도 가덕도는 군사적인 요충지로써 일제시대에는 외양포에 포진지를 만들기도 했다. 일제가 패망하고 광복이 되자 우리 해군이 주둔하여 외양포는 진해 해군사령부의 발상지가 되었다.

천가동은 1906년 웅천군 천성면·가덕면이었다가, 1908년 웅천군 천가면으로 합하여졌다. 1914년 행정구역 개편 때 창원군 천가면(눌차·동선·성북·천성·대창리)이 되었다가, 1980년 행정구역 개편으로 의창군 천가면이 되었다. 1989년 행정구역 개편 때 부산시에 편입되면서 강서구의 승격으로 강서구 관할에 속하여 오늘에 이르고 있다. 주요 교통은 진해 용원 선착장에서 가덕도의 5개 선착장으로 연결하고 있는 정기적인 노선을 이용하고 있다. 천가동은 눌차동·대항동·동선동·성북동·천성동 5개의 법정동과 17개의 자연 마을이 있다.

15. 금정구

오늘날의 금정구는 동래부 북면(北面)의 부곡리(釜谷里)·두구리(豆口里)·작장리(鵲掌里)·소산리(蘇山里)·남산리(南山里)·구세리(仇世里)·산성리(山城里)·장전리(長箭里)와 동면(東面)의 서동(西洞)과 오륜대리(五倫臺里) 등으로 구성되어 있다.

한편, 일제 침략기를 거치면서 부산부(釜山府)가 설치되어 동래의 행정구역은 부산부의 지배를 받았으나, 1914년 군(郡)·면(面)통폐합에 따라 이전 동래부의 일부와 기장군을 합하여 동래군을 만들고 행정적으로 경상남도의 행정구역으로 편제되었다.

1957년 1월부터 구제의 실시로 행정적으로 부산시 동래구로 편제되었다. 그 후 직할시 승격 당시 34개동이었으나 계속적으로 행정동이 증가하자, 1980년 동래구에서 분구되어 금정구는 오늘에 이르고 있다. 관할동은 금사동·금성동·구서동·남산동·청룡노포동·선두구동·부곡동·서동·장전동 등이 있다.

<그림 167> 부산시 행정지도   <그림 168> 금정구 상세도

(1) 금사동

금사동(錦絲洞)은 조선시대 동상면(東上面) 지역인데, 이때까지만 해도 금사동이란 행정동명은 없었는데, 일제강점 초기 금천(錦川)마을과 사천(絲川)마을의 첫 글자를 합하여 동명이 되었다.

『동래군지 (1937년)』에 의하면, 동래읍 금사리(錦絲里)와 회동리(回東里)를 합한 지역이다. 『동래부지(1740년)』산천조에 보면, 오늘날 수영강 상류를 사천(絲川)이라 한다. 사천은 기장군 원적산(圓寂山)과 경계의 사배야현(沙背也峴)의 두 곳에서 발원하여 해운포로 유입된다고 기록되어 있다.

또한 고적조에는 동대(東臺)는 사천가에 있고 바위의 높이가 4~5장(丈) 가량되며 물이 굽이쳐 돌아 못을 이루어 깊이가 수장(數丈)이나 되며 물고기가 많아 낚시하기에 좋다고 기록되어 있다. 이로 볼 때 금천(錦川)·사천(絲川)·회천(回川) 등의 마을 이름은 모두 수영강의 지역별 이름이거나 강의 흐름이나 풍치의 특색을 나타내주는 것이며, 동대(東臺)는 이 강가의 가장 경치좋은 장소의 하나임을 엿볼 수 있다.

금사동은 법정동으로서 광복 이후 행정동인 서동에 속했다가 1985년 서3동이 분동되면서 이 지역은 옛 지명을 찾아 금사동으로 개칭되어 오늘에 이르고 있다.

(2) 금성동

금성동(金城洞)의 명칭은 금정산성안의 동네라는 뜻에서 비롯된 것이다. 금정산성은 사적 215호인 우리나라 최대의 산성이다. 금정산성이 삼국시대에 축조된 것이라는 흔적은 있으나, 오늘날의 성은 조선시대 축성논의에 따라 축성되었다.

효종 때 동래부사 임의백(任義伯)이 금정산에 성을 쌓을 것을 건의하였고, 현종 8년(1667) 현종이 통제사 이지형(李枝馨)을 불러 왜구를 방어할 책략을 지시하였다. 그후 숙종 27년(1701) 경상감사 조태동(趙泰東)이 상계하자 숙종이 동의하면서 축성되기 시작하였다. 조정의 동의를 얻은 조태동은 동래부사 박태항(朴太恒)에게 공사를 주관하도록 하여 본격적으로 성을 쌓기 시작하였다.

금성동은 죽전(竹田)·중리(中里)·공해의 3개의 자연마을로 구성되어 있었다. 죽전마을은 화살을 만드는 대나무가 많이 생산되어 붙여진 이름이고, 중리마을은 중성문이 있었기 때문에 불리어진 이름이다. 공해마을은 공해란 말이 관아를 뜻하며 산성내의 좌기청·군기고·화약고·내동헌·별전청 등의 관아가 위치하였던 까닭에 붙여진 이름이다.

금성동에는 부산지역 특산물의 하나인 산성막걸리가 아직까지 그 명맥을 이어오고 있으며, 휴일에는 금정산성을 찾는 등산객과 가족 나들이 장소로 많이 이용한다. 『동래부지(1740년)』에는 산성리로 불리었는데 조선중기에는 북면(北面)에 속하였고 말기는 양산군 좌이면(左耳面)에 속하기도 하였으며, 한때는 동래군 서면에 속하기도 하였다. 일제 때도 부산부 좌이면에서 동래군 좌이면으로, 1918년에는 동래군 구포면 금성리로 행정관할이 옮겨다녔다. 금정산성 안에 있는 마을이라 하여 금성동이란 이름을 가졌다.

1963년 직할시 승격과 동시에 부산시에 편입되었으나, 북부출장소가 설치되자 그 관할 하에 있다가, 1988년 금정구의 분구로 금정구에 속하게 되었다.

(3) 구서동

구서동(久瑞洞)은 『동래부지(1740년)』의 방리조에 보면, 구세리(仇世里)라 기록되어 있다. 대한제국시기 구세리와 두실리의 두 개 자연마을로 편성되었다. 1914년 행정구역 개편 때 구서(九瑞)·두실(斗實)·금단(琴端)의 3개 자연마을을 합하여 구서리라 칭하였고, 동래군 북면에 속하게 되었다. 『동래군지(1937년)』에는 구서리(九瑞里)란 명칭으로 기록되어 있다.

구서동의 지명유래는 이 지방 토박이들이 전하는 바에 의하면, 구세(仇世)는 구세동거(仇世同居)에서 따온 말로 중국 당나라 장공예(張公藝)는 9대가 한 집안에서 살았다는 고사(古事)에서 집안이 화목한 것을 이르는데, 이곳이 바로 그러한 고장이라 하여 지어진 이름이라 전한다. 또한 『동래부지』의 효자효녀조에 나오는 구주성(俱周星)의 성씨를 따서 구세(九世)로 되었다 한다. 그러나 이는 실상과는 전혀 맞지 않으며, 구주성 또한 구서동의 인물이 아니고 사상(沙上)에 효자비가 있어 사실이 아니다. 그리고 구서동은 굿을 하는 동네라는 뜻에서 굿판 굿터에서 비롯되었을 것으로도 풀이된다. 금정산 번우암이 이 동네 위에 있어 기우소(祈雨所)로 치성을 드리는 장소였다. 여기에 굿을 자주 벌여 동네 이름이 구세가 되었으며 뒤에 뜻이 좋은 한자음으로 바꾸어 구서동이 되었다고 한다. 1985년 급격한 도시화로 인해 아파트 등의 신축으로 구서1·2동으로 분동하여 오늘에 이르고 있다.

(4) 남산동

남산동(南山洞)의 명칭은 조선시대부터 오늘날까지 줄곧 쓰여진 이름이다. 『동래부지(1740년)』방리조에도 동래부 북면에 남산리라

하여 '부 관문에서 북으로 18리에 있다'고 하였고, 『동래부읍지(1832년)』・『동래군지(1937년)』에도 북면의 남산리로 기록하고 있었다.

남산동은 남산・남중(南中)・신암(新岩)의 3개 자연마을이 있으며, 남산마을에서 조금 떨어진 곳에 작은 마을로 반남산(半南山) 마을이 있다. 이 중 가장 취락이 먼저 발달한 곳이 남산마을로 지세는 북이 높고 남쪽이 낮아 집을 지으면 모두 남쪽으로 향하여 남산이라 하였다 한다.

한편, 남산동은 범어사의 사전(寺田)이 많아 범어사에서 볼 때 남쪽 산등성이라 하여 남산동이라고 불렀다고 한다. 신암마을은 이 지방사람들이 '서근덤'이라 부르는데 썩돌이 많아서 한자식으로 표기한 것이라 한다. 동래에서는 옛부터 이 지방의 물이 좋은 순서를 말하는데, 일(一) 남산, 이(二) 초읍, 삼(三) 연지라 하여 남산의 수질이 으뜸이었으나, 청룡동 저수지가 생긴 이후부터는 물이 예전같지 않다고 한다.

(5) 노포동

노포동(老圃洞)은 『동래부지(1740년)』의 기록에 의하면, 북면 작장리(鵲掌里)와 소산리(蘇山里)에 해당하는 지역이다. 『동래군지(1937년)』에는 작장리와 소산리의 기록은 보이지 않고 대신에 노포리로 기록되어 있다. 노포동은 노포・작장・대룡(大龍)・녹동(鹿洞)의 4개 자연마을로 구성되어 있다. 이중 작장마을이 대표적인 마을이었으나, 울산방면으로 도로가 개설되면서 노포마을이 중심마을로 대두되었다.

노포라는 지명은 농사를 잘 짓는 농부, 또는 농사에 경험이 많은 사람으로 늙은 농부를 뜻하는데, 노포동이란 농사가 잘되는 마을, 다른 곳에 비하여 농토가 풍부한 마을이라는데서 붙여진 이름으로 보인다.

1910년에는 동래부에 속했다가, 1914년 부·군 통폐합에 따라 동래군 북면 노포리로 되었다. 1966년 리제의 폐지로 노포동으로 개칭되어 오늘에 이르고 있다.

(6) 청룡동

청룡동(靑龍洞)은 『동래부지(1740년)』에는 그 지명이 나타나지 않는다. 『경상도동래군가호안(1904년)』에는 청룡동이란 기록이 처음으로 보인다. 『동래군지(1937년)』에는 동래군 북면 청룡리라 한 것으로 보아 청룡이란 지명은 그렇게 오래되지 않은 것으로 보인다.

청룡은 이십팔수(二十八宿) 가운데 동방에 있는 일곱성수(星宿)를 총칭하기도 하며 사신(四神)의 하나로 동쪽 하늘을 맡은 신을 뜻하기도 한다. 청룡동(靑龍洞)은 범어사의 동편 마을이란 뜻에서 지어진 동명으로 풀이되고 있다. 한편, 동네의 고로(古老)들은 계명봉(鷄鳴峰)이 계룡의 형상으로 산의 중턱에는 계명암(鷄鳴庵)이 있고 서단을 마주 대하여 미륵암이 있고, 동단에는 용의 머리가 있다하여 청룡동이라 이름지었다 한다. 이곳의 고로(古老)들은 미륵암을 미리암이라 부르며, 현재 항측도 상에도 미리암으로 표기되어 있다. 미리는 우리말로 용을 뜻하며 이를 뒷받침해 준다 한다. 청룡동의 자연마을은 청룡·용성·신리·상마·하마의 5개로 이 중 청룡마을 외에도 용성마을도 용과 관계가 깊다. 1988년 노포동과 통폐합되었다.

(7) 두구동

두구동(杜邱洞)은 『동래부지(1740년)』의 방리조에 북면 두구리(豆

□里)로 기록되어 있다. 조선후기에 들어와서 두구리(豆□里)의 명칭이 아름답지 못하다고 하여 두구리(杜邱里)로 기록되었다.

두구동의 명칭에 대해서는 임진왜란이 일어나기 전 동래의 읍지(邑地)를 물색할 때 초읍동에 들러 산세가 좋고 자리가 음양에 맞다 하여 우선 초(抄)해 놓고, 이 보다 더 좋은데가 없나하고 다니던 중, 두구동의 지세가 뛰어나 정하려 했으나, 지금의 동래읍(수안동 일대)을 보고는 동으로 학소대(鶴巢臺)와 남으로 대조포란형(大鳥抱卵形)이 서울의 장안과 견줄만하여 이곳을 읍지로 정하였다. 그래서 읍지를 초(抄)한 곳은 초읍동이라 하였고, 두고 보자고 점찍은 땅은 두구동이라 하였다고 한다. 물론 호사가들이 지어낸 것으로 생각되나 두구동이 평탄하고 좋았음을 엿볼 수 있는 말이다.

두구동은 조리(造里)·죽전(竹田)·대두(大豆)·임석(林石)·중리(中里)·수내·소정(送亭) 등 7개의 자연마을로 구성되어 있으며 대두마을이 가장 먼저 형성된 마을로 파악된다. 전하는 말에 의하면 임진왜란 때 난을 피하여 북상 중 유(劉)·조(趙)씨 일가가 정착하여 마을을 형성하였다고 한다.

1914년 부·군 통폐합 때에 동래군 북면 소속이었으며, 1963년 부산시에 편입되어 동래구 북면출장소 관할 하에 있다가 1966년 리제 폐지로 두구동이라 칭하였다. 1975년 동래구 직할동으로 있다가 1988년 금정구가 분구되자 금정구 관할이 되었다.

(8) 서동

서동(書洞)은 『동래부지(1740년)』의 방리조에 보면 동래부 동상면 서리(書里)로 기록되어 있다. 1942년 동래군이 부산부에 편입됨에 따라 동상면의 중심마을인 서리·금사리·회동리를 합하여 서동이라 호칭하게 되었다. 서동은 1968년 시내 영주동·충무동 등의 고지대 철거민의 정책이주지로 인구가 급격히 증가하였으며, 1974년 준공업지구로 선정되어 농촌 변두리지역에서 도시 공업지역으로 바뀌었다. 원래 서리로 불리던 서동은 섯골(書谷)마을과 내곡(안골)마을의 두 개 자연마을로 형성되어 있었는데 내곡은 안마실(안마을)이란 뜻으로 동명으로 부적격하여 서리마을이 동명으로 발전한 것이다. 서동은 1959년 동상동으로 개칭하였다.

1975년 10월 동상1~3동으로 분동되었고, 1978년 동상2동을 동상2·4동으로 분동하였다. 1982년 동명 개정 때 동상동은 영도구의 동삼동과 혼동이 많았던 까닭에 서동으로 개칭하여 오늘에 이르고 있다.

(9) 부곡동

부곡동(釜谷洞)이란 동명의 연혁은 어느 동보다도 오래되었으나, 그 유래를 밝힐 만한 기록을 찾지 못하고 있다. 일부에서 부곡(部曲)이 양민 및 천민의 집단마을인 향·소·부곡에서 비롯된 것이 아닐까 하는 견해가 있지만 위치상의 비정이 곤란하다.

부산지방에는 생천향과 4개의 부곡이 있었다. 그러나 이 중 생천향(生川鄕)은 현재의 대연동이고, 고지도부곡(古智道部曲)은 아치섬, 조정부곡(調井部曲)과 형변부곡(兄邊部曲)은 범어사부근, 부산부곡(釜山部曲)은 자성대 또는 좌천동 부근으로 거리상으로나 위치상으로 도저히 부합되지 않는다.

부곡이란 명칭은 가마고을을 한자로 표기한 것이며 부곡동에서 서동으로 넘어가는 산의 모양에서 비롯된 것으로 파악된다. 특히 기찰은 부곡동의 다른 별칭으로 사용되었는데 이는 『동래부지』관방조에 십휴정(十休亭) 기찰(譏察)마을이 있어 여기에서 연유된 명칭이다.

1976년 부곡동의 일부를 당시 동상1동(현 서1동)에 편입시켰으나 인구의 증가가 급격하여 1979년 1월 부곡1·2동으로 분동하였고, 1985년 부곡2동을 부곡2·3동으로 분동하였다. 1982년 법정동의 경계를 조정할 때 부곡동의 일부가 서동으로 편입 되었으며, 이때 행정동의 명칭과 경계조정이 있었는데 부곡1동의 일부가 명륜2동에 편입되었다.

(10) 장전동

장전동(長箭洞)은 『동래부지(1740년)』는 물론 이후 모든 읍지에도 북면 장전리(長箭里)로 기록되어 있는 것으로 보아 동(洞)의 형성은 일찍부터 이루어졌음을 알 수 있다. 1952년 상리(上里)인 장전마을과 하리(下里)인 소정마을을 합하여 장전동이라 하였다.

장전(長箭)동의 유래는 긴 화살이라는 뜻으로 금정산의 선안 죽전마을과 같이 화살대를 만드는 대나무가 많이 생산되어 붙여진 이름이라 한다. 장전의 전(箭)자는 이 지방 사투리로는 '서느대'라고 하는데, 우리나라 중부이남과 해안지방에 많은 바구니와 조리 따위를 만들기도 하고 담뱃대나 화살대를 만드는데 쓰이는 것을 말한다. 즉 장전은 『동래부지』의 군기조(軍器條)의 장전(長箭)·편전(片箭) 등을 만드는 곳이거나, 그 원료를 공급하는 곳이라 풀이된다. 장전동은 『동래부지(1740년)』·『동래부읍지(1832년)』·『동래군지(1937년)』에 모두 북면 장전리로 기록되어 있는 것으로 보아 일찍부터 이루어진 것으로 보인다.

1952년 자연마을인 장전마을과 소정마을을 합하여 장전동이라 하였다. 1970년 7월의 행정구역 개편으로 장전1∼3동으로 분동되어 오늘에 이르고 있다.

(11) 선동

선동(仙洞)은 조선시대부터 선동이라 불러졌다. 『동래부지(1740년)』의 방리조에도 동래부 북면 선동이라 기록되어 있다. 일제시대 때에는 선리(仙里)라고 불리다가 1966년에 선동으로 개칭하여 오늘에 이르고 있다. 선동은 두구동의 임석마을과 같이 선돌(立石)이 있어 이를 표지물로 동리 이름이 지어진 것이라는 설도 있다. '설뫼'를 입산(立山)이라고 부르는 것은 한자의 뜻을 취한 것이고, 선돌을 선동이라 한것은 한자의 음(音)을 취한 것으로 풀이된다.

선동에는 하정(荷亭)·상현(上賢)·하현(下賢)·신현(新賢)·신천(伸川) 등 5개의 자연마을로 구성되어 있는데 이중 하현마을은 1942년 회동수원지의 건설로 사라져 4개의 자연마을만 남아있다. 이 중 하정리는 조선시대 소산리(蘇山里)라 하였고, 여기에 역원(驛院)이 있었다. 당시 동래부 관내에는 소산역(하정)과 휴산역(휴산역, 연산동과 수영동 사이)의 2개의 역이 있었다. 『동래부지(1740년)』에는 북면 선동이라 하여 동래부에서 15리 떨어져 있다고 기록되어 있다.

일제 강점기 때에는 오히려 선리(仙里)라고 불리어왔으며, 1963년 직할시승격 때 부산시에 편입되어 북면출장소의 관할에 있다가 1966년 리제 폐지로 선동으로 바꾸어 오늘에 이르고 있다.

16. 기장군

<그림 169> 부산시 행정지도   <그림 170>기장군 상세도

조선초기 지방제도의 개편시, '기장은 군사적으로 경상도 연해지역으로 왜구 출입이 많은 곳이므로 기장 감무는 문무를 겸비한 자를 임용하자'(《태종실록》 권22, 태종 11년 7월 갑술조)라 하여, 지정학적 중요성이 강조되기 시작하였다. 그러나 선조 32년(1599) 동래에 병합되었다가, 그 후 광해군 9년에 현이 다시 설치되었음을 알 수 있다.

한편 일제는 효과적인 식민 지배를 위한 지방제도 개편작업의 일환으로, 1914년 4월 1일 부·군·면의 행징구역에 관한 통합정책을 대대적으로 실시함에 따라 독립된 행정구역으로 존재하였던 기장군은 결국 동래군에 편입되고 말았다.

해방 이후, 동래군에 속했던 기장면·일광면·장안면·정관면·철마면은 1973년 7월 1일 법률 제257호에 의해 경상남도 양산군에 통합되었다. 그 후 기장면과 장안면은 각각 기장읍과 장안읍으로 승격되었으며, 1986년 11월 1일 양산군 조례 987호에 의해 양산군 동부출장소가 설치되어 기장읍·장안읍·일광면·정관면·철마면을 관할하게 되었다. 그리고 1995년 3월 1일 행정구역 개편 때 부산광역시 기장군으로 편입되었다.

(1) 기장읍

기장의 옛 이름은 갑화량곡(甲火良谷)이고 별호(別號)는 차성(車城)으로 기장은 큰 벌이라 불렀고 큰 마을의 뜻이다. 갑화량곡이라는 옛 이름은 "가벌둔"이라고 하여 현대어로 "산에 둘린"이라고 해석하는 사람도 있고, "갓벌"이라 하여 "변두리 마을"이라고 해설하는 사람도 있다. 일설에 갑(甲), 가는 갓(邊)의 뜻이고, 화(化)는 "불"·"벌"로 발음하고 벌은 마을, 성을 뜻하므로 변두리 마을로서 변성(邊城)의 뜻이라고 한다. 모두 타당한 풀이로 생각되지만 갑화량곡은 "큰 마을"로 보는 것이 옳을 것 같다. 옛 지명에 갑(甲)은 크다의 뜻이고, 화(火)는 "불" "벌"로서 곧 마을이나 성을 뜻한다.

기장읍의 법정 마을로는 동부리·서부리·대라리·사라리·대변리·죽성리·연화리·시랑리·청강리·내리·만화리·신천리·교리·석산리·당사리 등 15리로 구성되어 있다.

(2) 장안읍

장안(長安)은 성내(城內)라는 뜻으로 잣안이 장안으로 바뀌었다. 서울을 장안이라 하는데 장안은 잣안이고 잣은 성(城)의 고어(古語)이고, 안은 안쪽 내(內)이다. 기장군 장안읍의 소재지가 되는 좌천리가 옛날의 성내이고 장안이다. 성을 뜻하는 고대어는 자·잣·재·

사로서 지금도 잣(城)이라 한다. 지명에 좌(佐)·자(自)·자(慈)·사(斯)·시(市)로 표현된 곳은 거의 성(城)이 있던 곳이다. 부산진성이 있는 곳을 좌천동이라 하는 것이 좋은 예이다.

좌천마을 서쪽 골짜기를 지금도 시리성골이라고 부르고 있다. 옛날의 성촌(城村)은 저재·저자라는 시장이 있었기 때문에 성촌을 좌안(佐內)이라 하였다. 좌천리는 옛날에 좌방(佐坊)이었는데 큰 마을이었기 때문에 동과 서로 구분하여 동쪽은 좌동(佐東)이고 서쪽은 좌서(佐西)라 하였으며, 좌서가 좌천(佐川)이 되었다.

좌천리는 북쪽의 명례리·월내리·임랑리에 있는 진영의 방비를 맡고 있는 성내가 된 것이다. 이처럼 북쪽의 변두리에 여러 성책이 있었고, 좌천리는 그 후방이 되는 안쪽에 있었으니 안마을이 되었다. 또 좌천리는 시장마을이니 저자마을이다. 그래서 좌천리를 옛날에는 잣안이라 불렀던 것은 분명한 사실이다.

장안이라는 지명은 1914년 3월 군·면의 정비로 기장현 상북면을 장안면으로 개칭하였다. 옛부터 장안이라는 말이 있었기 때문에 장안사라는 절 이름이 있었고, 절 이름에 따라 장안리가 있게 되었는데, 처음부터 좌천리는 장안이라 하지 않고 좌촌이라 표기하였다. 장안읍의 법정 마을로는 좌천리·좌동리·덕선리·용소리·기룡리·장안리·명례리·반룡리·오리·고리·길천리·월내리·임랑리·호암리 등 14리로 구성되어 있다.

(3) 일광면

일광(日光)의 명칭 유래는 일광산(日光山)에서 유래되었으며, 일광산이라는 매력적인 이름은 그 주봉되는 백두산에서 유래한 것이다.

이 산은 기장의 옛 읍성(邑城)이 있었던 곳의 진산이었던 것이다.

기장향교에 있는 남루상초문에 "일광산색탱천극(日光山色撑天極)" 이라는 글귀가 있다. 이것은 인조 6년(1638)에 지은 상초문이므로 약 350년 전이다. 그러므로 일광이라는 이름은 몇 백년 전부터 있었던 이름이다.

주봉은 백토(白土)로서 토박하여 풀도 제대로 자생하지 못하여 백토가 그대로 노출되어 있고, 백색(白色)의 화강석만 널려 있어 멀리서 보면 마치 백설(白雪)이 덮여 있는 것처럼 보인다. 그래서 후세 사람들은 백두산(白頭山)이라 하였다. 그런데 옛날은 산이 흰빛으로 보이니 흰빛뫼라 하였을 것이다. 흰빛 뫼를 이곳 방언으로 흰빛뫼→해빛뫼로 불렀을 것이다. 해빛 뫼를 그 뜻대로 해 일(日), 빛 광(光), 뫼 산(山)으로 日光山이라고 차훈표기를 하였다는 설도 있다.

일광면의 법정 마을로는 삼성리·학리·청광리·동백리·화전리·횡계리·용천리·문동리·문중리·칠암리·신평리·원리 등 13리로 구성되어 있다.

(4) 정관면

정관면의 이름은 소두방재(鼎冠嶺)에서 유래하였는데 소두방재를 정관령(鼎冠嶺)이라 하였다. 소두방재는 정관면 사람들이 동래(東萊)로 내왕하는 유일한 관문이었기 때문에 1914년 3월 군·면의 행정 구역 개정 때 정관면의 이름으로 정하였던 것이다.

소두방은 솥뚜껑의 이곳 방언이다. 이를 솥 정(鼎), 갓 관(冠)자로서 아주 멋있는 작명을 하였다. 소두방재라고 한 것은 재(嶺) 근처에 있는 매바우가 꼭 소두방처럼 생겼기 때문이라는 것이다. 그런데 그

매바우는 아무리 살펴보아도 소두방처럼 생기지 않고, 큰 바위가 산처럼 솟아 있을 뿐이다. 매바우를 옛사람들은 솟아 있는 바위(聳岩)라 하여 이곳 방언으로 솟은 방우→솟은 바우→소든 방우, 소두방이라 한 것이다. 그래서 소두방(聳岩)을 그 모양이 뫼처럼 생겼다 하며 뫼바위(山岩)라 한 것이다. 뫼바위(山岩)를 이곳 방언으로 매바우라 하기 때문에 한자로 매암(梅岩)이라 하였고, 그 아랫마을은 매곡(梅谷)이라 하였던 것이다.

옛날 매바우에 두루미가 살고 있었다 하여 소학대(巢鶴臺)라는 멋진 이름도 가지고 있다. 소두방재라는 본래의 이름은 용암령(聳岩嶺)이라는 뜻이 되니 정관면이라는 이름 역시 그 본래의 뜻대로 한자로 표기하면 용암면(聳岩面)이 되는 것이다. 정관면의 법정 마을로는 예림리·달산리·방곡리·매학리·용수리·모전리·병산리·두명리·월평리·임곡리 등 10개리로 구성되어 있다.

(5) 철마면

철마(鐵馬)라는 지명은 철마산(鐵馬山)에서 유래 되었다. 철마산은 쇠말산·샛말·소멀미 등 비슷한 속명이 있다. 옛날 이곳은 큰 홍수와 해일로 인하여 오랫동안 물속에 잠겨 있었는데, 미역 바위의 용굴에서 동해 용왕의 명을 받은 용마(龍馬)가 나와서 물을 다스리고 난 후 물이 없어 용마는 환궁하지 못한 채 햇볕에 말라 점차 굳어져서 작은 쇠말이 되어 최근까지도 그 흔적이 남아 있었기 때문에 쇠로 된 말이 있는 산이라 하여 쇠(鐵)·말(馬)·뫼(山)로 철마산이라 하였다고 한다.

철마산의 쇠(鐵)는 동(東)의 뜻으로 사용되고 있으며, 동풍(東風)을 샛바람이라 하고 있다. 말(馬)은 지명에 흔히 쓰이고 있는데, 일반적으로는 크다(大)의 뜻으로 해석되며 말의 뜻으로 해석 될 때도 있다. 철마의 마는 산령(山嶺)의 뜻이 되는 마루(嶺)의 뜻으로 해석된다. 산마루 마라(宗)·말(棟)·머리(頭)는 동계어(同系語)이다. 그러므로 말은 짐승을 뜻하는 것이 아니고, 마루의 뜻으로 영(嶺)이 되는 것이다. 따라서 쇠말산은 쇠(鐵)로 된 말(馬)이 아니라 이는 동쪽 산등성이라는 뜻으로 동령산(東嶺山)이 되는 것이다. 정관면의 법정 마을은 예림리·달산리·방곡리·매학리·용수리·모전리·병산리·두명리·월평리·임곡리 등 10개리로 구성되어 있다.

제 4 편

해양도시 부산이야기

1. 부산의 해안마을

개항 직전인 1864년 당시 동래부 지역구조에 대해, <대동여지도>를 통해 살펴보면 해안지역에 어촌들이 산재하여 분포하고 있었고, 내륙에서는 농업을 영위하는 취락들이 형성되어 있었다.

해안에는 몇 개의 어촌이 있었으며, 국방상의 요지에는 성곽이 있었다. 비교적 넓은 평지에 위치한 부산포는 동래 읍으로 통하는 요지였으므로 부산진성·자성대를 쌓고 첨사영(僉使營)들 두었다. 만입 내의 습지는 연 밭이 있었고, 현 범일동과 좌천동 부근에는 400여 호의 부락이 있었는데 그 주민은 백정·무당·천민들로 구성되어 있었다. 해안에 근접한 천마산·엄광산·구봉산·증산·황령산 등이 부산포를 둘러싸고 있었기 때문에 마비현·찌께골 고개(戶谷)·감고개(柿嶺)·구덕령·대티고개는 부산포와 주변 지역을 연결하는 통로였으며 복병산 주변에는 왜인의 묘지, 한국인 촌락 주변의 야산에는 한국인의 묘지가 많았다.

해안의 소촌인 용호·감만·우암·초량·남천동 등은 연안에서 패류와 해조류를 채취하거나 연안 어업에 종사하는 어촌으로서 주로 대구와 청어를 잡았다. 당시 청어의 어장은 초량 앞 바다에서 구룡포까지였으며 부산에서 여수까지는 대구어장, 청학동 앞 바다는 멸치어장이었다. 이러한 해안의 어촌과 달리 분개(盆浦-현 용호동)에는 염전이 있었다. 이곳은 이 고장의 대표적 소금 생산지였는데, 1910년 조선총독부 발행의 재정통계연보에 의하면 1909년 분개(盆浦)의 연간 제염능력은 444,206근으로 대단히 번성했으나 근대공장의 진출에 따라 쇠퇴하였다.

당시 하단포는 배후습지인 갈대밭을 끼고 있는 낙동강 수운의 첫 포구로서 부근의 명지에서 산출되는 소금과 낙동강 상류의 쌀이 거래되었으며 해륙 물산을 위탁하는 객주가 많은 상업 촌락으로 경부선 개통 후 구포의 상권에 위축당할 때 까지 대단히 번성하였다.

한편 1960년 이후 산업화와 더불어 부산에는 도시화가 급격히 진행되면서 서로 어울리지 않는 경관들이 혼재되어 있는 것을 자주 볼 수 있다. 산허리에 위압적인 아파트들이 불쑥 솟아 있는가 하면, 올망졸망한 단독 주택들이 가까이에 자리 잡고 있다. 또한 대규모 항만과 도로들과 같은 사회 간접시설들과 대형 주거 단지의 건설을 통해 자본 축적과 노동력의 재생산을 위한 도시 환경을 구축하였다. 그러나 이러한 도시 공간은 주거 공간의 부족과 교통 혼잡, 환경문제 등 심각한 도시 문제를 유발하고, 급속한 도시화와 산업화 과정에서 부산이란 해양도시의 자연마을들 중 상당수가 사라져 버렸다.

부산 지역에 있었던 자연마을 중 실체로서, 혹은 법정동 혹은 구 지명 등의 도시 경관으로 남아 있는 자연마을은 2004년 686곳에 이르는 것으로 조사되고 있다(<표 3> 참조). 중구·서구는 각각 2곳·9곳에 불과하나, 금정구나 사상구에 각각 49곳·41곳으로 적지 않

은 자연마을이 분포한다. 강서구와 기장군에는 각각 134개·201개
로 가장 많다.

<표 3>부산광역시 자연마을

구	마을수	구	마을수	구	마을수
중구	2	남구	18	연제구	17
서구	9	북구	22	수영구	26
동구	24	해운대구	34	사상구	41
영도구	17	사하구	29	기장군	201
부산진구	27	금정구	49		
동래구	36	강서구	134	계	686

* 참조 : 『부산지명총람』 색인집, 2004, 부산광역시.

강서구와 기장군에 위치한 자연마을의 경우 시가지가 확대되어
도시 속에 포섭되었으나 여전히 농촌 자연마을의 원형을 보이고 있
다. 이들 지역은 대부분 개발제한구역으로 묶여 있어, 개발이 제한
되었거나 사회 간접자본이 마련되지 못하였다. 이들 마을은 아직도
부분 농업을 하고 있으나 시장 환경의 변화에 대응하여 재배작물과
유통경로의 변화와 함께 마을내의 새로운 네트워크가 형성되어 있
다. 또한 어떤 마을에서는 도시 생활자들이 전원주택을 지어 입주하
면서 마을내 구성원의 특성이 변하여 과거 공동체의 성격이 변화되
기도 하였다.

그 자연마을 중 해안에 위치한 어촌의 경우 시가지에 편입되면서,
도시민의 소비양식에 대응하여 어촌의 기능을 변화시키며 마을을
유지하고 있다. 특히 기장과 녹산지역에 위치한 어촌에서 이와 같은
변화가 활발하다. 과거의 어촌 공동체에서 형성되었던 네트워크의
성격을 변화시키면서 과거 마을의 형태도 유지하고 있다.

여기서는 부산의 해안마을에 대해 자연 입지적 측면에서 크게 3개로 구분하여 부산항 주변 해안마을, 동쪽 해안마을, 서쪽 해안마을로 나누기로 한다.[11]

1) 부산항 주변 해안마을

개항 이전의 부산항 일대 지역은 해안선이 지금보다 훨씬 산지 쪽에 있었기 때문에 평지가 거의 발달하지 못하였다. 해안에는 어촌이 있었으며, 부산진성 주변에 비교적 규모가 큰 마을들이 존재하였다. 부산항 만입부 내 습지에는 연 밭이 있었고, 현재 범일동과 좌천동 부근에는 400여 호의 마을이 있었다. 매 4일과 9일에는 이곳에 장이 열려 쌀·보리·콩·삼베·무명 등의 곡물과 포목류가 주로 거래되었으며 부근에 있는 영가대(永嘉臺, 현재 범일동 성남초등학교 옆 철도변 일대) 아래의 선창에서는 일본으로 가는 사절의 배가 출항하였다.

전포 농막리(현재의 전포4동과 문현1동에 걸쳐 있었던 마을)까지 조수가 들어와 배가 정박했으나 토사의 퇴적으로 주변은 단순한 농촌 마을로 변모되었다.

<표 4>는 부산항 주변(중구·서구·동구·영도구·부산진구·남구)에 위치한 98개의 자연마을에 대한 기존 자료를 이용하여 입지 특성별로 유형화한 것이다. 총 98개 마을 중 해안에 입지하였던 마을은 21곳, 내륙에 입지하였던 마을 중 농업을 기반으로 하고 있는 마을은 51곳, 특수한 기능을 위해 형성된 마을이 19곳이다.

부산만은 수심이 깊으나 해안에 평지가 발달하지 않아 자연마을이 소규모로 발달하였다. 사빈해안에 발달한 어촌의 경우 제방위에

---

11) 부산광역시사편찬위원회, 『부산의 자연마을』제1권, pp.19—23, 2006.

가옥이 입지하며 암석해안에 형성된 어촌은 상대적으로 괴촌을 이루었다. 대부분 어업을 바탕으로 하고 있었으며 남구의 사분포 마을과 분개 마을은 염전생산을 기반으로 형성된 마을이었다.

<표 4> 부산항 주변 해안 입지 마을

입지유형	자연마을
어업	[서구](암남동)송도마을, 모지포마을, 암남리마을 [동구](초량동)매축지마을, 사량마을, 신초량마을, [영도구](남항동)개안마을, 석말추마을, (대평동)대풍포마을, (동삼동)중리마을, (봉래동)나릿가마을, (청학동)광암마을, (영선동)제2송도마을, [부산진구](전포동)밭개마을, [남구](감만동)모래구찌마을, 적기마을, (대연동)석포마을, (용당동)용당마을, (우암동)우암마을 (19곳)
염전	[남구](대연동)사분포마을, (용호동)분개마을 (2곳)

* 참조: 부산광역시사편찬위원회,『부산의 자연마을』제1권, p20, 2006

(1) 서구

현재 서구의 해안마을은 암남동에 송도·모지포·암남리 마을 등을 들 수 있다. 송도마을은 암남동 장군반도 동북쪽 송도 만에 위치한 해안 마을로 사빈 해수욕장을 중심으로 형성된 어촌 마을이었다. 일제강점기 해수욕장으로 개발되면서 기능이 변화되었다가, 해수욕장 기능이 쇠퇴되면서 어촌으로서의 자연마을은 소멸되었다.

모지포 마을은 송도 서남쪽으로 돌출한 반도끝 국립 동물검역소(옛 혈청소) 옆에 입지한 어촌이다. 마을 앞 포구를 일명 모치포·모짓개 마을이라고도 하였는데 마을 사람들 주장에 의하면 예부터 이곳 앞바다는 숭어가 다니는 길로 숭어어장이 형성되었다고 한다.

암남리 마을은 현재 암남동 일대의 중심 어촌으로서,『한국수산지』(1910년)에 의하면, 사하면 암남동에 인가가 89호로 부근에 사빈이 있어 저인망어업의 좋은 어장을 이루고 있고, 어선 10척, 저인망 2

통, 어전어장 6개소가 있다고 되어있으므로 마을 주민들은 주로 어업에 종사했던 것으로 유추된다.

<그림 171> 1984년 송도 어촌 풍경

*참조: 『정정회 사진집』, p.83

(2) 동구

동구의 해안마을은 매축지마을·사량마을·신초량 마을이 있었다. 매축지 마을은 과거 초량 일대의 매립지 위에 형성된 해안입지 마을이다. 사량 마을은 갈대밭에 입지하였다하여 그 지명이 유래되었으며, 일명 새띠 마을이라고도 하였다. 초량이란 지명의 '초(草)'는 갈대밭에서 유래되었다고 추정되고 있다. 신초량 마을은 이전에 부민동·토성동 일대의 지명인 구초량과 대비하여 지금의 초량동에 새로 생긴 마을에 붙여진 지명이다.

(3) 영도구

영도구에는 개안마을·석말추마을·대풍포마을 등 7개 지역에 어촌이 발달하였다. 개안 마을은 남항동 3가 옛 바닷가 해안을 매립하면서 갯벌을 메워 그 위에 형성된 마을이다. 갯바닥을 메워 만들어진 마을이라 하여 지명이 유래되었으며 50여 년 전까지만 해도 10여 호의 민가가 있었으나, 40여 년 전에 마을의 흔적이 없어졌다. 남항동의 해안에 위치한 석말추(石末湫) 앞 바다는 어장으로 유명하였다.

<그림 172> 1978년 영도 앞바다 어선들

* 참조:『정정회 사진집』, p.86

대풍포 마을은 현 대평동 끝자락에 있던 마을로 어선들이 풍랑을 피하기에 알맞은 포구로서 바람을 피해 대피하는 곳이라는 의미의 '대풍(待風)'이라는 지명이 부쳐졌다. 대구와 청어 등 어장이 유명하였으며 개항이후 많은 일본인들이 거주하면서 크고 작은 배를 수리하는 조선소가 번창하였다. 광복이후 대평동이란 지명으로 바뀌었다.

동삼동은 영도 동쪽 3개의 자연마을(상리·중리·하리)을 일컫는 지명으로서 상리마을은 가장 위쪽에 있는 마을이란 뜻에서 웃서발·상서렴 등으로 불렸다. 서발이란 조수 간만의 차이로 물 흐름이 빠른 해안에 긴 나무막대를 깔때기 모양으로 꽂고 그 안쪽에 그물을 설치하여 고기를 유인하던 원시어장의 일종으로 어장이 있었음을 알려주는 지명이다. 중리 마을은 수군의 절영도 첨사영이 1881년부터 1895년까지 있었으므로 중리를 절영도진 마을·진 마을이라고도 불렀다. 지금도 이곳 앞바다에는 해녀들이 잠수어업이 성하여 생선 횟집이 많다. 특히 광복이후 제주도 등지에서 이주해 온 해녀들의 잠수업이 성하여 사시사철 싱싱한 해산물로 유명하다. 하리는 동삼동 3개의 자연마을 중 가장 남쪽 아래에 있는 마을이란 뜻에서 유래한 지명으로 태종대 유원지 입구에서부터 태종대를 아우르는 넓은 지역으로 일찍부터 어업을 주업으로 마을이 발달하였으며 특히 태종대 앞바다는 갈치와 오징어(영도오징어) 어장으로 유명했다. 제주도의 해녀가 이곳으로 많이 이주해와 해녀조합인 <제주민 해업 보관회>가 조직되기도 하였으며 어촌계 활동이 활발한 지역이었다.

청학동 앞바다는 특히 멸치어장으로 유명했는데 이곳 부근 바다에 어장이 발달하여 마을이 형성되었다. 그 주변에 큰 바위가 있었는데 이 바위를 너섬방우·넉섬방우·넓섬바우·넙섬바우(바위)라고 하였고 이에 광암마을이란 지명이 유래되었다. 제주도 해녀들이 많이 이주해 와 어촌계가 형성되어 영도에는 청학 어촌계와 동삼어촌계가 바다를 공동 관리하는 등 바다에 나는 생산물을 계원 외에는 함부로 채취할 수 없게 하였는데 이는 해녀들이 역할이 컸다고 한다.

영선동에 있었던 제2송도마을은 부산보건고등학교(구 영도여상)에서 백연사 부근까지의 해안가에 있던 마을이다. 이곳에 소나무가 울창하여 경관이 뛰어나 마주 대하는 암남동의 송도와 대비하여 명명된 마을이다.

봉래동에 있었던 나릿가 마을은 영도대교 동쪽에 있었던 마을이었다. 1890년 지금의 중구와 영도 사이에 나룻배가 다니기 시작하면서 이곳 선창가를 중심으로 형성된 마을이었다. 1934년 영도대교가 건설되면서 마을이 쇠퇴되었고, 지명도 더 이상 사용되지 않고 있다.

(4) 부산진구

부산진구 전포동에 소재하였던 밭개 마을은 동천의 하류에 위치한 해안마을이다. 동천은 백양산에서 발원하여 성지곡 수원지를 지나 서면을 거쳐 남구 문현동과 자성대 사이로 지나 부산항으로 흘러드는 8km의 하천이다. 옛날에는 전포동 이곳이 하구가 되어 배가 들어와 정박하였다. 그러나 이후 토사가 퇴적되면서 농촌으로 바뀐 마을이다. 전포 지명은 밭개의 한자 지명이다.

(5) 남구

남구에는 모래구찌 마을 등 7곳에 어촌이 형성되어 있었다. 감만1동 285번지 일대에 있었던 모래구찌마을은 '모래'라는 단어와 입구라는 뜻의 일본말 '구찌'를 붙여 유래된 지명이다. 사빈해안에 발달된 어촌으로 어업이 소규모로 이루어졌다. 1970년대 후반 이후 연합철강과 8부두 등이 들어서면서 없어졌다.

감만동 일대 형성된 적기마을은 흙 빛깔이 붉다하여 유래된 지명이다. 적기라는 동명은 1980년대 초까지 불렸으나 1982년 감만동에 편입되면서 없어졌다.

대연동의 석포 마을은 일명 돌이 많은 포구라는 의미로 돌개라고도 불렸다. 석포는 천제등(현 부산공업고등학교 뒷산일대)과 전선등(현 남부운전면허시험장 일대) 사이에 있던 한적한 포구였다. 1950년대까지만 해도 비사등(부산박물관 근처)까지가 바닷물이 들어오는 포구였으며, 등하천에 선착장이 있어서 어선이 왕래했다고 한다. 지금도 교회, 교육기관 등에 석포 지명이 사용된다.

대연3동 부경대학교 대연캠퍼스 남쪽 바닷가에 있던 사분포 마을은 하천을 낀 포구에 입지하였다. 넓은 갯벌이 발달하여 천일제염을 하기에 적당하였다. 네 곳의 염전이 있다 하여 사분포 또는 사분개라 하였으며 이곳을 중심으로 발달한 마을이다. 용호동에 소재하였던 분개 마을도 염전을 중심으로 형성된 마을이다. 지금의 용호2동과 용호3동의 위쪽 부분, 옛 동국제강(지금의 LG 메트로시티)이 들어서 있던 지역 근처이다. 조선시대 이곳에 염전분이 24곳이 있었으나, 일제강점기에는 6곳의 염전구역으로 정리되었다. 당시 부산 일대의 대표적인 염전이었으며 이곳에서 생산된 소금은 경상도는 물론 강원도·함경도까지 판매되었다. 제조업과 식염행상에 종사하는 주민이 많았으며 어업은 자망으로 청어 및 대구를 어획하는데 불과했다. 광복 후에도 소금을 생산하였으나 도시화로 소멸되었다.

용당동에 소재하였던 용당 마을은 마을 형성 당시 포구였다. 한말부터 용당포에는 일본인 어업자의 이주 어촌이 형성되었다. 1908년 일본 야마구치 현에서 이주한 일본인이 15호, 60명 정도가 어촌을 형성하고 있었다. 『한국수산지』(1910년)에 의하면, 용당은 동래부 석남면에 위치한 주요한 어촌으로 인가는 82호이었다. 어업에 종사하는 자가 많고 자망어업이 가장 성행하였다. 어전 어장이 6개소가 있고 갈치 조업도 하였다. 주요 수산물은 청어·멸치·미역 등이다. 이들은 수조망어업·도미·붕장어의 연승 및 일본수조망 어업에 종사하였다. 광복 이후에도 주민들은 어업에 종사하였고, 약간의 농사를 지어 자급자족을 해왔다. 1964년 동명목재가 들어서면서 소멸되었으나 지명은 법정동 지명으로 남아 있다.

용호동의 자연마을 백운포는 남구 동쪽 해안 절경지로서 오륙도가 마주 보이는 앞바다에는 계절에 따라 고등어·전갱이·갈치·메가리·학꽁치 등이 많아 한 때 생선 횟집이 매우 많았다. 특히 오륙도는 대한민국의 관문이며 가장 큰 국제항구 부산항을 드나드는 각종 선박은 반드시 이 오륙도를 지나야하기 때문에 부산항의 상징이기도 하며 지금도 많은 낚시꾼들이 찾아오는 곳이기도 하다. 용호마을 선착장에는 유람선이 운행되고 있으며 용호어촌계에 등록된 해녀들이 오륙도 주변에서 매일 물질하여 채취한 싱싱한 자연산 해산물을 판매하고 있다.

현재 우암동의 제7부두 자리에 소재하였던 우암 마을은 포구에 입지하여 좋은 항구 기능을 하였다. 『한국수산지』(1910년)에 '우암포는 석남면에 위치한 주요한 어촌으로 인가는 20호 정도였다. 연안에 일본 수조망어선이 고기 잡으러 많이 온다'고 하였다. 도시화 이후 마을은 없어졌으나 동리지명으로 남아 있다.

2) 부산의 동쪽 해안마을

(1) 해운대구 해안마을

해운대 지역은 자연환경이 대부분 산지와 해안으로 구성되어 있어 해안가 자연마을은 수영강·석대천 등의 계류천 유역과 해안에 형성되었다. 1960년대 이후 급격한 도시화와 함께, 우리나라의 대표적인 임해 관광지로 조성되면서 매립 사업과 함께 어촌의 모습이 변화되었다. 부산의 대표적인 신시가지 조성을 통해 내륙의 자연마을은 도시 주거지속에 편입되거나 공업지구로 편입되었고, 도시고속도로(번영로)가 수영강을 따라 건설되면서 재송동과 반여동 일대에 있던 자연마을도 급속한 변화를 겪게 되었다. 현재 남아있는 자연마을은 2006년 기록에 의하면 모두 34개로서 그 위치 및 기능 등을 기준으로 농촌·어촌·포구촌·기능촌으로 분류할 수 있다.

조선시대 해운대구에는 인근에 좌수영이 가깝고, 기장군과 연해 있으며 사빈해안과 암석 해안이 조화를 이루는 어업 조건을 갖추고 있어 농촌·어촌 등의 다양한 모습의 자연마을이 있었다. 특히 조선 후기 해운대 일대 자연마을에 대해 정리한 것이 다음 <표 5>이다.

해안은 한반도 동남단의 대표적 바닷가로서 암석해안이 대부분이나, 해운대·송정 일대 지역에는 사빈해안이 넓게 발달했다. 수영만을 비롯해 미포·청사포·구덕포·동백섬·대섬 등이 있다. 동백섬 서쪽의 수영만에 연해 있는 해안은 과거 수영만의 어업 중심지였으며 수심이 깊어 선박의 출입이 가능하며 해안가에는 여러 포구가 발달하여 있다. 중동의 미포는 해운대 해수욕장 동쪽 끝에 있는 포구로서, 와우산이 바다에 몰입되면서 형성된 암석 포구로 곳곳에 암반이 넓게 나타난다. 청사포는 해운대와 송정사이에 위치한 포구로,

갯바위로 된 해안에 수려한 사빈이 펼쳐지고 배후에 송림이 우거져 해안 경승지를 이룬다.

해운대의 어촌은 수영만과 송정 일대의 해안에 입지하고 있다. 수영만 어촌의 경우, 중동과 우동에 분포하고 있으며 송정은 송정동 일대의 해안에 입지한다.

① 우동의 해안마을

우동은 조선 후기 동래부 동면 우리(右里)였다. 우리에는 장지·못안·운촌·승당 등 4개의 자연마을로 이루어져 있었다. 이 중 운촌·승당마을이 해안가 어촌 마을이다.

<표 5> 해운대구 자연마을 입지 유형

유형	입지 기반	구분	마을명
농 촌	석대천 유역	상류	(반송동) 반송리, 운봉, 본동, 신리
		하류	(석대동) 석대, 상리, 하리
	수영강 유역	중류	(반여동) 반여리, 고기등, 무정, 삼어리, 상리, 중리, 신촌
		하류	(재송동) 뒷골
	춘 천 유역	상류	(좌 동) 좌동 새실, 장산
		중류	(중 동) 중리, 대천, 오산
		하류	(우 동) 못안, 설분곡, 장지
어 촌	수영만		(중 동) 미포, 섬밭, 신기, 청사포
			(우 동) 운촌, 승당
	송 정		(송정동) 송정, 구덕포
기능촌	수영강 포구마을		(재송동) 재송포
	해운대 온천마을		(중 동) 온천마을

* 참조: 『부산의 자연마을』제3권, p.13, 2008

운촌마을은 해운대구 우1동 춘천천 하구에 위치한 어업 위주의 해안마을이었다. 옛날엔 동백교에서 운촌 삼거리인 솔리방(운촌마을 어귀에 40그루 소나무가 있는 솔잎바위)까지 모래해안으로서 고깃 배들이 정박해있었다. 1910년에 간행된 『한국수산지』제2집에 의하면, 운촌은 수영만 북동안에 위치한 동래부 동하면의 주요한 어촌 중의 하나였다. 어업은 멸치 분기망어업, 상어 자망어업, 넙치종어업, 채조업 등이 성행하였다. 이 마을 앞바다인 오륙도 수영만은 춘천천·수영강의 담수와 바다의 해수가 만나는 곳이라 어류 중 멸치가 많이 서식하는 황금어장이었다. 운촌 포구에는 멸치어선 20척과 어막이 있었다. 4월에서 10월의 멸치 철은 마을 사람들이 어막에서 멸치를 삶고 마른 멸치 가공에 분주하였다. 운촌 멸치는 부산 멸치의 70%를 차지하였고 동래시장의 특산물이었다. 멸치철의 수영만 밤바다는 밝은 화광(가스불)을 따라 몰려드는 멸치 떼들을 집어하여 망획하는 어업 법이었는데, 이때 오륙도 수영만 일대는 멸치 배들의 화광이 장관을 이루었다고 한다. 송림공원과 동백교 아래쪽에 지인망 후리어장이 있었다. 오션 타워 자리에는 1920년에 일본인의 양어장으로 5곳에 바다고기와 민물고기를 양식하였다. 수문을 만들어 춘천천에서 바닷물을, 운촌천에서 담수를 이용하였다고 한다.

1982년에 수영만을 매립하게 된 것은 1986년 아시안게임과 1988년 서울올림픽을 대비한 요트 경기장을 건설하기 위함이었는데, 동백교가 개통되고 오션 타워·그랜드호텔 등 대형건물이 들어서 급속히 개발되어 전통마을이 송두리째 사라져 가고 있었다. 해운대 시발지였던 운촌 마을은 바다 어장이 육지가 되고 어항도 없어지고 매립지에 고층 아파트가 들어서니, 고층 건축물속에 가려져 1995년 만 해도 좁은 골목길 사이에 수십여 채의 집들이 빽빽이 들어 선 그곳에 좌판시장 등, 사람 사는 냄새를 고스란히 간직한 100여 가구가 살았다. 그 후 젊은 사람들의 이주와 건설업체의 토지 매입으로 갈수록 자취를 잃어 지금은 첨단 고층아파트 단지 공간으로 남아 사라지고 말았다.

승당마을(현 동부올림픽 아파트 단지 일대)은 해운대구 우1동에 위치한 자연마을로서 해운로에서 동백섬으로 향하는 도로를 기점으로 위쪽을 내승당, 아래쪽을 외승당으로 구분한다. 이 마을은 사명대사(1544~1610년)가 수영구 민락동 백산사에 거처하면서 1601년 부산진성(현 동구 좌천동)을 수축할 때 외승당에 집을 지어 부역으로 나온 스님들을 거처하게 했다하여 붙여진 지명이다.

이 마을은 멸치후리어업이 성행했던 곳으로 백사장 한쪽 가에 어장막을 짓고 잡아온 멸치를 가공하였다고 한다. 1910년엔 일본인 오쿠보(小久保)가 이곳에 멸치후리어장막을 설치하자 운촌마을 어민 일부가 이주하여 오기도 했다.

그러나 일제강점기의 1940년 경 이곳에 군사비행장이 건설되었다가 광복이후에는 수영 비행장으로 명칭 변경되어 이용되어 왔다. 1976년 김해 국제공항 개장 이후, 컨테이너 야적장으로 이용되었다. 1983년 승당마을 앞 수영만 매립이 시작되어 요트경기장이 건설되고 외승당 지역에 1994년 재개발 사업으로 동부 올림픽 아파트 등 대단위 시가지가 형성되어 별천지가 되어버렸다. 1997년부터 부산시의 센텀시티 개발로 부산의 첨단도시로 탈바꿈하고 있다.

② 중동의 해안마을

중동의 미포마을(중1동 10·11통)은 해운대 해수욕장의 동쪽 끝에서 오산 마을과 달맞이길 아래쪽으로 형성된 자연마을이다. 해운대 동북쪽에 자리 잡은 와우산(臥牛山, 183m)을 장산에서 내려다보면 마치 소가 누워 있는 것 같이 보인다고 해서 와우산이라 불렀다고 하는데 이 와우산 꼬리 부분에 해당되는 지역의 갯가라고 하여 미포(尾浦)라고 지칭한 것으로 전해진다. 조그만 방파제가 있어 소형 어선들이 정박하고 있으며, 이곳에서는 아직도 일부 주민들에 의해 근해어업이 이루어진다.

미포마을 주민 대부분의 주업이 어업이었다. 미포항(尾浦港)은 소규모 어항으로 호황을 누리는 명소가 되었다. 지금도 50여 군데 횟집이 미포의 식도락을 대변하고 있다. 미역 양식업은 미역밭을 10여 가구에서 관리하고 있다. 미포 앞바다 양식장에서 생산되는 양식미역은 쫄깃한 미역으로 질과 맛이 일품이다. 미포마을 사람들은 재물을 모았다가도 일시에 망해버리는 일이 많은데 소가 꼬리를 털어 버리기 때문이라고 말해왔지만 그보다는 대부분이 운이 따라야하는 투기성 업종인 어업에 종사해 왔기 때문에 큰돈을 벌었다가 날렸다가 하는 일이 많았던 것 같다.

해운대 관광 활성화를 위해 부산지역에서 처음으로 1978년 10월부터 미포에서 오륙도간 관광유람선 운항을 통하여 낭만과 해상의 절경, 해수욕장의 넓은 백사장, 해안의 기암괴석 등의 관광을 즐길 수 있게 되었다. 해운대 관광유람선은 미포에 선착장을 두고 해운대 앞 바다에서 동백섬을 돌아, 남구의 절경인 이기대를 거쳐 신선이 노닐었다는 신선대 비경과 부산의 상징인 오륙도를 일주하는 코스로 소요 시간은 1시간 정도가 된다. 미포 마을은 바다의 수산업 풍속인 「풍어제 별신굿」을 음력 10월 보름부터 5일 동안 치렀으나 다만 시대 변천과 재정 부족으로 별신굿이 점차 사라지고 있다.

한편 중동의 새터마을은 원래 신기(新基) 마을이라 하였는데 한글 이름으로 바꾸면서 새터마을이라 하게 되었다. 달맞이길 해송교(海

松橋) 밑을 지나 청사포(青沙浦)로 따라 내려가다 처음 만나는 마을이다. 과거 청사포 마을에서는 혼인 후 분가하면서 마을이 확장되어 새로 형성된 마을이라 하여 지명이 유래되었다. 이 마을은 옛 부터 주업이 어업으로 조개랑 고동을 잡으며 살았던 사람들이 보금자리를 잡은 곳이다.

청사포(青沙浦) 마을은 중2동 530번지 일대에 자리 잡은 해안가 어촌 마을로, 해운대와 송정 사이에 있는 갯마을로서 동남쪽이 바다로 되어있어 농경지가 거의 없는 어촌이다. 동해남부선 철길을 사이에 두고 윗마을과 아랫마을로 분리되고, 아랫마을이 청사포이며, 윗마을이 새터[新基]인데, 요즘은 새터 마을이라 별도로 부르지 않고 청사포로 통칭하여 부른다. 청사포는 일출과 월출의 황홀경을 볼 수 있는 포구와 해안선이 아름답다.

이곳 횟집은 장어·조개구이가 유명하며, 주민들 가운데 상당수는 어업에 종사하고 있다. 청사포항은 지방어항이므로 100여명 어업인의 삶의 터전이자 50여척의 어선이 안전하게 정박하고 있는 보금자리이다. 어선은 4각 통발로 쥐치·잡어·도다리·방어 등 어종을 잡고 있다. 미역어장은 40헥타르의 넓은 양식미역밭을 20가구에서 운영 관리하고 11월~4월까지 채취한다. 청사포 앞바다는 물이 맑고 조류가 급물살로 이어져 미역 양식의 최적지로 쫄깃한 단맛을 가진 미역이라 선호도가 높다.

기장 미역은 원래 청사포 다릿돌 미역을 일컫는다고 한다. 다릿돌 미역밭은 조류가 빨라 쫄깃한 미역의 생산지라 서로 차지하려고 하였다. 1930년 다릿돌 미역밭 행사권 시비로 기장과 청사포와의 법정투쟁 끝에 청사포가 승소하여 청사포 몫이 되었다. 다릿돌 미역밭에서 생산된 미역 수입으로 매년 3차례의 당산제와 4년마다 개최하는 풍어제를

4백 년 동안 지내왔었다. 1964년 청사포에 미역가공 공장을 지어 다릿돌 미역(다시마·성게)을 대일 수산물 수출을 10여 년간 하였다.

수영강 하류의 재송포 마을은 농촌보다는 포구마을로서의 기능을 하였다. 지금의 재송동 남쪽 충렬로와 동해남부선의 철길 아래까지 옛날에는 배가 드나들었다고 전해진다. 재송1동 일대 골짜기의 옛 명칭이 조선골(造船谷)이라고 전해지기도 한다. 재송포는 수영강과 온천천이 합류되면서 쌓인 토사에 의해 메워졌고 일제강점기 때 이 충적평야의 인근 주민을 징용하여 1940년에 일본 군용비행장이 건설되었다.

③ 송정동(松亭洞) 어촌

송정 마을은 해운대구 동남단에 위치하여 해양성이 강한 기후로 원래 오른쪽의 백사장 쪽을 중심으로 형성되었다. 따라서 이곳을 송정 본동이라고 부른다. 1910년 간행된 『한국수산지』 제2집에 의하면, 송정은 기장군 남면에 자리 잡은 주요한 어촌이었다. 74호 가운데 24호가 어업에 종사하고 있었고 어선은 6척이 있었다.

연안 사빈은 부산·울진 사이에서 이름난 멸치어장을 형성하고 있어 멸치 지인망어업이 주요 어업이다. 이 외에도 잡어 주어업과 채조 어업도 행해졌다. 주요 수산물은 멸치·갈치·우무가사리·미역·녹각채·비료용 해조류 등이다. 연안의 멸치어장에는 일본인이 고기 잡으러 많이 왔었다.

송정 마을은 어촌계원 300세대가 어업에 종사하고 있던 송정포구 마을이다. 송정항은 지방 2종 어항(어선 20척, 총 50톤 이상인 항·포구)으로서 수십 척의 배가 안전하게 정박하는 연안어업의 기지이다. 겨울철에는 미역 양식을 주로 하고 다른 계절에는 광어·도다리·

갈치 등 고기잡이에 종사한다. 이 마을에는 예전부터 돌미역이 유명했다. 마을 앞 연안은 주민이 소유한 바위에 10월이면 실깃대로 잡초를 제거하는 작업을 하여 쫄쫄이 미역 생산이 증가하였다. 송정 쫄쫄이 미역을 알리고 사계절 관광지로 발돋움하기 위해 「송정미역축제」를 개최하고 있다.

송정동에서는 예전에 동제와 별도로 5년마다 별신(別神)굿을 지내오다가 최근에는 10년마다 풍어제를 지냄으로써, 마을의 안녕과 발전 그리고 어민들의 무사고 및 풍어를 기원하고 있다. 어촌계가 주동이 되어 풍어제를 지내지만 마을의 행사임에는 변화가 없다.

송정마을 앞에 있는 송정해수욕장은 사빈 길이 1.5m, 너비 50m, 면적 72,000㎡의 백사장으로 물이 맑고 수심이 얕으며 양질의 모래로 안전하게 해수욕을 즐길 수 있는 천혜의 피서지로 유명하다.

④ 구덕포 어촌(송정동 800번지 일대)

동해남부선 송정역에서 철길을 따라 해수욕장 쪽인 남쪽으로 계속 내려가면 송정공원의 끝부분에 위치한 어촌마을이다. 마을 앞에는 검푸른 동해 바다가 있고, 뒤에는 병풍처럼 산이 둘러싸여 있고, 바다를 생업의 터전삼아 양식업과 근해 어업을 주업으로 미역과 멸치를 많이 생산해 내고 있었다. 구덕포 마을은 취락구조가 길게 뻗어 오밀조밀하게 인심 좋게 모여 있는 단층짜리 가옥들, 어디를 둘러봐도 번지르르한 구조물 하나 없는 게 옛날의 어촌을 말해 주는 곳으로 횟집만 몇 군데 남아 있다. 구덕포 마을은 1998년 40여 호이었으나, 그 이후 송정과 다른 지역으로 이주하여 30여 호로 줄어들었다. 2000년부터는 외지인들이 주택을 매입하여 고층 건물로 재건축하여 횟집과 레스토랑, 슈퍼마켓 등이 있는 횟집마을이 되어 버렸다.

송정 후리어로작업(후리질)의 어장은 1920년대 쯤 광어골 굴다리를 경계로 하여 죽도와 구덕포쪽에 2개 어장이 있었다. 구덕포 후리어장은 후리어로 작업에 사용되는 갓후리그물류는 경사가 완만하고 해저가 평탄한 해안선이나 강, 호수에서 쓰는데 그물 입구가 육지 쪽을 향하도록 투망한 다음 그물이 육지까지 올라오도록 날개 그물 양끝에 달린 끝줄을 육지에서 당겨 조업하는 것으로 멸치·고등어·숭어·농어 등 연안성 어류를 대상으로 하는 재래식어구이다.

송정 후리어로 작업은 해운대구청 평생 학습도시 우수 프로그램으로 선정(2003년)되어 매년 송정해변축제(8월 초) 때 재현 행사를 하고 있다. 현재 양식업과 근해어업이 주업으로 미역과 멸치가 생산되고 있다.

(2) 기장군 해안마을

기장현으로 조선시대 독립된 행정단위이었던 이 지역은 북서쪽으로 험준한 산지가 달리고, 이곳에서 발원한 여러 하천들이 동남 해안으로 유입하고 있어 자연마을은 이들 계류 하천의 유역에 발달하고 있었다. 동남쪽에 길이 약 36km에 이르는 해안선을 따라 어촌마을이 형성되어 있었다. 1995년 부산광역시 편입 및 동부산권 개발사업 등으로 도시화가 급격히 진행되고 있다. 그에 따라 인구가 급격히 증가하면서 대단위 택지개발 및 아파트 건설이 활발해지면서 자연마을이 빠른 속도로 소멸되고 있다.

① 기장읍 해안마을

기장군의 해안에는 기장읍 대변리, 일광면 이천리, 장안읍 월내리 등에 소규모의 만이 형성되어있다. 동부의 대변포 동쪽 800m 해상에는 죽도가 있다. 이들 해안 지역에는 사빈 및 암석해안이 발달되어 있어 이곳에 해안을 따라서 대변리·연화리와 일광면 칠암리를 비롯해 곳곳에 어촌이 형성되어 있다.

기장 앞 바다는 바다 생물이 서식하기에 알맞은 수심과 해저지역으로 되어 있어 수산자원이 비교적 풍부하며, 이곳에서 생산되는 미역·멸치·갈치 등은 전국적으로 유명하다. 이들 해안지역에는 바다를 생활공간으로 하는 어촌들이 형성되어 있으며 특히 만입부에는 방파제등의 항만시설을 갖추어 비교적 큰 규모의 어항이 형성되어 있다. 일광면의 이동항과 학리항, 칠암항과 기장읍의 대변항이 대표적이다. 현재 기장읍에는 52개의 자연마을(기장군 전체 201개 마을)이 있는 것으로 조사되고 있다.

ⓐ 기장읍 대변리

기장읍 대변(大邊) 마을은 기장읍 대변리 350번지 일대에 있는 자연마을로 대변항을 중심으로 하여 좌우로 무양 마을과 나누어진다. 등대가 있는 쪽이 대변 마을이다. 대변마을 해안가에는 대변마을회관이 있고, 그 밖에 기장군수협 대변어촌계 사무소, 동부산농협 대변지소, 수협바다마트, 수협활어판매장, 울산해양경찰서 대변지서와 울산해양경찰서 대변선박 출입항 출장소, 부산동부수협 대변지소 등의 건물이 들어서 있다. 대변제일횟집, 대변관광활어회센터, 대변슈퍼 등 대변이란 이름을 사용하는 많은 건물들이 있다.

1914년 지방제도 개편에 따라 경상남도 기장군 읍내면 용암동과 무양동 일부가 합쳐져서 동래군 기장면 대변리가 되었다. 조선시대에는 대변포(大邊浦)라 불리던 곳이다. 이곳에 대동고(大同庫)가 있었다.

대동고가 있는 갯가라는 뜻인 대동고변포(大同庫邊浦)를 줄여서 대변 포라 불렀다고 한다. 광복 전후로 옛 대동고 옆에 소금막이 있었다. 이 제염은 바닷물을 이용하여 만들었다. 소금이 귀하던 시절, 김장철 이 되면 철마면 등 기장지역의 시골사람들이 소달구지에 김칫거리를 싣고 와서 대변바닷물에 배추를 절여서 가기도 하였다고 한다.

기장이라 하면 대변의 멸치가 연상되리만큼 멸치와 미역은 이 고 장의 대표적 특산물이다. 매년 4·5월에 개최되는 멸치축제는 대변 의 특산물을 널리 알려 지역경제의 활성화를 도모하고 있다. 동해안 에서 가장 큰 멸치어장답게 대변항에는 봄멸치와 가을멸치가 잡히 는 시기가 되면 각지에서 생멸치나 멸치젓을 사러오는 사람들로 붐 비고, 대변항을 감싸듯 늘어서 있는 좌판마다 kg단위로 통에 담긴 멸치젓이 쌓여 있는 것도 대변항만의 독특한 풍경이다.

대변항은 기장군에서 유일한 해양수산부(2008년 폐지)에서 관리하 는 국가어항이다. 어선의 안전정박 및 어획물 양육의 원활도모, 어민 소득 증대와 지역사회 개발의 기반조성을 위한 어항시설이 1994년 8 월부터 시작됐다. 마을 경제의 90%이상이 어업, 즉 바다를 생계로 하 고 있다. 주로 부녀자들은 해녀로, 좌판 노점으로 가계경제를 돕는다. 시집와서 지금까지 물질 (해녀)을 해 온 김영미(金英美, 여)씨의 말에 따르면, "옛날에는 광목으로 만든 물 적삼을 입었고, 바다에 들어가면 소라와 전복들이 지천에 널려 있었다. 해녀로 등록한 부녀자들은 60 명을 넘지만 물일을 생계로 하는 해녀는 이제 많지 않다"고 한다.

ⓑ 기장읍 시랑리 해안마을

공수(公須) 마을은 기장읍 시랑리 580번지 일대에 있는 자연마을 이다. 공수 마을의 옛 이름은 철새인 비옥포(非玉浦, 飛玉浦), 비오포

(飛鳥浦), 비오개 등으로 불렸는데 이는 철새인 비오리[紫鴛鴦]가 많이 몰려와서 생긴 것이라고 전한다. 다만 공수라는 현재 지명은 옛 지명인 비오개와는 관련이 없는 듯하다. 공수라는 이름은 마을 앞바다가 넓은 마당처럼 동네를 감싸고 있는 넓은 물터인 '공수(空水)'에서 비롯되었다고 생각하는 사람도 있다. 그러나 공수라는 지명은 이 마을에 있었던 공수전(公須田)에서 유래된 것으로 여겨진다.

기장 9대 포구(무지포·이을포·가을포·동백포·공수포·기포·독이포·월래포·화사을포)의 하나로서 어업이 발달하고, 특히 미역은 전국적으로 유명하다. 반농반어촌으로, 행정구역상으로는 기장읍이지만, 생활권은 해운대구 송정동에 더 가깝다고 할 수 있다. 마을 전체가 거의 정남(바다쪽)을 바라보고 앉은 모습으로 해안을 따라 사형(蛇形)으로 길게 마을이 형성되어 있다. 반농반어의 대표적 마을로, 마을 앞바다에서는 어업을 하고 마을 뒤편에서 농업을 취하는 지리적 형세가 갖추어져 있다. 어업의 대부분은 미역양식장이고 미역이 끝나면 다시마 양식으로 교체한다.

공수 마을은 곰장어 짚불구이 집성촌이다. 곰장어는 눈이 없고 징그럽게 생겨 과거엔 모두 버렸던 천덕꾸러기 신세였다. 150여 년 전 기장의 어른들이 춘궁기에 곰장어를 짚불에 던져 구워 먹으니 맛이 좋아 음식으로 본격 개발하게 되었다고 한다.

동암(東岩) 마을은 기장읍 시랑리 140번지 일대로, 시랑리 동쪽에 있는 마을로 연화리의 서암마을과 경계를 접하고 있는 이웃 마을이다. 동암 마을의 옛 이름은 대내(臺內)다. 공수마을 동북쪽 바닷가에 있는 시랑대와 오랑대 두 대의 안에 있다 하여 대내라 하였다고 한다. 1995년 부산광역시 편입으로 기장군 기장읍 시랑리의 동암 마을이 되었다. 마을에는 동암어촌계가 있고, 해안가에 동암청년회사무실, 사단법인 대한경신연합회 무속·민속지정연수원이 있다. KT 기장지점 시랑분기국사, 용궁사, 국립수산과학원 등이 이 마을에 있다. 현재 기장군의 대표적 외식타운으로 입소문이 자자해졌다. 주말은 복잡한 건 두말할 것 없고 평일에도 정오 때이면 도로가 복잡해 차소통에 어려움을 겪고 있다.

국립수산과학원은 1921년 5월에 수산시험장으로 창설하였다가 1999년 1월에 해양수산공무원교육원에 편입되어 지금에 이르고 있다. 1997년 5월 26일 수산과학관을 개관하여 해양보존 방법과 지식을 체계적으로 전시하여 미래해양 개발에 대한 흥미를 갖게 하며 모든 사람들에게 교육과 홍보, 수산정보센터로서의 역할을 하고 있다. 국립수산과학관 입구 옆으로 해동용궁사 입구가 있다.

동암 마을은 70%가 어업, 30%가 농업에 종사하는데 동부산관광단지 개발에 들어가면 농토는 거의 없어질 것이라고 한다.

ⓒ 기장읍 연화리

신암(新岩) 마을은 기장읍 연화리 136번지 일대로, 해안가에 있는 마을이다. 송정에서 해안도로를 따라 대변 쪽으로 가다가 나오는 서암마을 쪽의 진입로 입구에 「연화리횟촌」이라 쓴 큰 알림판이 서 있는데, 연화리횟촌이 기장군 지정 먹거리 마을임을 알리고 있다. 2001년부터 해마다 10월이면 붕장어 축제가 열린다. 군내 칠암 일원에서도 붕장어축제가 열리고 있어 행사의 질적 향상과 관광산업의 활성화를 도모한다는 취지아래 2004년부터는 기장 붕장어축제로 통합하여 격년제로 개최한다. 맨손으로 붕장어 잡기, 붕장어회 썰기, 붕장어 이어달리기, 요리경연대회, 바다통발체험 등 관광객이 직접 참여해 즐길 수 있는 다양한 체험행사가 마련되고 있다. 신암은 기장에서 가장 큰 포구다. 이곳은 예부터 수군영이 있는 변방의 요충지로서 옛 이름은 무지포인데, 무지포는 기장의 9대 포구(무지포·이을포·기을포·동백포·공수포·기포·독이포·월래포·화사을포)의 하나이다.

서암(西岩) 마을은 기장읍 연화리 370번지 일대로, 대변항에서 기장 국립 수산과학원 방면으로 조금만 가면 해안가에 있는 마을이 신암 마을이고, 그 옆 동네가 서암 마을이다. 서암마을 입구에는「서암횟촌」이라는 알림판이 서 있다. 1904년 간행된『경상남도 기장군 가호안』에 의하면, 당시 읍내면 서암동(西巖洞)에는 12 호가 살고 있었다. 집은 대개 초가 2~3칸 집이었다. 1914년 지방제도 개편에 따라, 경상남도 기장군 읍내면 신암동·서암동·무양동 일부가 합쳐져서 동래군 기장면 연화리가 되었다. 예전에는 반농반어의 경제활동을 하였지만 동부산관광단지개발로 인해 농업이 많이 줄고 어업과 관련한 분야에 종사하는 인구수가 점점 늘고 있다고 한다.

ⓓ 기장읍 죽성리

두호(豆湖) 마을은 기장읍 죽성리 200번지 일대로, 해안가 어촌마을이다. 마을 북쪽에는 원죽마을, 남쪽에는 월전 마을이 있다. 두호 마을의 옛 이름은 두모포(豆毛浦)다. 우리말로는 두모개라 부른다. 두모포는 옛 부터 연해 방어를 위한 군사 요충지였다.『세종실록』에도 두모포는 현의 동쪽 5리에 있는데, 수군만호가 지킨다고 하였다. 두호마을 사람들은 90%이상이 바다를 생계수단으로 하고 있고, 농업은 부수적이다. 미역·다시마·장어·문어 등이 주요 어업 생산물이다. 최근에는 횟집과 해안 길로 포장마차식 상점들이 점점 늘어나는 추세이다.

원죽(元竹) 마을은 기장읍 죽성리 20번지 일대로, 두호 마을의 위쪽에 있는 마을이다. 두호 마을에서 북쪽으로 죽성천 하류를 따라 마을이 형성되어 있다. 마을에는 죽성소나무횟집, 죽성짚불곰장어, 죽성실내포장 등의 죽성이란 상호를 가진 가게들이 많이 보인다. 마을의 옛 이름은 염분리(鹽盆里)이다. 소금을 생산하는 소금밭이 있는 곳에 마을이 형성되었다. 그 후 소금밭이 없어지자, 염분리라는 이름 대신 죽성(竹城)이라 불렀다. 1914년 지방제도 개편에 따라, 경상남도 기장군 읍내면 월전동과 두호동이 합쳐져서 동래군 기장면 죽성리가 되었다. 마을사람들의 대부분이 여타 어촌마을과 마찬가지로 어업에 종사하며 농사도 겸하는 반농반어의 마을이라고 말한다. 월전마을 입구 표지 석을 지나 언덕을 오르면 왼쪽에 숲길이 나 있다.

월전(月田) 마을은 기장읍 죽성리 380번지 일대로, 바닷가에 있는 마을이다. 월전 마을의 옛 이름은 달밭[月畉]이다. 마을 앞 포구를 달밭개라고 불렀다. 즉 달밭은 고전(高田), 산전(山田)이란 뜻이다. 달밭을 한자로 표기하면서 달 '월'자를 따서 월전이 되었다고 한다. 달밭개를 월전포(月田浦)라고 부른다. 기장현 읍내면 달밭개로 불리던 이 마을은 1895년 5월 26일 「을미개혁」으로 기장군 읍내면 월전동(月田洞)이라는 공식적인 동리명을 얻게 되었다. 1914년 지방제도 개편에 따라, 경상남도 기장군 읍내면 월전동・두호동이 합쳐져서 동래군 기장면 죽성리의 월전 마을이 되었다. 죽성리 왜성은 죽성리 마을의 뒤편 해안으로 진출하는 요지에 위치하고 있는데 부산광역시 지정 기념물 제48호(1999. 3. 9)로 지정되어 있다. 반농반어의 경제활동을 하고 있는데 경제활동의 50%로 어업의 비중이 가장 크고, 자영업이 20%, 농업 30%를 차지한다고 한다. 자영업도 대부분이 횟촌과 활어판매장에 종사하는 것이므로 80%이상이 어업 관련 종사자인 셈이다. 월전마을 바닷가에는 포장마차식 장어구이집이 즐비하고 활어판매상도 있어 싱싱한 횟감도 고를 수 있다. 주변횟집에서도 회와 새우구이, 장어구이를 저렴한 가격에 맛볼 수 있다.

② 장안읍 해안마을

장안리(長安里)는 상장안 마을과 하장안 마을로 이루어지고 있다. 옛 이름은 알 수가 없으나 아마도 장안사의 절 이름에서 따오지 않았을까 추측된다.

ⓐ 장안읍 고리

장안천 하류에는 고리의 화포마을, 월내리의 월내·택구방우·팔칸 마을 등이 있다. 고리의 화포 마을은 고리발전소가 건설되면서 지금은 없어졌다. 옛 이름은 아이포(阿爾浦)로서, 아이개 [아이+개]는 작은 개 [少浦]를 뜻한다. 이곳에 봉수대가 생긴 후로는 아이포라 하지 않고, 화사을포(火士乙浦)라 하였다고 한다. 봉수대가 있는 포구를 불살개라 하였고, 이를 한자로 표기하면서 화사을포(火士乙浦)가 되었다고 한다.

화사을포는 기장의 9대 포구(무지포·이을포·기을포·동백포·공수포·기포·독이포·월래포·화사을포)의 하나로, 화사을포를 줄여서 화포(火浦)가 되었다. 이후 봉수대가 없어져 화포라는 이름을 사용할 수 없게 되자, 화포 마을의 형태를 의미하는 고래개안 [고랫간]의 이름을 따서 고리(古里)라 하였다고 전한다.

1969년에 한국전력 고리원자력발전소가 우리나라 최초로 건설되면서 주민 없는 마을이 되어 이름만 남게 되었다. 이 마을 이름이 화사을포(火士乙浦)·화포(火浦) 등 불과 관계를 맺어 왔는데, 마침내 제 3의 불로 불리는 원전이 건설되었으니 참으로 기이한 인연이다.

1995년 3월 1일 부산광역시 기장군 장안읍 고리가 되었다.

ⓑ 장안읍 월내리

월내(月內) 마을은 장안읍 월래리 257-6번지 일대에 있는 자연포구마을이다. 월내리에는 사빈 해안이 형성되어 있으며 해수욕장으로 이용된다. 해안과 산지가 이어지는 선을 따라 마을이 형성되어 있다. 월내리에는 월내·택구방우·팔칸 마을로 구성되어 있다.

월내 마을은 동해남부선 철도의 월내역 부근에 있는 마을이다. 월내의 옛 이름은 월래(月來)이며 조선시대 이 일대를 월래포(月來浦)라 하였다. 이곳을 흐르는 장안천 하류는 월래천으로 불린 것으로 보인다. 월내를 지나는 월내천은 장안읍을 관류한다고 하여 장안천으로 불리기도 한다. 마을의 주업으로는 어업과 농업 및 큰 도로변의 상업이 주를 이루고 있다.

ⓒ 장안읍 임랑리

임랑(林浪) 마을은 사빈 해안이 발달하여 있어 해수욕장으로 이용되고 있으며, 임랑리의 중심이다. 마을에 당사가 두 곳 있다. 옛 이름은 임을랑(林乙浪)이다. 임을랑은 '임어란안'의 차음 표기이다. 한편, 마을 주민들은 마을에 숲이 우거지고 바다 물결이 아름다워, 수풀 '림(林)'자와 파도 '랑(浪)'자를 따서 임랑이라 이름 붙였다고 한다. 임랑리의 면적은 1.87㎢이며, 마을의 주업으로는 해수욕장을 끼고 있어 어업과 상업이다.

③ 일광면 해안마을

일광면의 해안마을은 삼성마을을 제외하면 대부분 해안 소하천의 계류 변에 형성되어 있다. 일광면 해안의 문동리·문중리·신평리·이천리·칠암리·학리에는 소하천이 바다로 유입되면서 이들 유역에 자연마을이 형성되어 있으며 대부분 어촌기능을 지닌다.

하천으로부터 유입 물질이 적어 사빈이나 자갈해안이 형성되지 못하고 대부분 암석해안으로 되어 있다. 윗마을의 주민들은 대부분 농사에 종사하는 반면 해안가의 주민들은 바다와 관련된 업종에 종사한다.

<표 6> 일광면 해안입지 마을

읍·면	법정리	자연마을	관련 하천
장안읍	효암리	효암	효암천 하류
	고리	화포	장안천 하류
	월내리	월내·택구방우·팔칸	
	임랑리	삼칸·원림·임랑·재치맥·팔칸	좌광천 하류
일광면	문동리	문동·새끝·해창	소하천
	문중리	문중·아랫끝·웃끝	소하천
	칠암리	아리끝·웃끝·칠암	소하천
	신평리	신평	소하천
	동백리	동백마을	동백천 하류
	이천리	이동	소하천
	삼성리	초전	일광천 하류
	학리	학리·풀막개	

*참조:『부산의 자연마을』제4권, p.54, 2009

ⓐ 일광면 삼성리

일광천이 바다로 유입하는 삼성리 일대에 초전 마을이 있다. 사빈해안이 발달되어 있으며 일광해수욕장으로 이용된다. 마을 안에 초전삼성회관이라는 회관이 있으며 민원실을 겸하고 있다.

삼성리는 삼성대에서 유래한 것이다. 삼성대는 삼성마을 남쪽 해변 일대를 일컫는다. 과거 지명은 샘대·샘섰대·세미성대·세성대였다. 샘은 약수터, 섰은 배를 매어두는 곳을 말한다. 샘섰을 이곳 방언으로 세미성이라 불렀다. 이 세미성이 한자로 표기되면서 삼성이 된 것으로 추정된다.

마을의 주업으로는 해수욕장이 위치하고 있어 민박, 횟집 등 서비스업종인 상업에 94%가 종사하고 있으며, 어가는 없고 농가는 6% 정도이다.

ⓑ 일광면 문동리

문동리에는 문동·새끝·해창 마을이 있다. 문동리는 소하천을 경계로 문중리와 구분된다.

문동 마을 아래쪽에 횟촌이 조성되어 있다. 문동은 문동(文東)·문서(文西)·문상(文上)·문중(文中)·문하(文下) 다섯 마을을 이루고 있어 문오동이라 불렀다. 문상 마을 동쪽에 있기 때문에, 문동(文東)이라 하였다고 전해진다. 이 마을은 문중 마을과 같이 미역·다시마가 주요 생산물이며 특구 지정·개발이 유리하고 배후지는 향후 주거 지역으로서의 지정이 예상되므로 입지적 중요성이 매우 큰 어항이다. 기장군에서 지정된 모범 음식점으로 횟집 2곳이 있다. 조용한 분위기 속에서 회를 즐기거나 한적한 해안을 거닐어 볼 수 있다. 마을의 주업은 어업으로 마을의 가구 중 어가가 60%, 농가가 20%를 차지하고 있는 어촌이다. 방파제, 물양장, 선착장, 호안시설이 잘되어 있고 선박 출·입항 대행신고소가 있다. 어촌계 소유 어업권은 복합양식어업, 마을어업, 구획어업(각망, 건망)이 있고 젓갈류로는 개인이 운영하는 문동 어촌계식품과 칠성농수산 등이 있다.

해창(海倉) 마을은 버릿개, 하납선창(下納船倉)이라고 부른다. 문동리 105번지에는 조선시대 나라의 조곡(租穀)을 보관하였던 해창(海倉)이 있어 마을이 번창하였고 이로 인해 속칭 해창마을로 불렀다고 한다. 해창횟집이 있어 이곳이 해창 마을임을 알 수 있다. 해창의 선창에 말뚝을 세워 배를 밧줄로 묶어 정박시켰는데, 그 줄을 '버리'라고 한다. 버리가 있는 포구라하여 버릿개라 불렀다.

ⓒ 일광면 문중리

문중리(文中里)는 기장 9개 포구(九浦) 중 독이포(秀伊浦)에 속했으며 문오동(문동·문서·문상·문중·문하) 중에서 가운데에 위치해 있다 하여 문중리(文中里)로 불렀다. 문중리에는 문중마을과 아래끝·웃끝마을이 있다. 해안가에는 횟촌이 조성되어 있으며, 어업도 성하여 어촌계가 조직되어 있다. 아랫끝 마을은 문중 마을의 아래쪽에 있는 마을이며 문중리 마을회관이 있다. 문중 방파제가 조성되어 있어 어항으로 이용된다.

문중마을은 문오동의 다섯 마을 가운데 중간에 있다고 하여 문중마을이라고 불렀다. 마을의 주업은 어업으로, 가구 중 농가가 15%인데 비해 어가(漁家)는 70% 이상을 차지하고 있다. 주요 생산물은 다시마·미역·운단 등으로 어가소득이 높다. 어업 위주가 되다 보니 예로부터 주변 마을인 문중·칠암을 포함하여 갯마을이라고 천시하였다 하나 오늘날 많은 인물들이 배출되었고 횟집과 양식어업 등으로 부촌이 되었다. 소규모 어항인 문중항은 이웃한 문동항과 여건이 비슷하여 같은 항이나 마찬가지다. 이 두 항이 합쳐 새로운 중동항이 됨에 따라 앞으로 정주항의 기능이 기대된다. 방파제에는 2002년 9월 높이 12.7m의 백원형 콘크리트조 등대가 설치되어 어선의 입·출항을 돕고 있다.

ⓓ 일광면 칠암리

칠암리에는 칠암·웃끝·아래끝 마을들이 있다. 칠암(七岩) 마을은 일광면 칠암리 1267번지 일대 7통 지역에 있는 자연마을로, 반(班)수는 6개이다. 마을 입구에「부산광역시 기장군지정 먹거리마을」,「부산광역시지정 칠암먹거리마을」이라는 큰 안내판이 있어 이곳에 대단지 횟촌이 형성되어 있음을 실감케 한다.

1904년 간행된『경상남도기장군가호안』에 의하면, 당시 기장군 중북면 칠암동에는 22호가 살고 있었다. 이 마을은 옛날부터 농토가 별로 없었다. 보릿고개 시절만 해도 일광면내에서는 생활이 궁핍했다. 마을사람들은 주로 미역밭(곽암:藿巖)에서 생산되는 미역으로 연명하는 처지였다.

1970년대 새마을운동과 함께 새로운 어촌 건설의 일환으로 방파제 시설의 확충과 함께 동력어선들이 늘어나자 붕장어 등 수협위판이 활성화 되었고, 1980년대에는 대대적인 호안매립으로 현대식 건물이 들어서는 등 횟촌이 조성됨으로써 부촌이 되었다. 어업기반시설로는 방파제 이외 물양장, 선착장, 호안, 파제벽, 선양장 그리고 항내준설로 항만관리가 양호하다. 어촌계 소유인 복합양식어업, 마을어업, 구획어업(건망) 등 3건이 있다.

칠암은 붕장어집산지답게 처음부터 장어회(아나고)로 이름난 횟촌이었다. 이웃한 문중 마을과 연계하여 먹거리타운을 조성한 것도 횟촌으로서 효과를 극대화 하자는 취지였다. 기장군이 지정한 모범음식점(생선회)만 해도 칠암이 7곳으로 가장 많다. 더구나 칠암횟촌 앞은 저자(시장)까지 형성됨으로써 주민들은 납새미·미역·다시마·성게·전복 등 건어물과 해산물로 짭짤한 재미를 보고 있다.

마을의 주업으로는 수산업이 주류를 이루고 있으며, 299가구 중

약 50%에 해당한다. 농업은 약 8%에 불과하고 나머지는 횟집 등 자영업을 하고 있다.

ⓔ 일광면 신평리

내륙의 신평못에서 내려오는 하천이 바다로 유입하는 신평리에 신평 마을이 있다. '새들'이라고도 하여 한자 지명으로 신평이 되었다. 새로 생긴 마을이라서 새각단 마을이라고도 불렀다. 문오동 가운데 문서동에 해당한다. 마을 주민들은 어업 관련업종에 종사하거나 내륙 쪽의 주민들은 농업에 종사한다. 어촌계가 형성되어 있다.

이 마을의 자랑거리는 신평~동백간의 수변공원으로서 2003년 부산광역시의 어촌웰빙 지원 사업으로 조성되었다. 산책로는 길이 250m, 폭 2m이다. 산책로가 시작되는 바닷가 큰 바위에는 '척사대(擲柶臺)'라는 속칭 윷바위(윷판대)가 있다. 윷판대의 홈(구멍)을 두고 임진왜란 때 두 장수가 함께 팠다는 전설이 전해오고 있다.

신평항은 소규모 어항이나 어업기반시설로는 방파제, 물양장, 선착장, 호안, 선양장이 있으며 필요에 따라 준설도 하고 있다. 방파제에는 2003년 11월 6일 홍원형 콘크리트조로 높이 11.8m의 등대를 설치하여 선박의 입출항을 돕고 있다. 물량장이 넓어 해안가를 차량이 마음대로 다닐 수 있으며 가로등이 설치되어 있어 가족단위로 야경을 즐길 수 있다.

ⓕ 일광면 동백리

동백리(冬栢里)라는 마을 지명은 옛날 송(宋)씨가 이곳에 정착하면서 그 후 사람들이 차츰 늘어나 마을이 형성되자 동구 밖에 동백정(冬栢亭)이라는 정자를 세우자 이에 유래하여 마을 이름이 생겼다고 한다.

1904년(광무8) 간행된 『경상남도기장군가호안(慶尚南道機張郡家戶案)』에 의하면, 32호가 살고 있었다고 한다. 집은 대개가 초가 2~4칸으로, 1914년 3월 1일 지방제도 개편에 따라 동래군 일광면 동백리(冬柏里)가 되었고, 1973년 7월 1일 동래군의 폐군으로 양산군에 속했다가, 1995년 3월 1일 기장군의 복군과 함께 부산광역시 기장군 일광면 동백리가 되었다.

동백(冬柏) 마을은 일광면 내에서 해안선 길이가 가장 길다. 도로가 마을을 관통함에 따라 갱빈 [물개]은 아랫각단, 도로 위는 웃각단이 되었다. 마을의 주업으로는 어업으로 미역, 다시마 육상종묘배양장과 넙치육상양식장이 있다. 주 생산물은 다시마·미역·말똥성게 등으로 소득을 올리고 있다. 이곳 해안은 청정해역인 데다 자연경관이 좋아 횟촌으로서 명성이 높아지자 미식가들은 물론 부산을 드나드는 전국의 명망 있는 인사들까지 이곳을 찾고 있다. 이 마을은 갯가바위가 즐비하여 예로부터 대왕몰(모자반)이 많이 생산되었다. 바다의 청소부라는 모자반은 비료가 없었던 시절에 토질을 개선하는데 효자노릇을 톡톡히 해왔다. 그래서 바닷가 사람들은 겨울이나 봄철이 되면 바다에 나가 모자반을 채취, 건조시켜 논이나 밭에 뿌렸다고 한다. 모자반은 갯바위가 있는 곳이면 잘 자라므로 문오동 [문동·문서·문상·문중·문하]에서는 이 마을이 대량서식처로 알려져 있다. 이 마을은 1960년대만 해도 모자반 채취를 단체로 하는 경우가 많았다고 한다. 마을 이장이 종을 치면 마을사람들이 일제히 낫을 지참, 배를 타고 나가 채취했다. 요즘은 농사 의존도가 낮아 거름으로 활용하는 사례가 적지만 앙장구(말똥성게) 껍질만은 예외여서 주로 밭농사용으로 활용하고 있다.

동백마을하면 돌밭을 연상하리만치 자갈이 지천으로 널려있어 애석가들의 발길이 잦다. 몽돌로 자연호안이 형성되어 파도가 밀려들 때마다 자갈 구르는 소리가 신비를 자아내곤 하였으나, 최근 해안매립으로 이러한 모습들이 점차 사라지고 있어 안타깝다.

⑧ 일광면 이천리 이동마을

이동(伊東) 마을은 일광면 이천리 1198번지 일대 23통 지역에 있는 마을로, 이동항을 중심으로 형성된 어촌이다. 대부분의 주민이 어업에 종사하여 전형적인 어촌 경관을 보여준다. 상류에서 흘러 내려오는 계류천의 운반작용에 의해 자갈해안이 형성되어 있다. 기장의 9포 가운데 하나이다. 해안도로 주변에 어촌계수산이라고 쓴 2층 규모의 마을회관이 있다. 횟촌이 조성되어 있는 큰 마을을 이루고 있다.

1904년 간행된 『경상남도기장군가호안』에 의하면, 당시 기장군 동면 이동 마을에는 24호가 살고 있었다. 보릿고개 시절만 해도 빈촌이었으나 1970년대부터 미역에 이어 다시마까지 대량생산됨으로써 소득이 높은 마을이 되었다. 1980년대만 해도 기장미역이라는 브랜드로서 대일 수출에 앞장섰으나 값싼 중국산에 밀리면서 대부분 폐업하고 삼기물산이라는 수산물가공업체만이 유일하게 1981년부터 염장미역을 생산하고 있다. 어촌계원들은 품질향상과 판로개척을 위해 해조류 양식협회를 조직하여 권익을 옹호하고 있다. 양식기술의 발달로 넙치 이외 전복·우럭까지 확대함으로써 기장군 양식어업의 선도적 역할을 담당하고 있다.

이 마을은 넙치육상축양사업의 발상지로, 마을에는 현재 12개의 축양장이 밀집되어 축양사업의 온상지가 되고 있다. 청정지역이어서 횟감으로 각광을 받고 있고 일부는 일본에 수출되고 있다. 어업기반 시설로는 방파제, 물양장, 호안, 선양장을 갖추고 있다. 방파제에는 2002년 9월 25일 홍원형 큰크리트조로 건립된 높이 12.7m의 등대가 있다. 어업인회관은 2002년 건립한 현대식 건물로 1층은 수산물 판매장, 2층은 어업인 휴게실, 3층은 어촌계 사무실로 사용하고 있다.

ⓗ 일광면 학리

일광해수욕장 동쪽의 해안에 있는 학리에 학리 마을과 풀막개 마을이 형성되어있다. 학리의 옛 이름은 항곶이(項串), 항구지(項串浦)이다.

학리(鶴里) 마을은 일광면 학리 1301번지 일대 1통 지역에 있는 자연마을로, 전형적인 어촌마을로 조상대대로 고기잡이와 농사를 지으며 일광해수욕장의 왼쪽 바닷가에 있다. 일광 8경에 학포범선(鶴浦帆船)이라 한 것은 1970년대 해질녘 학리 포구에서 돛단배가 붉은 낙조 속으로 흰 돛을 올리고 무리지어 출어하는 광경이 장관을 이룬다는 뜻에서다. 방파제가 건설되어 있고 전형적인 어촌 마을경관을 유지하고 있다. 가옥의 형태도 농촌에 비해 규모가 작다. 어촌의 마을 안쪽의 주민들은 농업을 겸하기도 한다. 마을의 주 생산물은 미역·다시마·장어·운단·넙치 등이며 횟집이 늘어나 갈치회·잡어회·장어구이 등 각종 해물을 맛볼 수 있다. 최근에는 별미로 아귀찜이 성행하고 있다.

3) 부산의 서쪽 해안 마을

부산의 서부, 북구·사상구·사하구·강서구는 낙동강 및 남해에 연해 있는 지역으로 1960년대 산업 개발과 함께 많은 변모를 겪은 지역이다. 이 지역의 중심을 흐르는 낙동강은 동쪽의 산지에서 발원한 여러 계류천이 낙동강 좌안으로 유입하여 북쪽에서부터 대천천(大川川), 덕천천(德川川), 대리천(大里川), 학장천(鶴章川), 괴정천(槐亭川) 등 5곳에 지방 하천이 흐른다.

조선시대에는 이곳에 나루터가 있어 김해 등의 인근 지역뿐만 아니라, 한양으로 이어지는 물길이 시작되었던 곳이다. 동원진, 구포 등에 큰 규모의 나루터가 있어 물산의 집산지가 되었다. 일제강점기 때인 1930년대 낙동강 연안에 인공제방을 축조하면서 과거 자연제방에 있었던 취락들은 제방 안쪽으로 이전되었다.

1960년대 이후 산업화시대에 부산이 수출 거점이 되고 1975년 낙동강 연안에 사상공업단지가 건설되면서 이 지역은 큰 변모를 겪게 되었다. 부산 도심의 곳곳에 흩어져 있는 공장을 한 곳에 모아 새로운 공업 용지를 공급하기 위해 낙동강 동쪽의 저습지가 매립되었다. 그러나 이곳은 처음부터 계획적으로 조성된 단지가 아니라 일반 시가지로 개발되었기 때문에 공업 지역과 주거, 상업 지역이 뒤섞여 심각한 도시문제가 발생되었다. 이에 따라 낙동강 서쪽의 녹산 공업단지와 함께 남쪽에 신평장림공업단지를 조성하였다. 공업단지를 조성하는 과정에서 하천의 유로가 직선화되거나 복개되고, 도로들이 건설되면서 이곳 마을의 환경은 크게 바뀌게 되었다.

여기서는 사하구 및 강서구의 해안 마을들에 대해 살펴보고자 한다.

(1) 사하구의 해안마을

사하구의 마을은 괴정천과 중심부의 장림천, 인근 산지에서 해안으로 유입하는 산록의 소계류천 유역에 형성되어 있는 것이 특징이다. 괴정천 상류에 괴정동, 하류에 하단동과 함께 승학산 남쪽 사면의 말단부에 당리동의 마을이 있다. 장림천 유역에는 신평동과 장림동의 마을이 있다. 구평동과 다대동 및 감천동의 마을들은 대부분 이곳에서 발달한 산지에서 발원한 계류천 유역 및 해안가에 입지하고 있다.

① 감천동 해안마을

감천동은 천마산(325m)의 서쪽과 남쪽의 산록에 위치한다. 감천에는 감내포가 있다. 왼쪽과 오른쪽에 대한해협으로 뻗어나간 송도반도(松島半島)와 두송반도(頭松半島) 사이의 좁고 긴 포구로 일찍부터 천연의 항구로 이용되어 온 곳이기도 하다. 본래 이 포구는 깨끗한 모래와 자갈들이 깔린 한적한 해안이었으나, 1962년도에 부산화력발전소가 건설되면서 옛 모습을 찾을 수 없게 되었다. 특히 최근에는 이곳이 부산항의 보조항(감천항)으로 개발되면서 현대적인 항만으로 바뀌었다.

감내포는 고려시대에 부산포와 다대포로 오가는 뱃길의 길목 역할을 한 곳으로 왜구의 출몰이 잦았고, 조선시대에는 천마산성과 서평포진 사이의 요지로서 바다에 출입하는 배와 사람들을 검문하는 수문의 구실을 한 곳으로 알려지고 있다.

원래 이 만은 청어·고등어·멸치 등이 많이 잡히는 어장인 소금골어장, 호수암 어장이 있었다. 마당더기 어장은 지금의 감천만인 감내포 앞에 자리 잡고 있었던 어장으로 감천항이 개발되기 이전만 하더라도 멸치 등의 많은 양의 물고기가 잡히던 곳이기도 하다. 조금몰 어장은 감내포 앞에 자리 잡고 있었던 조금몰래개의 어장이다.

감천동 주민 대부분이 20~30년 전만해도 거의 멸치 지인망어업에 종사했던 사람들이다. 감천항 앞바다에는 여러 개의 어항이 형성되었던 곳이다. 그러나 지금은 감천항에서 선박수리 때 흘러나오는 기름 등으로 인하여 어장은 거의 황폐화 되어 이름만 전할 뿐이다.

이곳은 한국 근현대사의 생활 모습과 흔적을 그대로 간직하고 있는 역사의 현장이기도 하다. 한국전쟁 피난민들이 산비탈면을 계단식으로 활용하여 지은 판자촌이 증개축되면서 횡적으로 골목길을 형성하여 도심 속에서 특징 있는 경관이 보존되어 있다. 가옥들은 상부상조하는 정서와 따뜻한 인정을 보존하는 의미에서 파랑, 하늘, 분홍, 민트, 노랑 형형색색의 페인트가 벽마다 칠해져 있는 직사각형 집들도 되어 있다. 최근 이곳에는 마을 디자인의 개념이 도입되었다. 비탈면에 다닥다닥 붙어 있는 모습이 이국적인 '하늘(공중)도시' 마추픽추의 이미지를 떠올리게 하여 '꿈을 꾸는 부산의 마추픽추'라는 이름으로도 불리고 있다. 이는 도심의 재개발이나 재건축이 아닌 새로운 개념으로 낙후된 달동네를 재생할 수 있다는 목표로 진행되는 것으로 그 추이를 세심하게 주목할 필요가 있다.

② 구서평 해안마을

구서평은 구평동의 본동 마을로 감천만의 서안에 위치하여 조선 초기부터 만호영인 서평포가 설치되었던 군사상의 요충지였다. 뒤에 성포 [성개] 에 축성이 되고 이곳을 서평진이라 부르면서 원래의 서평은 구평이 된 것으로 보인다. 서평진은 다대진과 더불어 동서 양익을 이루는 해륙의 요충지라고 할 수 있다.

1910년에 편찬된 『한국수산지』 제 2집에 의하면, 당시 구서평포에는 50호가 살고 있었는데 어선 7척, 어선어장은 8개소가 있었다고 한다. 주요 수산물은 청어·대구·갈치·조기·붕장어·객장어·우무가사리·미역·김 등이 있었다.

서평진영 성지는 1966년 극동철강 공장 신설로 거의 파괴되고 말았다. 이곳은 어촌마을이기 때문에 당집이 있었고 산신도를 걸어둔 신당이 있었다. 1977년 해안도로 정비와 함께 구평동 어항도 정비되었고 감천만항구가 부산의 제3 항구로 건설되어 전망이 밝다.

③ 다대포 해안마을

다대동은 낙동강하구에 자리 잡고 있어 예부터 국방 요새로 조선시대에는 다대포첨사영(多大浦僉使營)이 있었던 곳이다. 다대포는 일본 측 사서에 자주 나오는 것으로 보아 한일교류의 요지였음을 알수 있다. 조선후기 이후 군사적 기지 등으로 보아 상당히 큰 촌락을 형성하였음을 알 수 있다.

다대포 서쪽에는 몰운반도, 동쪽에는 두송반도가 있어 만구(灣口)의 폭이 1km 정도이며 수심이 5~7m 밖에 안 되는 아담한 해어장(海漁場)이라 하겠다. 다대포는 지리적으로 좋은 포구의 조건을 갖추어 다대포 또는 다대만으로 일컬어지고 있다. 앞바다에서는 멸치가 4월에서 7월까지 많이 잡혀 지예망(地曳網) 어업이 성했다. 이곳에서 잡은 멸치를 마른 멸치로 만들어 남포동의 객주 및 전국 각지로 내다 팔기도 하고, 젓갈로 담아서 팔기도 했는데 그 멸치젓이 1940년도까지도 유명했다.

해안 쪽에는 매립되어 항구로 개발되었고, 이곳 다대포항은 국제여객부두가 조성되었다. 2002년 부산 아시안게임 기간에 북한 응원단이 타고 온 만경봉호가 다대포항에 정박한 곳에 통일을 염원하고 기념하기 위해 사하구청이 58억여 원의 예산을 들여 국제여객터미널 인근 9928m² 부지에 들어선 '통일아시아드공원'은 부산 아시안 게임의 성화를 형상화한 높이 10m의 '빛 기념물'과 강화유리에 한반도기와 핸드 프린팅을 새겨 넣은 '만남의 벽', 운동시설 등을 갖추고 있다.

다대포 해수욕장은 새모기마을 서쪽지역으로 낙동강 하구에서 동쪽에 있는 몰운대에 이르는 약 0.4km로 해안 백사장의 면적은 53000m²이다. 낙동강 상류에서 밀려 내린 양질의 좋은 사질이 옛날에는 섬이었던 몰운대를 육지와 이어지게 만들었다. 또한 천연의 백사장을 가진 해수욕장은 휴양지로서 각광을 받고 있다. 이 해수욕장 인근에는 넓은 백사장 만큼이나 유명한 부산의 절경중의 하나인 몰운대가 있다.

④ 장림동 해안마을

장림동은 장림천 유역에 있는 안장림과 바깥장림 및 낙동강 하류의 보덕포(부득포 또는 비득포)로 구성된다. 바깥 장림은 농업을, 안장림은 어업을 주업으로 하여 반농반어의 성격을 지닌 마을이었다. 『경상도속찬지리지』(1469)에는 이곳에 염전이 있었다는 기록이 남아 있다.

안장림 바닷가 포구는 한때 어장으로서 각광을 받았던 곳으로 멸치와 고기잡이가 활발했던 곳이다. 특히 개항이후 장림동은 김 생산지로 유명했으며 일제 강점기에는 일본사람들이 건너와서 김양식으로 많은 수익을 올렸다고 한다. 장림과 홍티에서 생산된 김은 '장림김'으로 특산물이 되었는데 바닷물과 강물이 만나는 곳에서 생산되었기 때문에 그 맛이 독특하여 부산지방 김의 대명사처럼 여겨지기도 하였다.

⑤ 하단동의 해안마을

하단은 괴정천이 낙동강과 합류하는 일대에 형성된 마을이다. '하단'이란 지명은 낙동강 제일 아래쪽이라는 뜻인 아래치 또는 끝치라는 데서 유래되었다고 전한다.

이곳은 낙동강 하구에서 번성하였던 포구였다. 일찍부터 수산물의 거래가 활발하여 5일장인 하단장(5・10일)이 열리고 있었다. 당시 상인들은 인근 명지(鳴旨)에서 생산되는 소금을 싣고 삼랑진・왜관・상주로 드나들며 나락과 교환했다. 하단포에는 볏섬을 사들여 도정(搗精)하는 객주업이 발달하였고, 소금 노적가리가 곳곳에 쌓여 있었다. 1892년 7월 처음으로 기계 시설에 의한 부산정미소(釜山精米所)가 생겼다.

하단에서 장림 일대에 이르는 강변은 김 생산지로 유명하였다. 주민들은 낙동강과 남해안 연안을 중심으로 어업에 종사하는 사람도 많았고, 하단 선창가에는 낙동강의 유명한 도다리와 꼬시래기회 등을 파는 횟집도 많았다. 그러나 낙동강의 토사로 인하여 모래가 퇴적되어 하단포가 포구로서의 기능을 상실하면서, 어업과 횟집에 종사하는 사람들이 줄었다.

1983년 4월 23일 준공된 낙동강 하구둑은 낙동강 하류 유역의 급증하는 생활용수, 공업용수, 농업용수를 공급하는 것이 주목적이었다. 그러나 하구 둑으로 인하여 낙동강의 수질이 오염되면서 이곳의 명물인 재첩 재취나 각종 어종의 피폐를 가져왔다.

(2) 강서구의 해안마을

강서지역은 자연 환경이 다양할 뿐만 아니라 역사적으로 조선・

일제강점기를 거쳐 현재에 이르는 기간에 많은 변화를 겪었기 때문에 마을의 성격은 매우 다양하였다. 그 입지별로 마을을 분류하면 평야입지 마을이 51곳(36.1%)으로 가장 많았으며 주로 대저도에 분포한다. 하안 입지 마을은 42곳(29.8%)으로 주로 대저도의 낙동강하안에 분포한다. 산록입지 마을은 25곳(17.7%)이며 주로 서낙동강 우안의 가락과 녹산 지역에 주로 분포한다. 해안 입지 마을은 23곳(16.4%)으로 주로 남해 연안과 가덕도에 위치한다. <표 7>를 참조하면 해안입지 마을로는 남해안 연안지역의 명지도·송정동·화전동·신호동 일부 지역과 가덕도를 들 수 있다.

<표 7> 강서구 해안입지 자연마을

위치	(법정동) 자연마을 지명
남해안	(명지동 명지도) 동리, 영강, 진동, 하신, (송정동) 송정, (화동) 사암, (신호동) 신호
가덕도	(눌차동) 내눌, 외눌, 정거, 항월 (대항동) 대항, 세바지, 외양포 (동선동) 동선, 생교동, 동선 세바지 (성북동) 성북, 선창, 율리, 장항, (천성동) 천성, 두문

강서지역은 남해안에 연해 있어 어업을 기반으로 하는 해안 입지형 마을이 적지 않으며 특히 가덕도에 많이 분포한다. 주민은 과거에 어업을 주업으로 하였으나 해안가매립 등으로 경제 기반이 변하고 있으며, 일부는 농업에 종사하여 반농반어인 성격을 지니기도 한다.

① 명지동
남해안 연안의 해안마을 명지동에는 자연마을 동리·영강·전등·하신 마을로 이루어진 해안입지 마을이다. 명지의 강변에는 어디에나 제염업이 성행하였다고 전하나 소금밭의 불황으로 지금은 찾아

볼 수 없다.

동리 마을((명지동 13통)은 명지도 동남쪽 낙동강 하류에 있는 마을로 진동 마을 위쪽, 조동 마을 동쪽에 있어 동리(東里) 지명이 유래된 것으로 전해진다. 마을 남쪽은 지대가 높아 무덤이 많아서 '묘동'이라 불렀다. 예부터 어업에 종사하는 주민이 많았으나 낙동강 하구둑 건설 이후에는 어업이 비교적 부진해지면서 영강·하신 마을과 함께 김 양식이 성행하여 마을 특산물로서 국내는 물론이고 외국에까지 수출하여 많은 호평을 받았다고 한다. 또한 낙동강을 따라 왕래하는 화물선의 포구로서 유명하였는데, 현재는 어업과 밭농사가 절반인 반농반어 마을이다.

영강 마을(명지동 10통·23통)은 낙동강 하류에 있는 마을로 바다로 나가는 길목인 이 마을은 과거에 동문이라고 불렀으나 광복 후에 영원히 평안하게 해달라는 뜻을 가진 영강(永康)이란 지명으로 개칭하였다. 이 마을은 옛날 포구가 있었던 낙동강 하구에 열린 작은 포구였다. 강으로 오르내리는 상거래 소금배도, 한 철 장사를 하고 내려오는 배도, 바다로 고기잡이 떠나는 배도, 전부가 이 포구에 닻을 드리웠다. 그러나 마을 앞으로 대로가 크게 열리면서 영강교가 가설되고, 다리 밑으로는 길이 뚫리어 낙동강변을 끼고 조선소와 모래채취 운반선, 불럭 제조업, 최근에는 러브호텔이 다투어 들어서면서 새로운 풍경을 연출하고 있다. 그리하여 영강지역 옛 포구 자리는 육지로 변해버렸다.

진동 마을(명지동 14통)은 명지도의 가장 남쪽 바닷가에 있는 마을로서 영강·동리 마을과 함께 바닷가에 접하고 있다. 진동마을 동쪽에는 동강(東江)이라는 염전이 있었고 명지동의 최남단 서쪽 모래톱에는 해티 밭 염전터가 있는 것으로 보아 옛날에 이곳 일대가 왕성한 염전 생산지대인 것으로 추정하고 있다. 언제부터 명지도(鳴旨島)에서 소금이 생산되었는지는 기록을 접할 수가 없어 알 수 없으나, 조선조의 태조는 왕위에 오르자 그 때까지 사유화 되어 있던 각지의 염전을 모두 관유(官有)로 하였기 때문에 관민(官民)간에 서로 그 염전을 차지하려고 쟁탈이 빈번했던 기록들이 여러 문헌에 나타나고 있다. 1819년(순조 19)에 공염제도가 폐지되었다. 일제강점기 이전까지만 해도 염전이 48곳이나 되어 많은 소금을 생산하여 낙동강을 거슬러 올라가 경상도 일대에 공급하였다고 한다. 일제강점 이후 전매제도가 되어 다시 국가 관리로 들어갔다가 명지염전은 1935년 휴업을 하고 말았다. 1930년대에만 하더라도 목선(木船)을 60여 척이나 보유하고 있었으며 강원도 삼척 등지로 왕래하였으며, 또 멀리 일본 대마도까지 왕래하면서 이곳의 산물인 소금과 땔감 등 생활용품을 물물교환을 하였다. 어선도 30여척이나 보유하여 갯장어, 도다리, 가오리, 게 등을 많이 잡아 올려 그 당시 다른 마을에 비해 소득이 높았고 유입인구도 또한 많아 150여 가구의 큰 마을을 형성하였으며 대부분 어업에 종사하는 사람이 많아서 높은 소득을 올려 잘 사는 마을 이였다고 한다. 소금을 실은 60여척 목선과 어선 30여척을 보유한 마을이라 사람들은 해상운송을 주업으로 하던 당시의 불안과 초조, 애타는 기다림이 마을의 안녕과 무병장수와 부자의 삶을 기원하는 의타적이요 토속적인 신앙인 당산을 건립하게 되었다고 한다. 그렇게 잘 살던 마을도 잦은 태풍의 영향으로 땅이 많이 유실되었고 목선들도 현대화로 가는 거대한 물결에 밀려 사라져 옛날 큰 마을로 많은 사람들이 모여 번성하던 삶도 변천하는 세월 속에서는 시대를 거스를 수 없었다. 마을 앞 제방을 따라 8차선 도로가 열리면서 상가가 많이 들어서게 되었으며, 인근에 공단이 들어서고 또한 이주단지가 생기면서 하나 둘 러브호텔이 들어서고 있다. 현재 마을의 주 소득원은 파 농사이며 나날이 전원도시 형으로 지역이 발전하고 있다.

진목(眞木) 마을(명지동 1통·21통)은 경등(鯨嶝) 마을과 사취등(沙聚嶝)마을 중간에 위치한 큰 마을로 진목리의 본 마을이다. 이 마을의 역사는 약 300여년으로 추정되며, 이곳에 참나무가 우거져 숲을 이루고 있었다 하여 진목(眞木)이란 이름이 유래 되었다고 한다. 참나무정(亭)이라 부르기로 하였다고 한다. 옛날 이곳에 진목 염전이 있었다. 진목 마을은 조선시대부터 소금밭으로 잘 알려진 곳이며, 이곳에는 옛날 소금을 굽는 가마솥이라는 뜻으로 '웃가매, 아랫가매, 땅가매' 등으로 불리기도 했다. 광복 후에도 얼마간 소금 생산을 계속하였으나 경제성이 맞지 않아 중단하였다. 지금은 이 염전들이 대파 집단재배지로 탈바꿈하여 명지(鳴旨)파의 명성을 떨치고 있다. 최근에는 저급의 중국산이 대량 유입되면서 명지 대파의 수요가 급격히 줄어들고 있는 실정이다. 또 한동안 이 마을에서는 재첩과 맛, 백합을 많이 채취하였으며 게도 많이 잡혀서 게젓갈을 만들어 부산과 타처로 팔려갔고, 갈대밭에 자생하는 짜부락을 뽑아 질긴 줄을 만들어 생활의 도구로 사용하면서 내다 팔기도 하였다고 한다. 이렇게 변화해 온 명지는 '돈이 많다'고 소문날 정도로 삶이 윤택했다.

하신(下新) 마을(명지 20통)은 명지동 남서쪽 최남단 바닷가 방조제 밖에 있는 마을이다. 신전리(新田里)의 상신·중신·하신의 세 마을 가운데 가장 아래쪽에 있어 하신이라 불렀다. 옛날 이곳에는 신호도로 건너가는 신호(新湖)나루가 있었다. 또 이곳은 바다에 접하고 있어 어업이 한 때 주산업이기도 하였으며 바다에 접하여 어업과 김 양식업이 성행하여 남쪽에 있는 장자도 주변에서 생산되는 김은 특히 맛이 좋아 일본으로 많이 수출되었다. 마을 동쪽에는 홍처사(洪處士) 염전, 남쪽에는 박진사(朴進士) 염전 터가 있었는데, 이것이 명지 제염소(鳴旨 製鹽所)가 되었다. 일제강점기 이전까지만 해도 염전이 48곳이나 되어 많은 소금을 생산하여 낙동강을 거슬러 올라가 경상도 일대에 공급하였다고 한다. 일제강점기 당시 이곳 염전에서 연간 60kg들이 10만 가마였다고 한다. 광복 이후 염전을 복구하여 연간 20만 가마를 생산하였으나 경제성의 부진으로 1960년대에 제염업은 막을 내렸다. 마주 바라보이는 건너편 신호리(新糊里)에는 신호공단과 삼성르노자동차공장이 자리 잡고 있다. 그리고 신호대교의 멋진 아치가 강 하구의 운치를 더하고 있다. 이곳에는 명지소각장과 명지 폐수펌프장, 부산해양경찰서 하신선박출입항신고소가 있고, 그 앞에 작은 배들이 옹기종기 모여 있는 선착장이 있었다.

해척(海尺) 마을 (명지동 12통)은 서쪽 서낙동강과 연하여 있는 마을로서, 옛날에는 갯마을이라는 뜻에서 '갯마'라고 불렀다고 한다. 인접한 사취등 마을과 함께 바닷가에 형성된 모래등이었지만 명지동에서 지형이 제일 높은 지대라, 이곳에 올라서면 명지동 전역을 헤아려 가늠할 수 있다고 해서 바다 해(海)자와 자 척(尺)자를 합쳐서 붙여진 이름이다. 해척은 바닷가에서 고기잡이를 업으로 하는 사람을 의미한다. 옛날 이곳 마을 사람들은 갈대를 엮어 바다에 꽂고 김[海苔]을 따며 살아가는 사람들이 많았으며, 언제부터인지는 알 수 없으나 마을 앞에서는 제염업도 성행하였다고 한다. 제방을 쌓고 또 그 너머로 바다가 매립되면서부터 바다와 멀어지면서 지금은 대부분의 주민들이 파농사를 짓고 있으며, 마을의 주변을 돌아보아도 보이는 것은 파밭 밖에 보이지 않는다.

② 녹산동

송정마을 (녹산동 3통)은 경남 진해시 가주동과 경계를 이루는 바닷가에 있던 송정동의 본 마을이다. 옛날 이곳 바닷가에 소나무숲이 울창하여 지명이 유래되었으나 마을이 형성되면서 소나무 숲은 점점 없어지고 지금은 두 그루만 남아 조부송, 조모송으로 불리고 있다. 일제강점기와 광복, 그리고 한국전쟁 전후까지만 해도 녹산 면에서는 가장 크고 융성한 마을이었다. 마을 뒤로는 넓은 들판이, 앞으로 면한 바다에는 낙동강 하류와 가덕도·거제도 일대의 조류가 만나는 천혜의 어장이 형성되었으며 조석의 간만차가 심한 넓은 갯벌은 풍성한 해산물을 제공해주었다. 제염업이 한창인 때는 마산·진주·김해와 버금가는 투우 대회가 열리기도 하였다. 특히 1995년 삶의 터전이던 앞마다가 매립되어 녹산공단이 조성되는 바람에 삶의 터전을 잃어버리게 되었다.

사암마을(녹산동 6통)은 화전동 남쪽 바닷가에 있는 마을로서, 약 400년 전에 마을이 형성되었다고 전해진다. 선바위·탕건바위·입천바위·등잔바위의 네 개의 큰 바위가 있어 사암이라는 지명이 유래되었다. 일제 강점기 때에 일본인들이 이주해오면서 염전 및 어업이 융성했다고 한다. 1967년 녹산간척사업이 실시되기 이전에는 사암와 신호도를 연결하는 사암나루가 있었다. 이 마을 주민들이 결사 반대했던 화전산업단지 조성 사업이 2005년 말에 끝내 합의하게 되자 마을이 폐쇄하게 되었다.

신호마을(녹산동 29통)은 남해안에 연해 있는 마을로 진우도와 마주보고 있다. 바다 한가운데 새로 생긴 섬이라서 새섬이라고도 불다. 명지면 신전리에 속해 있다가 1914년에 신호리가 되었다. 일제강점기 이후 광복과 한국전쟁을 거치면서 1960년대까지는 신호마을이 남해안 일대의 부촌으로 자리 잡은 적도 있었다. 바닷가의 갯벌은 일찍이 염전으로 번성했으며 배를 타고 조금만 나가면 어디에서나 어장이 형성되었고 모래사장에는 백합 등 조개류가 많이 잡혔다고 한다. 1965~1967년의 녹산간척공사로 사암에서의 뱃길이 없어지고 육지와 이어져 섬의 모습을 잃게 되었지만 아직도 옛 원주민들은 김 양식과 선외기 등 소형선박에 의한 어업에 생계를 유지하는 사람도 많다고 한다.

③ 천가동 해안마을

가덕도에 있는 마을은 모두 해안에 입지하고 있다. 가덕도는 하나의 섬으로 생각되지만, 사실은 '눌차도'와 '가덕도'로 이루어져있다. 가덕이란 명칭 유래는 가덕진(加德鎭)과 천성만호진(天城萬戶鎭)이 설치됨에 따라, 1906년 웅천군(熊川郡) 천성면과 가덕면으로 나누어졌다가 1908년 웅천군 천가면으로 통합되었다. 1989년 부산시에 편입되어 강서구 천가동으로 편제되어 오늘에 이르고 있다.

눌차마을(천가동 6통)은 눌차도에 형성된 어촌으로서, 가덕도 동북쪽에 있는 섬이다. 모습이 매우 완만하고 낮아 마치 누워있는 형태라서 붙여진 이름이라 한다. 눌(訥)은 '눌어붙다' 즉, '한 군데 오래 있어 지루하게 일어나지 않는다'는 뜻이고, '차(次)'는 누우려고 하는 형세를 보이는 동네의 모습이라는 것이다. 한편, 눌차를 넘차의 한 자표기라고도 한다. 넘차는 '넘치다'에서 온 것으로, 세찬 파도에 밀려 넘쳐 나간 섬이라고 하여 가덕도 본섬에서 떨어져 나간 섬이란 뜻이라는 것이다.

눌차도에는 안모[안목, 내눌(內訥)]·반모[밖목, 외눌(外訥)]·항월(項越, 목넘어)·정거리(碇巨里, 닻거리, 정거)의 4개 마을이 있다. 내눌(內訥) 마을은 세바지 둑으로 가덕도 본섬과 연결되어 짤록한 부분의 목[項]의 안쪽에 위치한 마을이라 하여 안목이라 하였는데, 소리나는 대로 불리운 것이 안모라고 불리고 있다. 한자 지명은 본섬인 가덕도(加德島)를 중심으로 해서 안쪽에 있는 마을로써 눌차도(訥次島)의 안쪽에 위치하고 있다고 하여 내눌(內訥)이라고 하였다. 눌차의 다른 3개 마을과 함께 바다와 더불어 생업을 이어가고 있으나 내눌과 외눌은 어업이 퇴조하여 굴 종패사업으로 생업을 이어가고 있다. 마을에 들어서면 굴 껍질이 산더미처럼 쌓여있다. 마을 앞 동선만은 전부가 촘촘한 종패(種貝) 밭이다.

외눌(外訥) 마을은 본섬인 가덕도를 중심으로 해서 바깥쪽에 있는 마을로써 눌차도의 바깥쪽에 위치한다고 하여 붙여진 지명이다. 목[項]의 바깥쪽 선창과 100여m 거리에 바닷물로 서로 마주보고 있으면서 짤록한 부분의 바깥쪽에 위치한 마을이라 하여 밖목이라 하였는데, 소리 나는 대로 불린 것이 반모라고 불리고 있다.

정거(碇巨) 마을은 항월마을 동쪽에 자리 잡고 있는 자연마을이다. 지형 상으로 볼 때 진해시 용원과 녹산국가산업단지 쪽으로는 파도가 높지 않고 웬만한 파도에도 위험하지 않았으나, 동선동의 세바지 쪽으로 해서는 조금만 바람이 불어도 어로활동을 할 수 없을 정도로 위험한 곳이다. 이곳에 닻을 놓아 고기잡이배들이 파도가 잠잠해 질 때까지 닻을 놓아 파도와 바람을 피했다고 해서 붙여진 지명이다. 닻을 걸어놓는 곳이라 하여 닻걸이였지만 한자 지명으로 배 닻을 정(碇)에, 걸이를 거리(巨理)로 표기하여 정거리(碇巨理)라 하였다. 매년 용왕제를 지내는데 시기는 음력 1~2월이며 장소는 정거마을 앞이다. 제물은 나물·떡·과일·밥·명태 등이며 참여자는 스님과 신도 및 마을 주민들이다. 가덕도는 섬사람의 약 70%가 불교를 믿고 있다. 교통편으로 가덕도에는 1960년대를 전후하여 거제도 외포에서 대항- 천성-장항-부산으로 운항하던 정기여객선이 있었지만, 지금은 선외기(船外機)를 자가용으로 사용하는 사람들이 많아졌다.

항월(項越) 마을은 외눌의 북쪽에 있는 자연마을로, 눌차의 4개 마을 중 가장 큰 마을로 어선이 많고 굴 어장이 활발하며, 정거리에 해태(海苔)공장이 5곳이 있어 굴과 바지락·청대·피조개도 많이 잡힌다. 산비탈에는 층층으로 밭을 일구어 양파 재배를 하고 있다. 이 마을에는 항월 선착장이 있었으나 거가대교가 준공되면서 그 기능을 상실하였다. 항[項]이라는 말의 뜻은 머리와 몸을 이은 잘록한 목 부분을 말하기도 하고, 또 다른 곳으로 빠져나가는 중요한 길의 좁은 곳을 일컬을 때 목이라고 하는데 가덕도 지명의 대부분이 올록볼록한 형태의 해안선을 형성하고 있는 섬인 관계로 이런 지명이 생겼다고 한다. 내눌과 외눌의 중간지점이 잘록하여 목의 형태를 하고 있어 마을을 들어갈 때에는 이 목을 넘어야 하였기에 항월이라 하였다. 이 마을도 눌차의 다른 3개 마을과 같이 바다와 더불어 생업을 이어가고 있었으나 마을 서쪽에 부산신항터미널이 형성되면서 어업이 쇠퇴하였다.

대항마을(大項, 천가동 10통)은 가덕도 중에서 가장 큰 목에 위치한 마을이라 하여 큰 목, 한목이라고도 부른다. 이 마을의 주산업은 어업으로서, 특히 대항동의 숭어들이는 육수잠망어법으로서 우리나라에서 유일하게 남아 현재까지 이어지고 있는 전통어로 기법으로 유명하다. 이곳의 숭어잡이는 어촌계원을 비롯하여 숭어 떼의 동정을 살펴서 잡게 하는 망인(望人, 망을 보는 사람, 漁撈場)의 지시에 따른다. 3월이 되면 혜덕사(慧德寺) 스님이 정해준 날에 숭어잡이가 잘되게, 산신·여서낭·고인이 된 어로장(漁撈長)에게 감사의 뜻을 표하는 "숭어들이 고사"로부터 시작된다. 숭어 잡이에 동원되는 어선은 1~2톤의 무동력선 6척이다. 무동력선을 사용하는 이유는 숭어에게 잡음을 주지 않기 위해서다. 숭어 잡이 선원은 밖목선에 7명, 안목선에 5명, 밖잔등에 3명, 안잔등에 3명, 밖귀잽이에 4명이 승선한다. 숭어 떼는 밖목선과 안목선 사이의 그물 입구로 들어와 밖귀잽이와 안귀잽이에 모인다. 숭어 떼가 몰릴 때에는 주로 북동풍이 불고, 많이 몰려올 때에는 바닷물 빛이 불그레하다. 1만 마리 정도 잡으면 만선의 뜻으로 서낭기를 띄우고 입항한다.

외양포마을(外洋浦, 천가동 10통)은 대항(大項)의 바깥쪽 목[項]으로 외항포(外項浦)가 맞는 마을 지명이다. 이 마을도 대항이나 세바지 마을과 마찬가지로 해안과 접하여 있는 지리적 위치로, 주업으로는 어업이 주류를 이루고 있다.

가덕도 외양포 포대사령부는 러일전쟁 당시 일본 해군이 1905년 2월 22일 거제도 장문포에 진지를 구축하고, 1905년 4월 21일 일본 육군은 가덕도 포대사령부를 편성하여 5월 7일 외양포에 주둔하였다. 이전부터 가덕도수비대와 포대사령부의 구조물을 설치하기 위하여 많은 일본군이 주둔하고 있었다. 1905년 5월 27일 러시아 해군 사령관 "로제스트 벤스키"가 보유한 함선 37척과 병사 3,000명을 공격하기 위하여 일본 해군과 육군의 상당수가 경상남도 거제·진해, 부산 가덕도에 주둔한 것으로 추정된다. 지금도 외양포 마을에는 일본군 포병사령부의 헌병대가 사용하던 건물, 화장실, 막사, 일본군 관사, 병원시설, 무기고로 사용되었을 것으로 추정되는 시설들이 아직까지 남아 있다. 마을 주민의 말에 의하면, 외양포 마을에는 9개의 우물이 있었다고 한다. 우물이 많은 것으로 보아 가덕도에 주둔했던 가덕도 수비대와 포병사령부의 일본군 규모가 상당하였을 것이라 짐작이 된다.

동선(東仙, 천가동 1통) 마을은 가덕진성(加德鎭城)의 동쪽에 자리 잡고 있는 마을이라 하였다. 처음에는 성의 동쪽에 있다고 하여 동문(東門)마을 이였으나, 한자로 표기하면서 동선(東仙)이라는 지명이 되었다. 마을 주민의 80~90%가 어업으로 생계를 꾸려가고 있고 가덕동의 지형자체가 들판이 발달하기에는 적당치 못하다. 그러나 이곳 주민들의 10% 정도가 반농반어 형태를 이루고 있다.

④ 성북동의 해안마을

성북동에는 성북·선창·율리·장항 마을이 있다. 성북 마을은 동선 마을의 서북쪽에 있으며 천가동의 중심 마을로서 성북 마을의 동 입구가 바로 가덕진성의 북문이라는데 에서 지명이 유래되었다고 한다. 선창 마을은 가덕도 최북단에 있는 마을로 천가동의 문 역할을 하는 마을이다. 예부터 가덕도와 진해의 용원을 잇는 도선의 기점이다. 선창을 중심으로 발달하여 선창 마을이라 불린다. 서북쪽 갈마봉 동쪽 끝에 있던 척화비를 천가 초등학교에서 옮겨 관리하였다가, 다시 원래 자리였던 마을회관 앞 길가에 세워 놓았다.

율리 마을은 선창마을 서쪽에 있는 마을로 일주 도로의 해안에 입지하고 있다. 밤나무가 많아 밤꿈, 밤골 마을이라 불렀다는데 에서 지명이 유래되었다. 마을 앞마당이 바로 바다와 닿는다. 해안의 동쪽에 있는 개펄은 옛날 이곳에서 조개나 고막 등이 많이 수확되어 어민들의 수입을 올리는데 크게 기여했다는 일방(염) 갯가가 있다. 마을 앞 해안에는 율리 선착장이 있고, 저 만치 지척에 보이는 섬이 입도(설섬), 토도(흙섬), 호남도(구레미)의 주변이 생업의 어장터이었으나, 부산신항 남컨테이너터미널 공사로 인하여 어장이 사라지게 되었다. 이곳에서는 그물을 놓고, 걷고 하면서 잡는 어로 행위를 '물본다'고 하는데 주로 새벽에 물보아 바로 용원어업조합에 넘긴다.

장항(長項) 마을은 천가동 5통 지역으로 가덕도 서북쪽 바닷가에 자리 잡고 있는 자연마을이다. 해안 일대를 개안이라고 부른다. 장항선착장은 용원선착장과 도선으로 연결되는 유일한 교통로이기도 하다. 주업은 어업이다. 옛날부터 이 지역에는 어장터에서의 다툼을 없애기 위해 어로구역을 설섬(입도), 구래내(호남도), 허래미(사도), 백옥개, 띠밭꿈, 개안(전안) 등 6개로 구역화 해서 매년 추천으로 구역을 배당 받아 어장을 관리 운영하는 관행이 이어지고 있다. 그 입찰료는 마을 자산으로 사용하였다. 숭어, 전어, 도다리 등 어종이 주종이었으나 해가 갈수록 어획량도 줄고 어종도 줄어든다.

지금은 부산신항 남컨테이너터미널 공사로 어장이 없어지고 말았지만 그 이전에는 피조개(꼬막)양식으로 유명한 곳이기도 하였다.

⑤ 천성동 해안마을

천성동의 천성 마을은 천성진성이 있었다는 데에서 지명이 유래하였다. 봉화대가 있었던 연대봉 밑 서쪽에 외침을 막기 위해 석축으로 쌓은 천성진성이 있었다. 긴 해안선을 이용해 미역 건조업이 성하며 여름철에는 해수욕장으로 이용된다.

두문마을은 해안을 끼고 있는 관계로 어업이 주 생업이며, 앞바다에서는 미역과 전초(우뭇가사리) 등이 많이 생산되기도 한다. 옛날 앞바다에서 청어 등 생선이 많이 잡혀 한 마리씩 헤아리기가 시간이 걸리므로, 말(斗)로 매매했다는 데서 두문(斗文)이라 불렀다고 하나 실제 이곳을 두고 '머거리'라고 한다. 마을의 위치상으로 천성 마을과는 동뫼로 가로 막혀 왕래가 잦지 않는 곳으로 타 지역의 소식을 전하기도 듣기도 힘든 고을이라 하여 '머글' 또는 '머거리'라 하였다. 이 마을은 긴 해안에 비하여 가구 수는 얼마 되지 않아 해안 따라 곳곳에서 미역을 따다 말리는 풍경을 볼 수 있다.

천성(天城) 마을은 가덕도 서쪽에 있는 천성동의 본 마을이다. 천성진성(天城鎭城)이 있어 천성(天城)이라 불렀다고 한다. 이 마을의 특산물로는 최대 수입원인 숭어 잡이가 2월~5월에 성황을 이룬다. 천성 동쪽에는 넓은 들이 있어 벼농사를 많이 지으면서 밭에는 양파와 대파 생산도 많이 하고 있다. 이곳 풍속으로는 집집마다 검은 돌담을 쌓아놓아 눈길을 끈다. 천성연대 봉수대(天城煙臺山 烽燧臺)는 우리나라 최남단에 설치된 연해안 방위상 매우 중요한 역할을 담당하였다. 임진왜란 당시 왜군을 무찔렀던 충무공 이순신 장군의 충성심을 기리기 위해 「진충보국비(盡忠保國碑)」를 1992년 1월 세웠으며, 1992년 6월 한국전쟁 당시 조국을 위해 산화한 가덕도 출신 용사들의 넋을 기리기 위해 「가덕도 국군 25용사 충혼비」를 가덕도 국군 묘지가 있는 천성 마을에 세웠다.

2. 부산의 해양수산업

1) 부산의 수산 어류

조선시대 동래부 부산지역의 수산업 상황에 대해 살펴보면 다음과 같다. 『동래부읍지 ①』(1759년) 기록 속에 나타난 동래부토산물 중 수산업은 전자리(点察魚-상어과)[12]·대구(大口魚)·청어(靑魚)·홍어(洪

---

12) 전자리(点察魚-상어과,Squatina Japonica)는 전자리 상어과의 바닷 물고기로서 가오리와 비슷한데

魚)·전어(錢魚)·전복(鰒)·홍합(紅蛤)·굴(石花)·황합(黃蛤)·해삼(海蔘)·은어(舊增銀口魚)·농어(鱸魚)·광어(廣魚)·갈치(新增古刀魚)·방어(魴魚)·조기(石首魚)·도미(道味魚)·숭어(秀魚)·백합(白蛤)·게(蟹)·소라(螺)·검은 바닷말(烏海藻)·김(海衣)·다시마(昆布)·소금(鹽)·청각(靑角)·미역(藿)·우뭇가사리(牛毛) 등을 들 수 있다.

이어서『동래부읍지 ②』(1832년)에서는 전자리가 보이지 않는 대신에 소라(螺)가 새로 추가되고 있으며 그리고 전복(鰒)에서 생전복(生鰒), 갈치가 신증고도어(新增古刀魚)라는 표현에서 새로 증가된 의미의 신증을 생략하고 있는 것으로 보아 갈치 수확이 증가하여 일반화되어지고 있음을 유추할 수 있다. 그리고『내영지(萊營誌: 경상좌수영에서 편찬한 營誌, 1850년)』및『동래부읍지』(事例大槪, 1871년)의 동래부토산물 어류에 대한 기록 속에서 도 대개 동일한 어종들이 소개되고 있음을 알 수 있다.

또한『내영지(萊營誌)』에 소개된 동래부의 어염에 대해서 동면에 어살[13] 9곳·염분 23좌, 남면에 어살 39곳·염분 38좌, 부산면에 어살 49곳·염분 4좌, 사하지역에 어살 92곳·염분 7좌, 사상지역에 갈밭(蘆田) 등이 기록되어 있는 것으로 보아 어업은 사하구가 가장 활발하며 이어서 부산면과 남면의 어업이 그 다음으로 활발했다. 염전은 남면 및 동면이 비교적 활발하였으며 사하면과 부산면에서 다소 염전이 있었음을 알 수 있다. 조선시대 후기이후 동래부에서 어획된 물고기들의 모습에 대해서 소개하고자 한다.

몸의 길이는 1.5~2미터이고 넓적하며 어두운 갈색이고 검은 색 점이 많다. 양턱에는 석줄의 날카로운 이가 나있고 가슴지느러미는 커서 양쪽으로 벌어져 있다. 등지느러미는 작고 꼬리지느러미 가까이 있으며 아가미구멍은 넓고 몸의 양편에 있다. 가죽은 줄 대신으로 하고 몸은 식용으로 한다. 한국·일본 등지에서 서식한다.

13) 어살은 어전(漁箭)으로서 물속에 나무를 세우고 발을 쳐서 물의 흐름에 따라 고기가 들어오도록 설치하여 고기를 잡는 장치를 일컫는다.

76. 대구 190p.
Gadus macrocephalus
영명 : Pacific cod.
Alaska cod
일명 : マダラ
중명 : 大头鱼, 鳕

<그림 173> 대구

* 참조: 김용억 공저, 『한국해산어류도감』, p.58, 도서출판 한글,
* 영도구는 대구어장으로 유명했다. 용호·감만·우암·초량·남천동 등은 연안 어업에 종사하는 어촌으로서 주로 대구를 잡았다. 부산에서 여수까지는 대구어장이었다.

40. 청어 181p.p.
Clupea pallasii
영명 : Pacific herring
일명 : ニシン
중명 : 鰊, 太平洋鱼

<그림 174> 청어-동구 초량~구룡포·영도 청학동

* 참조: 김용억 공저, 『한국해산어류도감』, p.36, 2001

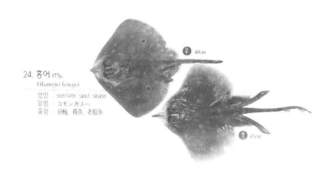

24. 홍어 177p.
Okamejei kenojei
영명 : ocellate spot skate
일명 : コモンカスベ
중명 : 班鳐, 青鱼, 老板鱼

<그림 175>홍어-사하구 명지(가오리)

* 참조: 김용억 공저, 『한국해산어류도감』, p.45

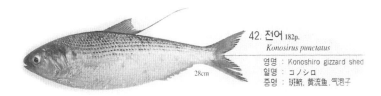

<그림 176> 전어

* 참조: 김용억 공저, 『한국해산어류도감』, p.50

<그림 177> 농어-송정동 구덕포

*참조: 김용억 공저, 『한국해산어류도감』, p.90
* 해운대구 송정동 구덕포 어촌은 멸치, 고등어, 숭어, 농어 등 연안성 어류를 대상으로 하는 재래식어구이다.

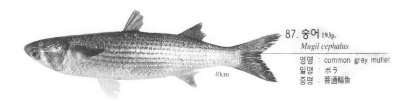

<그림 178> 숭어-송정동 구덕포

* 참조: 김용억 공저, 『한국해산어류도감』, p.61
* 강서구 가덕도 대항동의 숭어 들이는 육수잠망으로 전통어로 기법으로서 우리나라에서 유일하게 남아 현재까지 이어지고 있는 전통어로 기법으로 유명하다.
  가덕도 천성마을에서는 숭어 잡이가 2~5월에 성황을 이룬다.

<그림 179> 방어(魴魚)-해운대구 청사포

* 참조: 김용억 공저, 『한국해산어류도감』, p.104
* 해운대구 청사포 마을의 청사포항 어선은 방어를 잡고 있다.

<그림 180> 고등어-용호동 백운포, 송정동 구덕포

* 참조: 김용억 공저, 『한국해산어류도감』「갈고등어」, p.102

<그림 181> 조기

* 참조: 김용억 공저, 『한국해산어류도감』, p.112

280. **참돔** 241p.
Pagrus major

영명 : red seabream
일명 : マダイ
중명 : 真鯛, 加吉魚, 銅盆魚

35cm

<그림 182> 도미

* 참조: 김용억 공저, 『한국해산어류도감』, p.109

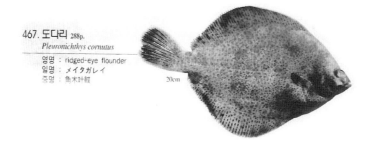

467. **도다리** 288p.
Pleuronichthys cornutus

영명 : ridged-eye flounder
일명 : メイタガレイ
중명 : 角木叶鰈

20cm

<그림 183> 도다리-해운대구 중동 청사포, 사하구 명지동

* 도다리-참조: 김용억 공저, 『한국해산어류도감』, p. 156
* 해운대구 청사포항의 어선은 도다리를 잡고 있다.

34. **붕장어** 180p.
Conger myriaster

영명 : whitespotted conger
일명 : マアナゴ
중명 : 星康吉鱇, 星鰻

65cm

<그림 184> 붕장어-남구 용당포, 기장군 연화리 · 칠암 · 죽성리 두호마을

* 참조: 김용억 공저, 『한국해산어류도감』, p. 48.

<그림 185> 갯장어-사하구 구평동, 사하구 명지동

* 참조: 김용억 공저, 『한국해산어류도감』, p. 48.

<그림 186> 갈치-영도 동삼동(태종대),용호동 백운포

* 참조: 김용억 공저, 『한국해산어류도감』, p.146
* 해운대구 송정마을의 송정동 어촌의 주요 수산물은 갈치이다. 기장 앞 바다는 바다 생물이 서식하기에
  알맞은 수심과 해저지역으로 되어 있어 이곳에서 생산되는 갈치는 전국적으로 유명하다. 영도구 태종
  대 앞바다는 갈치 어장으로 유명하다.

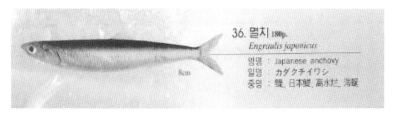

<그림 187> 멸치-청학동, 해운대 우동 운촌, 일광면 학리

* 참조: 김용억 공저, 『한국해산어류도감』, p.48
* 영도구 청학동 앞 바다는 멸치 어장이었다. 사하구 장림동 안장림 바닷가 포구는 한때 어장으로서 각
  광을 받았던 곳으로 멸치잡이가 활발했던 곳이다.

<그림 188> 전갱이-용호동 백운포

* 참조: 김용억 공저, 『한국해산어류도감』, p. 105.

<그림 189> 쥐치-해운대 청사포

* 참조: 김용억 공저, 『한국해산어류도감』, p. 161.

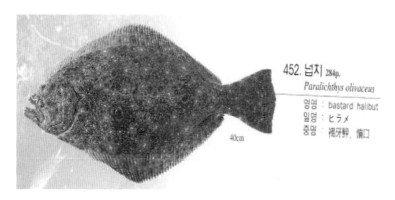

<그림 190> 넙치-해운대 우동 운촌

* 참조: 김용억 공저, 『한국해산어류도감』, p. 152.

<그림 191> 학꽁치-용호동 백운포

* 참조: 김용억 공저, 『한국해산어류도감』, p. 64.

2) 부산의 어구

부산의 해안마을 어촌에서 사용된 어구는 자망(대연동, 용당), 저인망 어업(서구 암남동), 지예망(사하구 다대포), 각망(기장군 일광면 문동마을), 건망(기장군 일광면 문동마을), 어전 어장(서구 암남동 및 남구 용당동), 수조망(남구 용당동), 연승(남구 용당동), 4각통발(해운대구 중동 청사포), 지예망(일명 후리어로라 함, 해운대구 송정동 구덕포, 사하구 다대포), 멸치분기망(해운대 우동 운촌, 기장군 대변리, 영도구 청학동)을 들 수 있는데 이해를 돕기 위하여 어구의 양상에 대해 다음의 <그림 192>~<그림206>을 소개해 두고자 한다.

(1) 잠수어법

잠수부가 잠수복을 입고 바다 속에 들어가 조개류, 해조류 등을 잡거나 채취하는 것이다.

<그림 192> 잠수어법

* 참조: 국립수산과학원, 『한국어구도감』, p.578

(2) 자망-대연동, 용당

자망은 방추형의 어류를 주 대상으로 긴 띠 모양의 그물을 고기가 지나가는 곳에 부설하여, 대상 생물이 그물코에 꽂히도록 하여 잡는 것이다. 부산지역에서 자망의 사용은 대연동·용당동에서 찾아볼 수 있었다.

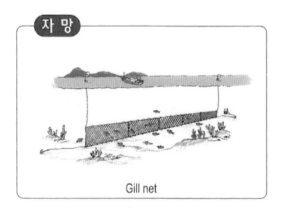

<그림 193 > 자망

* 참조 - 국립수산과학원, 『한국어구도감』, p.578

(3) 각망—일광면 문동마을

육지와 수면의 경계선에 대해 거의 직각방향으로 길그물을 설치하고 길그물의 끝에 3각형의 헛통을, 헛통의 입구와 마주보는 모서리에 1개의 자루그물을 설치하여 하천이나 강가에 서식하는 어류를 잡는 것이다. 자루그물은 3개의 고리 테에 깔때기 그물이 설치되어 있다. 한번 부설하면 어기가 끝날 때까지 그대로 두며, 간혹 일시 철망하여 그물에 붙은 수초나 잡물 제거 등 어구를 손질한 다음 다시 부설한다. 이때 멍과 멍줄은 부포를 달아 그대로 둔다.

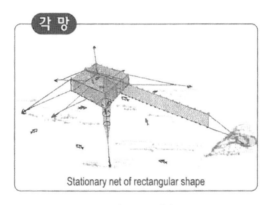

Stationary net of rectangular shape

<그림 194> 각망

* 참조: 국립수산과학원, 『한국어구도감』, p.57

(4) 어전 -서구 암남동, 남구 용당

어전은 직경 100~120mm 참나무 말목을 간석지에 박고 대상 생물에 따라 나일론 Td210 6합사 망목 그물감을 둘러치며, 부설 모양은 일반적으로 입구가 바다 쪽(밀물이 들어오는 방향)으로 활 모양으로 하고, 양 끝 부분에 2~3중의 미로를 만들어 썰물 때 대상 생물이 미로에 갇히도록 하여 잡는다.

Fish weir

<그림 195> 어전

*참조: 국립수산과학원,『한국어구도감』, p.576.

(5) 저인망-암남동

저인망은 외끌이 저인망과 쌍끌이 저인망 등으로 나뉘는데 자루 그물의 구성은 등판, 밑판, 옆판으로 되어 있으며 옆판의 앞쪽에 날 개그물이 있다. 가자미, 넙치 등과 같이 바닥에 거의 붙어 서식하는 어종에 대해서는 폭이 접은 어구를 사용하며 갈치, 쥐치 등과 같이 바닥으로부터 다소 떨어져 서식하는 어종을 주 대상으로 할 때는 폭이 넓은 어구를 사용했다.

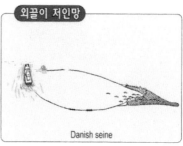

Danish seine

<그림 196>외끌이 저인망   <그림 197>쌍끌이 저인망

* 참조: (좌·우 그림) 국립수산과학원,『한국어구도감』, p.578.

(6) 후리그물(지예망地曳網, Seine nets))-다대포, 암남동

후리어구류의 가장 원시적인 것은 지인망(地引網, 갓후리그물)이며, 예망 범위가 육지 또는 어선으로부터 끌줄 길이에 따라 제한되는 것으로 끌그물류에 비하여 소해범위가 작다.

자루그물이 달린 또는 달리지 않은 긴 날개그물로 일정한 해역을 둘러 싼 다음 날개그물의 양 끝이 오므려질 때까지 끌줄을 끌어 대상 생물을 잡는 것을 말한다. 후리어구류 중에는 채후리그물류, 갓후리그물류, 배후리그물류가 있으며 이 중 현재 우리나라에서 어업으로 이루어지고 있는 것은 배후리그물류이다.

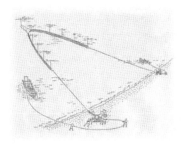 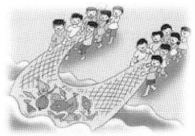

<그림 198> 후리그물 1　　　　　　<그림 199> 후리그물 2

(7) 건착망

건착망은 주머니 모양의 그물로 어군을 둘러쳐 포위한 다음 발줄 전체에 있는 조임줄을 조여 어군이 그물 아래로 도피하지 못하도록 하고 포위범위를 좁혀 대상생물을 잡는다. 소형 건착망은 연안에서 정어리, 멸치, 전어 등을 대상으로 조업하며, 대형 건착망은 근해에서 고등어, 전갱이 등을 대상으로 조업한다.

<그림 200> 건착망

* 참조: 국립수산과학원, 『한국어구도감』, p.578.

(8) 수조망

수조망(水操網, 손방, hand seine)은 낭망(囊網), 날개그물(翼網) 및 인망(引網)으로 구성되는 후리그물 중 소형 어구이다. 무동력선 또는 소형 동력선을 사용하여 어구를 투하하고 끌줄 길이만큼 떨어져 닻을 투하하여 배를 고정시킨 다음 사람이 직접 인력으로 그물을 끌어 당겨 어획하는 것이다. 어구는 날개가 긴 자루형 그물 모양을 하고 있으며, 뜸과 발돌의 양을 조절하여 저층뿐만 아니라 표층에도 많이 사용하기도 한다.

어장에 도착하면 투망 전에 닻을 놓은 다음, 부표를 놓고 배가 조류와 같은 방향으로 나아가면서 투망을 시작한다. 날개그물, 낭망, 날개그물 순으로 원형으로 투망한 다음, 다시 부표가 있는 곳으로 되돌아 온다. 투망을 완료하고 나면 주로 배의 우현에서 인력으로 끌줄을 당긴 다음 그물을 양망한다. 주로 남해안에서 많이 볼 수 있는 어업이다. 1회 투·양망을 하는데 소요되는 시간은 약 30

분이다.

어기는 연중 조업 가능하며, 어장은 경남, 전남의 연안에서 가까운 해역으로 수심은 10m 내외, 저질은 펄 또는 사니질이고, 물고기 어종은 가자미, 새우, 게 등 기타이다. 어선은 목선 또는 FRP선 3톤급 1척에 2~4명이 승선 조업한다.

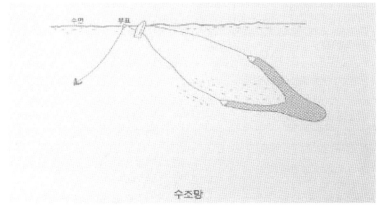

<그림 201> 수조망

* 참조: 국립수산과학원, 『한국어구도감』, p.390

(9) 멸치 챗배 그물-해운대구 우동 운촌, 기장군 대변, 영도구 청학동

멸치는 표층에 군을 형성하여 회유하며 불빛에 잘 따르는 습성, 즉 주광성이 강한 어류이므로 이러한 습성을 이용하여 집어 등으로 어군을 집어 시킨 다음 배 옆에 긴 자루그물을 수평으로 설치하여 집어 된 어군을 그물 속으로 유도하여 잡는 것이다.

<그림 202>

* 참조: 국립수산과학원, 『한국어구도감』, p.576

(10) 통발

통발은 일정한 장소에 정착·서식하거나 유영력이 크지 않으면서 미끼에 대한 반응이 민감한 생물을 대상으로 나무·철사 등으로 된 여러 가지 형태의 고정틀, 또는 테를 이용해 어구 모양을 유지한 것에 그물·철망·나무넝쿨 등을 씌워 위면 옆면에 1~4개 입구를 설치한 어구로 대상생물을 잡는다. 4각 통발은 해운대구 중동 청사포, 붕장어 통발은 기장군 칠암, 쥐치 통발 등이 보인다.

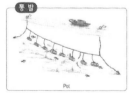  

<그림 203>통발   <그림 204 > 쥐치통발   <그림 205>붕장어 통발

* <그림 203>~<그림 205>참조:국립수산과학원, 『한국어구도감』, p.575

(11) 채낚기-영도 오징어

오징어는 낮에는 수심 깊이 있다가 밤이 되면 수면으로 올라와 소형 어류 등을 잡아먹는데, 이때 행동이 공격적이면서 불빛에 잘 모이는 습성이 있다. 이러한 습성을 이용하여 낚시에 플라스틱이나 나무 또는 납 등으로 미끼 모양을 만들어 부착, 여기에 색채를 넣거나 형광물질을 발라 자연산 미끼처럼 보이도록 하며 동시에 집어등을 이용하여 오징어를 수면 가까이로 밀집시켜 어획 효과를 높인다.

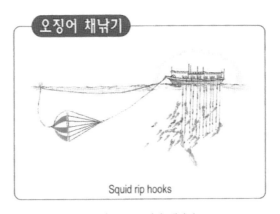

<그림 206>오징어 채낚기

* 참조: 국립수산과학원, 『한국어구도감』, p.574.

3) 부산의 염전

『내영지(萊營誌, 1850)』에 의하면 조선시대 부산지역의 염전은 동래부 동면에 염분 23좌, 동래부 남면에 염분 38좌, 동래부 부산면에 염분 4좌, 동래부 사하면에 염분 7좌 등의 기록이 있다.

(1) 남촌면 염전

남면의 염전은 조선 시대 동래부 남촌면으로서 현재 부산광역시 남구 일대로 당시 제염지가 50% 이상 몰려 있던 곳이다. 19세기 후반의 『동래부 읍지(東萊府邑誌)』에서는 동면(東面)에 23좌, 남촌(南村)에 31좌, 부산(釜山)에 4좌, 사하(沙下)에 7좌로 총 65좌의 소금가마가 있는 것으로 기록하였다.

분개 염전[盆浦鹽田]은 조선 시대 동래 남촌면에 속한 염전으로 동래 지역에서는 소금 생산량이 가장 많았다. 당시 분개 염전의 지형은 남해와 마주하고 있는 작은 만이었다. 남해안의 염전들은 대부분 굴곡된 작은 만에 조성되어 있었으며, 도랑을 따라서 물이 자연스럽게 제방 안으로 들어오는 입빈식(入濱式)이었다.

분개[盆浦]의 '분(盆)'은 소금을 굽는 가마를 뜻한다. 이 지역의 구전에 따르면 약 400년 전 현 부산광역시 남구 대연동의 석포(石浦) 마을 동쪽의 염전을 개발한 것이 첫출발이었다고 한다. 이곳을 '사분개[四盆浦]'라고 하는데, 부경대학교 앞바다로 넓은 갯벌이 있어 염전을 조성하기 쉬운 곳이었다. 이후 조수의 움직임에 의하여 자연적인 매립이 이루어져 점차 용호동(龍湖洞) 쪽으로 염전이 옮겨 갔다. 당시 용호동은 민가 없이 소금을 굽는 동이[盆]만이 이곳저곳에 흩어져 있었다고 한다. 그래서 '분'이 있는 포구라는 뜻으로 '분포' 또는 '분개'라는 지명이 생겨났고, 이곳의 염전을 분개 염전으로 부르게 되었다.

대한 제국 말 일제는 일본식 제염 방식을 조선에 도입시키려 하였다. 일제는 제국주의적 시각에서 과학적·생산적인 일본의 제염 법으로 조선의 제염 방식을 개량할 수 있다고 생각하였다. 일제의 관문이던 동래의 분개 염전은 최초 일본식 시험장이 건설되어 일본의 제염업이 도입되는 시험대로서 역할을 하였다. 1907년 일제는 제염업 개량 시책으로 이곳에 최초로 전오염(煎熬鹽) 시험장을 설치하였다. 시험장의 총면적은 약 3,547.11㎡[7,123평]로 일본식 40%, 절충식 36%, 한국식 24%를 차지하였다.

분개 염전의 변화는 경상남도 일대의 염전에 영향을 미쳤을 것으로 추측된다. 해방 후에는 제염업에 지대한 관심을 갖고 있던 이규정이 분개 염전을 운영하였다. 1950년대까지도 분개 염전에서는 전오염을 생산해 왔으나, 1962년 하수 처리장이 건립되면서 사라지기 시작하였다. 1965년에는 동국제강이 염전 부지에 들어섰으며, 이후 본격적으로 택지 개발이 이루어지면서 완전히 자취를 감추었다.

(2) 명지 염전

명지 염전은 조선후기 동래부 사하면의 염전으로 현재 사하구 명지동의 염전 지역을 일컫는 것으로 보인다. 즉 부산광역시 강서구 명지동 명지도(鳴旨島)에 있던 염전이다.

낙동강 하구의 명지도에서 언제부터 소금이 생산되었는지는 정확히 알 수 없지만, 조선 시대부터는 본격적으로 소금이 생산된 것으로 보인다. 명지 염전은 명지도의 해안가를 따라서 해척 마을, 평성 마을, 중신 마을, 하신 마을, 진목 마을, 중리 마을, 조동 마을, 동리 마을, 조서 마을, 진동 마을 등에 분포되어 있었다.

1731년(영조 7) 삼남 지방에 흉년이 들자 진곡을 확보하기 위한 명목으로 명지도에서 제염 사업을 벌이자는 논의가 박문수(朴文秀)에 의해 시작되었다. 영조(英祖)는 공염(公鹽) 제조가 영구적이 아니라 흉년에 대비한 일시적 시책이라는 점 때문에 찬성하였다. 1733년(영조9) 12월 박문수는 여러 가지 어려움에도 불구하고 명지도 공염장에서 소금 2만 석을 제조하였다.

진곡의 충당 방식은 염민(鹽民)들에게 쌀 1석을 나누어 주고 소금 2석을 받아 다시 쌀 2석으로 교환하는 방식이었다. 이를 통해 조선 정부가 상당히 많은 이윤을 남기고 재정 확보를 할 수 있게 되자, 처음 취지와 달리 공염 제도를 계속 시행하였다. 1745년(영조 21) 명지도의 공염을 관장하는 산산창(蒜山倉)이 설치되었고, 김해부에서 공염장의 운영을 맡게 되면서 점차 본래의 목적이 퇴색되고 관의 운영 재원으로 변질되었다. 명지도 염민들의 반발이 계속되는 등 말썽이 끊이지 않자, 전 경상 감사였던 김로경(金魯敬)의 제안으로 1819년(순조 19) 명지도의 공염장이 폐지되었다. 공염장이 폐지된 이후에도 명지 염전은 영남의 대표적 소금 산지로서 역할을 계속 하였다.

옛날에는 소금이 화력(火力)으로 끓여서 생산하는 자염(煮鹽)이었으므로 무엇보다 많은 땔감이 필요하였다. 명지도에는 땔감으로 사용되는 갈대가 곳곳에 널려 있었다. 낙동강 하구에 위치한 명지 염전에서는 생산한 소금을 배에 실어 낙동강을 따라 영남 지방의 곳곳에 운반할 수 있었다. 이러한 이점 때문에 소금 상인들은 명지 염전의 소금을 낙동강 상류로 운반하여 상당한 이득을 남길 수 있었다. 정약용(丁若鏞)은 『경세유표(經世遺表)』에서 "명지도의 소금 이득이 나라 안에서 제일"이라고 하였다. 명지도에는 제염업이 크게 발전하여 해안가에 수많은 염전이 분포되어 있었다. 지금도 명지도에서는 문초시 염전, 홍처사 염전, 박진사 염전 등 염전과 관련된 지명이 전해지고 있다.

구한 말 명지도의 동쪽과 서쪽, 남쪽 해안가에 골고루 염전이 분포되어 있었다. 구한말에 발간된 『염업 조사(鹽業調査)』에는 "명지면의 염전 수는 총 37개이며, 염전 면적은 82.86정(町), 생산량은 37,287석(石)"으로 기록하였다. 명지면에서 염전이 가장 많이 분포되어 있는 자연 마을은 동리[9개]이고, 두 번째가 평성[7개], 그 다음이 진목[6개]이다. 염전 면적으로 볼 때는 18.34정을 보유하고 있는 평성이 제일 크고, 다음이 15.73정의 동리이다. 염전의 평균 면적은 2.24정이며, 1정당 생산량은 약 450석이다.

그런데 일제 강점기를 거치면서 명지 염전의 상당수가 사라졌다. 명지 염전은 해안가를 따라서 분포되어 있었는데, 1933년 시작된 제방 공사로 인하여 많은 염전이 없어졌다. 명지 염전은 1950년대까지 자염(煮鹽)을 생산하다가 태풍 사라호의 피해를 입어 1960년대에는 생산이 중단되었다.

명지 염전은 영남의 대표적 염전으로 경상도 주민들은 대부분 명지 염전에서 생산된 소금을 이용하였다. 조선 정부가 진곡(賑穀)을 확보할 명목으로 명지도에 공염장을 설치한 것은 낙동강으로 소금을 운반하고 판매하여 많은 이득을 남길 수 있기 때문이었다.

(3) 녹산 염전

녹산 염전은 김해군 녹산면의 송정, 방근, 사암, 녹산 마을 등에 위치하였던 염전으로서 현 부산광역시 강서구 녹산동에 위치했다. 조선 시대부터 현대에 이르기까지 소금을 생산하던 염전으로서 녹산 염전(菉山鹽田)은 인근의 명지 염전과 함께 낙동강 하구의 대표적 염전이었다. 낙동강 하구의 염전을 명지·녹산 염전이라 부르는 것은 김해군 명지면[현 부산광역시 강서구 명지동]과 녹산면[현 강서구 녹산동]에 염전이 집중적으로 몰려 있었기 때문이다. 낙동강 하구의 염전에서 생산된 소금은 낙동강을 따라 운반되었으며, 영남의 주민들은 대부분 이 소금을 먹고 생활하였다.

녹산면에서 가장 제염업이 활발하였던 곳은 송정 마을이다. 1950년대까지 송정 마을에는 7개의 염전이 있었으며, 송정 마을의 주민들은 대부분 염전에서 일해 생계를 유지하였다. 사암 마을에는 큰가마 염전, 아랫가마 염전, 뒷가마 염전 등 3개의 염전이 있었다. 일본인이 운영하던 큰가마 염전은 약 3,966.94㎡[1,200평] 규모로 해방 후 양승일이 소유하였다. 아랫가마 염전은 약 4만 9586.78㎡[1만 5000평] 규모로 김종실이 소유하였고, 뒷가마 염전은 약 3,305.79㎡ [1,000평] 규모로 박명찬이 소유하였다.

조선 시대에 녹산 염전은 전통적인 제염 방식인 채함(採鹹) 과정을 거쳐 짠물을 끓여서 만드는 자염(煮鹽)을 생산하였으며, 일제 강점기에는 일본식 전오염(煎熬鹽) 제염법을 도입하였다. 1950년대는 천일염의 영향으로 쇠퇴하였다가, 1959년 사라 태풍으로 큰 피해를 입은 후 정부로부터 보상을 받고 폐전이 되었다. 폐전된 이후로 매립이 되고 공단과 도로 등으로 바뀌어서 정확한 위치를 찾기가 어렵다. 이후에는 대파를 경작하면서 파밭으로 변모하였다.

4) 부산의 해녀문화

(1) 해녀의 개념 정의

해녀는 「수산업법」상으로 보면 마을 어업의 종사자들이다. 해녀들의 어로 형태를 나잠(裸潛)이라 일컫는데, 그 의미는 기계 장비에 의존하는 스쿠버들과 다른 형태임을 말하고 있다. 즉 자신의 호흡에 의존하여 자맥질로 전복, 소라, 문어, 해삼, 성게 등을 채취하는 것이다. 이러한 어로는 한반도 동해·서해·남해 연안과 제주도에서 볼 수 있으나, 해녀들의 고령화와 더불어 점차 감소하고 있다.

해녀를 지칭하는 용어가 지역별로 조금씩 다르게 나타나는 것을 볼 수 있는데, 가령 남해안에서는 '무레꾼'이라 하고, 제주도에서는 '잠녀·잠수[줌녀·줌수(潛女·潛嫂)]'로 불리어 왔다. 부산광역시 영도구의 하리항에서 만난 한 나잠업자는 1960년대 '통쟁이'라는 말로도 불리었다고 한다. 자맥질하는 도구 가운데 예전에는 부이 역할로 박[이를 '테왁'이라 부른다]이 쓰였는데, 그 대신 나무통을 사용하였던 데에서 따온 말이라 짐작된다. 그런데 이처럼 나무통을 사용하는 것은 일본의 아마[海女, 海士]에게서 볼 수 있는 것으로 과거 일제 강점기에 영도에 있었던 이주 어촌의 영향이라 짐작해 보게 된다. 지금은 그 모습을 찾을 수 없고 모두 스티로폴을 이용해 부이로 사용하는 일반적 양상을 볼 수 있다.

(2) 부산 해녀문화의 유래

부산의 해녀는 부산 출신의 해녀라고도 할 수 있겠으나, 출신지에 한정할 때 지금의 부산 해녀 문화를 충분히 설명하지 못하는 한계가 있다. 또한 역사적으로 부산은 일본과 한반도 타 지역으로부터 이주자가 많았던 것을 감안할 때, 부산의 해녀를 출신지 중심이 아니라 생활공간을 중심으로 살펴보는 것이 타당할 것이며, 이를 통해 현재 부산의 역사성과 해양성을 이해할 수 있으리라 기대되기도 한다. 현재 부산의 해녀는 부산 또는 한국의 여러 지역에서 이주해 온 여성들로 부산광역시에 살면서 나잠업을 생계의 주요 수단으로 하고 있는 어로자라 말할 수 있다.

해녀가 부산에 언제부터 있었는지 정확히 알 수는 없으나, 일반적으로 한국의 해녀 역사와 더불어 전개되어 왔다고 볼 수 있다. 해녀들이 하는 어로법은 대체로 신석기 시대에 식량을 얻기 위해 행하였을 자맥질에서 유래되었다고 하겠으며, 패총에서 나온 유물들이 그 사실을 말해 주고 있다. 부산광역시 영도구의 동삼동 패총 전시관의 유물을 통해 신석기 시대 인류가 사냥과 고기잡이를 통해 식량을 확보하였다는 것을 알 수 있다.

한 패총 연구자의 설에 따르면, 부산광역시 영도구 동삼동 패총에서 발견된 패종은 모두 53종으로 특히 홍합과 참굴, 소라 껍데기가 다량 발견되었다. 만입부(灣入部)[만의 안쪽]에 위치함에도 불구하고, 외해 암초성 패종이 22종을 구성하는 등, 이곳에서는 자맥질 혹은 낚시 등에 의한 적극적인 어로 활동이 있었다고 한다. 이외 부산광역시 송도, 영도구 영선동 유적 등 모든 유적에서 외해 암초성 패류들을 볼 수 있는데, 전반적으로 외해[심해]를 이용할 수 있는 어로 기술이 발달되어 있었던 것이다. 따라서 선사 시대로부터 부산의 연안에서는 자맥질에 의한 식량 채취가 이뤄져 왔으며, 그 활동 또한 활발하였음을 알 수 있다.

(3) 부산 해녀의 성립

부산광역시는 전국 시 단위 행정 구역 이상의 단위에서 제주도를 제외하고 해녀가 가장 많은 곳이다. 2005년 한국통계청 자료에 의하면 부산광역시의 나잠 어업인, 곧 해녀는 476명이나 부산광역시에서 집계한 자료에는 2012년 1월 기준 964명의 해녀들이 있다.

이러한 수치의 차이는 나잠 어업인에 대한 분류의 차이 때문이다. 나잠 어업의 경우 은퇴의 시기가 정해져 있지 않기 때문에 비정기적으로 일할 수 있으며, 부산의 집계는 이러한 고령의 해녀들을 포함한 수치라 간주할 수 있다. 이러한 해녀를 관행 해녀라 하여 입어증을 소지하고 있는 입어 해녀와 다르게 분류한다. 따라서 입어 해녀처럼 법적으로 정해진 기간만큼 일하지는 않으나 때때로 바다 속으로 들어가 해산물을 채취하는 해녀들이 갑절가량 많다는 것이다. 이 해녀들을 연령에 따라 분류해 보면 표 '부산광역시 해녀의 연령 분류'와 같다.

부산의 해녀는 40대 미만의 젊은 층이 없는 가운데, 60대 이상의 해녀가 전체의 79.5%를 차지하여 고령화 현상이 두드러짐을 알 수 있다. 이러한 고령화는 새로이 일을 하는 젊은 층의 유입이 없기 때문으로 자연히 해녀 인구가 감소하는 것과 더불어 가속화되고 있다. 2008년 1,059명이었던 해녀는 2009년 1,010명, 2010년 999명, 2011년 986명, 2012년 964명으로 감소하였다.

부산광역시는 8개 구·군에서 나잠 어업인 지원 사업을 벌이고 있으며, 주로 잠수복 지원과 잠수병 치료 지원, 선진지 견학 등이다. 이러한 지원 사업은 나잠 어업의 지속화를 위한 기반 조성보다는 어업인의 후생 복지에 초점을 두고 있다. 나잠 어업이 지속되기 위해서는 새로운 나잠 어업인의 육성이 필요하나 그러한 재생산을 불러일으키는 데에는 영향을 미치지 못하고 있는 실정이다.

따라서 현재 해녀들의 어업 전망은 불투명한 상태이다. 현재 마을 어업에 의한 생산고는 다른 어법에 비해 낮고, 2차 가공 시설로의 연계가 미약하며, 어로 환경의 열악성 등이 나잠 어업에 대한 경제성을 더욱 약화시키고 있다. 부산광역시의 연안 환경이 생태적으로 더욱 풍부해지고 살아있는 해양 문화를 육성하기 위해서는 다양한 전통적 어로에 대한 가치를 재고하고 현대적 재창출이 모색되어야 할 것이다.

① 제주도 해녀의 출항

부산해녀는 제주도 해녀들이 경남 지역 등으로 출항하여 정착한 것으로 대표적으로 영도의 동삼동 어촌계 및 청학동 어촌계에 소속된 영도해녀를 비롯하여 용호동·용당·기장읍 대변지역 등 지역에서 해녀 등을 들 수 있다.

부산 해녀는 제주해녀가 경남·부산 지역으로 출항, 영도·용호동·용당 등의 해안마을에 정착하게 됨으로써 성립하게 되었다. 1883년 조일통상장정 체결 이후, 일본의 잠수기들이 제주에 들어와 전복 등 해산물을 채취하면서 해녀들은 생계에 위협을 받기 시작했다. 제주바다에서 수확하는 해산물의 양이 급격히 줄어든 것이다. 초기 1기에 불과했던 잠수기가 1906년에는 300~400기로 증가했다. 잠수기라는 고효율의 어업기계는 자원고갈은 물론 잠재적 유휴 노동력인 제주해녀들의 출항을 가속화 시켰다.

당시 잠수기들이 바다에서 채취한 감태와 우뭇가사리는 식용이 아니라 군수·산업원료로 이용됐는데, 일본 잠수기의 전복 남획과 군수산업의 원료인 감태 대량채취는 식민지 바다의 생태계를 교란시키는 총체적인 파괴를 야기했다. 감태는 요오드의 원료이자 화학원료로 사용됐는데, 감태에 들어 있는 요오드칼륨은 진통과 소염제를 만드는 원료일 뿐만 아니라 화약을 만드는데 사용됐다. 일본은 1900년대 초까지 유럽으로부터 질산칼륨을 수입했으나 1904년 러일전쟁으로 수입이 어렵게 되자 질산칼륨 대신 요오드화칼륨을 얻기 위해 감태 채취에 열을 올리게 됐고 미에현 시마군에 요오드 제조공장을 비롯해 통조림 공장을 운영하던 이시하라 엔키치는 일본 농상무성과 육군의 명을 받고 성산포에 한국물산주식회사를 설립해 요오드를 생산했다. 그리고 우뭇가사리는 액체화해서 비단 베틀용으로 가장 많이 사용했는데 실을 엉키지 않게 하고 염료 정착에도 사용됐다. 즉 일본의 근대공업을 견인했던 섬유산업의 중요한 재료였다. 포항 구룡포가 대표적인 우뭇가사리 어장이었다.

한편 잠수기 어업등장으로 제주 어장이 황폐하게 되자 제주해녀들은 1895년부터 경상남도로 첫 출가 물질을 떠나, 이후 그 출항 범위가 더욱 확대되어 경상도, 강원도, 다도해, 함경도뿐만 아니라 일본 도쿄와 오사카, 중국의 칭다오와 다롄, 러시아 블라디보스토크 등으로 출가 물질을 나갔다고 한다. 그리하여 제주 해녀들은 1910년대 전반에는 2500명, 1910년대 말에는 부산, 울산까지 섬 밖으로 나간 제주도 해녀수가 4000명 정도였다고 설명했다.

1910년대 제주해녀의 바깥물질은 다양한 형태로 진행됐다. 대표적인 형태에는 객주의 모집에 의한 방법이다. 일본인 무역상들은 객주들을 통해, 그리고 객주들은 다시 해녀 소개자를 통해 제주도 해녀들을 모집했다. 매년 음력 12월경 제주도 각지에서 해녀를 모집해 전도금을 건네주고 계약했다. 봄에 섬을 떠난 해녀들은 부산을 거쳐 일본으로 가기도 하고, 제주와 오사카를 잇는 정기선을 통해 일본으로 출어하기도 했다. 그리고 독립 출가도 이뤄졌다. 해녀의 남편 2~3명이 공동으로 어선을 매입해 가족, 친척 등의 해녀를 승선시켜 가는 것이다. 전자와 후자의 비율은 6대 4정도로 객주의 모집에 의한 것이 많았다고 한다. 제주해녀들은 3월경에 집을 떠나 추석이 가까워 오면 돈을 벌어 제주로 들어왔다. 당시 바깥물질은 가정 경제의

버팀목이 됐고 제주경제 전반에 걸쳐 지대한 영향을 미치게 됐다. 구좌·표선·남원·서귀포 등 도내 바닷가 마을들은 마을별로 30명에서 80명씩 해녀들을 모집해 나서기도 했다. 이와 같이 바깥물질에 나섰던 해녀들의 일부는 해당 지역에 정착하면서 이른바 '출향 해녀'라고 불리게 됐다.

② 영도의 일본인 해녀

부산에는 일본의 여러 지역에서 건너온 어민들이 형성한 이주 어촌이 있었으며 이 어민들 가운데 해녀들도 있었다. 이주 어촌은 부산의 영도[1876년], 다대포[1906년]와 용당[1908년], 하단, 대변[1908년]에 있었다는 사실에 비춰 볼 때, 일제 강점기 이전부터 일본인 어민들이 부산에 살고 있었다는 것을 알 수 있다.

이주 어촌은 일본의 지방 자치 단체 혹은 수산 단체에 의해 계획적으로 이주 어촌이 형성된 보조 이주 어촌과 사람들이 임의로 이주하여 자연 발생적으로 거주지가 형성된 자유 이주 어촌으로 분류할 수 있다. 이 분류는 이주자의 입장에 의한 것으로 이를 수용하는 측인 현지[당시 조선]의 분류와는 다를 수 있다. 영도와 하단의 경우에는 임의에 의한 이른바 자유 이주 어촌이 있었는데 특히 영도에 살았던 일본인 해녀들에 관한 자료를 토대로 당시의 생활상을 엿볼 수 있다.

영도에 이주 어촌이 있었던 것은 1876년(고종 13)이라고 하지만 그 규모와 위치에 대해서는 알려진 바가 없다. 다만 일제 강점기 이전에 이미 영도에는 일본 어민들의 왕래가 있었음을 짐작케 해 준다. 일본 미에 현[三重縣] 남쪽 시마 시[志摩市]의 가타다[片田] 지역 어민들은 1899년(고종 36)부터 한반도로 출어를 시작하였다고 하며, 1915년과 1916년부터는 관부 연락선을 타고 부산의 영도를 오갔다.

처음에는 세토나이카이[瀨戶內海]와 쓰시마 섬[對馬島]을 거쳐 부산을 목적지로 도항하였다.

한반도로의 출어는 부산 영도에서 출발하여 동해안을 거쳐 울릉도 및 각지에서 해산물을 채취하고, 영도에서 거제도 주변과 거문도를 거쳐 제주도로 가기도 하였다. 어기(漁期)가 끝나면 이들은 다시 영도로 노를 저어 돌아와 9월 말과 10월 초 사이 고향[가타다]으로 돌아갔다. 다음 해 봄이 되면 다시 영도로 돌아와 어업을 하는 것이다. 해녀들은 자신이 잡은 전복과 소라를 부산 안에서 행상을 하며 팔기도 하였고 또 영도에 있던 통조림 공장으로 보냈다고 한다.

이처럼 계절적으로 귀향하는 경우도 있었으나, 일가족이 함께 영도에서 거주한 경우도 있었다. 해녀처럼 해산물을 채취하는 경우만이 아니라 잠수 기구를 판매·수리하는 가게를 운영하고, 또 제주도에 그 출장소를 설립한 경우도 있었다. 이처럼 시마 시의 카타다 지역 출신의 해녀들이 영도에 거주한 기간은 정확하지 않으나 약 30여 년이라고 추정되고 있다. 식민지 시대 영도는 제주도 해녀들이 출어(出漁)를 위한 거점의 역할을 하였을 뿐만 아니라 일본의 해녀들에게도 한반도 출어의 중요한 거점이자 일부 어민들의 정착지이기도 하였다.

③ 부산해녀의 현황

현대의 해녀는 부산을 비롯하여 한반도 연안에 모두 분포하고 있으며, 이들은 대부분 제주도 출신이라는 점이 특징이다. 게다가 부산의 해녀들은 도심 가까이에서 어로 및 상거래를 한다는 점이 두드러진다. 그 이유는 식민지 수산 경제의 확장과 더불어 제주도의 여성들이 한반도를 비롯한 일본, 중국, 러시아 등지로 이동하게 된 데에 따른 결과이다.

현재 부산의 해녀 현황에 대해 살펴보면 부산광역시는 해안선 길이가 306.2km로, 2011년 연말을 기준으로 할 때, 전체 어업 가구가 2,393호에 수산업 종사자는 2만 3578명이다. 그리고 어촌계가 50개소 있으며, 그 가운데 마을 어업이 이뤄지고 있는 곳은 31개소이며 면적은 총 16.95km²에 달한다. 이 바다를 어장으로 하여 해산물을 채취하고 있는 해녀는 낙동강 상류와 중구를 제외한 전 연안에 분포하고 있다. 지역별로 분포를 살펴보면 다음과 같다.

a. 영도해녀

일본 식민지 시대 부산 영도는 제주도 해녀들의 출어를 위한 거점 역할을 했을 뿐만 아니라 일본 해녀들에게도 한반도 출어의 중요한 거점지이기도 했다. 이곳이 제주해녀 출어의 주요거점이 됐던 이유는 일본의 해조류 상인과 물건을 맡아 팔거나 흥정을 붙여 주는 일을 하는 객주들이 모여 있는 큰 수산시장이 형성돼 있었고 다른 지역으로 이동이 용이한 교통수단의 발달, 현금소득의 기회가 있었기 때문이다.

당시 부산의 여러 객주들은 일본으로 우뭇가사리와 같은 해초들을 수출하고 있었다. 1929년 동아일보 보도내용에 따르면 우뭇가사리는 미역의 1000배를 웃도는 가격에 판매됐다고 한다. 이러한 이유로 제주도 해녀들은 부산에 본거지를 둔 일본 해조류 상인과 객주에 고용돼 한반도 해안으로 퍼져나가서 해조류 등을 채취하게 됐다.

거시적으로 보면, 일본의 수산 시장을 목적지로 한 한반도 주변 해역에서의 해녀 이동이 나타난 것이며, 당시 부산은 해초 및 여러 해산물의 거점 시장이자 해녀 이동의 거점 역할을 하였던 것이다. 이처럼 해산물의 경제적 수요에 따라 제주도 해녀들이 한반도로 이동하게 된 것은 1895년(고종 32)부터이며 그 곳이 현재 부산의 영도라는 설이 있다.

　도심 속의 해녀 현황으로서 영도의 동삼동 중리 해녀촌 사례를 중심으로 살펴보기로 한다. 영도는 조선소와 수출입 항만 및 국제·국내 여객선 터미널이 있어 타지 사람들의 일시적 거주지와 정착지이며, 외항선원 가족들이 많이 거주하는 곳이기도 하다. 1920년대 경상북도와 경상남도 방면으로 출어하던 제주도 해녀들은 일단 영도에서 체류하며 출어를 재준비하고 각자 행선지로 향하였다. 이러한 배경으로 영도는 일찍이 제주도 출신의 해녀들이 정착한 곳으로 유명하다.

　그러나 영도의 해녀가 모두 제주도 출신의 여성들은 아니다. 거제도를 비롯하여 남해안 지역에서 이주해 온 해녀들이 영도에 정착한 사례들도 있고, 영도 현지 출신의 해녀들도 있다. 비율이 어느 정도인가는 정확히 집계된 바는 없으나, 제주도 출신의 해녀가 압도적으로 많다는 것이 일반적 인식이다. 또한 영도에 정착하였던 해녀가 역내의 다른 곳, 부산광역시 남구 용호동으로 이주하는 사례들도 있다.

　부산광역시의 해녀들은 자신이 채취한 해산물을 판매하는 등의 상업을 병행하는데, 이러한 양상은 자생적인 것으로 어업과 해산물 판매가 거의 동일한 장소에서 이뤄지는 특징이 있다. 해녀들이 채취한 해산물이 바로 산지에서 소비될 수 있는 이유는 해녀들이 일하는 어장이 도시민들에게 있어서는 가까운 휴게와 여가 공간이기도 하기 때문이다. 그리고 이러한 장소는 인근의 관광지와도 연결되어 해녀들은 시민과 관광객들을 상대로 하여 해산물을 채취, 판매하는 양상을 보이는 것이다.

　부산광역시는 북항과 남항이라는 두 개의 큰 항구를 가진 수출입 항구 도시인데, 두 항을 나누는 분수령 역할을 하는 곳이 영도이다. 부산광역시 기장군을 제외하고 부산광역시 관내에서 해녀가 가장 많은 곳 또한 영도이다. 영도의 중리에는 일명 해녀촌이 있는데, 이곳은 해녀들이 일하는 곳 중의 하나이다. 본래 취락이 있는 마을이 아님에도 이처럼 '~촌'이라고 부르는 이유는 30여 명의 해녀들이 항시적으로 모여 생업을 하고 있기 때문인 것이라 여겨진다. 영도 중리산 서남 방향 산자락 한쪽에 깎아지르듯 한 절벽 아래의 좁은 갯바위에 형성되어 있는 해녀촌은 해녀들이 바다 일(물질)을 준비하고 마무리하는 작업장이자 식당이기도 하다.

2인 1조가 되어 해산물을 팔기에 모두 32명이 해녀들이 운영하는 해녀촌은 16개의 해산물 가게가 있는 것과 마찬가지이다. 거의 동일한 해산물을 가지고 16개 가게가 판매한다는 것은 특별한 판매 전략이나 경쟁을 유발시키는데, 이들은 상호 순환적 판매 방식을 택해 가능한 모든 이익이 분배되도록 한다. 가령 이곳을 찾는 손님들을 순서대로 받는 식인데, 이러한 방식은 손님의 인원수에 따라 매상이 달라질 수 있고 손님이 그러한 순서를 지킬 리 없기에 해녀들 사이에 종종 고성이 오간다. 이곳에 해녀 촌이 형성된 것은 약 40년 전부터이다. 이곳에서 만난 60대의 한 해녀의 말은 어떻게 해녀촌이 형성되었는지를 짐작하게 한다.

> "처음엔 마 이렇게 장사도 심하게 안하고 그때는 이 앞에 전복이 바글바글하였어. 시장 같이 이렇게 장사 안 하였거든. 그래 그때는 해삼·전복 따서 시장가서 팔고, 그래 가지고 허다허다 보니까 손님이 한 사람 두 사람 오기 시작하니까. 인자 그때부터 여기 앉아 죽치고 앉아 있는 거지. 바다 물이랑 우리가 이거 다 매립하였잖아. [중략] 그 때는 이렇게 번잡하지 않으니까 손님들이 안 오는 거라. 그래 가지고 이제 시장에 갔잖아. 한 사람 오고 두 사람 오고 하다 보니까 이제 점점 알려지고 이제 돌빠꾸(갯바위)에 앉아 가지고 또 까주고, 나머지는 또 시장가고, 그래 가지고 한 사람 한 사람 손님이 점점 많아지는 기라."

해녀촌은 어장이 있는 곳에 자연스럽게 생긴 것처럼 보인다. 그러나 그 배경을 보면 해녀촌은 어장을 상실한 해녀들이 밀려들어 온 곳임을 알 수 있다. 현재 영도에는 남항동과 동삼동 두 개의 어촌계가 있고, 그 산하에 170명의 해녀들이 있다. 동삼동 어촌계는 2011년 말 기준 97명의 해녀들이 있었다. 그런데 해녀촌이 있는 곳은 동삼동 어촌계의 구역이나 이곳을 구성하고 있는 해녀들은 남항동 어촌계의 해녀들이다.

따라서 다른 마을의 어장에 들어가 어업을 하고 있는 셈인데, 때문에 두 어촌계 해녀들 사이에서 곧잘 마찰이 생기곤 하였던 곳이다. 해녀 촌의 남항동 어촌계 해녀들이 이처럼 동삼동 어촌계의 구역에서 일하게 된 것은 남항동 해녀들이 도시 개발[남항 대교 건설 및 기타]의 영향으로 어장이 축소되거나 사라짐으로써 인근 지역인 동삼동으로 밀려나게 된 것이었다.

현재의 위치에 자리 잡은 남항동 어촌계 해녀들 32명은 동삼동 해녀들이 일하지 않은 빈 곳에 자리를 잡았으며, 반면 동삼동 어촌계의 해녀들은 태종대 등대 앞에서 해산물을 판매하고 상시화된 자신들의 작업 공간이 있어 분쟁의 긴장 속에 해녀들은 평형을 유지하고 있는 것이다. 이처럼 대도시 속에 자리하고 있는 해녀촌처럼 부산의 해녀들의 활동은 단지 나잠 어업에 한정되지 않으며, 대도시 소비와 경관의 이점 속에 상업 활동을 동반하여 이뤄지고 있다.

b. 용당해녀

용당에서 물질을 하던 해녀들의 대부분은 제주도 사람들이라고 한다. 윤랑근 씨가 「신선대 사람들」에 기고한 글에 의하면 제주도 해녀들이 돈을 벌기 위해 뭍으로 나오기 시작한 것은 1880년경부터

이라고 한다. 그들이 출가한 지역은 경남과 경북을 비롯하여 전국의 해안에 이르렀고, 나아가 일본, 중국, 소련까지도 진출했다고 한다. 철새처럼 섬과 육지 사이를 오가며 해녀가 용당에 눌러 살기 시작한 것은 일본 어민이 정착한 다음이었다. 해녀들은 돈이 모이면 고향으로 돌아갔고 다시 나올 때는 가족이나 다른 해녀들을 데리고 나왔으므로 정착해녀는 늘어만 갔다. 해녀의 수가 불어나면서 해녀조합이 구성되고, 공동 작업을 통해서 공동의 이익을 추구하게 된다.

용당 해녀들에 대한 이야기는 18세 때부터 현재까지 매일 물질을 하며 용당동에서 살아오고 있는 해녀 김춘자 씨의 이야기에 의한다. 그녀는 용당해녀의 산 증인이기 때문이다.

옛날에 용당의 어업이 성하던 시절에는 해녀들은 30명 정도가 있었고, 해녀들을 바다에 보내기 위한 전용목선도 3척이나 있었다. 그 당시는 벌이가 꽤 괜찮았단다. 세월이 흘러 동명목재가 들어왔을 때만 해도, 일을 할 수 있었다. 그러나 항만청의 매립으로 인해 뱃일도 못하게 되었고 어장이 없어지자 해녀의 일도 점점 먼 바다에 나가야만 하였다. 동명목재에서는 해녀들에게 집을 하나 사주었는데, 명의를 어촌계로 하여 나중에 어촌계에 빼앗겨 버렸다고 한다.

물질하는 때는 오후 2~3시간을 하고, 한 달 중 12·13·14물만 쉬고 언제나 할 수 있었다. 동명목재와 극동이 들어와 배가 없어지자, 나이든 해녀들은 제주도 등으로 돌아가고 나머지 젊은 해녀들이 남아 있었다. 1992년 1월 당시에는 2세 해녀 10명이 남아 있었는데, 1999년 1월 현재 이선아(68세), 김춘자(66세), 문유화(66세), 양춘심(66세), 홍옥자(58세), 이순자(55세)인 여섯 명의 해녀가 용당에 살고 있었다. 이 중에서 매일 물질을 나가는 사람은 4명이었다고 한다.

④ 해녀의 민속문화-해녀노래

현재까지 전해지는 「해녀 노래」에서도 부산을 향해 노를 저어 갔던 상황을 연상할 수 있는데, 노랫말 속에는 이들이 경유해 갔던 지역들이 있어 더욱 주목해 볼 만하다. 「해녀 노래」를 살펴보면 다음과 같다.

「해녀 노래」

이여싸나 이여싸나/ 성산 일출 봇보려 두곡/ 소완도로 가는구나/ 완도지방 넘어가근/ 신기도영 넘어가곡/ 금당아로 넘어가근/ 저 큰 바당 다 지나곡/ 지누리대섬 넘어가근/ 나라도로 건당흔 다/ 나라도를 넘어가곡/ 뽕돌바당 지나본다/ 돌산을 넘어가근/ 솔치 바당 건너간다/ 솔치 바당 건너가민/ 남해로다 노양목/ 사량도 바당 넘어간다/ 물파랑 것도 지나가근/ 제장심포 넘어가곡/ 가 닥 동꿋 지나가민/ 등바당을 넘어간다/ 다대꿋을 넘어가민/ 부산 영도이로구나/ 이여싸나 이여싸나

해녀 노래에 의하면 제주도 성산 일출봉을 출발하여 거제도와 남해, 사량도 등을 거쳐 부산의 다대포, 영도에 이르는 과정을 구체적으로 묘사하고 있음을 찾아볼 수 있다.

5) 현대 부산어업의 변화

(1) 용당 어촌의 변화

남구 용당마을의 민속자료를 중심으로 어업변천사에 대해 살펴보고자 한다. 용당 사람들은 대부분 조그맣게 농사를 짓던가, 아니면 대부분 어업에 종사하며 살았다. 용당의 주택은 제주도의 그것과 같이 초가집과 돌담이 특색이었다. 용당의 형편은 인근의 용호동과 달

리 아주 가난했다. 텃세가 심한 곳이었다. 외지에서 들어온 사람과는 결혼도 하지 않았다. 북쪽 사람과 결혼하면 좋지 않다고 하여 남천동이나 대연동과는 혼사를 하지 않았고, 또 동쪽의 감만동과도 하지 않았다. 주로 용호동 사람과 하였고, 아니면 하루 종일 걸어서 가는 사상쪽 사람들과 하였다.

용당은 주로 어업을 하며 생활한 어촌이었다. 용당의 어업에 대한 결정적인 근거가 되는 사료로는 300여 년 전인 1671년 경, 파평 윤씨(坡平 尹氏)의 입향조 윤성룡(尹成龍)씨가 경기도 파주에서 가족과 함께 들어오니 소수의 주민이 어로를 생업 삼아 살고 있었다. 윤씨는 그들이 잡아오는 생선을 받아서 말리거나 염장하여 5일마다 열리는 동래장에 내다 팔았다는 기록이 남아 있다.[14)]

용당 어업의 실상을 상사하게 밝힌 자료로는 조선 말엽에 일본인이 발간한『한국수산지』이다. 이에 따르면 1909년 경 용당에는 82가구가 살고 있었으며 어업 종사자가 많았고 자망어업을 하며 어장이 여섯 군데가 있었으며 갈치 낚기를 했다고 한다.

주요 수산물은 청어, 미역, 멸치 등이었다고 한다. 용당에서 5대째 거주하고 있는 장일수 씨는 용당에서는 원래 미역, 우뭇가사리 등의 채집을 주로 하였다고 한다. 그때는 용당에서의 수입이 좋아서 제주도에서 건너온 해녀들도 30여명이나 있었다고 한다. 전신을 바탕으로 하는 용당 어촌계인 연성조합은 현재의 부산수산업협동조합의 모체가 되었다고 한다. 또 부친이 상어잡이 선주로서 가장 큰 배를 여러 척 소유했고 한 척당 1,000여 마리를 포획하여 부산에서는 가장 큰 규모의 상어를 잡았다고 한다.

---

14) 국제신문, 1971년 10월 19일 제 5면 부산의 동족부락에서 발췌함.

용당이 변천을 겪게 되는 것은 동명목재가 들어오고 부터이다. 동명목재가 들어와서 용당의 환경을 파괴하고, 농업과 해녀, 어업까지 사라지게 하였으나, 한편 어업만을 일삼던 용당 사람들에게 일자리를 제공하고 높은 가격으로 땅을 매입하는 등 용당인들은 오히려 부흥기를 맞이했다고 할 수 있다. 땅 판돈을 잘못 굴려 망하고 타지로 떠난 사람들도 더러는 있지만 95%이상의 사람들은 그 공장에서 일자리를 얻거나, 하숙, 장사를 하여 먹고살았고, 시대에 대한 귀도 뚫렸다고 한다. 윤랑근 씨도 그들을 대상으로 술집, 문방구, 이발관, 옷집 등을 하며 살아왔다.

(2) 상어잡이

1930년대 말 용당 바다에 발동선이 등장했다. 이는 일본인 나까시마에 의한 것이었다. 용당인으로는 최장수 씨가 발동선을 소유했고 이어 일본인 가쓰기가 발동선으로 삼치 잡이를 했다고 한다. 이러한 발동선의 등장으로 용당 어업은 연해 어업에서 연근해 어업으로 발전하게 되었다. 10톤에서 40톤에 이르는 당시 대형 어선으로 불리던 이들 동력선은 상어잡이를 주로 하였다. 당시 상어고기의 주 소비지는 경상남·북도로 용당의 제사상에는 상어산적이 올려져야 귀신이 응감을 했다고 할 정도로 상어 고기를 많이 먹었다.

어구는 대젓가락 굵기의 면사나 삼실을 꼬아서 사용하였다. 낚시는 강철로 된 큰 것으로 약 20미터마다 한 개씩 매달았으며 어구 한 틀에는 약 30개의 낚시가 묶였다. 낚싯줄을 담는 상자는 대나무 살을 굵게 깎아 만든 사각형 광주리였으며 발동선 한 척에 10내지 12상자씩 싣고 다녔으며 줄을 모두 늘어놓으면 6~7킬로미터에 달했다고 한다. 상어 미끼는 민물 장어나 갯장어를 썼다. 민물장어는 살결이 단단하고 비린내가 많아서 상어가 잘 잡혔으며 갯장어는 민물장어만은 못했지만 가격이 쌌기 때문에 많이 썼다. 오륙도 부근에서도 상어가 많이 잡혔고, 가덕도 부근에서도 많이 잡혔는데 선박 기술의 발달과 어획량의 감소로 먼 바다로 진출하게 되었다고 한다.

상어잡이는 1년에 걸쳐 하였으나 정월부터 5월까지는 큰 재미가 없었고, 6월부터 여름에 많이 잡혔다고 한다. 잡은 상어의 크기는 큰 상어가 세 발 이상 된 것도 있었다고 한다. 상어를 잡는 방법은 뜬 바리와 앉은 바리가 있는데, 주로 앉은 바리를 사용했다고 한다. 뜬 바리는 48발에서 50발 정도의 길이를 물위에 띄워놓고 물이 흐르는 데로 두기 때문에 훨씬 쉬운 방법, 앉은 바리는 물밑에 앉혀 놓는 것이다.

상어잡이 배들은 제주도와 대마도 근해까지, 동해로는 강원도 끝까지 바다를 헤치고 다녔다. 이렇게 번창하던 상어잡이는 1960년 이후 한일어업협정이 체결되면서 사양길로 걷게 되었다.

(3) 장어 잡이

장어 잡이는 숭어 잡이의 미끼로 이용하기 위해 잡았으나, 그 뒤 어부들의 주된 일이 되었다. 1970년대까지는 통발을 모르고 낚시로만 장어 잡이를 했다고 한다. 어느 날 대변(기장)의 배가 용당에 들어온 뒤부터 통발을 사용하게 되었다. 바람이 몹시 부는 날 대변의 배가 돌아가지 못하고 용당에 들어왔는데, 통발을 사용한다고 하여 구경을 갔다. 그때 통발을 처음보고, 낚시와 비교할 수 없을 만큼 장어를 많이 잡을 수 있다는 것을 알았다. 그 이전에는 목선으로 주낙을 하였는데 그때부터 사정이 달라졌다.

많이 잡기 시작하자 어시장에 갖다 주기도 하였으나, 현지에서 횟집을 하기 시작하였고, 번성할 때는 20~30여 개나 생겼다. 이 당시에는 버스 노선도 없었지만, 마차를 타고 범일동이나 서면 등지에서 온다고 한다.

(4) 용당 어업의 쇠퇴

<남구 용당지>에 따르면 1959년 가을, 용당 바다를 뒤엎은 사라 태풍으로 용당 어업의 종말이 시작되었다. 선착장과 방파제는 허물어지고 석벽은 유실되었으며 어선은 거의 전파되다시피 하였다. 범일동에 공장을 두고 있던 동명목재상사가 임의로 외국에서 수입한 라왕목을 신선대 방파제 안에 쌓아 놓았었는데 이것이 태풍에 떠밀려 다니다가 방파제의 일부가 허물어지자 용당의 전답을 매입하고 용당의 해안을 매립하면서 어업은 설자리를 잃어 갔다.

옛날 용당 어촌계는 용당 어업이 번성할 시에는 용호동 어촌계보다 행정권 등을 더욱 확실하게 가지고 있었고, 일본인이 들어왔을 때에도 용호동보다 용당 수산업에 더욱 치중하였다.

용당 어촌이 가장 크게 변화하게 된 것은 1978년도 봄, 정부기관 수산청에서 외항과 내항의 고시를 전과 다르게 하면서부터이다. 이것으로 인하여 용당 어촌이 몰락의 위기를 맡게 되었다. 즉 영도의 청학동과 연합철강을 기준으로 외항, 내항을 결정하였는데, 그 경계를 청학동과 오륙도로 하면서 용당 앞바다가 외항의 구실을 할 수 없게 되어 1종 공동어장이 상실되었다. 내항에는 1종 공동어장을 만들 수 없는 규정에 따라 용당의 어업이 쇠퇴할 수밖에 없었고 또한 거기에 매립이 큰 역할을 하였다. 그리하여 1994년도 용당 어촌계가 폐업계를 제출하면서 없어졌다.

3. 부산의 해양민속

부산지방의 해양민속은 풍어를 기원하는 별신굿을 비롯한 풍어제 및 어로노동 민속문화, 해양민속 문화재 등을 들 수 있을 것이다. 어로노동요 및 어업과 관련된 해양민속문화는 좌수영어방(左水營漁坊)놀이·다대포후리소리 등을 들 수 있다.

1) 어로노동요

(1) 좌수영어방놀이(左水營漁坊놀이)

수영은 연안어업이 성하여 어업 협업체로 어방(漁坊)이 형성되었다. 비번의 수군들이 어방의 고기잡이에 참여하여 노동력·조선술·항해술을 제공함으로써 어업을 효율적이고 대형화할 수 있게 하였고, 어민들은 어획물의 일부를 수군의 부식으로 제공함으로써 어방은 지역 주민과 군인이 협동하는 어업 협업체로 발달하였다. 어방의 구성원들은 고기잡이를 할 때에 작업의 호흡을 맞추고 노동의 고단함을 덜기 위해 여러 가지 어로 요를 불렀다.

좌수영어방놀이는 경상좌도 수군절도사영이 있던 수영 만에 전승되는 어업노동요인 멸치잡이 후리질소리와 그에 따른 해양민속이다. 이 지역이 도시화하면서 수영만 연안에서 더 이상 멸치잡이를 하지 않게 되자 전통예술로서 귀중한 가치가 있는 어로요가 사라지는 것

을 안타까이 여긴 현지 주민들이 1970년대에 이를 전승·보존하려
는 목적으로 멸치잡이 후리소리를 중심으로 연희화하였고, 1978년
에 중요무형문화재로 지정되어 (사)수영고적민속예술보존협회 회원
을 중심으로 전승·보급에 힘쓰고 있다.

좌수영 어방놀이의 어업노동요 구성에 대해 살펴보면,

① 내왕소리마당: 후리질을 하기 위해 줄틀로 줄을 꼬면서 부르는
내왕소리마당으로 앞소리꾼이 작업을 독려하면서 두 음보를 메
기면 줄을 꼬는 일꾼들이 뒷소리 두 음보인 '에-헤야'로 받는다
(홑소리 경우). 앞소리의 내용은 어부들의 현실적 바램(願望)이다.

② 사리소리마당: 바다에 쳐 놓은 후릿그물의 다불 줄을 어부들이
잡아당기면서 부르는 사리소리마당으로 앞소리꾼이 한 음보의
앞소리를 메기면 어부들이 그물의 다불 줄을 잡아당기며 한 음
보의 뒷소리 '오호 사리여'로 받는다. 앞소리의 내용은 풍어를
기원하는 소박한 소망을 담고 있다.

③ 가래소리마당: 어부들이 그물에 든 고기를 가래로 퍼서 부인들
의 바구니에 담아 주면 부인들이 고기를 옮기는데, 어부들이
가래질을 할 때 부르는 어업 노동요로서, 앞소리꾼이 앞소리를
메기면 대가래를 손에 쥔 어부 1명이 앞에 서고 소가래를 잡은
어부 2명이 뒤에 서서 노래의 박자에 맞추어서 가래질을 하면
서 뒷소리 '오-호 가래야'로 받는다. 앞소리의 내용은 어부의
연정·풍어에 대한 기쁨이다.

④ 칭칭소리마당: 고기를 많이 잡은 어부들이 풍어를 자축하며 부
르는 칭칭소리 마당으로 풍어에 흡족한 선주가 제수를 마련하
여 용왕제를 올린 뒤에 어부와 마을사람들이 함께 모여 술과

음식을 나누어 먹고서 농악기를 동원하여 풍악을 치며 춤추고 노는데 굿거리장단으로 흥이 오르면 앞소리꾼이 2음보의 앞소리를 메기면 나머지 사람들이 2음보의 뒷소리 '쾌지나 칭칭나네'로 받는다. 앞소리의 내용은 풍어의 기쁨에 따른 어부들의 소망의 어사(語辭)이다.

이 좌수영어방놀이의 특징은 첫째, 어업노동요가 어로작업현장에서 생성된 것 이외에 다른 민요도 수용하여 작업과정에 맞추어 적절히 변용된 점이다. 둘째, 어업노동요에 어부의 풍어를 기원하는 마음과 어로작업의 고통을 극복하려는 의지가 뚜렷이 들어있는 점이다. 셋째, 공동노동요인 어로작업을 통해 어민들의 협동심과 단결심을 고취하고 있다는 점이다.

(2) 다대포 후리소리

사하구 다대포는 예로부터 어업으로 생계를 이어온 어촌이다. 이들은 약 30여 년 전까지 거의 멸치 지인망(地引網)어업에 종사했던 사람들이다. 멸치잡이에 관한 어로요(漁撈謠)를 비롯하여 이에 부수하는 어로풍속을 다른 지방보다 많이 간직하고 있다. 이곳에 멸치가 많이 몰려든 것은 낙동강 민물이 바닷물과 섞갈리는 곳이어서 부유생물인 플랑크톤이 풍부한데 있었다. 사하구 다대1동 468-6번지「다대포후리소리보존협회」에서 전승 보존하고 있다.

다대포후리소리는 민속적·음악적 가치가 뛰어난 무형문화재라 할 수 있는데 현재 부산광역시 무형문화재 제7호로 지정되었으며 (1987. 7. 2), 멸치잡이 후리질의 순서에 따라 부르는 어로노동요를 작업의 동작을 곁들여 입체화하는 한편 풍어를 기원하는 용왕제 및 풍어를 자축하는 풍어소리 등으로 구성되었다.

후리질의 시작은 멸치 떼가 들었다는 신호인 징소리에 비롯된다. 다대만의 동쪽 속칭 낫개와 다댓개 사이에 있는 언덕 위를 야망대(夜望臺)라 한다. 해질 무렵에 야망대로 올라가서 멸치 떼의 동정을 살피다가 어조(漁兆)가 보이면 낫개로 내려와서 작은 배를 타고 바다로 나아가 확인하고는 징을 친다. 모인 어민들은 맨 처음에 그물을 옮겨 배에 싣고 바다로 나간다. 그물을 다 치면 어장(해변)에서 벼릿줄을 당긴다. 어장까지 당기고 그물의 고기를 털어 모으면 아낙네들이 소쿠리로 멸치를 퍼 나른다. 마지막에 풍어놀이를 하고 파한다.

대개 3·4박자의 단조로운 가락으로 선창과 후창으로 나누어 부르는데, 그 순서는 후리그물을 어장(해변)으로 옮겨 배에 실으면서 부르는 그물을 배에 싣는 소리, 바다를 향하여 용왕고사를 지내며 풍어를 기원하는 용왕제, 고깃배를 저어 바다로 가면서 또는 어장으로 돌아오며 부르는 노젓는 소리, 멸치 떼를 둘러싸고 그물을 치면 해변에서 수십 명의 남녀 어부들이 양쪽으로 벼릿줄을 당기면서 부르는 후리소리, 후리질을 하여 그물을 해변까지 끌어다 놓고 걸린 멸치를 가운데로 모으기 위해 그물을 쪼으면서 부르는 그물을 터는 소리, 멸치를 가래로 소쿠리에 퍼 담아 어장에 설치된 저장통에 운반하며 부르는 가래소리, 가래질을 마친 후 어장에서 어부와 마을사람들이 '쾌지나 칭칭 나아~네'를 부르며 즐기는 풍어소리로 진행된다.

다대포 후리소리는 그물을 싣는 소리·노젓는 소리·후리소리·그물터는 소리·가래소리·풍어소리가 있다. 구체적으로 다음과 같은 단계로 전개되었던 것 같다.

① 그물을 배에 싣는 소리: 어막이나 해변에 두었던 후리그물을 어장으로 옮겨 배에 실으면서 부르는 소리인데, 내용은 멸치를 많이 잡아 영화롭게 살자는 것으로 되어 있다.

② 용왕제: 멸치잡이배가 그물을 바다에 치는 동안 선주는 어장에서 주과포를 소반에 진설하고 바다를 향해 용왕고사를 지낸다.

③ 노젓는 소리: 그물을 실은 멸치잡이 배를 저어 바다로 나갈 때와 그물을 다 치고 어장터로 돌아올 때 부르는 소리인데, 내용은 멸치가 많이 잡히기를 기원하는 것으로 되어 있다.

④ 후리소리: 그물로 어군을 둘러치면 해변에서 수십 명의 남녀 어부들이 양쪽에서 벼릿줄을 당기면서 부르는 소리인데, 내용은 풍어와 태평성대의 도래를 기원하는 것으로 되어 있다.

⑤ 그물 터는 소리: 후리질을 하여 그물을 해변까지 끌어다 놓고 그물에 걸린 멸치를 가운데로 모으기 위해 그물을 쪼으면서 부르는 소리인데, 내용은 풍어에 대한 기쁨과 작업과정에 있어서 조심성을 강조하는 것으로 되어 있다.

⑥ 가래소리: 그물을 쪼아 한 가운데로 모은 멸치를 가래로 퍼서 아낙네의 소쿠리에 넣어 주면서 부르는 소리인데, 내용은 용왕의 덕으로 풍어가 되었음과 멸치를 매매로 유족하게 살게 되었음을 노래하고 있다.

⑦ 풍어소리: 가래질을 마치고 나면 어장에서 어부와 마을 사람들이 모여 흥겹게 놀며 부르는 소리인데, 가사는 영남지방에서 부르는 '쾌지나 칭칭 나아~네'의 내용과 거의 같다.

이 다대포 후리소리의 특징은 첫째, 후리질과 어로요가 조화롭게 짜여 있는 점, 둘째, 가사의 내용이 어업을 통한 국가 부강을 강조한 점, 셋째, 어로요를 통해 협동정신과 근면정신을 고취하는 점이다.

<그림 207> 좌수영 어방놀이

* 참조:『부산의 문화재』, p.67

<그림 208> 다대포 후리소리

* 참조:『부산의 문화재』, p.185.

2) 동해안별신굿(東海岸別神굿)

(1) 별신굿이란?

별신굿은 현지에서 별손·벨손·벨신·별선·빌신·불신 등으로 불린다. 지역적으로는 서울, 경기지역에서부터 호남지역, 그리고 동해안 연안에 이르기까지 전국적으로 분포되어 있다.

원래 별신굿은 고대 부족국가의 제천의식이었던 부여의 영고(迎鼓), 고구려의 동맹(東盟), 예의 무천(舞天) 등 국가적인 행사가 하회와 같은 마을행사로 축소되고, 한편으로는 해변 어촌의 행사로 변천해 간 것으로 추정된다. 마을에 따라 매년 또는 2·3·5·7·10년마다 행하기도 하는데, 요즈음에는 행사의 빈도가 점차 줄어들고 있는 실정이다.

별신굿이 어촌에서 풍어를 기원하고 무사고를 비는 무속이라 하지만, 고려시대에는 하회별신(河回別神)굿과 같이 내륙지방에도 있었다. 지금의 별신굿도 사제자(司祭者)는 무격(무당)이지만 제주는 마을에서 엄정하게 선전된 사람이며, 소요경비를 마을에서 부담하는 마을행사이다.

동해안 별신굿이란 우리나라 동해안 지역에서 행해지는 별신굿이란 뜻으로 부산의 다대포에서부터 강원도 최북단인 거진까지를 권역으로 삼는다. 동해안 별신굿은 동해안 지역의 해안선을 잇는 지역에 거주하는 세습무 집단이 주재한다. 다대포 지역은 지리적으로 남해안에 속하지만 오래전부터 동해안 세습무집단이 별신굿을 맡아하던 지역이기 때문에 동해안 별신굿 권역에 속한다. 동해안 별신굿은 1985년 2월 1일 '중요무형문화재 제82-1호'로 지정되어 현재 김용택과 김영희가 기능보유자로 지정되어 있다.

동해안별신굿은 어민들의 풍어제적 성격을 띠고 있으나, 동제와 같이 마을의 평안과 풍어 및 선원의 안전을 기원하는 마을축제이다. 유가식 동제나 무격의 별신굿이 혈연을 초월하여 참여하는 제의적·사회적 통합기능을 가지고 있는 점은 동일하지만, 별신굿은 무격들의 예능적 기능이 가미되어 동민과 인근 주민들을 동참케 하는 개방적인 축제이다.

　　부정굿부터 거리굿까지 16가지 과정에 걸쳐 진행되는 동해안별신굿은 세습적 직업무의 조직이 동해안 일원에 방대할 뿐 아니라 세련된 무악(巫樂)과 창(唱) 및 오락적 예능이 뛰어나다. 별신굿에 사용되는 신간(神竿)·용왕대·천왕대·손대·용선 그리고 지화·부채·신칼 등의 무구(巫具)와 쾌자·활옷·고깔·달비·염주·큰머리 등은 민속자료로서의 가치가 크다.

　　현재 부산의 별신굿 현황에 대해 정리한 것이 <그림 209>이다. 동해안을 따라 기장군 월내에서부터 임랑·칠암·이천·학리·두모포·대변·서암·동암·공수·송정·청사포·미포·운촌·민락·남천·용호·초량·동삼동하리·청학·자갈치시장·다대포에 이르기 까지 분포하고 있음을 알 수 있다.

　　부산지방의 별신굿은 해변 마을에서 마을의 형편에 따라 몇 년에 한 번씩 주기적으로 거행하는 무속의례인데, 그 목적은 마을의 풍어와 어부의 해상 무사고를 기원하는 의례이다. 이 의례는 마을의 공동의례이기 때문에 사제자(司祭者)는 무당이지만 제주(祭主=化主)는 마을에서 선정한 부정 없는 사람이며, 소요경비는 마을단위의 어촌계에서 전적으로 부담한다.

<그림 209> 부산지역 별신굿 지역

* 참조: 국립해양박물관, 『동삼풍어제』, p.13.

<그림 210> 고깔을 쓰고 중춤을 추는 김동연 무녀

* 참조: 전게서, 『동삼풍어제』, 79.

굿의 제석(祭席)은 일반적으로 14석으로 2~3일 거행하나 소요경비가 풍족히 마련된 데서는 38석으로 5~6일간 거행하기도 한다. 거행 시기는 주로 3~4월, 또는 9~10월인데 그 진행절차는 다음과 같다.

① 부정거리: 무집단이 행렬을 지어 굿당과 제주 집에서 간단하게 풍악을 올리며 행하는 거리로 모든 잡귀를 물리치고 부정을 닦아냄으로서 제의의 신성성을 확보하는 거리다. 무가는 청배(請拜)·축원 등이다.

② 골매기 청좌(請坐)거리: 골매기신과 당산신이 함께 모셔진 곳에서는 골매기 신과 당산 신에게 동사에 거행하는 거리지만, 분리되어 있을 때는 마을의 수호신인 골매기신에게 먼저 가서 별신굿 거행을 고하고 신대(神竿)에 신 내림을 받는 거리다. 무녀는 청배무가를 잽이의 반주와 교대 형식으로 가창한다. 가창이 끝나면 공수와 유흥이 있다.

③ 당맞이 거리: 마을 수호신인 당산 신에게 별신굿 고행을 고하는 거리다. 무녀는 제주를 비롯하여 무집단과 더불어 당산에 가서 제의를 베풀고 축원과 덕담을 한다.

④ 화해거리: 합석 굿이라고도 하며, 산신·당산신·용왕신·성주신을 합석시켜 마을 전체를 화합하도록 하는 거리다. 무녀는 제상에 절을 한 뒤 청배무가·공수·유흥의 제의를 순차적으로 진행하는데 별 특징 없이 거행된다.

⑤ 일월거리: 별신굿이 시작되는 날로부터 끝나는 날까지 매일 아침 해 뜨는 시각에 맞추어 한 무녀가 직접 징을 두드리면서 거행하는 거리로, 매일 아침 같은 사설을 반복 구연한다. 이 거리는 일월신에게 별신굿이 행해짐을 고하는 의식이다.

⑥ 세존(世尊)거리: 불교의 신인 부처에게 올리는 거리다. 무녀는 '당금애기'의 청배무가를 가창하는데, 가창할 때 잽이의 장구 반주만이 있다. 이 거리의 순서는 무녀의 청배무가→무녀의 중 춤→무녀의 바라춤→제주의 걸립→남무(男巫)들의 중잡이 놀이・음복으로 되어 있다.

⑦ 성주거리: 성주는 한 가정의 가장을 수호하고 가옥을 주관하는 남신인데 집의 대들보 위에 모셔진 신이다. 이 거리를 거행할 때는 굿청을 동사로 옮겨 행하는데, 무녀는 성주풀이 무가를 가창한다. 성주풀이 중 8도 대목타령에 이르면 각도의 민요가 삽입되고 대목들이 집을 짓기 위해 행하는 동작을 재현하는 유흥이 있다.

⑧ 조상거리: 조상신을 위하는 거리다. 마을의 모든 조상을 굿청으로 모셔다 놓고 재수와 자손들의 만복을 축원한다. 무당은 청배무가・공수・여흥의 순차로 거행한다.

⑨ 천왕거리: 불교의 천왕을 모시어, 그 신에게 모든 액과 살을 퇴치해 주기를 비는 거리다. 이 거리는 무녀가 청배무가・공수・유흥의 순서로 제의를 진행하되 별 특징이 없다.

⑩ 군웅거리: 동서남북의 장군 신을 청배하여 각기 생업의 번창과 마을 청년들이 군에 나가 복무를 무사히 마치고 돌아오기를 축원하는 거리다. 무녀는 잽이의 반주에 맞추어 축원무가를 부르는데, 청배에서 공수로 넘어오는 과정에 놋대야를 무녀가 입에 물고 춤을 추는 과정이 있기 때문에 일명 '놋동이 거리'라 하기도 한다.

⑪ 심청거리: 이 거리는 마을 사람들의 안질(眼疾)을 없애주고 눈을 밝게 해달라는 축원거리다. 무녀는 <심청전>과 같은 내용

의 무가를 창한다. 무가가 끝나면 간단한 봉사놀음(장님놀음)을 하는데, 심봉사가 각득 아주먼네가 방아 찧는 곳을 지나가다가 겪은 외설스런 이야기와 눈뜨는 장면·봉사 점치는 장면들이 있다.

⑫ 손님거리: 손님마다 곧 천연두를 비롯한 악질을 예방하기 위한 거리다. 무녀는 잽이의 반주에 맞추어 춤을 추며 무가를 창하는데, 이 무가는 '달언이'의 일가가 손님마마를 잘못 대접하여 자식을 손님마마에 잃고 집안이 망한다는 서사무가다. 이 무가와 축원이 끝나면 마마 배송(拜送) 놀이를 한다. 이 놀이는 무녀가 말로 분장한 제주를 상대로 재담을 하는 등 오락적인 요소를 가진 놀이다.

⑬ 계면거리: 이 거리는 단골무당에 관한 굿이다. 내용이 단골집을 찾아다니며 걸립하면서 계면떡을 판다. 무당은 공수에서 계면할미가 왔다 하여 얼굴을 찡그리고 반벙어리 흉내를 내는 유흥이 있다.

⑭ 용왕거리: 용왕은 바다를 관장하는 신이다. 사해용왕을 모셔 만선과 해상 안전을 축원하는 무가를 잽이의 반주에 맞추어 무녀가 창하며, 이때 선주·선원·해녀·어장을 경영하는 사람들은 각기 제물로 용왕 상을 차리고 바다에 용왕 먹이기를 한다.

⑮ 거리굿: 이 굿은 제일 마지막에 행하는 거리로 각 거리에 청배한 신들을 따라온 귀신(수비)들을 대접하고 배송하는 제의이다. 이 굿은 남무에 의해 진행되는데 굿청의 제물로 차린 밥·국·반찬 등을 섞어 버물어 만든 제물과 탁주 한 말을 놓고 거행하는 거리다.

이상으로 부산지방의 별신굿 순차를 개관한 바, 특징은 첫째, 별신굿은 세습무에 의해 행해지며, 둘째, 남해안 별신굿에서 사용되는 악기 가운데 북·피리·젓대가 없으며, 셋째, 그 기능이 사회적 통합기능과 예능적 기능도 아울러 지녔으며, 넷째, 각 거리는 대체로 청배-공수-유흥의 구조로 되어 있다.

다만 부산지방에서는 근대화이전까지 어업을 주된 생업으로 했던 어촌마을이 많았으므로 별신굿이 많이 전승되어 왔다. 2010년까지 부산에서는 총 23 곳에서 별신굿이 전승되어 왔으나 급격한 도시개발과 인구이동 등이 원인이 되어 해운대구·태종대·다대포 등은 전승이 중단되었다. 현재 확인된 바로는 총 14개 곳에서 풍어제가 전승되고 있으며 칠암·학리·대변·공수마을은 인근의 죽성, 일광마을과 함께 6년마다 한 번씩 돌아가면서 풍어제를 지내고 있다.

(2) 동삼동 풍어제(동삼동 별신굿)

풍어제라는 명칭은 일제강점기 별신굿에 대한 규제를 피하기 위해 사용된 용어이다. 일제강점기에 동해안 굿은 경찰범처벌규칙(1912년)에 의하여 규제를 받고 있었다. 전승집단은 숭신인 조합(1920년) 가입 외에 규제를 피하는 하나의 방식으로 별신굿의 명칭 변경을 도모하였다. 이후 점차 마을의 자치조직이나 행정조직보다 어민들의 조직이 정치·경제적으로 힘이 집중되자 명칭 역시 '풍어제'로 굳어져 오늘날까지 이어져 내려오고 있다.

영도구 동삼동은 신석기 시대 동삼동 패총유적에서 알 수 있듯이 오래전부터 바다를 터전으로 살아온 전형적 어촌마을로서 동삼동내 하리마을은 영도내 다른 지역에 비해서 어민의 거주비율이 높은 편이다. 1974년 한국해양대학교가 조도로 이전하고, 1980년대 초반 동삼동 상리해안가가 동삼혁신지구 조성사업의 일환으로 매립되기 시작하면서 동삼동 앞바다를 터전으로 살아왔던 어민들이 대부분 하리마을로 집단이주해 왔기 때문이다. 이들이 하리 항을 중심으로 한 어촌마을에 모여 살게 된 것은 삶의 기반이었던 전통적 어촌공동체 유지가 가능했기 때문이었다. 하리의 마을 운영은 주로 '일리회'와 '동삼어촌계'를 중심으로 이루어지고 있다.

2013년 동삼어촌계에서 활약하고 있는 수협 조합원은 총 185명으로, 나잠어업을 하는 해녀 96명, 연안유자망 어업인 20명, 연안 통발 어업인 19명, 기타 근해어업이나 낚시어선등을 운영하는 어민들이 있다. 동삼동 어촌계는 동삼동에서 10년 이상 어업을 해야 계원으로서 자격을 준다.

한편 동삼동 별신굿은 몇 년에 한번씩 3~7일 정도에 걸쳐 굿판을 벌였으나, 현재 동삼 어촌계의 주관에 의해 풍어제적 성격을 띠게 되어 매년 음력 3월초에 하루 동안 굿을 벌이는 형태로 풍어제를 지내고 있다. 동삼 풍어제는 별신굿의 뒤를 이어 1963년부터 시작되어 지금까지 계속되고 있다.

동삼풍어제는 동해안의 일반적인 별신굿과 달리 특수성이 많이 반영되어 있다. 그 가운데 굿의 주기와 일정이 매우 짧은 점이 큰 특징이다. 인근 부산이나 경남 동해안지역의 경우 3~5년 주기에 3~7일의 일정으로 굿을 하는 마을이 많다. 그러나 풍어제는 짧은 연행 시간에 많은 굿거리를 소화해야하는 입장이므로 굿거리 세부내용이 일반적으로 행해지는 별신굿 굿거리 내용과는 상이한 점이 적지 않다. 현장의 상황 변화에 따라서 굿거리 순서가 바뀌기도 하고, 새로운 굿거리가 추가되기도 한다.

동삼풍어제의 경우 별신굿의 제차 중의 조상굿과 손님 굿이 빠지고 대신에 선상기원제가 부가되었는데 이 선상기원제는 일반적인 굿거리 재차가 아니라 동삼동에만 존재하는 특별한 제차에 속한다.

<그림 211> 동삼동(상·중·하리)　　<그림 212>동삼동 하리의 풍어제 진행공간

* 참조: 국립해양박물관, 『동삼풍어제』, p.26(좌): p.30(우)

<그림 213> 선상기원제 출항어선

* 참조: 『동삼풍어제』, p.84

<그림 214>별신굿의 부정굿을 하는 김영희무녀(동해안 별신굿 기능보유자)

* 참조: 국립해양박물관, 『동삼풍어제』, p. 72.

(3) 용왕제

옛날에는 선창에서 용왕을 먹이고 용왕제를 지냈다. 어업 하는 분들이 책임자가 되어 따라가서 절도 하였다. 용왕제의 정확한 연원은 알 수 없다. 그러나 고려 시대의 『동경잡기(東京雜記)』 상원조에 "용왕제를 지내고 종이에 밥을 싸서 밤중에 우물에 던진다"라는 기록으로 보아 고려시대 이전부터 행해진 것으로 여겨진다.

부산에서 용왕제를 지내는 곳으로는 대표적으로 눌차동(부산광역시 강서구 눌차동)의 용왕제를 들 수 있다. 가덕도 눌차동에서는 마을 대부분의 세대가 어업을 하는 까닭에 해마다 음력 1·2월에 풍어를 기원하는 용왕제를 지냈다. 어업을 하는 가정이 점차 사라지고 있는 실정이지만 가덕도에는 아직도 어촌 마을이 형성되어 있기 때문에 각 마을의 어촌회를 중심으로 해마다 용왕제를 지내고 있다.

눌차동 용왕제는 보살과 강신무 등의 주도 하에 부산광역시 강서구 눌차동의 정거 마을 앞에서 용왕에게 행복·장수·다남(多男)·무병(無病)·풍작·풍어 등을 기원하며 마을 공동으로 지내는 민속 의례이다. 이를 '눌차도 용왕제'라고도 한다. 눌차동 용왕제는 불교 의식과 무속 의식이 복합되어 있다. 용왕제는 주부(主婦)가 제주(祭主)가 되어 길일을 택한 다음에 술이나 떡 등의 제물을 준비하여 우물·하천가·해변 등지에서 지내는 것이 일반적이다.

용왕제의 신당은 따로 없고 가덕도 눌차동 방파제 앞에서 시작하여 배에 올라 제를 지낸다. 용왕제 때는 왼쪽에 사자상을, 오른쪽에 천왕상을 차린다. 사자상은 돗자리 위에 짚신과 탁주, 정화수를 놓고 왼쪽부터 명태·찹쌀떡·메·시루떡을 진설한다. 그리고 그 앞에 과일을 놓는다. 천왕상에는 정화수·탁주를 놓고 그 앞에 마른 명태 한 마리와 두 마리를 각각 진설한다. 명태의 앞줄에는 왼쪽부터 찹쌀떡·메밥·시루떡을 진설하고 그 앞에 과일들을 놓는다. 천왕상의 가장 오른쪽에는 나무새를 둔다. 사자상과 천왕상의 앞에는 사자 옷·촛불·향불·불전함을 놓고, 맨 앞에는 소쿠리를 둔다.

1993년 3월 14일(음력 2월 22일)에 거행된 용왕제는 어촌계의 위임을 받은 성불암의 관리자 이옥임(여, 59세) 보살이 주관하였다. 의식의 절차는 다음과 같다.

오전 11시 35분에 불교 의식인 '용왕 수륙천도제'를 시작으로 의식이 진행된다. 오후 1시 무렵에는 2명의 비구니의 인도에 따라 참석자들이 약 100m 길이의 질베 끈(고풀이 줄)을 잡고 길게 늘어서서 비구니의 선창에 따라 움직이면서 '용왕대신'을 창한다. 행렬이 방파제 너머 바닷가에 이르면 의식의 참가자들이 준비된 물고기를 바다에 방생하고 바다를 향해 비손한다. 이 불교 의식이 끝나면 비구니 한 명과 이옥임 보살과 6명의 부인들이 메밥·과일·나무새·떡·배를 가른 흰 돼지 7마리와 정백미 7가마가 진설되어 있는 배에 오른다. 배가 바다 가운데에 이르면 참석자들이 희생 돼지와 정백미를 바다에 수장시키면서 고두하고 비손한다.

한편, 오후 1시 30분 무렵에는 용왕수륙천도제를 위해 천왕상 옆에 진설한 사자상 앞에서 강신무 박연이(74세)가 잎과 가지가 붙은 대나무를 잡고 「사자풀이」를 창한다. '사자풀이'를 창하는 동안 제의의 참가자들(거의 부인들)에게 종이와 돈을 대나무에 받아서 불전함 안에 넣는다. 또 사자가 극락왕생할 수 있도록 노자(路資)를 받아 물바가지 안에 넣고 합장하면서 비손한다. '사자풀이'를 마치면 강신무가 사자상에 진설된 마른 명태 3마리를 들고 위아래로 흔든 뒤, 천왕상으로 가서 빙빙 휘젓고 나서 제장 왼쪽 밖을 향해 던진다. 이때 명태 두 마리의 대가리가 바깥쪽을 향하지 않고 떨어지면 다시 주워서 흔들다가 밖으로 던진다. 제가 끝나면 제장의 장식물을 모두 거두어 용선에 담고 짚신 7켤레와 종이 사자를 태운 뒤에 용선을 태운다. 제물들을 조금씩 떼어 내어 바다에 던지면 눌차동의 용왕제가 끝난다.

용왕제의 축문 즉, 강신무 박연이의 '사자풀이 사설'은 다음과 같다.

"어허 X씨 상좌야 잘 들어라/ 내가 눈 줄 알으리라/ 오늘 같이 좋은 날에/ X씨 상좌 내 상좌야/ 신장님이 하강하되/ 청상옥경 천존신장/ 천상옥경 태을신장/ 거문신장 산신신장/ 당산신장 칠성신장/ 용왕신장 거리신장/ 노 중신장 삼천신장/ 삼불신장 공덕신장님이 하강하고/ 팔도신장 나리서서/ 이 터전에 이 도량에/ 영정부정 가리주고/ 악귀잡귀 처결하고/ 산신사귀 요불사귀/ 둔갑사귀 터신사귀/ 일시 결박을 시키시고/ 맑고 맑은 천왕님이 하강하되 ···(하략)······."

그리고 남구 용당동의 용왕제에 대해서도 살펴보면 용당 어민들은 가까이에 용호동, 멀리는 충무·통영·동삼동 등지로 나가서 어업을 하고 있다. 용호동으로 나가는 선주가 그 중 많다. 그러나 용왕제에 그분들이 도움을 주거나 직접 지내는 것은 아니고, 경로당에서 옛날의 제를 그냥 답습한다고 하며, 마음은 그분들의 어업에 고기 많이 잡히기를 바라고, 사고 안 나게 해주기를 바란다고 한다.

윤랑근 씨에 의하면 옛날의 용왕제에 대한 이야기가 꽤 자세하다. 오륙도와 용호농장 사이에 흐르는 물을 인당수(물의 흐름이 심하다고)라 하는데, 그 곳을 지나갈 때는 고사를 지내고 갔다. 한국전쟁 이전까지 해마다 어느 집에서 하던지 두서너 번씩 굿을 했다. 상어 잡이 배는 100%가 고사를 지낸 후 고기잡이를 나갔고, 잘 안 잡힐 때나 선원이 죽거나 하면 용당사람이 굿을 했는데, 큰 굿을 할 때에는 동해안의 김석출 씨가 와서 며칠씩 하였다고 한다. 용당 사람으로서 풍어제를 잘 지내는 사람은 임석구 씨라고 했는데 지금은 타계했다. 지금은 바다도 없어져서 산 위에서 바다를 향해서 용왕제를 지내고 있다. 풍어제를 비는 것은 정필이씨가 모든 것을 주관하여 진행하고 있는데 노랫말을 알아듣기가 어려웠다.

3) 해양문화재

(1) 좌수영성지(左水營城址)

원래 경상좌수영은 감만이포(戡蠻夷浦, 남구 감만동)에 있었으나 태종 때 울산 개운포(開運浦)로 옮겨갔다가 다시 임진왜란 직전에 동래 남촌(수영동)으로 옮겼다고 하는데, 그 연대는 확실하지 않다.

1636년(인조 13) 사천(絲川, 수영천)의 홍수로 선창의 수로가 매몰되어 뱃길이 통하지 않아 다시 감만이포로 옮겼으나, 감만이포는 왜관과 가까워 군사기밀이 누설될 우려가 있다하여 1652년(효종 3)에 또다시 옛 터인 수영으로 옮겨 1894(고종 31) 군제개혁으로 수영이 혁파되기까지 243년간 현재의 위치에 있었다.

경상좌수영에는 무관인 정3품의 경상좌도 수군절도사(약칭 경상좌수사)가 주재하고 그 관하에는 1개의 첨사영(僉使營)이 있었으며, 낙동강의 동쪽에서 경주까지의 바다를 방어하는 총 책임을 맡고 있었다. 좌수영성을 최초로 쌓은 연대는 알 수 없으나, 이곳으로 옮겼을 때는 벌써 성이 있었고, 임진왜란 때 폐허가 되었는데, 동문을 영일문(迎日門), 서문을 호소문(虎嘯門), 남문을 주작문(朱雀門), 북문을 공진문(拱辰門)이라 하였고, 이들 성문에는 각기 문루가 있었다. 성문은 일정한 시각에 폐문루(閉門樓)와 관해루(觀海樓)에 달아둔 북을 울리는 것을 신호로 열고 닫았다.

좌수영성 축성공사에 동원된 인력 현황은 알 수 없으나, 현재 남아있는 성돌에 언양·양산 등의 지명이 새겨져 있는 것으로 보아 부산 인근 각지의 백성을 동원하여 성을 쌓았다는 것을 알 수 있다.

한편 아랫부분의 큰 성곽 돌을 보면 견고한 성이었음을 알 수 있으며, 동시에 고된 노역이었음도 짐작된다. 성문 중 남문의 규모가 매우 크고, 동문·서문·북문이 각각 2층으로 되어 있었으며, 성내에는 4곳에 수문이 설치되어 있었다.

(2) 오륙도(五六島)

오륙도는 용호동 앞바다의 거센 물결 속에 솟아있는 6개의 바위섬으로, 육지에서 가까운 것부터 방패섬·솔섬·수리섬·송곳섬·

굴섬·등대섬으로 나뉜다.

오륙도는 12만 년 전까지는 육지에 이어진 하나의 작은 반도였으나, 오랜 세월을 거치는 동안 거센 파도에 의한 침식작용으로 육지에서 분리되어 형성된 것으로 추정된다. 이것은 육지인 승두말과 방패섬·솔섬의 지질적 구성이 동일한 점에서도 알 수 있다. 오륙도란 이름은 방패섬과 솔섬의 사래부분이 거의 붙어 있어 썰물일 때 우삭도라 불리는 하나의 섬으로 보이나 밀물일 때는 두 개의 섬으로 보인다는 데서 온 것이라 한다. 송곳 섬은 뾰족하게 생긴 섬으로 크기는 작으나 제일 높은 섬이고, 굴섬은 가장 큰 섬으로 커다란 굴이 있어 천정에서 흐르는 물이 능히 한 사람 몫의 음료수로 충분하다고 한다. 육지에서 가장 멀리 떨어진 등대섬은 평탄하여 밭섬이라고도 하였으나 등대가 세워진 뒤부터 등대섬이라 불리어졌으며, 유일하게 사람이 거주하는 섬이다.

오륙도 근처는 조류가 매우 빨라 뱃길로서는 위험한 곳이었기 때문에 옛날 이곳을 지나는 뱃사람들은 항해의 무사함을 기원하기 위하여 공양미를 바다에 던지기도 하였다고 한다.

오륙도는 대한민국의 관문이며 부산항을 드나드는 각종 선박은 반드시 이곳을 지나야 하기 때문에 부산항의 상징이기도 하다.

(3) 몰운대(沒雲台)

몰운대는 16세기까지만 해도 몰운도(沒雲島)라 불리는 섬이었으나, 낙동강에서 내려오는 토사의 퇴적으로 다대포와 연결된 부산의 전형적인 육계도(陸繫島)로서 안개와 구름이 끼는 날에는 섬이 안개와 구름에 잠겨 보이지 않는다고 하여 몰운대라고 하였다. 몰운대의 남단은 파도의 침식에 의하여 형성된 각종 해식동(海蝕洞)이 발달되어 있고, 배후인 육지 쪽에는 수려한 모래해안이 있어 해수욕장으로 이용되고 있다.

몰운대는 예로부터 우거진 숲과 기암괴석 그리고 출렁거리는 파도와 수려한 모래밭 등으로 빼어난 경승지로 이름이 나 있을 뿐 아니라, 갖가지 모양의 크고 작은 무인도가 몰운대 주위에 산재해 있어 몰운대의 풍경을 한층 돋보이게 한다.

대표적인 수종은 해송이지만 그 사이에는 상록활엽수·낙엽활엽수 등 약 90여종이 자라고 있다. 그리고 삼광조·솔개·굴뚝새·갈매기·바다쇠오리 등 많은 종류의 새들을 볼 수 있는데, 이들 중 상당수는 계절에 따라 날아오는 철새들이 차지하고 있다.

몰운대에는 다대포객사와 임진왜란 당시 이순신장군이 부산포 해전에서 왜적선 500여척과 싸워 이중 100여척을 격파하여 대승을 거두었을 때 우부장으로 가장 큰 공을 세운 녹도만호(鹿島萬戶) 정운공의 순의비가 있다.

(4) 태종대(太宗台)

태종대는 오륙도와 함께 부산을 대표하는 암석해안의 명승지로 영도의 최남단에 위치한다. 파도에 의한 침식으로 형성된 100m에 달하는 태종대의 암석절벽은 울창한 수림이 굽이치는 파도와 어울려 절경을 이루고 있다.

태종대는 ≪동래부지(東萊府誌)≫에 「태종대는 부의 남쪽 삼십리 되는 절영도 동쪽에 있는데 해수가 주회하고 하나의 돌다리가 있어 노니는 사람이 겨우 통과하며 속전에 신라 태종무열왕이 이곳에 들러 활을 쏜 곳이라 하여 이로써 이름하였다」고 전해지며, 가뭄이 있을 때에는 동래부사가 이곳에서 기우제를 지낸 곳으로도 유명하다.

태종대의 최고봉은 해발 250m이며 일주도로의 가장 남쪽에 있는 전망대에서는 맑은 날에는 수평선 넘어 대마도까지도 볼 수 있는 곳으로 이름이 나 있다. 그리고 등대를 중심으로 왼쪽으로 나있는 좁은 길을 따라 내려가면 기암으로 된 바닷가에 이르게 되는데, 이곳은 많은 관광객이 찾는 곳이다.

등대 오른쪽 아래에 있는 평평한 바위는 옛날 신선들이 놀았다고 하여 신선바위라고 하며, 신선바위 위에 외로이 서 있는 하나의 돌은 왜구에게 끌려간 남편을 애타게 기다리던 여인이 돌로 변하였다고 하여 망부석이라 불리고 있다. 망부석 바로 뒤에 우뚝 솟은 태운암은 그 모양이 기묘하고 괴상하여 신선바위와 더불어 절경을 이루고 있다.

태종대에는 해송과 상록활엽수 이외에 약 120종에 달하는 낙엽수가 있으며, 원시림 상태의 숲 속과 해변에는 60여종의 새들을 볼 수 있는데, 좁은 장소에 이렇게 많은 종류가 있는 것은 보기 드문 현상이다.

(5) 신선대(神仙台)

신선대는 우암반도의 남단에 해당되며, 화산암질로 된 해안이 파도에 의한 침식으로 발달된 해식애(海蝕崖)와 해식동(海蝕洞)으로 절경을 이루고 있는 곳으로서 용당동 해변의 왼쪽 해안에 위치한 바닷가 절벽과 산 정상 부분을 총칭하여 말한다.

신선대 주변의 산세가 못을 둘러싼 용의 형상과 같다고 하여 이 일대를 용당(龍塘)이라 부르게 되었고, 신라 말 최치원 선생이 신선이 되어 이곳에서 경치를 즐겼다는 이야기가 전해내려 올 정도로 경관이 뛰어난 곳이다.

산봉우리에 있는 무제등이란 큰 바위에 신선과 신선이 탄 백마의 발자취가 있다는 데서 신선대란 이름이 유래된 것으로 전해지고 있다.

신선대 일대는 울창한 송림으로 덮여 있으며, 사스레피나무, 봄보리수나무 등의 상록활엽수와 상수리나무 떡갈나무 등의 낙엽활엽수가 섞여 숲을 이루고 있고, 메비둘기·때까치·바다쇠오리·갈매기 등 많은 새들이 날아들고 있다.

항만개발로 인해 신선대 주변 경관이 다소 변하고 또 일부 지역이 군사작전지역으로 민간인의 출입이 통제되고 있기는 하지만, 신선대의 정상에서 바라다 보이는 오륙도와 조도(朝島), 그리고 맑은 날에는 수평선 멀리 나타나는 대마도의 전경을 관망할 수 있는 등 부산의 명승지로 손색이 없는 곳이다.

(6) 가덕도 척화비(加德島 斥和碑)

조선말기 제국주의 열강의 침략에 대한 대외정책의 표방과 대국민 각성을 위해 대원군이 펼친 쇄국정책의 상징물로서, 전국 여러 곳에서 발견되며 부산박물관에 있는 시지정 기념물 제18호 척화비와 내용이 동일한 것이다.

이 비는 조선 말기에 서양의 열강들이 무력을 앞세워 문호의 개방을 요구하며 엄청난 힘으로 밀어닥치자 당시 섭정의 자리에 있던 흥선대원군이 이들의 위협에서 나라를 지키는 길을 쇄국정책을 펴는 일이라고 생각하고 세운 것이다.

이 비문을 지은 병인년(1866)에는 천주교에 대한 탄압이 도화선이 되어 병인양요가 발생하였고, 비를 만들어 세운 신미년(1871)에는 대동강을 거슬러 올라와 평양까지 이르러 야만적인 방법으로 통상을 시도하던 제너럴셔먼호를 불태운 사건을 핑계로 로저스제독이 이끄는 미국 군함이 강화에 침입한 신미양요가 발생하였다. 이 비는 강서구 성북동 56번지에서 건축공사 중 출토되어 인근 성북 선창마을회 소유지에 세웠다가, 1995년 12월 천가초등학교 교정으로 이전·복원하였다.

(7) 기장 척화비(機長 斥和碑)

이 척화비는 고종 때 대원군이 병인양요·신미양요에 승리한 후 외국을 배척하고 쇄국주의를 고창하기 위하여 전국 중요한 지역에 세웠던 척화비 중의 하나이다. 높이 144cm, 폭 52.5cm, 두께 21cm 규모의 화강석으로 된 이 비의 비문은 「洋夷侵犯非戰則和主和賣國戒我萬年子孫, 丙寅作辛未立(서양오랑캐가 침범하는데 싸우지 아니하고 화친하자고 주장하는 것은 나라를 팔아먹는 것이니 자손만대에 경계한다. 병인년에 만들어 신미년에 세우다)」로 되어 있다.

당초에는 대변항 방파제 안쪽에 세워져 있었는데, 일제 강점기 때 항만을 축조하면서 바다에 던져 버렸던 것을 1947년경 마을 청년들이 인양하여 현재 위치로 옮겨 놓았다. 부산박물관 및 가덕도에 있는 척화비와 같은 내용의 척화비이다.

(8) 「해운대」석각(海運臺石刻)

『해운대』석각은 신라 말의 대시인이자 학자인 문창후(文昌侯) 고운 최치원(孤雲 崔致遠)선생이 가야산(伽倻山) 입산 실에 이곳을 지나다가 주변의 자연경관이 너무나도 아름다워 대(臺)를 쌓고 바다와 구름, 달과 산을 음미하면서 주변을 소요하다가 암석에다 『海運臺』란 세 글자를 음각함으로써 이곳의 지명이 해운대가 되었다고 전해오는 석각이다.

이 석각에 새겨진 『海運臺』라는 각자(刻字)가 최치원 선생의 자필이라고 할 만한 확실한 기록은 없다. 그러나 고려 때의 문신인 정포(鄭誧)의 시 가운데 「대는 황폐하여 흔적이 없고 오직 해운의 이름만 남아있구나」라는 구절이 있는 것으로 보아 이미 당시부터 동백섬에 이 석각이 있었던 것으로 추정된다.

(9) 기장 죽성리해송(機長 竹城里海松)

기장 죽성리해송은 6그루의 나무가 모여 마치 한그루의 큰 나무처럼 보이는 노거수(老巨樹)로서 수령은 약 250년~300년 정도로 추정된다. 수관(樹冠) 폭은 약 30m 정도이며, 가지가 아래로 쳐져 있어 해송(곰솔) 종류로는 좀처럼 보기 드문 빼어난 수형을 가지고 있으며 황학대(黃鶴臺)라 불리는 죽성항 배후의 언덕 위에 위치하고 있어 조망도 매우 뛰어나 주변에서 보면 그 모양이 매우 아름답고 웅장하다.

예부터 마을사람들이 음력 정월 보름날에 풍어를 기원하는 풍어제를 지냈을 뿐 아니라, 마을의 안녕을 기원하는 서낭신을 모신 국수당이 있다. 국수당은 당산할아버지제당이라고도 하는데, 개벽 당시 하늘에서 신이 지상으로 내려올 때 제일 먼저 발을 디딘 곳이라는 전설에서 유래되었다고 한다. 고기잡이 나간 어부의 무사귀환, 풍어, 마을의 안녕을 기원하는 민속적인 유래도 깊은 장소로서 문화재적 가치가 높은 나무이다.

4. 21세기 부산항의 비젼

1) 부산항 입지와 항만시설

부산항은 우리나라 제1의 수출입 관문으로서 부산시를 한국 제2 도시로 성장하게 한 경제적 원동력을 제공하였으며, 또한 국토의 공간구조가 경부 축을 중심으로 형성되게 한 바탕이 되었다. 이와 같이 부산항이 성장을 하게 된 것은 교통 결절지로서의 위치 뿐 아니라 지정학적인 위치 및 항만으로서 갖추어야 할 자연 지리적인 조건을 갖추고 있으며, 이와 함께 무역량의 증가에 의한 화물 유통량의 증가, 해상 및 육상 운송기술의 발달 등에 기인한 바가 크다.

교통 결절지의 입지로서 한반도 동남단에 위치하여 대한해협을 사이에 두고 일본과 마주보고 있어 대륙세력과 해양세력이 연결되는 요충지로서 해양세력으로부터 우리나라의 문호적 구실을 담당하고 있다. 이와 같이 육상교통과 해상교통이 결절을 이루는 부산항은 화물 적환지점으로서의 역할이 매우 크다. 교통로의 적환지점(the break of bulk point)에서는 운송비의 절감효과가 크며 적환지점은 운송수단이 대체되는 곳 또한 경유지에 해당하는 곳이다. 또한 이러한 적환지점에 공장이 입지할 경우 총 운송부가 절감될 수 있어 지역경제에 중요한 영향을 미치기도 한다.

세계경제의 중심이 대서양으로부터 환태평양으로 이동하고, 특히 그 중 일본—한국—중국을 잇는 동북아시아 경제권의 형성이 예상됨에 따라 화물의 대량수송을 담당하는 해운의 기능이 강화되어, 대륙세력의 문호역할을 담당하는 부산항의 지리적인 위치로 말미암아 그의 중요성은 더해갈 것이다.

항만법상 부산항의 지리적인 범위는 몰운말 남단을 기점으로 하여 서도 남단, 두도, 생도 남단, 오륙도 남단, 동백섬 산정을 이은 선내의 해면으로, 북항, 남항, 감천항, 다대포항으로 구성되어 있다. 우리나라 제 1의 관문으로서, 대한민국 연간 컨테이너 총 물동량 2742만 1000TEU(2017년) 중에 부산항은 2047만 3000TEU를 처리하여 동북아시아 및 세계에서 중요한 역할을 담당하는 무역항이다.

현재 부산항은 총 해안선 97㎞, 총 항내면적 81,700천㎡로 각 항의 수면적은 북항 43, 561천㎡, 남항 21,742천㎡, 감천항 5,092천㎡, 다대포항 11,305천㎡이다. 이중 부산 북항의 내항은 6,500천㎡, 외항 9,600천㎡, 남항 내항은 934천㎡의 수면적을 차지한다.[15]

부산의 항만시설로는 해상에 항로와 묘박지 및 표지시설 등이 설치되어 있으며, 육상에는 임항지구가 설정되어 있다. 부산항의 항로는 제1항로, 제2항로, 감천항 항로로 구분되어 있다.

부산 북항의 부두별 항만시설은 제1·2 부두에서, 중앙부두, 제3~8부두까지 있으며 이외에 국제 여객선 부두, 연안여객선 부두, 연합안벽과 동명부두가 있다. 이 중 제 5부두는 컨테이너와 양곡부두로, 제6 부두는 컨테이너와 일반부두로, 제7 부두는 광석·고철·석탄부두로 구분된다. 취급화물을 보면, 제1 부두는 잡화·컨테이너, 제2 부두는 잡화, 중앙부두는 원목·통나무, 제3 부두는 잡화·컨테이너·식물검역, 제4 부두는 잡화·조달물자, 제5, 6 부두에는 컨테이너, 제7 부두에는 석탄·광석, 국제부두와 연안부두에는 컨테이너, 연안부두에는 연안화물이 취급되고 있다.[16]

---

15) 부산지방해운항만청, 『부산항사』, 1991, p.43
16) 전게서, p.45

2) 21세기 부산항의 비전

부산은 국내최대의 항만도시이고 부산항은 그동안 부산지역 경제 발전의 견인차역할을 수행하여 왔다. 우리나라의 최근 꾸준한 경제 발전과 더불어 수출입화물량이 계속 증가하여 왔고 이들 화물의 해상관문(海上關門)인 부산항은 1989년 총 6천여만톤의 화물을 처리하였는데 그중 전체 컨테이너 화물의 94.8%인 2,159천 TEU가 부산항을 경유하여 처리됨으로서 세계 제 6위의 컨테이너 취급 항으로 성장하게 되었다. 이러한 점을 감안할 때 부산항이 부산지역경제에 미치는 영향은 물론 더 나아가 우리나라 수출입의 제 1관문으로서 그 역할과 중요성은 매우 크다고 하겠다.

정부는 그간 부산항의 중요성을 고려하여 1970년대 이후 본격적으로 부산항 개발에 치중하여 제 1~3단계개발에 이어 보조항으로 감천항을 개발하고 있으며 또한 환태평양시대(環太平洋時代)의 국제무역의 중심 항으로서 부산항이 그 역할을 담당하고 제4~5단계 개발과 광역개발계획을 수립하고 특히 원목(原木), 고철(古鐵) 등 벌크화물 뿐만 아니라 90년대 이후 화물의 컨테이너화 추세에 따른 컨테이너 전용부두의 추가 확충과 운영의 효율성 제고, 선박의 대형화 및 전용선화에 걸맞는 부두시설 정비, 북방정책의 추진과 관련한 한·소 및 한·중 정기선 항로개발 및 이에 따른 환적항 및 부정기 관광여객선을 수용하기 위한 부산항의 역할강화, 도시발전에 따른 부두기능의 재배치 및 각항별 기능의 특화(特化) 등을 목표로 하고 있다.

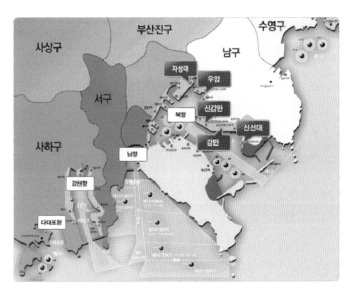

<그림 215> 부산의 항구들

* 참조: <컨테이너부두 부산항만공사 홈페이지>

<표 8> 대한민국 컨테이너 물동량 처리실적(2016년)

2016.12 컨테이너 물동량 처리실적

평택·당진 2%
울산 2% 기타 2%
광양 9%
인천 10%
부산 75%

* 참조: <해양수산부 해운항만물류정보센터 컨테이너 수송실적 통계자료(2016년)를 토대로 작성함>

<표 9> 부산항 부두별 실적(2016년)

부산항 부두별 화물톤 통계

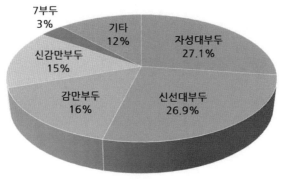

* 참조: <통계표는 2016년 부산항만공사 통계자료를 토대로 만듦>

〈참고문헌〉

1. 자료

『삼국사기(三國史記)』

『삼국유사(三國遺事)』

『고려사(高麗史)』

『고려사절요(高麗史節要)』

『조선왕조실록(朝鮮王朝實錄)』

『비변사등록(備邊司謄錄)』

『승정원일기(承政院日記)』

『변례집요(邊例集要)』

『일성록(日省錄)』

『삼국지 위지동이전三國志「魏書」東夷傳』

『세종실록지리지(世宗實錄「地理志」)』

『경상도지리지(慶尙道地理志)』

『경상도속찬지리지(慶尙道 續撰地理志』

『신증동국여지승람(新增東國輿地勝覽)』

『대전회통(大典通編)』

『경국대전(經國大典)』

『속대전(續大典)』

『춘관지(春官志)』

『통문관지(通文館志)』

『증정교린지(增正交隣志)』

『만기요람(萬機要覽)』

『교사촬요(攷事撮要)』

『동문휘고(同文彙考)』

『증보문헌비고(增補文獻備考)』

『이충무공전서(李忠武公全書)』

『해동제국기(海東諸國記)』

『해사록(海槎錄, 慶暹著)』

『봉산욕행록(蓬山浴行錄)』(鄭述著)

『동래부지(東萊府誌)1・2』
『동래부읍지(東萊府邑誌)』
『충렬사지(忠烈祠誌)』
『동래축성등록(東萊築城謄錄)』
『왜인구청등록(倭人求請謄錄)』
『왜관이건등록(倭館移建謄錄)』
『동래부접왜장등록가고사목초책(東萊府接倭狀謄錄可考事目抄冊)』
『전객사별등록』
『전객사일기』
『계본등록(啓本謄錄)』
『경상도선생안』
『내부일기(김석)』
『접대왜인사례』
『역주 진영일기・진영장계등록』
『통신사등록』
『동래사료(1~3)』
『해행총재』1-10권
『감동어기전말 등록(監董漁基顚末謄錄)』
『유회당집』
『연담대사림하록』
『빈왜일록』
『이향견문록』
『경제야언』
『동주선생집』
『동악선생집』
『조선견문기』
『봉래고사』
『분류기사대강』
『상서기문』
『역주 교린제성』
『재판기록』
『초량화집』
『통항일람』
『왜관관수일기』

2. 저서

小田省吾 閱·都甲玄鄕 編, 釜山府使原橋(프린트본)第1~第6冊, 1933~1937.

부산대학교 한일문화연구소, 『慶南의 倭城址』, 1961.

李鉉淙, 『朝鮮前期 對日交流史硏究』, 한국연구원, 1964.

김의환, 『釜山의 古蹟과 遺物』, 1969.

_____, 『釜山地方의 地名의 由來』, 1970.

_____, 『조선통신사의 발자취』, 1985.

이규헌 해설, 『사진으로 보는 근대한국 上』, 서문당, 1986.

부산시사편찬위원회, 『東萊府事例』, 1963.

_____, 『接待倭人事例』, 1963.

_____, 『東萊府啓錄(上)』, 1964.

_____, 『釜山略史』, 1965.

_____, 『釜山市誌』上(1974)

_____, 『釜山市史』제1권~제4권(1989~1991).

_____, 『東萊府啓錄(下)』, 1994.

_____, 『東萊日錄·多大鎭公文日錄』, 1995.

_____, 『嶺南鎭誌(絶影鎭誌·多大鎭誌·多大浦事例·釜山鎭誌)』,
　　　　1996.

_____, 『萊營政蹟』, 1997.

_____, 『부산의 지명총람』1, 1995.

_____, 『부산의 지명총람』2, 1996.

_____, 『부산의 지명총람』3, 1997.

_____, 『부산의 지명총람』4, 1998.

_____, 『부산의 지명총람』5, 1999.

_____, 『부산의 지명총람』6, 2000.

_____, 『부산의 지명총람』7, 2001.

_____, 『부산의 당제』, 2005.

_____, 『부산의 자연마을』1, 2006.

_____, 『부산의 자연마을』2, 2007.

_____, 『부산의 자연마을』3, 2008.

_____, 『부산의 자연마을』4, 2009.

_____, 『부산의 자연마을』5, 2010.

_____, 『부산의 자연마을』6, 2011.

＿＿＿＿＿＿＿＿，『부산 사료총서』1～5, 1991～1995.

＿＿＿＿＿＿＿＿，『국역왜인 구청등록(Ⅰ)～Ⅴ)』, 2004～2008.

부산박물관,『釜山의 古蹟과 地名』, 1974.

＿＿＿＿＿＿，『釜山의 文化財』, 1977.

＿＿＿＿＿＿，『부산의 역사』, 1978.

＿＿＿＿＿＿，『부산 문화』, 1992.

＿＿＿＿＿＿，『부산의 문화재』, 1993.

경성대학교 향토문화연구소,『釜山市 金石文』, 1984.

＿＿＿＿＿＿＿＿，『慶南·釜山鄕校記文』, 1986.

＿＿＿＿＿＿＿＿，『東萊鄕廳鄕校考往錄』, 1989.

경성대학교 한국학연구소,『금정산성과 금정진』, 2004.

부산대학교한국문화연구소, 『萊營誌』(『慶尙左水營址學術調査新告書』 수록),
　　　　1990.

中村榮孝 外,『朝鮮通信使』, 東湖書館, 1982.

동구향토지 발간추진위원회,『東區鄕土誌』, 1987.

国書刊行会,『通航一覧』(1967復刻), 1913.

幣原担,『朝鮮史話』, 冨山房, 1924.

松田甲,『日朝史話』1～3, 朝鮮総督府, 1925～30.

朝鮮史学会,『朝鮮史講座』, 1926.

日笠護,『日朝関係の史的考察と其の研究』,四海書房, 1930.

松田甲,『続日朝史話』2,朝鮮総督府, 1930.

宮崎道生,『新井白石序論』(1951増訂).

＿＿＿＿，『新井白石』,至文堂, 1957.

＿＿＿＿，『新井白石の研究』(1984増補),吉川弘文館, 1958.

＿＿＿＿，『新井白石の洋学と海外知識』,吉川弘文館, 1974.

＿＿＿＿，『新井白石と思想家·文人』,吉川弘文館, 1985.

宮崎道生編,『新井白石の現代的考察』,　　　〃　, 1985.

三上参次,『江戸時代史』(1976版),冨山房, 1944.

中村榮孝,『日朝関係史の研究』下, 1965.

＿＿＿＿，『日本と朝鮮』,至文堂, 1966.

旗田巍,『日本人の朝鮮観』,勁草書房, 1969.

長崎県,『長崎県史·藩政編第四節』「元禄·正徳期の対鮮交渉問題」, 1973.

李進熙,『李朝の通信使-江戸時代の日本と朝鮮』,講談社, 1976.

辛基秀 외, 『江戸時代の朝鮮通信使』, 毎日新聞社, 1979.

東大史料編纂所, 『前近代対外関係使の総合的研究』(1979~89), 東大出版会, 1962.

三宅英利, 『朝鮮観の史的展開』, 北九大生協, 1962.

_____, 『近世日朝関係史の研究』, 文献出版, 1986.

藤野保, 『日本封建制と幕藩体制』, 塙書房, 1983.

中田易直, 『近世對外関係史の研究』, 吉川弘文館, 1984.

민족문화추진회, 『국역 해행총재』, 1984.

申維翰, 『海游録』(『국역 해행총재』소수).

민족문화추진회, 『增正交隣志』.

李基東, 「신라의 골품제와 일본의 씨성제도」 『역사학보』94・95, 1982.

芳賀登編, 『日韓文化交流史の研究』, 雄山閣, 1986.

玉井哲雄, 『江戸 失われた都市空間を読む』, 平凡社, 1986.

荒野 泰典, 『近世日本と東アジア』, 東大出版会, 1988.

中尾 宏, 『前近代の日本と朝鮮』, 明石書店, 1989.

上垣外憲一, 『雨森芳州-元禄享保の国際人』, 中公新書, 1989.

ロナルド・トビ, 『近世日本の国家形成と外交』, 勁草書房, 1990.

仲尾宏외 『大系 朝鮮通信使第四巻』, 明石書店, p.61, 1993.

辛基秀 『朝鮮通信使往来』, 労働経済社, 1993.

信原修 『雨森芳洲と玄徳潤』, 明石書店, 2008.

原直史・大橋康二 編, 『日本海域歴史大系 第5巻 近世篇 Ⅱ』, 清文堂, 2006.

田代和生, 『近世日朝通交貿易史の研究』, 創文社, 1981.

田代和生, 『倭館-鎖国時代の日本人町』, 文藝春秋, 2002.

경성대학교 부설 한국학연구소 편, 『금정산성과 금정진』, 2004.

금정구청・경성대학교부설한국학연구소, 『금정산성 금정진 복원 기본계획』, 2004.

다시로 가즈이 지음・정성일 옮김, 『왜관-조선은 왜 일본사람들을 가두었을까?』, 논형, 2005.

민선희・손숙경・이훈상, 『朝鮮後期 東萊 地域의 엘리트와 天主敎 受容者들, 그리고 이에 관한 古文書』, 부산교회사연구소, 1995.

손숙경・이훈상 저, 『조선후기 동래의 武廳先生案과 武任 총람』, 동아대학교 석당학술원 한국학연구소, 2009.

엄성용・서인범, 『소통과 교류의 땅 신의주』, 혜안, 2007.

장동표, 『조선후기 지방재정연구』, 국학자료원, 1999.

정성일, 『朝鮮後期 對日貿易』, 신서원, 2000.

한일관계사학회 편, 『조선시대 한일표류민연구』, 국학자료원, 2001.

조항래 외, 『강좌 한일관계사』, 玄音社, 1994.

申瑩植, 「통일신라의 대일관계」(『강좌한일관계사』소수).

羅鐘宇, 「고려전기의 대일관계」(『강좌한일관계사』소수).

하우봉, 「조선전기의 대일관계」(『강좌한일관계사』소수).

손승철, 「조선후기 탈중화의 교린체제」(『강좌한일관계사』소수).

陳壽 撰, 「烏丸鮮卑東夷傳」 『三國志』卷三十, 中華書房, 1995.

歐陽脩・宋祁 『新唐書』권219 「渤海傳」, 中華書房, 1995.

『江戸城本丸詳細図』, 人文社, 1995.

嘉永・慶應 『江戸切絵図』, 人文社, 1999.

笹間良彦, 『復元江戸生活図鑑』, 柏書房, 1995.

深井雅海, 『江戸城をよむ』, 原書房, 1997.

尹炳鏞, 『釜山鎭城 士壙墓의 研究』, 太和出版社, 1990.

韓相復, 『海洋學에서 본 韓國學』, 海潮社, 1988.

부산지방해운항만청, 『釜山港史』, 1991.

梵魚寺, 『梵魚寺誌』, 1989.

崔海君, 『부산의 맥』상.하, 1990.

중구청, 『사진으로 보는 중구 반세기』, 1997.

동래구청, 『東萊의 역사』, 1990.

동래구청, 『東萊區誌』, 1995.

동래향교지편찬위원회, 『東萊鄕校誌』, 1997.

해운대구, 『海雲臺의 옛 모습이 담긴 東下面 古文書』, 1994.

부산남구 민속회, 『남구의 민속』1, 1997.

_____, 『남구의 민속』2, 1998.

_____, 『남구의 민속과 문화』, 2001.

기장군지 편찬위원회, 『기장군지』상・하, 2001.

李源鈞, 『부산의 역사』, 2000.

부산라이프신문사, 『부산의 역사와 자연』, 1992.

인제대학교 가야문화연구소, 『伽倻諸國의 鐵』, 1995.

조선일보사, 『하늘에서 본 아! 대한민국』, 1996.

역사신문편찬위원회, 『신문으로 엮은 한국역사2』, 사계절, 1996.

부산・경남역사연구소, 『시민을 위한 가야사』, 1996.

_____,『시민을 위한 부산의 역사』, 1999.

부산시립박물관 복천분관,『釜山의 先史遺蹟과 遺物』.

김해시,『伽倻와 古代日本』, 1997.

京都文化博物館,『こころの交流朝鮮通信使』, 2001.

高正晴子,『朝鮮通信使の饗応』, 明石書店, 2001.

村井章介외,『境界の日本史』, 山川出版社, 2001.

酒寄雅志,「日本と渤海・靺鞨との交流ー日本海オホーツク海域圏と船」(『境界
　　　の日本史』소수).

小嶋芳孝「日本海の島々と靺鞨・渤海の交流」(『境界の日本史』소수).

柳町敬直『ビジュアル・ワイド江戸時代館』, 小学館, 2002.

平井聖감수,『江戸城と将軍の暮らし』, 学習研究社, 2004.

山本博文,『将軍と大奥』, 小学館, 2007.

中江克己『見取り図で読み解く江戸の暮らし』, 青春出版社, 2007.

『에도사정(江戸事情)』.

『徳川幕府役職集成』.

仲尾宏,『朝鮮通信使と徳川幕府』,

_____,『朝鮮通信使をよみなおす』, 明石書店, 2006.

김대식,『미완의 문명 7백년 가야사』1・2・3권, 푸른역사, 2002.

三好唯義,『図説世界古地図 コレクション』, 河出書房新社, 1999.

헨드릭 하멜 저/신복룡 번역,『하멜표류기』, 집문당, 1999.

이원균,『부산의 역사-선사시대에서 개항전까지-』, 도서출판 늘함께, 2000.

헨드릭 하멜 저/김태진 번역,『하멜표류기』, 서해문집, 2003.

부산박물관,『부산의 역사와 문화』, 2002.

정정회,『정정회 사진집 1970~1999』, 2000.

국립수산과학원,『한국어구도감』, 2002.

김용억 공저,『한국해산어류도감』, 2002.

강효진 외,『해양학』, 시그마 프레스, 2002.

박화진,『부산의 역사와 문화』, 부경대학교출판부, 2003.

김영원 외,『항해와 표류의 역사』, 솔출판사, 2003.

양승윤 외,『바다의 실크로드』, p.314, 청아출판사, 2003

한국생활사박물관편찬위원회,『한국생활사박물관05』신라생활관, 사계절, 2004.

한국생활사박물관 편찬위원회,『한국생활사박물관06』발해가야생활관, 사계절,
　　　2004.

한국생활사박물관 편찬위원회, 『한국생활사박물관08』고려생활관 2, 사계절, 2003.

조선통신사문화사업회, 『마음의 교류 조선통신사』, 2004.10.

조선통신사문화사업회, 『조선시대 통신사행렬』, 2005.12.

青木康征, 『海の道と東西の出会い』, 山川出版社, 2005.

부산은행, 『부산,역사향기를 찾아서』, 2005.

김재승, 『기록사진으로 보는 부산·부산항 130년』,젊은그들, 2005.

부산박물관, 『사진엽서, 부산의 근대를 이야기하다』, 2007.

부산박물관, 『동래부사』, 2009.

박화진, 『에도공간 속의 통신사』, 2010.

부산진구청, 『옛 사진으로 보는 서면이야기』, 2010.

임시수도기념관, 『부산, 1950′S』, 2013.

부산광역시·부산대학교, 『부산고지도』, 2008.

발로스 저/홍영분 번역, 『지도를 만든 사람들』, 아침이슬, 2008.

장 크리스토프 빅토르·비르지니 레송·프랑크 테타르 저, 안수연 번역, 『지도로 보는 세계의 미래 변화하는 세계의 아틀라스』, 책과 함께, 2009.

Jerry Brotton저/오피스宮崎번역, 『地図の大図鑑』河出書房新社, 2015.

Cyrille P. Coutansais저/ 宏子역, 『海から見た世界史』,原書房, 2016.

국립해양박물관, 『동삼풍어제』, 2013.

『내 고장의 의미 찾기 부산·경남편』.

조세현, 『부산화교의 역사』.

부산시민공원역사관, 『부산시민공원역사관』, 2014.

3. 학위논문

김숙경, 『朝鮮後期 東萊地域의 官營工事에 관한 硏究』, 부산대학교 건축공학과 박사학위논문, 2004.

백원철, 『洛下生 李學逵의 詩 硏究』, 성균관대학교 한문학과 박사학위논문, 1992.

장순순, 『朝鮮時代 倭館變遷史 硏究』, 전북대학교 사학과 박사학위논문, 2001.

정성일, 『朝鮮後期 對日貿易의 展開過程과 그 性格에 관한 硏究-1790년대~1870년대를 중심으로-』, 전남대학교 경제학과 박사학위논문, 1991.

허지은, 『近世 쓰시마 朝鮮語通事의 情報蒐集과 流通』, 서강대 사학과 박사학위논문, 2008.

성백용, 『17~18세기 전반 동전유통구조의 성립과 錢荒』, 부산대학교 사학과 석사학위논문, 1996.

尹裕淑, 「十七世紀の倭館統制策からみた日朝關係-約條と潛商・欄出を中心に」, 早稲田大學 文學部 條士學位論文, 1995.

정예정, 「草梁倭館의 造營에 관한 硏究」, 부산대학교 건축학과 석사학위논문, 2001.

하민혜, 「17세기 朝鮮의 倭館 認識」, 명지대학교 사학과 석사학위논문, 2008.

4. 논문

都甲玄卿, 「釜山附近の古墳及古城 考」 『釜山』2-6・8, 1927.

藤田亮策, 「東萊の甕棺出土」 『青丘學業』2, 1930.

及川民次朗, 「朝鮮 牧ノ島 東三洞貝塚」 『考古學』4-5, 1933.

_____, 「牧ノ島 發見の注口土器」 『考古學』4-5, 1933.

有光教一, 「釜山府 瀛仙町の一貝塚に就いて」 『人類學雜誌』51-2, 1936.

_____, 「釜山岩南洞貝塚土器」 『朝鮮學報』36, 1965.

武田幸男, 「淨兜寺五層石塔造成形止記の研究」 『朝鮮學報』25, 1962.

黃壽永, 「東萊出土의 李朝小鐘」, 『考古美術』2-3, 1961.

金容旭, 「釜山倭館考」 『朝日文化』1-2, 1962.

朴相憲, 「釜山市 甘泉洞 支石墓」 『考古美術』7-2, 1996.

金東鎬, 「釜山地方의 貝塚」 『古文化』4, 1966.

_____, 「瀛仙洞貝塚의 再檢討」 『釜山史學』8, 1984.

鄭澄元, 「釜山槐亭洞 甕棺墓」 『考古學』4, 1977.

_____, 「東萊福泉洞 古墳群의 調査内容과 그 性格」 『韓國文化研究』4, 1991.

黑木清三, 「白石と朝鮮聘使」 『国史界』2・9~10, 1918.

三浦周行, 「新井白石と復号問題」 『四林』9・3, 1924.

松田甲, 「德川時代の朝鮮通信使」 『朝鮮』, 122, 1925.

武田勝蔵, 「正德信使改札の教諭原本に就て」 『史林』10・4, 1925.

阿部秀助, 「江戸幕府の対外政策」 『史学雑誌』36・12, 1925.

武田勝蔵, 「宗家史料による復号一件」 『史学』5・1, 1926.

今村鞆, 「新井白石と朝鮮特使」 『朝鮮』147, 1926.

友納養德, 「新井白石の鮮使待遇改正に就て」 『歴史教育』2・5, 1927.

德島一郎, 「新井白石の外交政策」 『歴史と地理』22・23・24, 1928.

_____, 「新井白石と德川幕府の対外文書に於ける」 『歴史と地理32・1』, 1929.

山田義直, 「新井白石の朝鮮使者の待遇法改善」『歴史教育』4〜5, 1929.

植野武雄, 「木下順庵父子と朝鮮使節」『朝鮮』174, 1929.

末松保和, 「日韓関係」(岩波講座『日本歴史』4-1), 1933.

多田正知, 「正徳辛卯朝鮮通信使と日本の漢文学」『斯文』18・2, 1936.

中山久四郎, 「朝鮮通信隣交史の一面」『歴史教育』12・9, 1937.

羽塚啓明, 「正徳観楽記」『東洋音楽研究"1〜4, 1938.

中村栄孝, 「朝鮮史論」『アジア問題講座』7, 1939.

朝鮮史編修会, 「正徳朝鮮信使登城行列図解説」『朝鮮史料叢刊解説』20, 1938.

伊藤多三郎, 「将軍 日本国王と称す」『日本歴史』67, 1953.

宮崎道生, 「国書復号記事批判」『芸林』4・4, 1953.

阿部吉雄, 「日本近世初期の儒学と朝鮮」『東大人文科学科紀要』7, 1955.

森克己, 「対外関係の推移」『日本史概説と問題点』, 1956.

三上次男, 「朝鮮との関係」『図説日本文化史体系』, 1963.

中村栄孝, 「前近代アジア外交上の徳川政権」『朝鮮学報45』, 1967.

矢沢康裕, 「江戸時代における日本人の朝鮮観について」『朝鮮史研究会論集』
　　　　6, 1969.

中村栄孝, 「大君外交の国際認識ー華夷秩序の中の日本」『国際政治』51, 1972.

長正統, 「雨森芳洲とその時代-近世対馬の朝鮮外交」『福岡地方史談会』, 1973.

ロナルド・トビ, 「Korean-Japanese Diplomacy in 1771-Court and Shogun's
　　　　Title」『朝鮮学報』74, 1975.

ロナルド・トビ, 「State and Diplomacy in EarlyModern Japan, Asia in Developmentof
　　　　the Tokugawa Bakufu」, プリンストン 大學出版部, 1983.

加藤周一, 「新井白石の世界」(日本思想体系35『新井白石』), 岩波書店同書解説
　　　　月報, 1975.

加藤榮一, 「鎖国と幕藩制国家(講座『日本歴史』2鎖国), 有斐閣, 1981.

李元植, 「江戸時代における朝鮮国信使の遺無墨について」『朝鮮学報』88, 1978

李元植, 「新井白石と朝鮮通信使ー筆談と唱和を中心に(『新井白石の現代的考察』),
　　　　吉川弘文館, 1985.

李元植, 「新井白石と朝鮮通信使」『韓国文化』7・7, 1985.

三宅英利, 「近世日朝交流の特質」『北九大紀要』40記念号, 1987.

_____, 「李朝粛宗期の日本聘礼と長州藩」『九州史学』17, 1961.

_____, 「新井白石の聘礼改変と朝鮮王朝」『北九大紀要』B13, 1981.

_____, 「朝鮮官人の白石像」, 吉川弘文館, 1985.

泉澄一, 「正徳享保期の釜山窯と注文焼物-宗家史料「御焼物御注文留」めぐて」 『関大東西学術研紀要14』, 1981.

荒野泰典, 「大君外交体制の確立(講座『日本歴史』2鎖国).

荒野泰典, 「近世の日朝関係(『日朝関係を考える』), 青木書店, 1989.

中尾宏, 「京・近江と朝鮮通信使」『季刊三千里』, 1984.

奈良本辰也, 「白石の外交(『日本歴史』17), 中央公論社, 1984.

姜在彦, 「江戸時代の朝鮮通信使」『韓国文化』7・6, 1985.

田中健夫, 「朝鮮の通信使(東博特別観「朝鮮通信使-近世200年の日韓文化交流), 東京国立博物館, 1985.

田代和生, 「正徳通信使絵巻行列の研究-正徳元年(1711)の絵巻仕立を中心に」『朝鮮学報』137, 1990.

大場生與, 「對馬蕃によゐ朝鮮側小通事への援助」『三田中世史研究』4, 三田中世史研究會, 1997.

安彦勘吾, 「[史料紹介] 草梁話集」『帝塚山短期大學紀要』26호, 1989.

長正統, 「日鮮關係における記録の時代」『東洋學報』50(4), 1968.

長正統, 「路浮税考-肅宗朝癸亥約条の一考察-」『朝鮮學報』58, 1971.

長正統, 「倭學譯官書簡よりみた易地行聘交渉」『史淵』115, 1978.

田代和生, 「倭館における朝鮮錢の使用」『對馬島宗家文書第III期 倭館館守日記・裁判記録別冊 中』, ゆまに書房, 2005.

荒野泰典, 「小左衛門と金右衛門-地域と解禁をめぐる斷章」『海から見た日本文化』, 小學館, 1992.

栗田英二, 「対馬島通事가 본 18세기 한반도 문화」『인문예술논총』20(대구대), 1999.

栗田英二, 「対馬島通事가 본 18세기 한반도 사정」『한국전통문화연구』13, 1999.

박선주, 「부산 아치섬(朝島) 인골에 대하여」『白山學報』22, 1977.

金廷鶴, 「釜山과 伽倻文化」 부산시립박물관 『年報』1, 1979.

申敬澈, 「釜山市福泉洞 古墳群遺蹟 1次調査槪要와 意義」『부산시립박물관年報』3, 1980.

_____, 「釜山大成洞・東萊福泉洞古墳群 點描」『釜大史學』19, 1995.

申敬澈・宋桂鉉, 「東萊福泉洞 4號墳과 副葬遺物」『伽倻通信』11・12, 1985.

宋桂鉉, 「釜山 生谷洞 加達古墳群」 부산시립박물관 『年報』12, 1989.

_____, 「東萊福泉洞 古墳群出土 土器類」 부산시립박물관 『年報』13, 1990.

강석화, 「조선후기의 북방영토의식」 『한국사연구』 129, 2005.

고동환, 「조선후기 船商活動과 浦口間 商品流通의 양상-漂流關係記錄을 중심으로-」 『한국문화』 14, 1993.

고동환, 「조선후기 漢城府 행정편제의 변화」 『서울학연구』 11-1, 1998.

고동환, 「조선후기 경강지역 행정편제의 변동과 인구추세」 『서울학연구』 24, 2005.

고영근, 「지볼트(Fr. von Siebold)의 한국기록 연구」 『동양학』 19, 단국대학교 동양학연구소, 1989.

김의환, 「對馬島宗家文庫本 중 『和館事考』에 대하여」 『千寬宇先生還曆紀念 韓國史學論叢』, 1985.

김강식, 「17·18世紀 釜山의 行政과 關防」 『항도부산』 10, 1993.

김정동, 「부산왜관의 근대성에 대하여」 『이상건축』 1999년 3월호, 1999.

김철범, 「李學逵의 <金官紀俗詩> -19세기 金海地方의 民俗誌-」 『文化傳統論集』 2, 1994.

김재승, 「絶影島倭館의 存續期間과 그 位置」 『동서사학』 6·7 합집, 2000.

김강일, 「조선 후기 倭館의 정보수집에 관한 연구-『分類紀事大綱 25』.

_____, 「風說之事」를 중심으로-」 『한일관계사연구』 29, 2008.

김기혁, 「지역연구 자료로서의 부산 지역 고지도 기초 연구」 『부산지리』 9호, 2000.

김덕현, 「경상도 군현의 형성과 변화 과정」 『문화역사지리』 17-3, 2005.

김문식, 「18세기 전반 權以鎮의 對外認識」 『도산학보』 4, 1995.

김석태, 「蓮潭 有一의 漢詩 고찰」 『고시가연구』 11, 2003.

김성진, 「李學逵의 <金官竹枝詞> 硏究」 『國語國文學』 26, 1989.

김성진, 「朝鮮後期 金海의 生活相에 미친 日本文物」 『人文論叢』 52, 1998.

김순일·정예정, 「草梁倭館의 創建, 修理 및 重修에 관한 硏究」 『건축역사연구』 26(10-2), 2001.

김양수, 「조선시대 醫員實態와 지방관진출」 『동방학지』 104, 1999.

김양수, 「조선후기 譯官의 중개무역과 倭館維持費」 『歷史와 實學(大湖李隆助敎授 停年論叢)』 32, 2007.

김동철, 「19세기 牛皮貿易과 東萊商人」 『韓國文化研究』 6, 1993.

김동철, 「『東萊府商買案』을 통해서 본 19세기 후반의 東萊商人」 『한일관계사연구』 창간호, 1993.

김동철, 「17·18世紀 對日 公貿易에서의 公作米 문제」 『항도부산』 10, 1993.

김동철, 「17세기 日本과의 交易·交易品에 관한 연구-密貿易을 중심으로-」 『국사관논총』 61, 1995.

김동철, 「조선 후기 倭館 開市貿易과 東萊商人」 『민족문화』 21, 민족문화추진회, 1998.

김동철, 「朝鮮後期 倭館 開市貿易과 被執蔘」 『한국민족문화』 13, 1999.

김동철, 「柔遠閣先生埋案感古碑와 부산의 譯官 건물」 『항도부산』 16, 2000.

김동철, 「17~19世紀の釜山倭館周邊地域民の生活相」 『年報 都市史研究』 4, 三田中世史研究會, 2001.

김동철, 「倭館圖를 그린 卞璞의 대일 교류 활동과 작품들」 『한일관계사연구』 19, 2003.

김동철, 「통신사행과 부산 지역의 역할」 『통신사, 한일교류의 길을 가다』, 조선통신사문화사업추진위원회·경성대학교 한국학연구소, 2003(『조선통신사 사행록 연구총서 7』, 학고방, 2008).

김동철, 「17~19세기 東萊府 小通事의 編制와 對日活動」 『지역과역사』 17, 2005.

김동철, 「초량왜관 그림과 그 속에 담긴 부산의 이모저모」 『조선시대 통신사 행렬』, 2005.

김동철, 「기억과 표상으로서의 倭館, 津江兵庫 追慕碑의 건립과 古館公園의 조성」 『한국민족문화』 31, 2008.

김동철, 「15세기 부산포왜관에서 한일 양국민의 교류와 생활」 『지역과 역사』 22, 2008.

류상희, 「18세기 화란인 시볼트가 본 한국관」 『국어교육』 41, 1982.

민덕기, 「임진왜란에 납치된 조선인의 귀환과 잔류로의 길」 『한일관계사연구』 20, 2004.

민선희, 「朝鮮後期 東萊의 鄕班社會와 武廳-朝鮮後期 鄕班社會의 支配. 構造와 社會移動 問題에 대한 一試論」 『역사학보』 139, 1993.

박민정, 「朝鮮時代 東萊府의 歷史地理 연구」 『부산지리』 4·5호, 1996.

박소은, 「17·18세기 戶曹의 倭館收稅策 변화」 『조선시대사학보』 14, 2000.

박진미, 「≪漂人領來謄錄≫의 綜合的 考察」 『경북사학』 19, 1996.

반윤홍, 「備邊司의 外交政策 講定研究」 『조선시대사학보』 8, 1999.

반윤홍, 「조선후기 비변사의 국외정보 파악 양상」 『한국사학보』 20, 2005.

방병선, 「조선 후반기 도자의 대외교섭」 『조선후기 미술의 대외교섭』, 예경, 2007.

배우성, 「18세기 全國地理志 편찬과 지리지 인식의 변화」『한국학보』85, 1996.

범선규, 「高麗~朝鮮時代의 行政道名과 道名都會地」『문화역사지리』15-2, 2003.

변광석, 「1811년 통신사 파견과 경상도의 재정 부담」『역사와경계』55, 2005.

변광석, [임진왜란 직후 기장지역의 상황과 被虜人 沙器匠]『한국민족문화』33, 2009.

부학주·김정동, 「초량왜관 건축과 역사적 재현 연구」『건축역사연구』15-3(통권 47), 2006.

손숙경, 「조선후기 동래(東萊) 지역 무임(武任)집단의 조직과 운영」『사회와 역사』74, 2007.

손승철, 「≪왜인작나등록≫을 통하여 본 왜관」『항도부산』10, 1993.

심민정, 「동래부사접왜사도를 통해서 본 倭使 접대」『동북아문화연구』11, 2005.

심민정, 「18세기 倭館에서의 倭使 접대음식 준비와 양상」『역사와경계』66, 2008.

안대희, 「과학기술자, 최천약-자명종 제작에 삶을 던진 천재 기술자」『조선의 프로페셔널』, 휴머니스트, 2007.

양흥숙, 「17~18세기 譯官의 對日貿易」『지역과역사』5, 1999.

양흥숙, 「조선후기 對日 接慰官의 파견과 역할」『부대사학』24, 2000.

양흥숙, 「17세기 두모포왜관의 경관과 변화」『지역과역사』15, 2004.

양흥숙, 「17세기 전반 회답겸쇄환사의 파견과 경제적 의미」『항도부산』21, 2005.

양흥숙, 「17세기 두모포왜관 운영을 위한 행정체계와 지방관의 역할」『한국민족문화』31, 2008.

오명교, 「조선후기 지방관청 재정과 식리활동」『學林』6, 연세대학교사학연구회, 1986.

유승주, 「17世紀 私貿易에 관한 一考察 -韓·淸·日間의 稻硝·硫黃貿易을 中心으로」『弘大論叢』10, 1987.

윤유숙, 「近世癸亥約條의 運用實態について-潛商·闌出事件を中心に」『朝鮮學報』164, 1997.

윤유숙, 「約條にみる近世の倭館統制について」『史觀』138, 1998.

윤유숙, 「近世倭館の造營·修補について」『歷史評論』595, 1999

윤유숙, 「18·19세기 왜관의 개건·수리실태」『아세아연구』113, 2003.

윤유숙, 「17세기 후반~18세기 초두 왜관통제와 한일교섭」한일관계사연구

논집편찬위원회 편,『통신사・왜관과 한일관계』, 경인문화사, 2005.

윤유숙,「조선후기 한일통교관계와 '己巳約條'(1809년)」『일본역사연구』24, 2006.

윤용출,「18세기초 동래부의 축성역과 부역노동」『한국문화연구』2, 1989.

윤용출,「17세기 중엽 두모포 왜관의 이전 교섭」『한국민족문화』13, 1999.

윤용출,「조선후기 동래부 읍성의 축성역」『지역과역사』21, 2007.

윤정,「숙종대 태도 시호의 추상과 정계의 인식-조선 창업과 위화도 회군에 대한 재평가-」『동방학지』134, 2006.

이민호,「광해군조의 대일관계고찰」『동서사학』4(이민호박사정년퇴임기념), 한국동서사학회, 1998.

이민호,「인조조의 대일관계고찰」『동서사학』(이민호박사정년퇴임기념), 한국동서사학회, 1998.

이병운,「부산 행정구역 지명의 변천사」『한국민족문화』29, 2007.

이상규,「17~17세기 동래부에 파견된 왜학역과의 기능」『청계사학』14, 1998.

이상식,「조선 숙종대 군사부 일체론의 전개와 왕권강화」『한국사학보』20, 2005.

이선희,「18세기 수령과 관찰사의 행정마찰과 처리방식」『古文書硏究』27, 2005.

이승민,「조선후기 대일무역상의 폐해와 기사약조(1809)의 체결」『한일관계사연구』22, 2005.

이원균,「조선시대 수령직 교체 실태-동래부사의 경우-」『부대사학』3, 1979.

이원균,「조선후기 지방무관직의 교체실태- ≪경상도수영선생안≫과 ≪다대포선생안≫의 분석-」『부대사학』9, 1985.

이종봉,「조선시대 기장지역의 도자기 생산과 의미」『한국민족문화』22, 2003.

이진오,「조선시대 대일교류와 불교」『한국문학논총』22, 1998.

이진오,「조선조 불가한문학 연구의 과제와 전망」『한국민족문화』22, 2003.

이혜진,「17세기 후반 조일외교에서의 재판차왜 성립과 조선의 대응」『한일관계사 연구』8, 1998.

이훈,「18세기 중엽 일본 표선에 대한 雜物(五日糧) 지급과 조・일 교섭 왜곡-대마번의 왜관 도해선을 중심으로-」『한일관계사연구』9, 1998.

이훈,「1836년, 南膺中의 闌入사건 취급과 近世 倭館」『한일관계사연구』21, 2004.

이훈, 「조선후기 東萊府와 倭館의 의사소통-「實達文書」를 중심으로」『한일관계사연구』.

이훈, 「1836년, 南膺中의 闌入사건 취급과 近世 倭館」『한일관계사연구』 21, 2004.

이훈, 「조선후기 동래부와 왜관의 의사소통」『한일관계사연구』27, 2007.

윤용출, 「조선후기 동래부 읍성의 축성역」『지역과 역사』21, 2007.

최상진, 「18세기초 동래부사 권이진의 왜관통제와 조일관계」『차세대한국학연구』2, 2008.

장동표, 「19세기 지방재정운영의 구조에 관한 일연구」『부대사학』19, 1995.

장순순, 「조선후기 왜관의 설치와 이관교섭」『한일관계사연구』5, 1996.

장순순, 「근세 동아시아 왜국인 거주지의 특징-부산의 초량왜관과 나가사키의 데지마를 중심으로」『전북사학』27, 2004.

장순순, 「조선후기 왜관에서 발생한 조일 양국인의 물리적 마찰실태와 처리」『한국민족문화』31, 2008.

장순순, 「조선후기 대일교섭에 있어서 윤지완의 통신사경험과 영향」『한일관계사연구』31, 2008.

정성일, 「19세기초 조선산 재배삼의 대일수출 교섭」『국사관논총』43, 1993.

정성일, 「조선의 동전과 일본의 은화:화폐의 유통을 통해 본 15~17세기 조일관계」『한일관계사연구』20, 2004.

정성일, 「조선의 기근과 쌀 수입 시도(1814~1815년)」『한국민족문화』31, 2008.

정예정, 「1774년 초량왜관 수리의 일본 직인과 도구 및 건축재료에 관한 연구」『한국민족문화』31, 2008.

정이근, 「17·18세기 부산지방(동래부)의 재정」『항도부산』10, 1993.

박민정, 「조선시대 동래부의 역사지리 연구」『부산지리』4·5, 1996.

허재혜, 「18세기 의관의 경제적 활동양상」『한국사연구』71, 1990.

하우봉, 「임진왜란 이후의 부산과 일본관계」『항도부산』9, 1991.

김강식, 「17·18세기 부산의 행정과 관방」『항도부산』10, 1993.

제임스·루이스, 「부산왜관을 중심으로 한 조·일교류-교간사건에 나타난 권력·문화의 갈등」『정신문화연구』66, 1997.

홍선표, 「조선후기 한·일간 화적의 교류」『미술사연구』11, 1997.

홍선표, 「17·18세기 한·일 회화교류의 관계성」『조선후기 미술의 대외교섭』, 예경, 2007.

홍성덕, 「17세기 대일정책의 확립과정과 그 성격」 『전북사학』19・20, 1997.

홍성덕, 「조선후기 대일 외교시찰 문위행의 도항인원 분석」 『한일관계사연구』11, 1999.

홍성덕, 「조선후기 대일외교사행과 왜학역관」 『한일역사 공동연구보고서』제2권, 2005.

홍성덕, 「조선후기 통신사 수행 의원에 대하여」 『한일관계사연구』32, 2009.

김기혁, 「지역연구 자료로서의 부산 지역 고지도 기초연구」 『부산지리』9, 2000.

허지은, 「17세기 조선의 왜관통제책과 조일관계」 『한일관계사연구』 15, 2001.

이병운, 「부산 행정구역 지명의 변천사」 『한국민족문화』29, 2007.

이종봉, 「조선시대 기장지역의 도자기 생산과 의미」 『한국민족문화』22, 2003.

* 홈페이지

부산지방해양수산청 홈페이지, 부산시청 홈페이지, 국립해양조사원홈페이지, 부산항만공사 홈페이지, 네이버 지도, 구글어스

부산관광공사 홈페이지

부산항만공사 홈페이지

부산광역시 홈페이지

부산광역시 동구 홈페이지

국제신문

박화진

1979.2. 부산대학교 인문대학 사학과 졸업
1981.2. 부산대학교 대학원 사학과 석사 졸업
1985.3 일본 도쿄대학교 대학원 일본사학과 석사졸업
1992.3 일본 도쿄대학교 대학원 일본사학과 박사학위 취득(문학박사)
1992.3.1.~현재 부경대학교 인문사회대학 사학과 교수 재직중

주요저서 및 논문

*저서

『韓・日兩國における近世村落の比較史的研究』(1992), 『일본 문화속으로』(공저, 2002),
『부산의 역사와 문화』(2003), 『근대부산해관과 초빙 서양인 해관원에 관한 연구』
(공저, 2006), 『에도공간속의 통신사』(공저, 2010), 『신국일본』(공동 역서, 2013),
『백성성립』번역(후카야 가쓰미 번역, 박화진・배항섭 공동번역)

*논문

「일본근세 농민운동에 관한 고찰」, 「일본근세 오사카만 연안어촌에 관한 고찰」,
「일본근세 어촌의 타국출어에 대한 고찰」, 「일본근세 어촌사회의 성립과 변모」,
「일본 그리스챤시대 규슈지역에 대한 고찰」, 「조선시대 민중의 이국관과 풍속상」
(2010), 「조선시대 국경지역의 이국관」(2011), 「왜관관수일기를 통해 본 초량왜
관의 생활상〉(2012), 「전근대 부산포 사건을 통해 살펴본 한일양국 자타인식」
(2013), 「명치초기 초량왜관의 변화에 대한 분석연구」(2014), 「막말・명치초기
초량왜관 의례양상에 대한 고찰」(2015),
2015년: 「막말・명치초기 초량왜관 의례양상에 대한 고찰」『동북아문화연구』43집
2016년: 「왜관관수일기의 체제 성립 초기과정에 대해서」『동북아문화연구』49집
2017년: 「조선후기 동래부 기후 동향 분석연구-초량왜관 날씨 기록을 중심으로」
『동북아문화연구』52집
「조선통신사 연고지와 등록자료」『유네스코 세계기억유산과 조선통신사』
(ユネスコ世界記憶遺産と朝鮮通信使)(明石書店)
「관수일기에 나타난 왜관 생활」『초량왜관 교린의 시선으로 許하다』(부산
박물관 학술연구총서 제54집)

해양도시
부　　산
이 야 기

초판인쇄　2018년 3월 5일
초판발행　2018년 3월 5일

지은이　박화진
펴낸이　채종준
펴낸곳　한국학술정보㈜
주소　경기도 파주시 회동길 230(문발동)
전화　031) 908-3181(대표)
팩스　031) 908-3189
홈페이지　http://ebook.kstudy.com
전자우편　출판사업부　publish@kstudy.com
등록　제일산-115호(2000. 6. 19)

ISBN　978-89-268-8359-4　93330